新质生产力案例集

中关村人才协会 ◎编

中国言实出版社

图书在版编目（CIP）数据

新质生产力案例集 / 中关村人才协会编 .-- 北京：
中国言实出版社 ,2024.12.--ISBN 978-7-5171-5043
-5

I.F120.2

中国国家版本馆 CIP 数据核字第 2024FN5636 号

新质生产力案例集

责任编辑：佟贵兆
责任校对：王战星

出版发行：中国言实出版社

地　　址：北京市朝阳区北苑路180号加利大厦5号楼105室

邮　　编：100101

编辑部：北京市海淀区花园北路35号院9号楼302室

邮　　编：100083

电　　话：010-64924853（总编室）　　010-64924716（发行部）

网　　址：www.zgyscbs.cn　电子邮箱：zgyscbs@263.net

经　　销：新华书店

印　　刷：三河市祥达印刷包装有限公司

版　　次：2025年3月第1版　　2025年3月第1次印刷

规　　格：710毫米×1000毫米　1/16　印张29.75

字　　数：475千字

定　　价：49.80元

书　　号：ISBN 978-7-5171-5043-5

编 委 会

新质生产力逻辑关系图

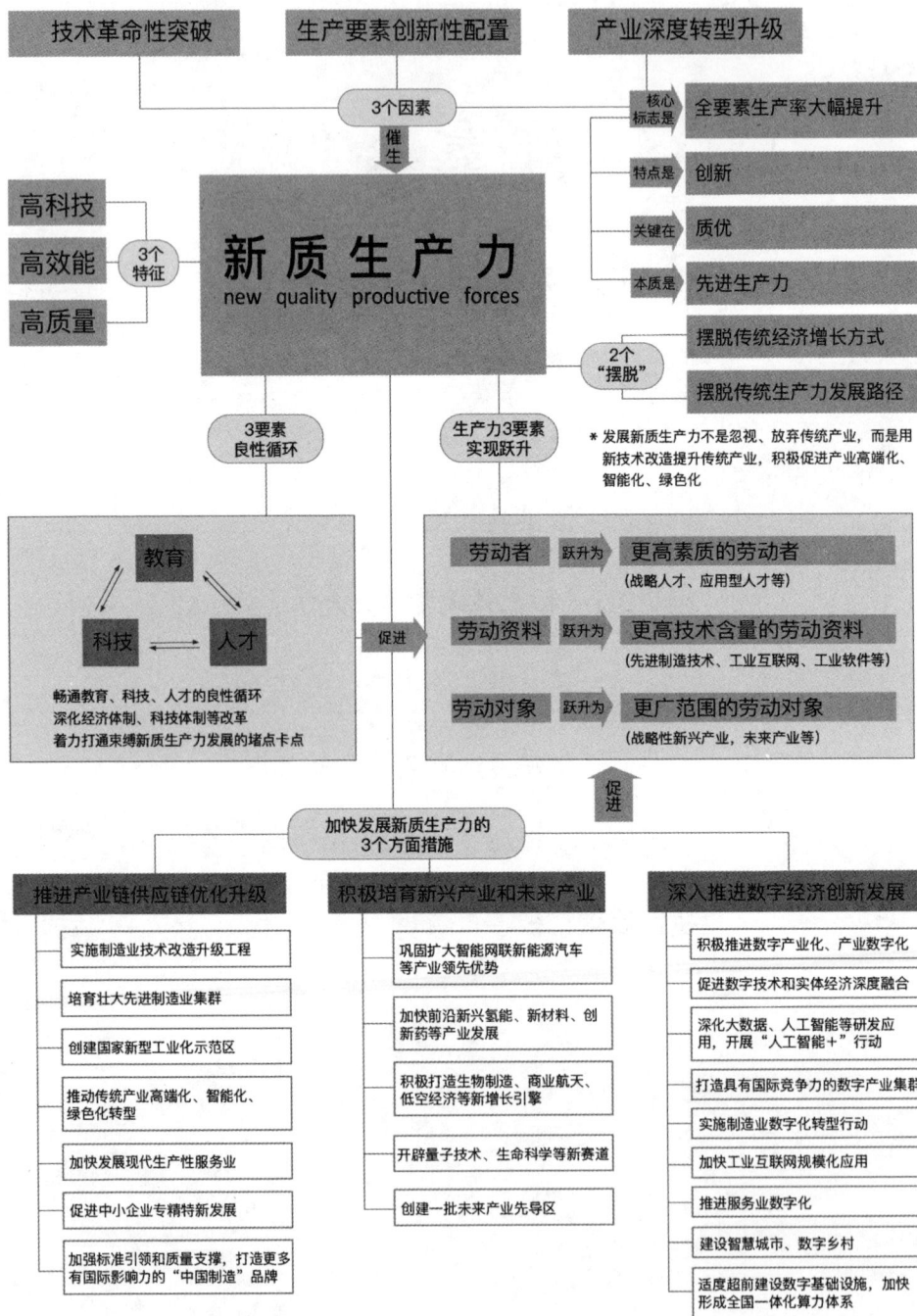

技术革命性突破　　生产要素创新性配置　　产业深度转型升级

3个因素
催生

核心
标志是　全要素生产率大幅提升

特点是　创新

关键在　质优

本质是　先进生产力

新质生产力
new quality productive forces

高科技

高效能　3个
特征

高质量

2个
"摆脱"　摆脱传统经济增长方式

摆脱传统生产力发展路径

* 发展新质生产力不是忽视、放弃传统产业，而是用新技术改造提升传统产业，积极促进产业高端化、智能化、绿色化

3要素
良性循环

生产力3要素
实现跃升

教育

科技　⇄　人才

畅通教育、科技、人才的良性循环
深化经济体制、科技体制等改革
着力打通束缚新质生产力发展的堵点卡点

促进

劳动者　跃升为　更高素质的劳动者
（战略人才、应用型人才等）

劳动资料　跃升为　更高技术含量的劳动资料
（先进制造技术、工业互联网、工业软件等）

劳动对象　跃升为　更广范围的劳动对象
（战略性新兴产业，未来产业等）

促进

加快发展新质生产力的
3个方面措施

推进产业链供应链优化升级

- 实施制造业技术改造升级工程
- 培育壮大先进制造业集群
- 创建国家新型工业化示范区
- 推动传统产业高端化、智能化、绿色化转型
- 加快发展现代生产性服务业
- 促进中小企业专精特新发展
- 加强标准引领和质量支撑，打造更多有国际影响力的"中国制造"品牌

积极培育新兴产业和未来产业

- 巩固扩大智能网联新能源汽车等产业领先优势
- 加快前沿新兴氢能、新材料、创新药等产业发展
- 积极打造生物制造、商业航天、低空经济等新增长引擎
- 开辟量子技术、生命科学等新赛道
- 创建一批未来产业先导区

深入推进数字经济创新发展

- 积极推进数字产业化、产业数字化
- 促进数字技术和实体经济深度融合
- 深化大数据、人工智能等研发应用，开展"人工智能+"行动
- 打造具有国际竞争力的数字产业集群
- 实施制造业数字化转型行动
- 加快工业互联网规模化应用
- 推进服务业数字化
- 建设智慧城市、数字乡村
- 适度超前建设数字基础设施，加快形成全国一体化算力体系

探索新质生产力发展，共创科技创新未来

高 文

21世纪以来，全球科技创新进入密集活跃的时期，以人工智能、量子信息、移动通信等为代表的新一代信息技术加速突破应用，深刻影响着全球创新格局和经济结构。当前，我国经济发展由高速增长阶段转向高质量发展阶段，其中发展新质生产力是推动高质量发展的内在要求和重要着力点。所以，开展新质生产力的理论研究和实践运用有价值、有必要，也正当时。

中关村作为我国科技创新的摇篮和风向标，始终站在新质生产力发展的最前沿。这里汇聚了众多创新型企业和研究机构，它们以敢为人先的精神，不断突破技术瓶颈，推动产业升级，为新质生产力的发展注入了强大的动力。中关村人才协会作为连接政产学研用的桥梁机构，自成立以来，一直致力于推动人才发展、促进科技创新、服务产业升级，为中关村乃至全国的新质生产力发展贡献了智慧和力量。

中关村人才协会关注新质生产力研究的热点，组织编写了《新质生产力案例集》。这本书是对我国新质生产力发展实践的一次剖析，也是对科技创新发展趋势的一次展望。作为中关村人才协会的发起人之一，我曾担任协会第一、二任理事长，与大家一起为中关村科技园区建设献力献策。在此书即将出版之际，很高兴能为这本具有重要意义的案例集撰写序言。

《新质生产力案例集》收录58篇精选案例，涵盖全国各地的优秀企业和研究机构，为我们提供了宝贵的经验和启示。在这本书中，包含了各地在新质生产力发展中的因地制宜和创新实践，体现了企业和科研机构在科技创新和应用转化中的主体地位和主导作用。同时，我们也看到了一些问题和不足。例如，有些地方的投资建设还因循守旧、缺乏特色；有些企业研发投入

还不够、创新能力也不太强；有些研究机构在基础研究中还存在一些前瞻性和系统性的问题。

这些问题都需要我们高度重视并认真解决。我们要坚持因地制宜、分类指导的原则，根据各地的实际情况和发展需求，制定符合当地特色的新质生产力发展战略和路径。在此基础上，鼓励企业加大研发投入，提高创新能力，推动科技成果转化为现实生产力；优化研究机构在基础研究和应用研究上的资源分配，推动形成产学研用紧密结合的科技创新体系。值得特别强调的是，科技创新和人才培养是新质生产力发展的关键因素。例如，人工智能作为新质生产力的典型代表，正以前所未有的速度改变着我们的生产方式和生活方式。未来企业、科研机构和高校要继续加强科技创新和人才培养，推动人工智能技术的不断突破和应用场景的不断拓展，从而更好地助力高质量发展。

如何继续务实高效地推动新质生产力的发展。我想除了科技创新和人才培养外，还要加强国际合作与交流，积极参与全球科技治理和国际标准制定，提升我国在新质生产力领域的国际影响力和话语权。另外，也要注重发挥市场在资源配置中的决定性作用并更好地发挥政府作用，完善市场机制，激发企业科技创新活力，推动形成以科技创新为主要引领和支撑的现代化经济体系，进一步推动我国经济社会的持续健康发展。

最后，我要对中关村人才协会和中国言实出版社在编纂过程中的付出表示敬意。我相信，在大家的共同努力下，本书一定会成为广大读者了解、研究和实践新质生产力的重要参考资料。

作者系中国工程院院士、鹏城实验室主任

汇聚全国案例，共探新质生产力发展之路

滕 飞

在当今全球经济一体化与信息化快速发展的时代背景下，新质生产力作为创新驱动发展的核心引擎，正引领着产业结构的深度调整与经济社会的高质量发展。中关村人才协会精心编纂的《新质生产力案例集》，汇集了全国58个生动案例，全面展示了我国在因地制宜发展新质生产力方面的探索与实践。这本案例集不仅是对我国新质生产力发展成就的集中展现，更是对未来发展方向和路径的深刻思考，具有重要的理论价值与实践指导意义。

一、新质生产力的时代意义

新质生产力，作为新时代经济发展的新动能，其内涵丰富、外延广泛，涵盖了新技术、新业态、新模式等多个方面。它以科技创新为核心，融合信息技术、生物技术、新能源技术等多领域的前沿成果，展现出高效能、高质量、高附加值的特点。新质生产力的发展，不仅推动了产业结构的优化升级，还促进了经济社会的全面进步。

在当前全球经济形势复杂多变的背景下，新质生产力的重要性愈发凸显。一方面，新质生产力是推动经济高质量发展的关键。通过技术创新和模式创新，新质生产力能够提升产业的整体效率和竞争力，为经济社会发展注入新的活力。另一方面，新质生产力也是应对全球性挑战的重要手段。在气候变化、资源短缺、环境污染等全球性问题面前，新质生产力能够提供新的解决方案和路径，推动人类社会的可持续发展。

二、因地制宜发展新质生产力的必要性

我国地域辽阔，各地区资源禀赋、产业基础和发展需求差异显著。因此，在发展新质生产力时，必须充分考虑地区的实际情况，因地制宜地制定

发展策略和路径。这不仅有助于充分发挥各地区的比较优势，还能促进区域经济的协调发展。

因地制宜发展新质生产力，需要做到以下几点：一是深入调研，充分了解地区的资源禀赋、产业基础和发展需求，为制定科学的发展策略提供依据；二是精准定位，明确新质生产力的发展方向和重点，避免盲目跟风和低水平重复建设；三是协同创新，加强产学研用合作，推动技术创新和模式创新的深度融合，形成具有区域特色的新质生产力；四是优化环境，深化市场化改革，完善市场机制，为新质生产力的发展营造良好的环境和氛围。

三、《新质生产力案例集》的编纂意义

《新质生产力案例集》的编纂，具有多方面的重要意义。首先，它为我国新质生产力的发展提供了宝贵的经验借鉴。案例集中的每一个案例，都是各地区在新质生产力发展方面的成功实践，蕴含着丰富的经验和启示。通过学习和借鉴这些案例，其他地区可以少走弯路，更快地推动新质生产力的发展。

其次，案例集展示了我国新质生产力发展的多样性和创新性。从信息技术到生物技术，从新能源到新材料，案例集涵盖了新质生产力的多个领域和方面。这些案例不仅展示了我国在新技术、新业态、新模式等方面的创新成果，还反映了我国在应对全球性挑战方面的积极探索和实践。

最后，案例集有助于推动区域经济的协调发展。通过汇编来自全国各地的案例，案例集展现了各地区在新质生产力发展方面的特色和优势。这有助于促进各地区之间的交流与合作，推动区域经济的协调发展。同时，案例集也为政府部门制定相关政策提供了有益的参考和依据。

四、案例集的主要内容与特点

《新质生产力案例集》汇集了58个生动案例，内容涵盖了新质生产力的多个方面。这些案例既有来自高新技术产业的创新实践，也有来自传统产业的转型升级；既有大型企业的引领示范，也有中小企业的创新发展。案例集的主要内容包括以下几个方面：

一是新技术应用案例。这些案例展示了信息技术、生物技术、新能源技术等新技术在各领域的应用和推广。通过新技术的应用，企业不仅提升了生产效率和产品质量，还开拓了新的市场和业务领域。

二是新业态发展案例。新业态是新质生产力的重要组成部分，也是经济发展的新增长点。案例集中的新业态发展案例，涵盖了电子商务、共享经济、平台经济等多个方面。这些新业态的兴起，不仅为消费者提供了更加便捷和高效的服务，还推动了产业结构的优化升级。

三是新模式创新案例。模式创新是新质生产力发展的重要驱动力。案例集中的新模式创新案例，展示了企业在商业模式、管理模式等方面的创新实践。通过模式的创新，企业不仅降低了运营成本和风险，还提升了市场竞争力和盈利能力。

四是传统产业转型升级案例。传统产业是国民经济的重要组成部分，也是新质生产力发展的重要领域。案例集中的传统产业转型升级案例，展示了企业通过技术创新和模式创新，实现产业升级和转型发展的成功实践。

案例集的特点主要体现在以下几个方面：一是全面性。案例集涵盖了新质生产力的多个方面和领域，为读者提供了全面的了解和认识。二是实践性。案例集中的每一个案例都是来自实践的真实案例，具有可操作性和可复制性。三是创新性。案例集中的案例都体现了企业在新技术、新业态、新模式等方面的创新实践，具有较高的创新性和引领性。四是可读性。案例集采用了通俗易懂的语言和生动的案例描述，使读者能够轻松理解和掌握案例的核心内容。

五、对未来的展望与建议

展望未来，新质生产力将继续成为推动经济社会发展的重要力量。为了更好地发展新质生产力，我们将从以下几方面着手。

（一）强化创新驱动，提升核心竞争力

创新是新质生产力的灵魂。未来，我们需要进一步强化创新驱动，加大科技研发投入，推动关键技术突破和成果转化。建议政府部门加大对企业研发的财政支持，优化税收优惠政策，鼓励企业增加研发投入。同时，加强知识产权保护，营造公平竞争的市场环境，激发企业的创新活力。

（二）推动产业升级，构建现代产业体系

新质生产力的发展需要与现代产业体系的构建紧密结合。我们应积极推动传统产业转型升级，培育新兴产业，构建以新质生产力为核心的现代产业体系。建议政府部门制定产业发展规划，明确产业升级的方向和路径，引导企业加大技术改造和模式创新力度。同时，加强产业链上下游企业的协同合作，形成产业链、创新链、资金链和政策链"四链"融合的发展格局。

（三）优化人才结构，培养新质生产力人才

人才是新质生产力发展的关键。我们需要优化人才结构，培养一批具有创新精神和实践能力的新质生产力人才。建议政府加大对高等教育的投入，优化专业设置，加强与企业、科研机构的合作，培养符合市场需求的新质生产力人才。同时，加强职业培训，提升现有劳动力的技能水平，满足新质生产力发展对人才的需求。

（四）深化改革开放，营造良好发展环境

改革开放是新质生产力发展的强大动力。我们需要进一步深化市场化改革，完善市场机制，为新质生产力的发展营造良好的环境和氛围。建议政府加快推进行政审批制度改革，简化审批流程，提高审批效率。同时，加强与国际社会的交流与合作，引进国外先进技术和管理经验，推动新质生产力的国际化发展。

（五）加强区域协同，促进区域经济发展

新质生产力的发展需要区域间的协同合作。我们应加强区域协同，推动区域经济一体化发展，形成优势互补、协同发展的区域经济格局。建议政府加强区域间的政策协调，推动产业转移和升级，实现区域经济的协调发展。同时，加强区域间的交通、通信等基础设施建设，提高区域间的通达性和便捷性，为新质生产力的发展提供有力支撑。

六、结语

《新质生产力案例集》的编纂出版，是我国新质生产力发展历程中的重要里程碑。它不仅展示了我国在新技术、新业态、新模式等方面的创新成果和成功经验，还为我们提供了宝贵的经验借鉴和启示。展望未来，我们需要继续把握创新驱动、产业升级、人才培养、改革开放和区域协同等关键方向，推动新质生产力的持续发展和壮大。相信在各方面的共同努力下，我国新质生产力一定能够迎来更加美好的明天。

最后，我要对中关村人才协会表示衷心的感谢。他们为编纂这本案例集付出了辛勤的努力和汗水，为我们提供了一份宝贵的财富。同时，我也要对所有为新质生产力发展做出贡献的人们表示崇高的敬意和衷心的感谢。正是有了你们的努力和奉献，才有了我国新质生产力的蓬勃发展和辉煌成就。让我们携手共进，共同推动新质生产力的持续发展和壮大，为我国的经济社会发展贡献更多的智慧和力量！

作者系国务院发展研究中心研究员

序三

见证中关村科技创新，引领新质生产力发展

黄铁军

在当今这个日新月异的时代，科技的飞速发展正以前所未有的力量重塑着我们的社会与经济结构。作为这一变革的核心驱动力，新质生产力正逐步成为推动国家进步、促进产业升级的关键力量。中关村，作为中国科技创新的高地，始终站在时代潮头，引领着新质生产力的发展潮流。在此背景下，中关村人才协会精心编纂的《新质生产力案例集》应运而生，旨在为全国乃至全球的读者呈现一幅生动的科技创新画卷。

新质生产力，是指在新一轮科技革命和产业变革中，以人工智能、大数据、云计算等前沿技术为支撑，形成的全新生产方式和组织能力。它不仅代表着技术的革命，更蕴含着思维模式的转变和生产关系的重塑。在新质生产力的推动下，传统产业得以转型升级，新兴产业蓬勃兴起，为经济社会发展注入了新的活力。

中关村，作为中国科技创新的摇篮，汇聚了众多高新技术企业、科研机构和优秀人才。这里，每一天都在上演着科技创新的奇迹，每一刻都在孕育着新质生产力的种子。从智能语音助手到自动驾驶汽车，从大模型到具身智能，从精准医疗到智慧城市，中关村的高新技术企业和科研人员正以实际行动践行着科技创新的使命，不断推动着新质生产力的发展。

《新质生产力案例集》的编纂，正是为了记录和展示中关村在这一历程中的辉煌成就。本书精选了多个具有代表性的案例，涵盖了人工智能、大数据、云计算等多个领域，既有技术创新的突破，也有产业应用的典范。通过这些案例，读者可以深入了解新质生产力的内涵和外延，感受科技创新的魅力和力量。

作为北京智源人工智能研究院的理事长，我深感荣幸能为本书作序。智源人工智能研究院作为北京最早的人工智能新型研发机构，一直致力于营造全球最佳的学术和技术创新生态，挑战最基础的问题和最关键的难题，成为全球人工智能学术思想、基础理论、顶尖人才、企业创新和发展政策的源头，促进人类、环境和智能的可持续发展，与中关村众多企业和科研机构共同见证了新质生产力的崛起。我们相信，通过本书的出版和传播，将会有更多的人了解和认识新质生产力，进而投身到科技创新的伟大事业中来。

最后，我要感谢中关村人才协会为编纂本书所付出的辛勤努力。你们的辛勤工作，不仅为读者提供了一本宝贵的参考书籍，也为中关村乃至全国的科技创新事业做出了重要贡献。我衷心希望，《新质生产力案例集》能够成为广大读者了解新质生产力、感受科技创新魅力的重要窗口，为推动我国经济社会高质量发展贡献一份力量。

作者系智源人工智能研究院理事长

序四

总结新质生产力实践，展望高质量发展未来

牛伟宏

在新时代的浩荡春风中，科技创新的浪潮汹涌澎湃，新质生产力作为这股浪潮中的璀璨明珠，正以其独特的魅力和无限的潜力，引领着中国经济社会的高质量发展。中关村人才协会主编的《新质生产力案例集》即将面世，这不仅是对新质生产力实践探索的一次全面梳理，更是对未来发展方向的一次深刻展望。作为曾经在中央党校研究现代化问题的学者，我很高兴能为这样一部具有重要意义的著作作序。

新质生产力，是党中央基于对国家发展大势的深刻洞察，提出的一个具有前瞻性和战略性的重要概念。它不仅仅是对传统生产力的简单升级，而是融合了信息技术、人工智能、大数据等新兴技术，形成的一种全新的、高效能的生产力形态。新质生产力的提出，标志着我国生产力发展进入了一个新的阶段，也为我国经济社会发展注入了新的强大动力。

中央关于新质生产力的理论体系，为我们指明了前进的方向。这一理论体系强调，新质生产力的发展要坚持创新驱动，注重人才培养和引进，加强科技创新和成果转化，推动经济社会全面进步。同时，新质生产力的发展还要因地制宜，充分发挥各地的比较优势和资源禀赋，形成各具特色的新质生产力发展模式。这一理论体系的提出，为我国新质生产力的发展提供了根本遵循和行动指南。

《新质生产力案例集》的出版，正是对这些实践探索的一次全面总结和展示。本书收入的58篇案例，涵盖了全国各地的优秀企业和研究机构，它们在新质生产力的发展中取得了显著的成效做出了突出的贡献。这些案例，既有大型企业的创新转型，也有中小企业的快速成长；既有传统产业的升级改

造，也有新兴产业的蓬勃发展。它们共同构成了我国新质生产力发展的壮丽画卷。

在这些案例中，我看到了新质生产力的强大生命力和广阔前景。看到了企业在新质生产力发展中的主体地位和重要作用，看到了科技创新和人才支撑对新质生产力发展的关键作用，也看到了政府在推动新质生产力发展中的积极引导和服务作用。这些案例的成功经验，为我们提供了有益的借鉴和参考，也为我们未来的发展指明了方向。

由于长期在人才领域工作，我深知人才在新质生产力发展中的重要性。新质生产力的发展，离不开高素质的人才队伍和强大的人才支撑。我们要坚持人才引领发展战略，加强人才培养和引进，构建具有全球竞争力的人才制度体系，为新质生产力的发展提供源源不断的人才保障。

同时，我们也要注重顶层设计和系统谋划，加强新质生产力发展的战略规划和政策引导。要建立健全新质生产力发展的体制机制，完善科技创新和成果转化的政策体系，推动形成产学研用深度融合的创新生态。

《新质生产力案例集》的出版，不仅是对新质生产力实践探索的一次全面总结，更是对我们未来发展方向的一次深刻启示。我们要以更加开放的视野、更加创新的思维、更加务实的作风，推动新质生产力不断迈上新的台阶、取得新的更大成就。

最后，我要对中关村人才协会和中国言实出版社表示衷心的感谢。你们为新质生产力的发展做出了积极的贡献，也为本书的出版付出了辛勤的努力。我相信，在你们的共同努力下，《新质生产力案例集》一定会成为广大读者了解新质生产力、研究新质生产力、实践新质生产力的重要参考和宝贵资料。

让我们携手并进、共同努力，为推动新质生产力的高质量发展贡献智慧和力量！

作者系中组部人才工作局原副局长、一级巡视员

序五

践行实践先行，引导高质量发展

张丽娜

中关村人才协会和中国言实出版社，为落实党中央关于发展新质生产力的重大战略部署，充分发挥社团组织的平台及新闻出版的舆论导向作用，经过认真梳理和归纳会员单位及其他企业发展新质生产力的具体做法和经验，编辑出版《新质生产力案例集》，案例集不仅是对我国新质生产力实践的归纳和传播，更能对未来发展进行洞察与思辨。本人作为一名经济改革战线的老兵，受邀为本书作序深感荣幸。

发展新质生产力，是党中央基于对我国经济社会发展新阶段的主要特征、重点任务和发展路径进行深入研判，对新时代先进生产力发展规律进行精准洞察而提出的。它超越了传统生产力的范畴，融合了信息技术、人工智能、大数据等前沿新兴技术，形成了一种全新的、具有强大生命力和广泛影响力的生产力形态。新质生产力的出现，不仅标志着我国生产力发展进入了一个新的历史阶段，更为我国经济社会发展提供了新的动力源泉和广阔空间。同时也为全球经济社会发展提供了开放共融的中国智慧和中国高新科学技术。

党中央关于新质生产力的理论体系，为我们指明了前进的方向。这一理论体系强调，新质生产力的发展要坚持创新驱动，注重人才培养和引进，加强科技创新和成果转化，推动经济社会全面进步。同时，新质生产力的发展还要因地制宜，充分发挥各地的比较优势和资源禀赋，形成各具特色的新质生产力发展模式。这一理论体系的提出，不仅为我国新质生产力的发展提供了根本遵循，也为我国经济社会发展注入了新的活力和动力，引领着我国迈向高质量发展的康庄大道。

在全国各地，新质生产力的发展呈现出蓬勃生机和火爆场景。从东部沿海的智能制造、数字经济，到中西部的绿色能源、大数据产业，再到东北地区的传统产业转型升级，新质生产力正在以不同的形式和路径，推动着各地经济社会的快速发展。这些实践探索，不仅丰富了新质生产力的内涵和外延，也为我们提供了宝贵的实践经验和有益启示，展示了我国新质生产力发展的广阔前景和无限潜力。

《新质生产力案例集》的出版，正是对这些实践探索的一次初步总结和展示。由于协会了解掌握信息有限，本书仅收纳了58篇案例，力图涵盖全国各地的优秀企业和研究机构在发展新质生产力中取得的阶段性成效和突出贡献。这些案例中，既有大型企业的创新转型实践，展现他们在技术创新、管理创新、市场创新等方面的卓越成就；也有中小企业的快速成长，展示他们在细分市场、特色产品、灵活经营等方面的独特优势。同时，部分研究机构的案例也为我们提供了理论支撑和智力支持，展现了它们在新质生产力研究领域的深厚底蕴和前瞻视野。

在这些案例中，我们看到了新质生产力的强大生命力和广阔前景，看到了企业在新质生产力发展中的主体地位和重要作用，它们是新质生产力发展的主要推动者和实践者。看到了科技创新和人才支撑对新质生产力发展的关键作用，它们是推动新质生产力不断向前发展的核心动力。同时，也看到了党和政府在推动新质生产力发展中的积极引导和服务作用，它们为新质生产力的发展提供了良好的政策环境和公共服务。

改革不仅是解放生产力，也是发展生产力，让我们在以习近平同志为核心的党中央领导下，在政府提出的办法总比问题多的求真务实、攻坚克难作风的指引下，守正创新，勇于探索，与时俱进发展新质生产力，激发市场活力和社会创造力，充分发挥市场配置资源的基础性作用，为新质生产力的发展提供广阔的空间和舞台。同时，更好发挥政府作用，提高政府服务效率和质量，为新质生产力的发展提供有力的保障和支持。还要坚持系统观念，注重顶层设计和系统谋划，加强新质生产力发展的战略规划和政策引导，明确发展目标和路径，制定科学精准的政策措施。

发展新质生产力，我认为要注重因地制宜、分类指导。各地要根据自身的实际情况和资源禀赋，制定符合自身特点的新质生产力发展策略和路径。

要充分发挥比较优势，形成各具特色的新质生产力发展模式。加强区域合作与协同发展，推动形成优势互补、协同发展的新格局。

展望未来，新质生产力的发展前景广阔、潜力巨大。我们要以更加开放的视野、更加创新的思维、更加务实的作风，推动新质生产力不断迈上新的台阶、取得新的更大成就。我们要加强科技创新和人才支撑体系建设，提高自主创新能力和核心竞争力。我们要加强政策引导和服务保障，为新质生产力的发展创造良好的环境和条件。我们要加强国际合作与交流，推动新质生产力在全球范围内的共同发展。

感谢中关村人才协会和中国言实出版社，齐心协力，恪尽职守，为本书的出版付出了辛勤的努力。《新质生产力案例集》一定会成为广大读者了解新质生产力、研究新质生产力、实践新质生产力的重要参考和宝贵资料。同时，我也希望本书能够激发更多企业和研究机构对新质生产力的关注和探索，推动我国新质生产力发展不断迈上新的高度。

作者系国家发展改革委体改司原巡视员

借鉴典型案例，共绘新质生产力发展新蓝图

皮建华

当今世界正在经历百年未有之大变局，新一轮科技革命和产业变革方兴未艾。以新质生产力打造我国经济核心竞争力和发展新动能，是推动高质量发展的内在要求和重要着力点。中关村人才协会汇编的这本《新质生产力案例集》，正是对这一时代潮流的深刻回应和生动展现。我长期从事产业发展工作，很荣幸为大家推荐这本案例集。

一、新质生产力的时代背景与意义

新质生产力，是指在新的科技革命和产业变革中，以创新驱动为核心，以人才为支撑，以新技术、新产业、新业态、新模式为标志，形成的具有高效能、高质量、高附加值特征的生产力。它的出现，是科技进步与产业升级的必然结果，也是全球经济结构深度调整的重要推手。

当前，科技创新已经成为国际竞争的新焦点。新质生产力作为科技创新的重要载体，对于提升国家竞争力、实现经济高质量发展具有重要意义。同时，新质生产力的发展也面临着前所未有的机遇和挑战。一方面，新一轮科技革命和产业变革为新质生产力的发展提供了广阔的空间和无限的可能；另一方面，国际竞争日益激烈，技术封锁、贸易壁垒等外部因素对新质生产力的发展构成了严峻挑战。

因此，汇编一本全面展示新质生产力发展实践的案例集，对于总结经验、推广典型、引领创新具有重要意义。这本《新质生产力案例集》正是在这样的背景下应运而生，它汇集了全国 58 个案例，涉及新质生产力的方方面面，为我们提供了一个宝贵的学习借鉴平台。

二、案例集的特色与亮点

这本案例集有几个显著的特色和亮点，值得我们特别关注：

一是全面性。案例集涵盖了新质生产力的多个领域，包括新技术、新产业、新业态、新模式等，为我们呈现了一个丰富多彩的新质生产力画卷。无论是智能制造、生物医药、新能源等新兴产业，还是"互联网+"、大数据、人工智能等新技术应用，都在案例集中得到了充分展示。

二是实践性。案例集中的每一个案例都是来自实践一线的真实写照，它们经过了市场的检验和时间的考验，具有很强的说服力和参考价值。这些案例不仅展示了新质生产力的创新成果和应用效果，更揭示了新质生产力发展的内在规律和成功经验。

三是创新性。案例集中的许多案例都体现了创新驱动的核心特征，它们或是通过技术创新突破了行业瓶颈，或是通过模式创新开拓了新的市场空间，或是通过管理创新提升了企业竞争力。这些创新实践为我们提供了宝贵的启示和借鉴。

四是广泛性。案例集汇集了来自全国各地的案例，充分展示了"因地制宜发展新质生产力"的理念。不同地区根据自身的资源禀赋、产业基础和发展需求，探索出了各具特色的新质生产力发展路径和模式。这些经验做法对于其他地区具有重要的借鉴意义。

三、新质生产力的未来展望

展望未来，新质生产力将继续保持蓬勃发展的态势，成为推动经济社会发展的重要力量。在新的时代背景下，我们需要进一步把握新质生产力的发展趋势和规律，加强政策引导和支持，推动新质生产力实现更高质量、更有效率、更加公平、更可持续的发展。

一是加强科技创新。科技创新是新质生产力发展的核心驱动力。我们需要加大科技研发投入，加强基础研究和应用基础研究，推动关键核心技术突破和成果转化。同时，我们还需要加强创新人才培养和引进，打造一支高素质的创新人才队伍。

二是推动产业升级。产业升级是新质生产力发展的重要方向。我们需要加快传统产业转型升级步伐，推动新兴产业蓬勃发展。同时，我们还需要加强产业链上下游协同合作，构建完善的产业生态体系。

三是深化改革开放。改革开放是新质生产力发展的重要保障。我们需要进一步深化市场化改革，完善市场机制，激发市场活力和社会创造力。同时，我们还需要加强国际合作与交流，引进国外先进技术和管理经验，推动新质生产力实现更高水平的开放发展。

四是强化政策支持。政策支持是新质生产力发展的重要推动力。我们需要制定和完善相关政策措施，加强政策引导和扶持力度。同时，我们还需要加强政策宣传和解读工作，提高政策知晓率和执行力。

四、结语

中关村人才协会汇编的这本《新质生产力案例集》是一本具有很高价值的书籍。它不仅为我们展示了新质生产力的发展实践和创新成果，更为我们提供了宝贵的学习借鉴平台。我相信，通过这本书籍的出版和传播，将能够进一步推动新质生产力的发展壮大，为经济社会高质量发展注入新的动力和活力。

在此，我要对中关村人才协会表示衷心的感谢和致以崇高的敬意。同时，我也希望广大读者能够认真阅读这本案例集，从中汲取营养，为新质生产力的发展贡献自己的智慧和力量。让我们携手共进，共同开创新质生产力发展的新篇章！

作者系国家发展改革委产业司原二级巡视员

序七

专精特新小巨人——新质生产力的先锋队

张晓辉

新质生产力正以极速度推动着我国经济社会发展与变革，由中关村人才协会编著的《新质生产力案例集》一书，汇聚了全国 50 多个专精特新"小巨人"企业优质案例，展示了新质生产力在各领域的无限潜力。作为一名长期服务于中小企业战线的"老兵"，我很荣幸受邀为本书作序，并借此机会，与大家深度探讨专精特新"小巨人"企业在发展新质生产力中的作用与意义。

众所周知，专精特新企业是推进新型工业化、发展新质生产力的生力军。特别是专精特新"小巨人"企业，他们聚焦细分领域，在专上深耕、在精上打磨、在特上见长、在新上发力，加快突破关键核心技术，不断提高核心竞争力，在产业链供应链中发挥着越来越重要的支撑作用，他们通过自主研发、技术创新解决了"卡脖子"核心技术难题，在"补短板、锻长板"完善产业链供应链稳定性、可持续发展等方面取得了显著成果。

目前，专精特新"小巨人"企业秉承"专业化、精细化、特色化、新质化"的发展理念，正在向"数智化、国际化、绿色化、人性化"转变。他们低调、务实，专注对标世界"隐形冠军"，全面贯彻实施"一带一路"倡议，加快构建以国内大循环为主体、国内国际双循环相互促进的新发展格局，在县域经济与中小企业融合、推进发展新质生产力、推动区域国际化和新型工业化等方面发挥着举足轻重的作用。

科学发现推动社会进步，技术进步推动创新发展……大数据已成为大创新的重要资源。在《新质生产力案例集》一书中，我们可以看到，专精特新"小巨人"企业通过地方、行业海量的大数据资源，运用"算据、算法、算力"等数智技术提升传统效率，因地制宜地推动新质生产力与地方社会经济深度融合，助力地方经济健康高质量发展。这些实践经验为全国新质生产力的发展提供了样板。

专精特新"小巨人"企业在新质生产力发展中的作用，不仅体现在技术创新上，更体现在对市场需求的敏锐洞察力上。他们把脉市场，及时调整产品策略与服务模式，满足消费者日益多样化的需求。这种以市场为导向的创新机制，帮助企业在激烈的市场竞争中保持领先地位，不断推动新质生产力的持续发展。

当下的专精特新"小巨人"企业遵循"简单、适合、实用、系统"的原则，已成为我国国际化发展之路的排头兵、冲锋队和主力军，他们正在走对、走实、走好国际合作战略新步伐：第一步"请进来"，第二步"走出去，主动请进来"，第三步才是真正的"走出去、走进去、走上去、走回来"。

展望未来，随着全球科技革命和产业变革的深入发展，新质生产力将面临更多的机遇与挑战。专精特新"小巨人"企业应继续发扬敢为人先、勇于探索的精神，不断提升自主创新能力，加强产学研用合作，促进科技成果高效转化，为构建新发展格局、推动经济高质量发展注入更强动力。

在此，我衷心希望《新质生产力案例集》一书的出版，能成为激发全社会创新活力、引领新质生产力发展的新起点。同时，也祝愿专精特新"小巨人"企业在新时代的征程中，不忘初心、牢记使命，勇攀科技高峰，再创辉煌业绩，为实现中华民族的伟大复兴贡献一份力量！

作者系工业和信息化部中小企业发展促进中心总经济师

序八

中关村引领新质生产力，共创高质量发展新篇章

夏颖奇

在这个创新涌动、变革频出的时代，新质生产力作为推动经济社会发展的新引擎，正以前所未有的速度和广度，在中华大地上绽放出璀璨的光芒。中关村人才协会精心编纂的《新质生产力案例集》即将付梓，这不仅是对我国新质生产力发展实践的一次深度挖掘，更是对中关村作为我国创新发展一面旗帜地位的有力彰显。作为中关村管委会原副主任，我深感荣幸能为本书作序，借此机会，我愿与大家分享几点思考和感悟。

中关村，这个被誉为"中国硅谷"的地方，自改革开放以来，便一直站在我国科技创新的前沿，引领着我国高新技术产业的发展方向。在这里，无数梦想被点燃，无数奇迹被创造，中关村不仅成为我国创新发展的代名词，更成了全球创新网络中的重要节点。中关村的成功，离不开其独特的创新生态和深厚的文化底蕴，更离不开党中央、国务院的坚强领导和政策支持。

新质生产力，作为新时代生产力发展的高级形态，是科技创新与经济社会深度融合的产物。它强调以信息技术、人工智能、大数据等新兴技术为支撑，推动生产方式的深刻变革，实现经济社会的高质量发展。中央关于新质生产力的理论体系，为我们指明了前进的方向，强调了创新驱动、人才引领、科技支撑的重要性，为各地因地制宜发展新质生产力提供了根本遵循。

中关村，作为新质生产力发展的先行者，始终保持着领先的地位，不断为我国新质生产力的发展贡献着智慧和力量。

《新质生产力案例集》的出版，正是对这些实践探索的一次全面总结和展示。本书收入的58篇案例，涵盖了全国各地的优秀企业和研究机构，它们在新质生产力的发展中取得了显著的成效和突出的贡献。这些案例，既有中

关村企业的创新转型，展现了它们在技术创新、商业模式创新、管理创新等方面的卓越成就；也有其他地区企业的快速成长，展示了它们在借鉴中关村经验、结合自身实际、探索适合自身发展道路方面的积极尝试。同时，部分研究机构的案例也为我们提供了理论支撑和智力支持，展现了它们在新质生产力研究领域的深厚底蕴和前瞻视野。

在这些案例中，我看到了新质生产力的强大生命力和广阔前景。我看到了企业在新质生产力发展中的主体地位和重要作用，它们是新质生产力发展的主要推动者和实践者。我看到了科技创新和人才支撑对新质生产力发展的关键作用，它们是推动新质生产力不断向前发展的核心动力。同时，我也看到了政府部门在推动新质生产力发展中的积极引导和服务作用，它们为新质生产力的发展提供了良好的政策环境和公共服务。中关村的成功经验告诉我们，只有坚持创新驱动、人才引领、科技支撑，才能不断推动新质生产力的发展，实现经济社会的高质量发展。

作为中关村管委会原副主任，我深知中关村在改革开放中的艰辛历程和辉煌成就。中关村的成功，离不开党中央、国务院的坚强领导和政策支持，离不开中关村人的不懈努力和奋斗精神。中关村的创新生态和文化底蕴，是中关村成功的关键所在。我们要继续发扬中关村的创新精神，坚持开放合作、协同创新，推动中关村不断走向新的辉煌。

最后，我要对中关村人才协会和中国言实出版社表示衷心的感谢。你们为新质生产力的发展做出了积极的贡献，也为本书的出版付出了辛勤的努力。我相信，《新质生产力案例集》将会成为广大读者了解新质生产力、研究新质生产力、实践新质生产力的重要参考和宝贵资料。同时，我也希望本书能够激发更多企业和研究机构对新质生产力的关注和探索，推动我国新质生产力发展不断迈上新的高度。让我们携手并进、共同努力，为推动新质生产力的高质量发展贡献智慧和力量！

作者系中关村管委会原副主任、欧美同学会原副会长

目 录

第一篇　如何改造提升传统产业

因地制宜发展新质生产力：以新质生产力改造提升传统产业 / 2

第二篇　如何培育壮大新兴产业

第三篇　如何布局建设未来产业

第四篇　如何组织构建平台生态

因地制宜发展新质生产力：构建产业生态平台的策略与实践 / 372

前　言

在这个创新如潮涌动的时代，中关村人才协会携手中国言实出版社，共同推出了这本汇聚全国各地、各类企业、各个行业精英智慧的《新质生产力案例集》。作为本书作者，我们深感荣幸与责任重大，愿以此书为媒介，向广大读者展现新质生产力这一新话语体系的独特魅力与无限潜力。

新质生产力，是新时代赋予我们的崭新视角和强大工具。它不仅仅是一种理论创新，更是一种实践探索，是推动经济社会高质量发展的关键引擎。本书精选的 58 篇案例，正是新质生产力在各个领域、各个层面生动实践的缩影。它们如同一面面镜子，映照出创新的光芒，也折射出时代的变迁。

在编辑过程中，我们力求完美，但由于案例的多样性和复杂性，难免会有疏漏之处。对此，我们深表歉意，并恳请读者谅解。我们深知，这些疏漏并不能掩盖书中案例所蕴含的创新精神和实践价值。相反，它们更像是未经雕琢的璞玉，等待着读者去发掘、去品味。

中关村，这片创新的热土，始终是我国创新发展的一面旗帜。在这里，创新是一种信仰，是一种追求，更是一种生活方式。在全国统一大市场推进的洪流中，中关村更是勇立潮头，发挥着引领和示范作用。中关村世界领先科技园区的建设，不仅提升了我国的科技创新能力，更为全球科技创新合作提供了新的平台和机遇。

我们深感中关村正以"世界的中关村，人才的地球村"的姿态，推动着各地的创新发展。这种推动，不仅仅是技术和产业的转移，更是创新理念和文化的传播。中关村的世界领先科技园区建设，正是这一推动过程中的璀璨明珠，它照亮了前行的道路，也激励着更多的人投身于创新的伟大事业。

本书的出版，是中关村人才协会对新质生产力这一新话语体系的一次深情诠释，也是我们对全国乃至全球创新发展的一次诚挚献礼。我们希望通过这本书，能够激发更多人的创新灵感，推动更多企业的创新发展，为构建更加繁荣、更加美好的未来贡献我们的智慧和力量。特别是以下各类群体，本书可能具有更直接的阅读意义。

——各级政策制定者和执行者。书中的案例不仅展示了企业的创新实践，还反映了政策环境对创新活动的影响。政策制定者和执行者可以通过本书了解创新实践的需求和挑战，为制定更加科学合理的创新政策提供参考。

——创新创业者。对于正在寻找创新方向和创业路径的创新创业者来说，本书提供了丰富的灵感来源和实际操作案例，有助于开阔视野，找到适合自己的创新之路。

——企业管理人员。书中的案例涵盖了不同行业、不同规模的企业在创新实践中的成功经验，对于企业管理人员来说，是一本宝贵的实战指南，有助于借鉴先进经验，推动企业的转型升级和创新发展。

——高校师生和研究机构人员。本书可作为高校创新创业课程和研究机构创新研究的辅助教材，帮助学生和研究人员深入理解新质生产力的内涵和实践，培养创新意识和实践能力。

最后，我要感谢所有为这本书付出辛勤努力的编辑人员和工作人员，感谢所有提供案例的单位和个人。是你们的智慧和努力，让这本书得以呈现给广大读者。愿这本书能够成为您创新路上的灯塔，照亮您前行的道路。

编　者

2025 年 3 月

第一篇　如何改造提升传统产业

因地制宜发展新质生产力：
以新质生产力改造提升传统产业

在当今这个日新月异的时代，新质生产力已经成为推动经济社会发展的重要力量。它不仅代表着科技创新的前沿，更是传统产业转型升级的关键。面对全球产业格局的深度调整和新一轮科技革命的挑战，如何因地制宜地发展新质生产力，以新质生产力改造提升传统产业，成为摆在我们面前的一项重要任务。

一、新质生产力与传统产业改造提升的背景

新质生产力，是指在新的科技革命和产业变革中，以创新驱动为核心，以人才为支撑，形成的具有高效能、高质量、高附加值特征的生产力。它代表着先进的技术水平、生产模式和商业形态，是推动经济社会高质量发展的关键。

而传统产业，作为我国经济发展的重要基础，曾为我国经济增长、社会就业和民生改善做出了巨大贡献。然而，随着科技的进步和市场的变化，传统产业面临着越来越多的挑战。技术落后、效率低下、环境污染等问题日益凸显，严重制约了传统产业的可持续发展。

因此，以新质生产力改造提升传统产业，既是推动经济社会高质量发展的必然要求，也是实现传统产业转型升级的重要途径。

二、因地制宜发展新质生产力

因地制宜发展新质生产力，就是要根据不同地区的资源禀赋、产业基础和发展需求，制定符合当地实际的新质生产力发展策略。具体来说，包括以下几个方面：

加强科技创新。科技创新是新质生产力发展的核心驱动力。不同地区应根据自身的科技优势和产业特色，加强科技创新投入，推动关键技术突破和成果转化。同时，加强与高校、科研机构的合作，引进和培育创新人才，为新质生产力的发展提供智力支持。

推动产业升级。产业升级是新质生产力发展的重要方向。传统产业应通过技术改造、模式创新等方式，提升产业附加值和竞争力。同时，积极培育新兴产业，推动产业链上下游协同合作，构建完善的产业生态体系。

深化改革开放。改革开放是新质生产力发展的重要保障。不同地区应进一步深化市场化改革，完善市场机制，激发市场活力和社会创造力。同时，加强国际合作与交流，引进国外先进技术和管理经验，推动新质生产力实现更高水平的开放发展。

三、以新质生产力改造提升传统产业

以新质生产力改造提升传统产业，需要从以下几个方面入手：

技术创新引领。通过引进和研发先进技术，推动传统产业技术升级和产品创新。利用互联网、大数据、人工智能等新技术手段，提升传统产业的智能化、自动化水平，提高生产效率和产品质量。

模式创新推动。通过创新商业模式和营销手段，拓展传统产业的市场空间和盈利渠道。利用电商平台、社交媒体等新媒体渠道，加强品牌推广和市场营销，提升传统产业的品牌影响力和市场竞争力。

管理创新提升。通过引入现代企业管理理念和方法，提升传统产业的管理水平和运营效率。加强企业文化建设，培养高素质的管理人才和技能人才，为传统产业的转型升级提供有力的人才保障。

绿色低碳发展。在改造提升传统产业的过程中，应注重环境保护和可持续发展。推广节能减排技术和清洁能源应用，降低传统产业的能耗和排放水平。同时，加强废弃物处理和资源回收利用，推动传统产业实现绿色低碳发展。

四、结语

因地制宜发展新质生产力，以新质生产力改造提升传统产业，是推动经济社会高质量发展的必然要求。我们需要加强科技创新、推动产业升级、深化改革开放，为传统产业的转型升级提供有力支撑。同时，我们还需要注重技术创新引领、模式创新推动、管理创新提升和绿色低碳发展，推动传统产业实现全面转型升级和高质量发展。只有这样，我们才能在全球产业格局的深度调整中抢占先机、赢得优势，为实现中华民族伟大复兴的中国梦贡献更大的力量。

自主可控建筑业务平台：打造建筑行业新质生产力数字底座

广联达科技股份有限公司

广联达科技股份有限公司作为建筑信息化领域的领军企业，通过自主研发的建筑业务平台，深度融合 BIM、IoT、AI 等新一代信息技术，打造并不断提升建筑行业新质生产力水平。该平台不仅优化了建筑设计、施工、运维的全过程，显著提升了项目的建造效率与工程质量，还促进了建筑业向智能化、绿色化、精细化的转型升级。广联达以技术创新为驱动，致力于解决建筑行业传统建造模式的痛点，满足市场对高品质住房的需求，为建设好房子提供了强有力的技术支撑。同时，该实践案例为建筑行业数字化转型树立了典范，引领了未来建筑行业的发展方向。

在当今快速变化的时代背景下，建筑业作为国民经济的重要支柱，正面临着前所未有的挑战与机遇。随着科技的飞速发展，人们对建筑品质、效率及环保性的要求日益提升，传统建筑业的生产力模式已难以满足高质量、高效率的发展需求。新质生产力作为以数字技术为核心，深度融合信息技术、智能制造等前沿领域的新型生产力模式，正成为推动建筑业转型升级的关键力量。广联达科技股份有限公司（以下简称广联达）深刻洞察到这一行业趋势，积极响应国家创新驱动发展战略，通过不断地技术研发与创新，打造着建筑行业新质生产力。广联达不仅推动了企业自身核心竞争力的显著提升，更为整个建筑行业的可持续发展注入了新的动力与活力，引领着建筑业迈向智能化、绿色化、工业化的未来。

建筑行业的数字化领军企业

广联达成立于 1998 年，2010 年 5 月在深圳证券交易所成功上市，成为中国建设工程信息化领域首家 A 股上市公司。

作为数字建筑平台服务商，面向项目层、企业层、行业层，提供系统性的数字化整体解决方案，从而"让每一个工程项目成功，让每一位建筑人有成就"。

广联达业务范围覆盖工程项目全生命周期，从设计、造价、施工到运维，为客户提供全方位的数字化软硬件产品、解决方案及相关服务。其产品和服务面向政府、建设方、设计方、咨询方、施工方、供应商、运营方等产业链各参与方，以及金融、高校、投资并购等多个领域。广联达不仅在国内建立了广泛的销售与服务网络，还在全球 80 多个国家和地区设立了分、子公司，服务客户遍布全球 100 多个国家和地区，真正实现了国际化布局。

技术创新是广联达持续发展的核心驱动力。广联达注重技术创新，在关键核心技术方面持续投入，构建自主知识产权体系。公司牵头承担了工信部、科技部、住建部等多个国家级重大科技攻关项目；并先后获批建设国家发改委四部委国家企业技术中心、住建部科技创新平台—智能建造工程技术创新中心、科技部—国家数字建造技术创新中心数字建筑软件实验室等多个国家级、省部级创新平台，荣获多项科学技术奖一等奖，充分发挥龙头企业勇担高水平科技创新自立自强的国家使命，持续为建筑企业数字化贡献力量。

作为数字建筑平台服务商，广联达始终定位数字化使能者，持续打造建筑行业新质生产力，不断以数字化手段助力建筑行业转型升级。从咨询服务、解决方案、生态合作等多方面发挥平台作用，整合生态资源，为产业运营者持续提供数字化服务，推动建筑行业的数字化转型和高质量发展。

基于新质生产力的发展战略

传统建筑业存在生产效率低下、资源浪费严重、质量控制不稳定等问题，严重制约了建筑产品的品质提升和企业的市场竞争力。同时，消费者对住房的需求已经从基本的居住功能转向了更高的品质追求，包括环保、节能、智能化等方面。面对这一市场需求的变化，广联达明确了以新质生产力为核心的发展战略，旨在通过数字化、智能化手段解决行业痛点，提升建筑产品的综合竞争力，满足人民群众对高品质住房的期待。

广联达依托其自主研发的建筑业务平台，深度融合 BIM/CIM（建筑信息模型/城市信息模型）、IoT（物联网）、行业 AI（人工智能）等前沿技术，系统性地构建了建筑行业新质生产力。广联达建筑业务平台集数据平台、协作平台、决策平台于一体，综合了 BIM（建筑信息模型）、云计算、物联网、人工智能等核心数字技术，是专门为建筑行业深度赋能服务的产业级平台，能够贯穿项目从设计到施工最终到运维的全生命周期。

图 1　广联达具备自主产权的建筑行业数字化核心技术

设计阶段，广联达自主研发的 BIM 正向设计软件，可高效实现建筑设计的智能化和精准化。设计师可通过三维模型直观展示设计方案，快速进行方案比选和优化，有效降低设计变更和现场返工风险，大大提高设计效率和质量。同时，BIM 模型可通过集成项目各种信息，为后续施工和运维提供强大的数据支持。

施工阶段，广联达基于自主研发的工业级物联网技术打造数字工地系统，可实时监测施工现场的各类数据，包括人员、设备、材料等的状态信息。通过云平台对采集的现场数据进行汇总和分析，可为项目管理者提供全面的决策支持。数字工地不仅有助于优化资源配置，提高施工效率，更能通过智能预警系统有效识别出异常情况，降低安全与质量风险，为工程建设高质量顺利开展提供强有力的保障。

运维阶段，广联达基于大数据和 AI 技术研发的智慧运维系统，可对建筑设施进行智能管理和维护。通过对设备运行数据的实时监测和分析，系统能够预测并预防相关设备存在的潜在故障，提高运维效率和设施的使用寿命。同时，智慧运维系统还能提供便捷的在线报修和远程监控功能，提升业主的居住体验。

在构建新质生产力的过程中，广联达面临着技术融合难度大、标准化程度低、市场接受度不高等诸多挑战。为了克服这些困难并实现创新发展，广联达采取了以下一系列有效措施：

一是持续加大在 BIM、IoT、AI 等前沿技术领域的研发投入力度，确保公司在底层技术层面的领先地位。公司建立了完善的研发体系和创新机制，鼓励员工积极参与技术攻关和产品创新工作。

二是积极与产业链上下游企业建立紧密合作关系，共同推动建筑行业的数字化转型。通过与材料供应商、设备制造商、施工单位等合作伙伴的紧密协作，广联达实现了资源共享和优势互补，共同提升了整个产业链的数字化水平。

三是注重提升客户服务水平，为客户提供定制化的解决方案和全方位的技术支持服务。公司建立了专业的客户服务团队和完善的服务体系，确保客户在使用过程中能够及时获得帮助和支持。

四是通过参加国内外行业展会、发布白皮书和技术报告等方式提升品牌知名度和影响力。公司积极参与行业标准的制定和推广工作，树立了行业标杆地位并引领了行业的发展方向。

通过不懈努力，广联达构建的建筑行业新质生产力逐渐得到了市场的认可和接受。越来越多的建筑企业开始采用广联达建筑业务平台和技术解决方案来提升自身管理水平和竞争力。广联达的成功实践不仅为建筑行业树立了数字化转型的典范，也为其他行业的数字化转型提供了有益的借鉴和启示。未来，广联达将继续秉持创新驱动发展的理念，不断推动技术创新和产业升级，为建筑行业的可持续发展贡献更大的力量。

建筑业务平台助力企业数字化转型

目前我国建筑业正处在深刻的产业变革中，智能建造与数字化转型已成为公认的行业发展核心战略。在诸如《关于推动智能建造与建筑工业化协同发展的指导意见》和《"十四五"建筑业发展规划》等关键政策中，都强调了提升建筑业的工业化、数字化和智能化水平，将其视为行业转型升级的重要着力点。在建筑业数字化转型和智能化升级过程中，工程项目的数字化作为基础业务单元，是支撑实现建筑业整体转型升级的重要基础和关键环节。

在建筑行业数字化转型大背景下，广联达建筑业务平台针对当前行业存在的数据标准体系不完善、应用碎片化、数据不互通、全过程协同难等关键问题，以工程项目为中心，以数据驱动为导向，提供开箱即用的平台组件能力、应用体验一致的产品平台和实现业务一体化的基础设施。平台结合先进的精益建造理论方法，集成人员、流程、数据、技术和业务系统，支撑实现工程建设的全过程、全要素、全参与方的数字化、在线化、智能化管理。

广联达建筑业务平台基于广联达自主知识产权研发，采用业内先进的微服务设计理念、中台架构思想建设，面向应用者和开发者深度开放、全面赋能。平台为行业提供开箱即用的工程建设领域专业能力和系统性的数字化支撑能力，以"平台＋组件"模式，支撑灵活构建行业数字化应用，并通过"平台＋专业应用"，助力企业的数字化转型快速落地。

建筑行业首个
具有自主知识产权的
行业PaaS平台

20+年行业深耕的业务洞见
30+万企业客户的经验积累
自主可控核心技术的坚实支撑

自主知识产权的
三维图形平台和设计平台
关键技术持续升级

自主知识产权的图形技术
50+种BIM、GIS格式支持
2万+平台开发者应用
40万+平米BIM模型能力
2000+平方公里GIS能力

建筑行业AI
在设计、合约招采、施工全
提供丰富的AI应用场景

顶尖的AI研发团队
打造建筑行业AI必须的数据
建筑领域知识的长期积累

图 2　广联达自主研发 夯实"一横一纵一 AI"技术优势

在 BIM 技术方面，基于自主知识产权的图形技术，可提供包括 BIM 建模、BIM 接入、BIM 数据交换标准、BIM 集成、BIM 轻量化等覆盖 BIM 全生命周期无短板的 BIM 能力，实现了 BIM 技术国产自主的突破。

在 IoT 技术方面，平台提供国产自主的工业级工程物联网能力，具备亿级时序数据处理和 90 多个大类的建筑设备接入能力，拥有 300 多家合作伙伴生态，经过了 7 万多行业设备的使用验证，可有效解决建筑业设备品类多、复杂性高、实施交付困难的问题。

在行业 AI 方面，平台将 AI 技术与行业场景深度结合，提供 1000 多个行业数据模型和 80 多个智能应用场景，具备 PB 级分布式数据存储能力，让 AI 真正成为支撑建筑业高质量发展生产力。

在云计算技术方面，平台构建了云中立适配能力，实现了一套代码可以多云部署，多种环境能够一键切换，让业务不再受低层技术平台束缚，解决了技术升级成本高，数据安全风险大的问题，为建筑业安全可控的持续发展提供基础保障。

平台为工程建设领域开发者提供应用开发、集成、部署、运维等一站式管理服务，通过"平台+组件+专业应用"的开发体系，助力建筑企业快速搭建个性化的数字化应用。经测算，通过平台可提升研发效率约 65%，降低研发成本约 55%，缩短交付周期约 60%。

平台能力面向行业开发者开放，为开发者提供开箱即用的行业专业能力，如 BIM、IoT、应用组件等核心数字化能力。开发者可根据开发场景自由选择通过 SDK、API 或低代码方式进行开发。同时，平台也为开发者提供专业技术支持和赋能培训，帮助开发者更好应用平台能力。

围绕建设工程项目建设全过程，平台可以支撑房建工程、基建工程等领域各类数字化解决方案快速搭建。在核心技术成熟度方面，BIM 技术经过广联达 20+ 款商业化产品和 2000+ 项目充分验证，具有超 1000+ 商业化应用的检验；IoT 技术经过 7W+ 设备接入及 1 亿 + 日访问量的实际项目验证，具有高性能海量数据的处理能力和高稳定性。

平台所拥有的核心技术都是自主研发，全面实现国产自主可控。同时，平台灵活开放，可以搭载国产自主核心软件，如设计软件、算量软件、施工管理软件等，在国内的应用效率更高、专业性更强、效果更好。

广联达建筑业务平台重磅发布，标志着工程建设领域数字化的平台底座、建筑行业数字化的核心能力平台正式问世，这也是首个贯穿项目全生命周期的建筑产业平台。至此，我国建筑行业拥有了具有自主知识产权的数字化核心能力平台，打破了国外企业在底层技术业务平台上的强势垄断，为整个建筑行业提供了一个覆盖设计、施工、运维等建筑全生命周期服务的 PaaS 平台，对我国建筑行业的数字化转型升级具有重要意义。

发展新质生产力的经验总结

我们在广联达依托建筑业务平台打造建筑行业新质生产力的实践过程中积累了丰富的经验，这些经验不仅对于广联达自身的发展具有重要意义，也为整个建筑行业的数字化转型提供了重要参考。

第一，洞察行业趋势，明确发展目标是数字化转型成功的关键。广联达始终紧跟时代步伐，深入洞察建筑行业的发展趋势和市场需求，明确了以新质生产力为核心的发展战略。这种前瞻性视野和明确的目标导向，为我们指明了前进的方向，确保了公司在技术创新和市场拓展中的精准性和有效性。

第二，技术创新与研发投入是数字化转型的核心驱动力。广联达在BIM、IoT、AI 等前沿技术领域持续加大投入，建立了完善的研发体系和创新机制。我们深知，技术创新是企业发展的灵魂，只有不断推陈出新，才能在激烈的市场竞争中立于不败之地。因此，我们鼓励员工积极参与技术创新和产品研发工作，不断提升企业的核心竞争力。

第三，深化行业合作，构建开放生态是数字化转型的重要途径。广联达积极与产业链上下游企业建立紧密的合作关系，共同推动建筑行业的数字化转型。通过资源共享和优势互补，我们与合作伙伴共同提升了整个产业链的数字化水平，形成了良好的发展生态。这种开放合作的模式不仅促进了技术创新和产品迭代，也为行业标准的制定和推广提供了有力支持。

第四，提升客户服务水平，满足客户需求是数字化转型的重要保障。广联达始终将客户需求放在首位，为客户提供高价值的解决方案和全方位的技术支持服务。我们建立了专业的客户服务团队和完善的服务体系，确保客户在使用过程中能够及时获得帮助和支持。这种以客户为中心的服务理念不仅提升了客户的满意度和忠诚度，也为我们赢得了更多的市场机会和口碑传播。

第五，强化品牌建设与市场推广是数字化转型的重要环节。广联达通过参加国内外行业展会、发布白皮书和技术报告等方式提升品牌知名度和影响力。我们积极参与行业标准的制定和推广工作，树立了行业标杆地位并引领了行业的发展方向。这种品牌建设与市场推广的策略不仅增强了企业的市场竞争力，也为行业的健康发展贡献了力量。

第六，持续优化与迭代升级是数字化转型的动力。广联达在数字化转型过程中不断优化和完善产品与服务，确保技术的先进性和实用性。我们注重收集客户反馈和市场信息，及时调整战略方向和产品布局。这种持续优化与迭代升级的精神不仅提升了我们的市场竞争力，也为企业的可持续发展奠定了坚实基础。

未来展望

面对建筑行业的未来，广联达将继续深耕新质生产力领域，致力于推动建筑行业的全面数字化转型。我们坚信，新质生产力是推动建筑行业高质量发展的核心动力，而数字化转型则是实现这一目标的关键路径。

首先，广联达将进一步强化自主创新能力，加大在 BIM、IoT、AI 等前沿技术领域的研发投入，确保技术的领先性和实用性。我们将不断优化和完善建筑业务平台，提升平台的智能化、集成化和可扩展性，为行业用户提供更加高效、便捷、全面的数字化解决方案。

其次，广联达将深化与产业链上下游企业的合作，共同构建开放共赢的数字化生态体系。我们将积极寻求与材料供应商、设备制造商、施工单位等合作伙伴的深度合作，共同推动技术创新和产业升级。同时，我们也将加强与高校、科研机构等的产学研合作，促进科技成果的转化和应用。

最后，广联达还将注重国际化布局和品牌建设。我们将继续拓展海外市场，提升品牌国际影响力。通过参加国际展会、举办技术交流活动等方式，加强与国际同行的交流与合作，共同推动全球建筑行业的数字化转型进程。

展望未来，广联达将紧密围绕建筑行业发展的实际需求，不断推动技术创新和产业升级。我们将以新质生产力为核心，以建筑业务平台为载体，全面赋能建筑行业数字化转型，为实现建筑行业高质量发展贡献更大力量。我们相信，在广联达及整个行业的共同努力下，建筑行业的未来一定会更加美好。

[专家点评]

　　广联达在建筑信息化领域的持续创新令人印象深刻，其自主研发的建筑业务平台不仅集成了多项前沿技术，还成功应用于实际项目中，展现了强大的科技创新实力。

　　广联达通过构建建筑行业新质生产力体系，促进了建筑业与信息技术的深度融合，推动了产业链的协同创新，为行业转型升级提供了有力支撑。

　　广联达平台的数据收集和分析能力为企业决策提供了科学依据，实现了精细化管理和高效运营，为行业树立了数据驱动决策的典范。

　　广联达的新质生产力体系不仅提高了建筑业的生产效率和产品质量，还通过智能化管理降低了能耗和排放，推动了建筑业的绿色可持续发展。

　　广联达在全球范围内的布局和领先技术增强了其在国际市场上的竞争力，为中国建筑业走向世界提供了有力支持，展现了民族品牌的国际影响力。

执笔人：刘刚、朱丹丹、胥方涛、王耀廷

耐低温油气管道联运技术：四大创新破解跨国难题

北方国际合作股份有限公司

北方国际合作股份有限公司为解决"一带一路"蒙古国第一条长输原油管道建设过程中面临的极端低温、缺乏管道保温技术和跨国通用运输装备等难题，自主研发了耐低温油气管道跨国公铁联运通用运输装备成套技术。该技术在设计理念、制造工艺、材料应用、数值模拟和智能化应用等方面大胆创新，具有高品质、高通用性和先进生产力等特点。其创新亮点包括产品创新、技术创新、管理创新和商业模式创新等，为教育、科技和人才良性循环做出了新贡献。未来，公司将进一步提升装备智能化水平、优化多式联运便利性、推进模块化设计和加强国际合作，助力"一带一路"跨国油气建设全产业链完整输出。该案例体现了技术创新的引领作用，展示了新质生产力在共建"一带一路"中发挥的重要作用。

随着全球能源需求的不断增长，管道输送石油、天然气作为安全、经济、高效的能源运输方式，受到各国普遍欢迎。蒙古国加入"一带一路"倡议以来，经济得到迅速发展，人民生活水平不断提高，汽车保有量快速增加。随之而来的是油气等能源供不应求。为此，蒙古国拟投资3.88亿美元建设该国第一条长输原油管道（总长约530公里），加大能源供给能力。北方国际合作股份有限公司（以下简称北方国际）于2022年与蒙古国签署管道总承包合同，该项目也是中国企业在"一带一路"东亚地区获得的最大油气管道建设项目。

管道沿途穿越蒙古国东方、苏赫巴托和东戈壁3个省，所经地区极端低温达−44.0℃，需要采用特别耐低温的油气管道。这种原油管道的保温层特别脆弱，稍微碰一下或者振动大一点就可能损坏。如果使用了破损的管道，低温下凝固的原油可能堵塞整条管道，后果不堪设想。管道用大件运输装备从国内运，路途遥远，损坏率太高；把生产线搬到蒙古国，他们不具备运行生产线的条件，这给项目实施带来了严峻挑战。北方国际研发团队成功研制耐低温油气管道跨国公铁联运通用运输装备成套技术，一举解决耐低温油气管道跨国公铁联运这一"卡脖子"难题。同时，该技术作为核心运输装备技术之一将直接支撑中俄中线天然气管道（蒙古境）规划与建设。研究成果以其技术创新性、应用广泛性以及先进生产力的特点对进一步深化中蒙俄经济走廊油气管道建设领域相关合作具有重要现实意义。

图 1　北方国际施工中的蒙古国第一条长输原油管道

为"一带一路"建设贡献力量

北方国际成立于 1986 年，积极参与"一带一路"建设，专注于国际工程承包和专业化产品贸易，业务领域涵盖轨道交通、电力能源、石油矿产设施、市政房建、重型车辆与装备、包装容器研发与生产以及物流一体化服务等。多年的稳健发展，使公司形成了项目融资、设计、采购、施工、投资运营等全方位系统集成能力的综合性国际工程企业。

北方国际具有国家建设主管部门颁发的市政公用工程、房屋建筑工程等施工总承包一级资质，同时还具有国家商务主管部门颁发的对外承包工程资格，是商务主管部门首批对外援助 A 级成套项目施工企业。近两年，公司获得中巴经济走廊十周年共同繁荣贡献者奖（巴基斯坦伊斯兰共和国政府，2023），老挝国家二级劳动胜利勋章（老挝人民民主共和国政府，2022），中国 ESG（企业社会责任）上市公司先锋 100（中央广播电视总台与国务院国资委、全国工商联等，2023），北京上市公司企业 100 强（北京企业联合会、北京市企业家协会，2022），中国建设工程鲁班奖（境外工程）（中国建筑业协会，2022）等多项国家级、省部级奖励。

推动跨国油气管道联运，促进中蒙俄经济走廊建设

蒙古国油气管道项目作为该国第一条长输原油管道，对于保障蒙古国能源供应具有重要意义。但该项目面临极端低温环境，加之蒙古国工业基础薄弱，不能满足管道保温层包裹作业需要的技术条件，同时又没有能满足跨国公铁联运的通用运输装备，给项目实施带来了严峻挑战。

为保证蒙古国第一条长输原油管道建设需要，北方国际克服中蒙两国运输标准不一致、蒙古国草原路路况极端恶劣、每节管道所在具体位置数据信息化要求极高等难题，自主研发了耐低温油气管道跨国公铁联运通用运输装备成套技术。

北方国际研发团队在技术创新方面取得了多项突破。设计理念注重整体性、系统性和前瞻性，将运输装备置于整个跨国运输网络中通盘考虑。运输装备既要适用于中国标准轨铁路运输，又要适用于蒙古国宽轨铁路运输；既要保证在沥青（水泥）路上跑得快，又要保证在草原路上跑得稳。制造工艺采用先进的数控加工技术、焊接工艺和精密装配技术，引入自动化设备提高生产效率和质量。材料应用上进行前沿探索，采用新型高强度轻质材料、耐腐蚀材料、复合材料等。数值模拟技术应用于设计阶段，对运输装备性能进行预测和优化。同时，高度重视环保与可持续发展，优先使用环保材料，实现节能减排和循环利用。

图2　北方国际启动蒙古国耐低温油气管道运输

在智能化创新方面，应用物联网技术实现对运输状态的监控；利用大数据技术分析运输数据，优化运输路径和预测运输需求；通过云计算技术实现数据实时处理和存储，为相关决策提供支持。

在研发过程中，研究团队克服了诸多困难。例如，解决了保温层极为脆弱、运输过程中允许振动范围极小的难题，研发了适用于跨国公铁联运的通用运输装备。针对不同国家运输标准、规范的差异，积极与外方沟通、用数据说话，取得了重要共识，确保了运输装备的通用性。

该运输装备的大量应用取得了显著经济效益和社会效益。不仅提高了耐低温油气管道运输质量和效率，还实现了降低管道跨国物流成本15%的目标，促进了公司自身业务的拓展和升级，提升了公司在市场中的竞争力和品牌影响力。同时，研究成果也为中俄中线天然气管道（蒙古境）的规划和建设提供了核心运输装备支持，助力"一带一路"跨国油气领域全产业链完整输出，为中蒙俄经济走廊建设做出了新贡献。

发展新质生产力的经验总结

耐低温油气管道跨国公铁联运通用运输装备研制中通过引入先进的材料和设计理念，使运输装备承载能力提高8%，使用寿命提高25%。例如，新型高强度轻质材料、耐腐蚀材料、复合材料等都被应用于运输装备制造中。

这些材料的应用不仅提高了装备的强度和耐久性，还大幅提升了装备经济性。设计过程中，采用了先进数值模拟技术，对装备的强度、疲劳寿命等进行了全面分析。这不仅大大缩短了设计周期，还提高了设计的准确性和可靠性。

耐低温油气管道跨国公铁联运通用运输装备制造中采用了先进数控加工技术、焊接工艺和精密装配技术，确保了运输装备的高精度和高可靠性。同时，通过引入自动化设备，提高了生产效率，降低了人为错误的可能性。物联网技术应用方面，通过在运输装备上安装传感器，实现了对运输状态的监控。在大数据技术应用方面，通过对运输过程中产生的数据进行分析，优化运输路径、预测运输需求，提高运输效率。云计算技术应用方面，通过云计算平台，可以实现数据的实时处理和存储，为决策层提供有力的数据支持。

管理创新对于耐低温油气管道跨国公铁联运通用运输装备的应用同样重要。通过引入先进的管理理念和方法，在项目管理、生产控制和质量管理等方面都有了显著提升。例如，采用精益生产理念，优化生产流程，提高生产效率；同时，引入六西格玛管理等先进质量管理方法，显著提升运输装备的质量和稳定性。

商业模式创新为耐低温油气管道跨国公铁联运通用运输装备的推广注入了新的活力。通过探索新的商业模式，在市场拓展、客户服务和价值创造等方面取得了显著成果。例如，采用定制化服务模式，根据客户的具体需求提供个性化解决方案，提高了客户满意度；同时，通过构建产业生态链，整合上下游资源，实现产业协同和互利共赢。

耐低温油气管道跨国公铁联运通用运输装备的创新不仅推动了产业的发展，还为教育、科技和人才良性循环做出了积极贡献。通过产学研合作，运输装备的研发和应用推动了该领域的科技进步和人才培养；同时，通过引入和培养设计类高素质人才，为该领域的发展提供了人才保障。

这些创新不仅推动了该领域的发展，还为教育、科技和人才良性循环做出了积极贡献。未来，随着技术的不断进步和市场的进一步拓展，运输装备创新潜力将得到进一步释放，为推动该领域高端化、智能化和绿色化发展提供有力支撑。

未来展望

随着技术的不断进步和市场需求的不断变化，北方国际将持续对运输装备智能化升级，引入更智能的传感器和数据分析技术，优化运输过程的实时监控和智能调度。进一步增强运输装备对不同运输模式的适应性，实现多式联运的无缝衔接。通过模块化设计，降低制造成本，提高运输装备的维护便利性。加强与国外合作伙伴的沟通与交流，进一步推动跨国运输装备相关标准的统一，为运输装备更广泛的应用打好基础。未来，公司将在新质生产力的引领下，不断创新发展，为"一带一路"建设做出更大的贡献。

[专家点评]

本案例展现了新质生产力的以下特点：

1. 技术创新引领：通过设计理念创新、制造工艺革新、材料应用前沿探索、数值模拟技术应用和智能化创新等，实现了技术的突破和升级，提高了运输装备的质量和性能。

2. 质量卓越：采用高品质材料，严格的质量控制标准，确保了运输装备的耐用性和可靠性，为客户提供优质的产品和服务。

3. 先进生产力提升效益：高效率的生产工艺、自动化生产流程和环保节能的生产方式，提高了生产效率，降低了成本，实现了经济效益和环境效益的双赢。

4. 推动产业升级：创新商业模式，整合上下游资源，实现相关领域协同发展，推动了传统物流行业向智能化、绿色化方向升级。

5. 为教育、科技和人才良性循环做出贡献：通过产学研合作，推动了相关领域的科技进步和人才培养，为产业发展提供了人才保障。

执笔人：纪巍、陈翔、党敏

AI 穿戴设备：新疆智慧畜牧的秘密武器

中国农业科学院农业信息研究所

中国农业科学院农业信息研究所通过引入人工智能穿戴设备，针对新疆畜牧业传统管理模式的不足，创新智慧养殖技术，研发智能穿戴式设备及软件系统，有效提升家畜健康监测、行为分析及疾病预警能力。该项目在乌鲁木齐汗血马、阿勒泰骆驼、阿克苏多浪羊及克拉玛依奶牛等养殖基地成功应用，显著提高了养殖效率与管理水平，降低了成本，增强了市场竞争力，促进了当地畜牧业的高质量发展。项目成果展示了新质生产力在农业现代化中的重要作用，具有广阔的推广应用前景。

随着科技的飞速发展，人工智能技术正逐步渗透到各行各业，为传统产业的转型升级注入了新的活力。在新疆这一畜牧业大省，传统的人工管理模式已难以满足规模化、集约化养殖的需求，亟需引入新技术解决管理粗放、成本高昂、疾病防控难等问题。中国农业科学院农业信息研究所（以下简称信息所）作为国内农业信息技术创新的领军机构，积极响应国家关于发展智慧农业的号召，依托自身科研优势，成功研发出基于人工智能技术的穿戴设备，并在新疆多地畜牧养殖基地进行了广泛应用。这一系列创新实践不仅推动了新疆畜牧业的高质量发展，也为全国畜牧业的智能化转型提供了宝贵经验。

专注农业信息化的国家科研机构

信息所成立于 1957 年，是国家级的非营利性科研机构，以农业信息科技创新和农业科技信息服务为主要任务。自成立以来，信息所始终坚持"服务立所、创新强所"的宗旨，致力于推动农业信息化进程，为现代农业发展提供科技支撑与服务。

信息所业务范围广泛，涵盖智能管控、视觉感知、物联网、空间数据、区块链等多个领域。在农业信息技术创新方面，信息所取得显著成果，研发了多项核心技术，并在智慧农业全产业链中得到广泛应用。此外，信息所还建有省部级重点实验室4个，挂靠了4个全国性学术机构，为农业信息技术的发展提供了坚实的平台支撑。

作为国家级科研机构，信息所在推动农业科技进步和农业现代化方面发挥着重要作用。其竞争优势在于强大的科研实力、丰富的技术积累以及广泛的应用场景，为新疆畜牧业的高质量发展提供了坚实的技术保障。

AI 穿戴设备引领新疆畜牧变革

在新时代背景下，新疆维吾尔自治区作为我国的畜牧业大省，其畜牧业的健康发展对于保障国家食品安全和促进区域经济发展具有重要意义。然而，传统畜牧业管理模式面临着诸多挑战，主要表现在：管理方式粗放，依赖人工经验，难以实现精细化、科学化管理；养殖环境监控不到位，家畜健康状况难以及时掌握，疾病防控能力不足；生产数据收集困难，缺乏有效的数据分析和决策支持工具；自动化程度低，人力成本高昂，影响了养殖效益的提升。这些问题的存在不仅限制了畜牧业的发展速度，也影响了畜产品的质量和安全，严重制约了畜牧业的规模化、集约化发展。

为了解决上述问题，项目团队依托信息所的科研力量，充分利用人工智能、大数据、物联网等先进技术，研发了一系列智慧养殖解决方案。

针对家畜个体行为监测的需求，团队研发了系列智能穿戴式设备，如智能项圈、智能耳标等，用以实时收集家畜的体温、运动轨迹、姿态等数据，并通过无线传输技术将数据上传至云端服务器进行分析处理。这些设备不仅提高了数据收集的准确性和时效性，还为后续的行为分析和健康管理提供了基础数据支持。

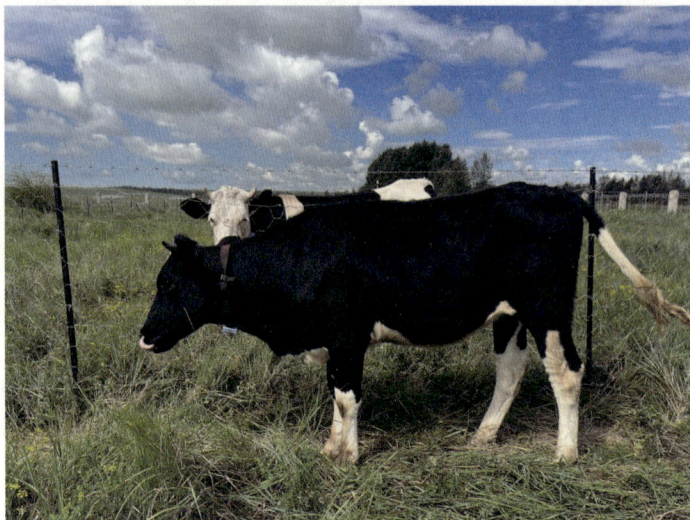

图 1 配带智能项圈的克拉玛依奶牛

基于收集到的数据，开发了智慧养殖管理平台。该平台集成了数据分析、疾病预警、生产管理等多个功能模块，能够实现家畜健康状况的实时监测、疾病风险的早期预警以及生产计划的优化调整。同时，平台还支持远程监控和移动办公功能，使得养殖管理者可以随时随地掌握养殖场的运营情况。

在项目实施过程中，团队还针对智慧养殖领域的一些关键技术难题进行了深入研究。例如，针对草食家畜反刍、采食等关键行为识别精度低的问题，团队提出了基于随机森林算法和 CNN-LSTM 网络的行为识别模型；针对行为数据实时获取难的问题，团队设计了弹性可伸缩的装置结构和多传感器集成方案；针对牧场环境监测和调控的需求，团队研发了便携式、多参数牧场环境数据采集装置和智能调控系统。这些技术突破为智慧养殖的顺利实施提供了有力保障。

该技术在新疆多个畜牧业养殖基地进行了示范推广，包括乌鲁木齐汗血马基地、阿勒泰骆驼养殖基地、阿克苏多浪羊养殖基地以及克拉玛依奶牛养殖基地等。通过实地调研和需求分析，团队为各基地量身定制了智慧养殖解决方案，并进行了设备安装、系统调试和人员培训等工作。

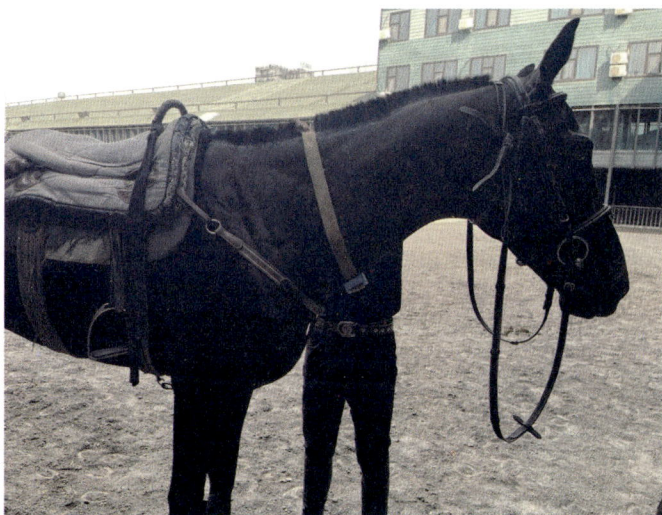

图 2　配带智能项圈的乌鲁木齐汗血马

以 AI 为代表的畜牧业技术革命，不仅改变了传统畜牧业的生产方式，提高了生产效率，还为实现畜牧业可持续发展、保障国家粮食安全、促进农民增收发挥了重要作用，为我国畜牧业的转型升级提供了强大动力。人工智能技术的迅速发展为畜牧业带来的革命性突破主要体现在三个方面：一是多维感知实现全方位信息获取；二是自动装备解放传统劳力；三是智能分析提供科学决策。本项目的实施也充分印证了高科技作为新质生产力的三大特征之一，是引领畜牧业技术革命性突破的核心动力。

智能穿戴设备和智慧养殖管理平台的应用使得养殖管理者能够更加精确地掌握家畜的健康状况和生产数据，从而制定出更加科学合理的生产计划和管理策略。这不仅提高了生产效率，还降低了生产成本。

通过实时监测家畜的健康状况和生产数据，系统能够及时发现潜在的疾病风险并发出预警信号。这使得养殖管理者能够迅速采取应对措施进行干预和治疗，有效防止了疾病的扩散和蔓延。

平台提供的数据分析和决策支持功能使得养殖管理者能够更加客观、全面地了解养殖场的运营情况和市场动态。这有助于他们制定出更加符合市场需求的发展规划和战略部署。

项目的实施不仅提高了养殖场的经济效益还产生了广泛的社会效益。通过智慧养殖技术的推广应用促进了畜牧业的转型升级和可持续发展；通过提高畜产品的质量和安全性增强了消费者的信任度和满意度；通过降低生产成本和提高生产效率增加了养殖者的收入水平和生活质量等。

发展新质生产力的经验总结

将人工智能穿戴设备引入新疆畜牧业，不仅推动了畜牧业的现代化转型，还显著提升了养殖效率和管理水平。通过此次实践，我们积累了宝贵的经验。

项目的成功首先得益于精准的需求定位。在项目启动之初，我们深入调研了新疆畜牧业的发展现状和存在的主要问题，明确了项目目标为解决管理方式落后、生产成本高、疾病防控难等痛点。这种以需求为导向的项目定位确保了后续研发工作能够紧密贴合实际，有效解决实际问题。

针对智慧养殖领域的技术瓶颈，我们不断创新，研发了一系列智能穿戴设备和智慧养殖管理平台。通过融合多模态数据，构建家畜行为模型和体征感知模型，我们显著提高了行为识别的精度和实时性。同时，通过优化算法和硬件设计，我们实现了对家畜健康状况的实时监测和精准管理，为畜牧业的智能化升级提供了有力支撑。

项目的顺利实施离不开各方的紧密协作和资源整合。不仅有信息所、新疆畜牧科学院等农业科研国家队共同攻克技术难题，同时，还积极联合养殖基地，将科研成果转化为实际应用，推动了产学研用的深度融合。

项目成果在新疆多个养殖基地进行了示范推广，取得了显著成效。这些成功案例不仅验证了技术的可行性和有效性，还为其他地区的畜牧业转型升级提供了示范和借鉴。通过示范推广，我们成功地将项目成果转化为生产力，促进了当地畜牧业的高质量发展。

在项目实施过程中，我们注重收集用户反馈和实际需求，不断优化产品和服务。通过数据分析和效果评估，我们及时发现并解决了存在的问题，提升了项目的整体效果。这种持续优化、不断改进的态度确保了项目能够持续为畜牧业的发展贡献力量。

总之，本次项目的成功经验在于精准定位需求、持续技术创新、加强多方协作、注重示范推广以及不断优化改进。这些经验不仅为本项目的成功实施奠定了坚实基础，也为未来在农业领域的类似项目提供了有益的参考和借鉴。我们将继续秉承这些经验，不断探索和实践新的技术和方法，为农业现代化发展贡献更多智慧和力量。

未来展望

展望未来，我们将继续以发展新质生产力为核心，深入贯彻习近平总书记关于农业现代化的重要指示精神，聚焦智慧农业前沿科技，不断突破关键技术瓶颈。计划在新疆成功经验的基础上，进一步拓展至内蒙古、河北、江西、宁夏等畜牧养殖大省，通过更广泛的应用推广，构建智慧养殖生态圈，推动全国畜牧业的转型升级。同时，我们将持续优化智能穿戴设备与管理平台的功能与性能，引入更先进的深度学习算法与边缘计算技术，提升数据处理的实时性与准确性，为牧场提供更智能、更高效的综合解决方案。最终，我们将致力于实现畜牧业全面智慧化，为国家农业现代化和乡村振兴贡献力量。

〔专家点评〕

本案例通过科技创新驱动畜牧业发展展现了新质生产力的巨大潜力：

科技创新驱动：项目团队紧跟科技前沿将先进技术应用于畜牧业实践推动了畜牧业智能化升级；

产业融合发展：促进了信息技术与畜牧业深度融合探索了跨界融合新模式；

数据驱动决策：通过大数据分析为畜牧业生产提供了精准决策支持；

绿色可持续发展：注重环境保护和资源节约实现了畜牧业可持续发展。

执笔人：郭雷风、李敏

WEAM 平台：水环境智慧治理的新突破

北京首创智能生态科技有限公司

北京首创智能生态科技有限公司面对水环境项目运营管理的诸多挑战，依托北京首创生态环保集团股份有限公司丰富的城市水系统运营场景，创新性地研发了 WEAM 生态智慧运营平台。该平台以城市水系统资产为核心，整合新一代信息技术，实现了水系统全生命周期的精细化管理。通过资产管理、运维管理、监测分析、多目标调度等功能模块，WEAM 平台显著提升了水环境项目的运营效率和管理水平，推动了水环境治理行业的数字化转型。平台已在多地成功应用，展现了其在新质生产力领域的显著成效和市场潜力。

在当今快速发展的时代背景下，随着科技的日新月异，新质生产力的概念日益受到重视。新质生产力不仅体现在技术创新上，更在于如何通过技术手段实现传统产业的转型升级，提升整体运行效率与质量。对于环境保护这一关乎国计民生的重大领域而言，发展新质生产力显得尤为重要。水环境治理作为环保工作的重要组成部分，面临着运营体系不健全、管理手段粗放、数据资源未充分利用等挑战。北京首创智能生态科技有限公司（以下简称首创智能）凭借其在智慧环保领域的深厚积累，推出了 WEAM 生态智慧运营平台，旨在通过技术创新和管理升级，推动水环境治理行业向高端化、智能化、绿色化方向发展。

构建数字环保产业新生态

首创智能成立于 2016 年 10 月，作为北京首创生态环保集团股份有限公司的全资子公司，秉承"数字新环保、产业新生态"的理念，致力于向行业提供"科技领先、数据驱动、智慧协同"的智慧环保综合业务。作为国家高新技术企业和北京市专精特新企业，首创智能已拥有 ITSS 三级、CMMI 三级等多项信息化领域的全系列资质认证。公司基于应用场景梳理业务逻辑，重构业务流程，实现了"业务数字化和数字业务化"的双轮驱动。首创智能自主研发了 WEAM 生态智慧运营平台、SENSIR 智慧环保监管平台等多项数字化产品，为政府机构和水务环保企业提供了全方位、全链条的服务。截至目前，公司已为全国 70 余家客户提供超过 200 项服务，承担了多项国家级及省部级科研项目，并获得多项荣誉奖励，得到了客户和同行的广泛认可。

WEAM 平台实现水环境智慧治理

在国家对水环境治理高度重视的政策背景下，水环境项目面临着前所未有的发展机遇与挑战。一方面，随着《国务院办公厅关于推进海绵城市建设的指导意见》《城市黑臭水体治理攻坚战实施方案》等政策的出台，水环境治理项目得到了快速推进。另一方面，这些项目在运营过程中暴露出诸多问题，如运营体系不健全、管理效率低下、数据资源未能充分利用等，严重影响了项目的整体效益。因此，亟须一种创新的运营模式，以解决当前水环境项目运营中的痛点问题。

为应对上述挑战，首创智能创新性提出城市水系统资产管理理念，通过人工智能、大数据、模型算法等新技术手段更精细科学地管理运营业务过程，最终提升资产全生命周期的运营效率和效果，降低运营成本和风险。

首创智能基于对丰富场景的业务洞察，建立了覆盖城市水系统内近千类资产的分类编码及数据采集标准体系，解决数据采集标准不统一、数据质量差等问题，构建了资产全息图谱，实现了数出同源、数用同标，为精细化管理提供数据支撑；研发了基于风险矩阵的资产风险评价方法，构建了全要素资产评估分级体系，实现资产风险的精准识别与防控；建立了业务标准与数据标准相结合的运营技术标准体系，解决了传统运营技术标准结构不统一、不易操作和难与信息化平台融合等问题；建立了涵盖设备感知、数据标准、数据质控、数据统计分析方法等内容的监测分析技术体系，打破了硬件、软件、数据间的边界；融合模型算法与专家经验，研发了多目标联合调度体系，解决了城市水系统调度工作中不精准、难定量、不及时等难题。

在此基础上，首创智能司依托北京首创生态环保集团股份有限公司丰富的城市水系统运营场景，通过解构与重塑业务流和数据流研发了 WEAM 生态智慧运营平台。该平台以城市水系统资产管理理念为核心，依托新一代信息技术，旨在打造一个集资产管理、运维管理、监测分析、多目标调度、经营管控、绩效考核、安全管理、决策中心、数据中心等功能于一体的数字化综合智慧运营管理工具。其核心目标在于实现水环境项目的精细化管理，提升运营效率，降低运营成本，保障项目长期稳定运行，并推动水环境治理行业的数字化转型。

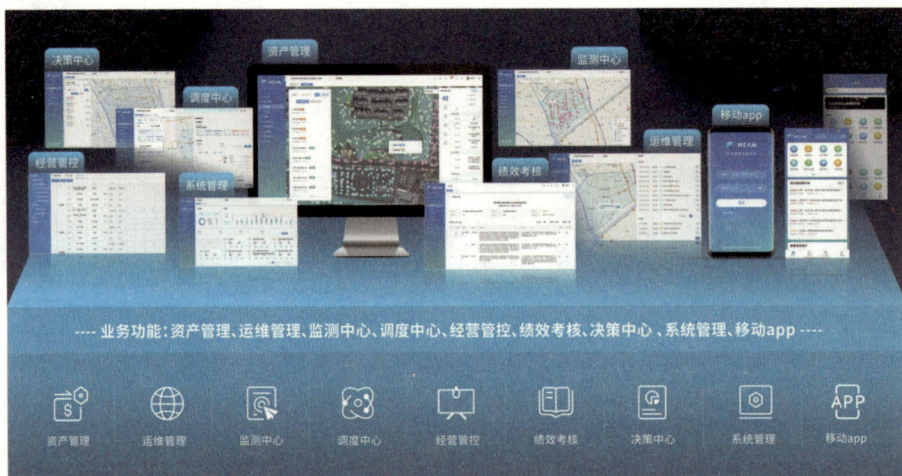

图 1　首创智能 WEAM 生态智慧运营平台

WEAM 生态智慧运营平台采用微服务架构，实现平台的低耦合性和高度组件化，便于快速响应业务需求的变化。部署方式采用了多租户模式，契合"总部—项目"这种多层级的管理需求，支持集团公司实现统一的标准化管控，也使得项目管理能力能够快速复制和扩展。技术上整合了数字孪生、人工智能、数据中台、三维 GIS、工作流引擎和报表引擎等多项先进技术，并支持在全信创环境中部署，积极响应了国家安全与可靠性战略。

图 2　首创智能 WEAM—淮安区水环境智慧运行管理平台

通过上述实施路径，WEAM 生态智慧运营平台在北京、宿迁、淮安等多个城市的水环境项目中推广应用，显著提升了水环境项目的运营效率和管理水平，降低了运营成本，增强了项目的稳定性和可持续性，树立了行业标杆，推动了水环境治理行业的数字化转型。

发展新质生产力的经验总结

在 WEAM 生态智慧运营平台的研发与推广过程中，我们积累了宝贵的经验，这些经验不仅加深了我们对新质生产力的理解，也为我们未来的工作指明了方向。

首先，深入理解行业痛点是创新的基础。在水环境治理领域，我们深刻认识到传统运营模式的局限性，如运营体系不健全、管理效率低下、数据资源未充分利用等。正是基于对这些痛点的深入剖析，我们才能准确把握行业需求，从而研发出具有针对性的解决方案。这一过程教会我们，任何创新都应立足于解决实际问题，而非单纯追求技术上的突破。

其次，技术创新与业务模式创新相辅相成。WEAM 生态智慧运营平台的成功，不仅在于其先进的技术架构和智能算法，更在于它如何将技术创新与业务模式创新紧密结合。我们通过构建以资产为核心的多层级智慧运营管理体系，实现了技术与业务的深度融合。这一经验告诉我们，技术创新不应孤立存在，而应与实际业务需求紧密结合，共同推动行业进步。

再者，标准化建设是确保项目成功的关键。在 WEAM 生态智慧运营平台的研发过程中，我们建立了覆盖资产全类别的分类编码及数据采集标准体系，确保了数据的准确性和一致性。这不仅提高了信息采集作业的效率，也为后续的智能化分析和决策提供了坚实的基础。标准化建设不仅有助于提升项目质量，还能增强项目的可复制性和可扩展性，对于推动行业的整体发展具有重要意义。

此外，客户需求导向是产品优化的不竭动力。在平台推广过程中，我们始终密切关注客户需求，积极收集用户反馈，不断优化产品功能和改善用户体验。这种以客户需求为导向的产品优化策略，不仅增强了客户黏性，也为我们赢得了良好的市场口碑。我们深刻认识到，只有真正了解客户需求，才能开发出具有市场竞争力的产品。

最后，跨界合作与开放共享是推动创新的重要途径。在 WEAM 生态智慧运营平台的研发和推广过程中，我们积极与科研机构、高校以及行业伙伴开展合作，共同探索新技术、新模式的应用前景。这种跨界合作不仅拓宽了我们的视野，也为我们带来了更多的创新灵感。同时，我们坚持开放共享的原则，将我们的技术成果和经验教训与行业同仁分享，共同推动行业的进步和发展。

未来展望

展望未来，WEAM 生态智慧运营平台的发展将步入新的阶段。我们将继续聚焦水环境治理领域的核心技术突破，针对资产全生命周期管理、降本增效、资源优化配置等关键环节，开展更为深入的研究。通过引入大数据、人工智能等先进技术，不断优化平台性能，提升智能化水平，为城市水系统的精细化管理提供更强有力的技术支持。

同时，我们将积极拓展平台的应用领域，不仅限于环保行业的水系统治理，还将探索其在智慧城市、智慧农业等其他领域的广泛应用。通过跨界合作与模式创新，不断拓宽平台的市场边界，实现更大的社会价值和经济效益。

此外，我们还将加强市场推广和用户服务，通过持续优化用户体验，提升用户黏性，进一步巩固和扩大市场份额。我们坚信，在不断创新和优化的驱动下，WEAM 生态智慧运营平台将成为推动水环境治理行业数字化转型的重要力量，为实现美丽中国的宏伟目标贡献智慧和力量。

[专家点评]

科技创新驱动：北京首创智能生态科技有限公司的 WEAM 生态智慧运营平台，作为水环境治理领域的创新力作，彰显了公司在科技创新方面的卓越能力。该平台不仅集成了云计算、大数据、物联网等前沿技术，还通过微服务架构实现了低耦合性和高度组件化，为水环境项目的智慧化管理提供了强有力的技术支撑。其创新性的资产管理、运维管理、监测分析及多目标调度等功能模块，推动了水环境治理技术的迭代升级，展现了公司在技术创新方面的引领力。

产业融合发展：WEAM 生态智慧运营平台在推动产业融合方面表现突出。平台通过整合水环境治理领域的各类资源，实现了环保技术与信息技术的深度融合，构建了全新的智慧环保产业生态。这种融合不仅提升了水环境治理的效率和效果，还为相关产业链条的协同发展提供了可能，促进了产业的转型升级和高质量发展。

数据驱动决策：平台建立了覆盖资产全类别的分类编码及数据采集标准体系，确保了数据的准确性和一致性。依托大数据和智能算法，WEAM 生态智慧运营平台能够实时感知数据变化，及时预警潜在问题，并为管理者提供精准的数据支持，实现了从数据到决策的闭环管理。这种数据驱动决策的模式，为水环境治理的科学化、精细化提供了有力保障。

绿色可持续发展：WEAM 生态智慧运营平台致力于实现水环境项目的绿色可持续发展。通过优化资源配置、提高运维效率等措施，平台显著降低了项目的运营成本，减少了资源浪费和环境污染。同时，其多目标联合调度体系还促进了水资源的合理利用和循环再生，为构建生态文明和美丽中国贡献了力量。

国际竞争力提升：WEAM 生态智慧运营平台的成功研发和应

用，不仅提升了公司在国内水环境治理行业的竞争力，更为其走向国际市场奠定了坚实基础。该平台所展现的技术实力和创新成果，有望在国际舞台上赢得广泛认可和合作机会，推动中国环保技术和产品走向世界前列。

执笔人：申若竹、郑乔舒、周奎宇、吴晓甜

植物高纤棒：引领健康零食新潮流

贯景食品（北京）有限公司

贯景食品（北京）有限公司在新质生产力的驱动下，基于中医理论与现代营养科学，成功研发出植物高纤棒系列健康食品。该产品不仅富含膳食纤维、多种维生素、高营养密度，还坚持 0 添加蔗糖、0 添加香精香料色素的原则，引领营养代餐、健康零食新风尚。植物高纤棒有效满足了现代人追求健康、便捷饮食的需求，推动了健康食品市场的创新与发展，展现出广阔的市场潜力和显著的社会效益。

在 21 世纪的今天，随着科技的迅猛进步与生活节奏的持续加速，现代人的饮食习惯正经历着前所未有的变革。高热量、高脂肪的快餐文化逐渐泛滥，导致亚健康和慢性病问题日益严峻。随着社会的多元化发展，创业也成为一种时尚，创业者在工作的高压下，不能及时、准时就餐，导致营养不良的人日渐增多；在这些背景下，全球健康意识的普遍觉醒促使消费者更加倾向于选择健康、营养的食品，尤其是对便捷、营养代餐和健康零食的需求急剧上升。

新质生产力作为现代经济社会发展的核心驱动力，正深刻影响着食品行业的变革。它强调科技创新、模式创新与管理创新的深度融合，推动食品企业不断突破传统界限，以消费者健康需求为导向，运用前沿科技手段，创造出高品质、高附加值的健康产品。在食品行业，新质生产力的引入不仅促进了生产效率和产品质量的提升，还推动了食品产业链的升级与优化，为行业的可持续发展注入了强大动力。

贯景食品（北京）有限公司（以下简称贯景食品）正是新质生产力影响的典范。公司依据中医理论与现代营养科学的深度融合，在新质生产力的驱动下，成功研发出植物高纤棒系列健康食品。这一创新产品不仅满足了消费者对营养代餐、健康零食的多样化需求，还以其卓越的健康效益引领了市场新风尚。植物高纤棒的问世，不仅展示了贯景食品在新质生产力方面的卓越探索与实践，更为整个食品行业的转型升级提供了宝贵经验和示范效应。

健康食品研发的领航者

贯景食品成立于 2015 年，是一家专注于药食同源功能性食品研发与生产的高技术企业。公司依托于北京阳光溢彩科技有限公司二十多年的供应链管理体系，对食品原料有着深入的认知和严格的追溯体系。秉承中医理论与现代营养科学的双重指导，贯景食品致力于开发能够改善亚健康状态、促进健康的食品，使其成为奋斗者的随身干粮，为奋斗者的健康保驾护航。

自成立以来，贯景食品始终坚持以消费者健康需求为核心，通过持续的技术创新和产品研发，推出了多款高品质、高营养密度的健康食品。公司主营业务涵盖健康、便捷、营养的功能性食品研发，产品线不断丰富和完善，至今已研发出超过 20 种产品，其中 12 款产品已成功上市，赢得了市场的广泛认可。贯景食品的产品不仅在国内市场占有一席之地，还积极开拓国际市场，力求将健康理念传播至全球每一个角落。

荣誉方面，贯景食品凭借其卓越的产品质量和创新能力，屡获殊荣。公司先后荣获"2020 年中小企业年会的重点推荐品牌"、"2021 年中国品牌日（行业）十大创新力品牌"以及"2022 年培育诚信经营、守信践诺标杆企业"等荣誉称号。这些荣誉不仅是对贯景食品过去努力的肯定，更是对未来发展的激励和鞭策。

社会责任方面，贯景食品积极履行企业公民责任，通过捐赠物料和资金等方式支持公益事业。公司长期为视障朋友及志愿者捐赠物资，并携手"强棒天使"公益组织为大凉山的孩子提供日常训练和参加棒球比赛的支持。贯景食品以实际行动践行着企业的社会价值，传递着温暖与关爱。

展望未来，贯景食品将继续秉承"为天下百姓谋健康"的使命，致力于用食物促进健康、提升生命质量，传播科学的饮食观及生活方式。公司将继续加大科研投入，推动产品创新与技术升级，为消费者提供更多优质、健康的食品选择，为实现全民健康贡献自己的力量。

植物高纤棒引领健康代餐和零食新潮流

在当今社会，随着生活节奏的加快和工作压力的增加，现代人的饮食习惯发生了显著变化，中国膳食纤维协会发布的《中国居民膳食纤维摄入白皮书》指出，我国成人平均每人每日摄入膳食纤维为13.3g，其中最低11.5g，中等为13.2g，最高14.5g。相关数据统计，目前膳食纤维摄入量北京为11g，上海为9.1g，天津12.7 g，广州8.6g。这与均衡膳食要求的膳食纤维摄入量要求相差甚远。中国居民膳食纤维摄入普遍不足，不仅如此，还呈下降的趋势，与《中国居民膳食营养素参考摄入量》中膳食纤维的推荐量相比，能达到适宜摄入量(25克/天)的人群不足5%，与《柳叶刀》推荐的29克理想摄入量更是相差甚远。亚健康和慢性病问题日益凸显。这一社会现象不仅影响了人们的生活质量，也对整个社会的健康发展构成了挑战。贯景食品（北京）有限公司敏锐地洞察到这一市场需求与健康痛点，深入研究了消费者对健康代餐和零食的期待与诉求，发现市场对一款既营养又便捷的代餐食品和健康零食存在巨大空缺。

图 1　产品的研发理念

具体而言，现代人在日常饮食中往往难以保证充足的膳食纤维摄入，这不仅可能导致便秘、肥胖等消化系统问题，还可能增加患糖尿病、心脏病等慢性病的风险。与此同时，随着健康意识的觉醒，消费者越来越倾向于选择那些既能够满足味蕾享受，又能提供健康益处的健康代餐和零食。然而，市场上的传统健康代餐和零食往往高糖、高脂，难以满足现代人对健康饮食的追求。因此，研发一款高纤维、低糖、营养均衡的健康代餐和零食，成为了贯景食品的重要使命。

为了满足市场需求与消费者健康痛点，贯景食品凭借其在食品行业多年的积累与深厚底蕴，创新性地提出了植物高纤棒的研发方案。这款产品以中医理论与现代营养科学为依据，精选植物基与药食同源原料，通过科学配比与先进加工技术精心打造而成。

植物高纤棒以有机银杏果粉（白果粉）、有机蒙北燕麦片、低聚异麦芽糖浆、山药粉和纯椰子粉为主要原料，这些原料不仅富含膳食纤维与多种维生素，还具有多种功能性。例如，曹福亮院士的著作《银杏奥秘》中有提过银杏有增强大脑功能、增强记忆力、保护心脑血管、抗衰老、保护视力等功效。蒙北燕麦片则以其高膳食纤维和丰富的 B 族维生素著称，有助于增强免疫力和降低血脂。此外，植物高纤棒在生产过程中严格遵循 0 添加蔗糖、0 添加香精香料色素的原则，确保了产品的清洁标签与健康承诺。

植物高纤棒

·即食饱腹代餐　·高营养密度

·富含膳食纤维　·富含多种维生素

·0添加蔗糖　·含有药食同源原料

图 2　产品的核心价值

在技术创新方面，贯景食品充分挖掘中医理论与现代营养科学的融合点，将传统智慧与现代科技紧密结合。团队经过反复试验与优化配方，成功解决了纤维含量与口感之间的矛盾，使得植物高纤棒在保留高纤维特性的同时保持了良好的口感体验。同时，公司还注重生产过程的绿色化与可持续性，积极采用环保材料与节能减排技术，降低了产品对环境的影响。

植物高纤棒的成功研发不仅填补了市场空白，还引领了健康代餐和零食的新风尚。它不仅满足了消费者对营养代餐和零食的期待与诉求，还通过其独特的健康理念与卓越的产品品质赢得了市场的广泛认可与好评。

在植物高纤棒的研发与推广过程中，贯景食品面临了诸多挑战与困难。首先，原料筛选是一个关键环节，需要确保原料的品质与安全性；其次，配方优化与生产工艺改进也是一项复杂而细致的工作，需要不断试错与调整以达到最佳效果；最后，市场推广策略的制定与执行也是一项艰巨的任务，需要精准把握市场需求与消费者心理。

然而，贯景食品凭借其强大的研发团队与丰富的市场经验，成功克服了这些挑战与困难。通过团队的共同努力与持续创新，公司最终实现了植物高纤棒的成功上市。上市以来，该产品凭借其独特的健康理念、卓越的产品品质以及科学的市场推广策略迅速赢得了消费者的青睐与信赖。销量持续增长为公司带来了一定的经济效益，同时也为公司的品牌建设与市场拓展奠定了坚实的基础。

更重要的是，植物高纤棒的推广与普及不仅满足了消费者的健康需求，提升了公众的健康意识与生活质量，还产生了显著的社会效益。它鼓励了更多人关注膳食纤维摄入、药食同源与健康饮食的重要性，推动了整个社会的健康发展与进步。此外，贯景食品还积极参与社会公益活动，通过捐赠高纤棒等方式回馈社会，展现了企业的社会责任与担当。这些举措不仅提升了公司的品牌形象与社会声誉，还为公司赢得了更多消费者的支持与信任。

发展新质生产力的经验总结

在贯景食品成功研发并推广植物高纤棒的过程中，我们积累了丰富的经验，这些经验不仅为公司未来的发展提供了宝贵的参考，也为行业内的其他企业提供了有益的借鉴。

首先，深入洞察市场需求和消费者健康痛点是关键。我们深知，只有真正了解消费者的需求和痛点，才能开发出符合市场需求的产品。在研发植物高纤棒之前，我们进行了大量的市场调研，深入了解消费者对健康零食的期待和诉求。正是基于这些深入的洞察，我们才能精准地定位产品，满足消费者的健康需求。

其次，跨学科、多领域的协同合作是创新的源泉。植物高纤棒的研发涉及中医理论、现代营养科学、食品加工技术等多个领域的知识。为了确保产品的科学性和创新性，我们与多个领域的专家进行了深入的合作和交流。这种跨学科、多领域的协同合作不仅提升了产品的技术含量和附加值，还增强了公司的创新能力和竞争力。

再者，注重产品的品质和口感是实现市场成功的重要因素。在研发过程中，我们始终将产品的品质和口感放在首位。通过反复试验和优化配方，我们成功解决了纤维含量与口感之间的矛盾，使得植物高纤棒在保留高纤维特性的同时保持了良好的口感体验。这种对品质和口感的追求不仅赢得了消费者的青睐，也提升了公司的品牌形象和市场竞争力。

此外，注重市场推广和品牌建设也是不可或缺的一环。在市场推广方面，我们采取了线上线下相结合的策略，充分利用社交媒体、电商平台等多种渠道进行宣传推广。同时，我们还积极参加各类展会和活动，与消费者进行面对面的交流和互动。这些市场推广措施不仅提高了产品的知名度和美誉度，还为公司赢得了更多的市场份额和消费者信任。

在品牌建设方面，我们始终将"诚信、匠心、热爱、创新"作为公司的核心价值观，致力于为消费者提供高品质、健康、便捷的食品。通过持续的品牌建设和推广，我们逐渐树立了良好的品牌形象和市场口碑，为公司未来的发展奠定了坚实的基础。

最后，持续的创新和优化是企业发展的动力。虽然植物高纤棒已经取得了市场的认可，但我们深知市场竞争的激烈和消费者需求的不断变化。因此，我们将继续加大研发投入和技术创新力度，不断优化产品的配方和生产工艺，提升产品的品质和口感。同时，我们还将密切关注市场动态和消费者需求的变化，及时调整市场策略和产品结构以适应市场的变化和发展趋势。

综上所述，贯景食品在植物高纤棒的研发和推广过程中积累了宝贵的经验。这些经验不仅为公司未来的发展提供了有力的支持，也为行业内的其他企业提供了有益的借鉴和启示。我们将继续秉承"为天下百姓谋健康"的使命，致力于为消费者提供更多高品质、健康的食品产品，推动行业的健康发展和社会进步。

未来展望

展望未来，贯景食品将继续深耕健康食品领域，以植物高纤棒为起点，不断推出更多创新、健康、便捷的产品，满足消费者日益增长的多元化需求。我们将持续关注市场动态，紧跟消费者健康饮食的新趋势，不断优化产品配方和生产工艺，确保产品的营养价值和口感始终保持行业领先水平。

同时，我们将加强品牌建设和市场推广力度，通过线上线下相结合的方式，扩大品牌影响力，提升市场份额。此外，我们还将积极履行社会责任，参与更多公益活动，用实际行动回馈社会，传递健康生活的理念。

面对未来，我们充满信心和期待。我们相信，在团队的共同努力下，贯景食品将继续引领健康食品的新风尚，为消费者带来更多健康、美味、便捷的食品选择，为实现全民健康贡献一份力量。随着消费者对健康饮食的重视度不断提升，我们相信植物高纤棒及未来推出的新产品将在市场上持续发光发热，成为健康代餐和零食领域的佼佼者。

［专家点评］

科技创新驱动：贯景食品在植物高纤棒研发中，融合中医理论与现代营养科学，展现了强大的科技创新能力。通过跨学科合作，公司解决了纤维含量与口感的矛盾，开发出高品质的健康食品，引领行业创新。

产业融合发展：贯景食品将传统中医智慧与现代食品工业相结合，实现了药食同源的产业融合发展。这种创新模式不仅丰富了产品线，还提升了产品的附加值，为健康食品市场注入了新活力。

数据驱动决策：贯景食品在市场调研、产品研发及市场推广等环节，很可能运用了大量数据进行分析与决策。这种基于数据的策略有助于精准把握市场需求，优化资源配置，提升市场竞争力。

　　绿色可持续发展：贯景食品注重生产过程的绿色化与可持续性，采用环保材料与节能减排技术，降低了产品对环境的影响。这种绿色发展模式不仅符合当前社会可持续发展的趋势，也为企业赢得了良好的社会声誉。

　　国际竞争力提升：贯景食品凭借其卓越的产品质量和创新能力，在国内市场占有一席之地的同时，还积极开拓国际市场。公司多次获奖，提升了品牌知名度与美誉度，为提升国际竞争力奠定了坚实基础。未来，随着全球化战略的深入实施，贯景食品的国际竞争力有望进一步增强。

执笔人：胡冰、黄艳萍、宋林瑾

农业机器人：国产高端智能农机的创新力量

北京中科原动力科技有限公司

北京中科原动力科技有限公司依托人工智能和自动驾驶技术，成功研发出全球领先的 L4 级智能化农田作业机器人，为全球农业带来全昼夜、自动化、精准作业的新模式。公司聚焦新能源、智能化两大方向，突破农业机器人核心技术，不仅大幅提升了农业生产效率与效益，还显著推动了农业现代化进程。通过创新产品与服务，中科原动力已成为智慧农业领域的标杆企业，其成功经验为全球农业科技创新提供了宝贵借鉴。

北京中科原动力科技有限公司（以下简称中科原动力）首席科学家李德毅院士关于智慧农业的未来畅想：无人驾驶在农村的大地上是会大有作用的，将来我们希望曾经由拖拉机手来驾驶的农机都可以变成可交互的、会学习的、自成长的农田作业机器人。我们将首先把握农业全过程的作业环节，一个一个地攻克它。像深耕、松土、平整土地这都是少不了的。真正的人工智能要赋能农业，要看时效、要看刚需、要解决痛点。

将来智慧农场可能就不一定要一千个劳动力了。可能是一百个劳动力加九百台或者是一千台机器人，我们就可以把人类大量的、烦琐的体力劳动工作交给一部分让机器人去做，那人们就可以去想、去做更有创造力的事情。

在当今科技日新月异的时代背景下，新质生产力成为推动经济社会发展的重要引擎。新质生产力强调技术创新与模式创新的深度融合，通过高科技手段解决传统产业的痛点问题，提升产业整体效能。对于农业这一国民经济基础产业而言，发展新质生产力尤为关键。随着全球人口增长和资源环境压力加剧，传统农业面临劳动力短缺、生产效率低下等挑战。北京中科原动力科技有限公司应运而生，公司致力于运用人工智能和新能源技术，为全球农业带来革命性变革，推动农业向智能化、绿色化方向迈进。

发展新质生产力对于农业而言，不仅是技术上的革新，更是生产方式的根本性转变。它有助于解决未来"谁来种地""怎么种好地"的时代之问，实现小农经营与现代农业发展的有机衔接。中科原动力通过技术创新，为全球农业转型升级和高质量发展提供了重要支撑。

全球领先的农业机器人产品服务提供商

中科原动力是由中科院微电子所孵化的农业机器人国家级专精特新"小巨人"企业、国家高新技术企业。公司由中国人工智能学会名誉理事长、中国工程院李德毅院士领衔，核心团队来自清华、伯克利、早稻田等国内外知名高校，长期深耕人工智能与智慧农业领域，拥有完整的自动驾驶与机器人技术体系，形成面向农田耕作全流程的无人化作业技术。公司以提升农业生产效率为使命，为农业生产者提供可以全昼夜、自动化、精准作业的农业机器人产品，其核心产品包括万途新能源智能农机、智耘系列农机无人作业系统、智牛系列无人驾驶拖拉机以及智农系列农田作业机器人等，可应用于旱田、水田、设施大棚、果木等作物的耕、整、种、管、收全过程，并实现了商业化、规模化应用。公司先后荣获我国农业领域最高奖农业农村部"全国农牧渔业丰收奖"、中国农业机器人创新大赛全国一等奖，入选农业农村部十大引领性技术，截至2024年累计完成无人标准化作业近100万亩，产生了很好的经济与社会效益。

中科原动力秉承"诚信、拼搏、卓越、担当、协作、利他"的企业文化，致力于将先进的种植工艺与智能装备有机结合，推动农业生产的标准化、精准化、智能化、绿色化。公司通过持续的技术创新和市场拓展，不仅提升了自身在业界的领先地位，更为全球农业智能化发展贡献了中国智慧和中国方案。

技术赋能，应对农业智能化转型挑战

全球农业领域随着人口增长和资源环境压力的持续加剧，传统农业模式面临着前所未有的挑战。农业劳动力流失、老龄化现象日益严重，加之对农业生产效率和资源利用率提出的更高要求，使得发展新质生产力成为解决农业可持续发展的关键所在。

当前在智能高端农机领域，我国还存在急需解决的的短板弱项，需要集中各方面的力量攻关，特别是要充分发挥农业科技领军企业在科研创新中的关键作用。

公司核心技术团队由李德毅院士领衔，汇聚了顶尖的自动驾驶和农业农机认知技术专家，形成了完整的自动驾驶与机器人技术体系。这些技术成果直接应用于农田耕作的全过程，极大地推动了农业的自动化、精准化作业。中科原动力自主研发了万途新能源智能农机、智耘系列农机无人作业系统、智牛系列无人驾驶拖拉机以及智农系列农田作业机器人等产品，这些产品均达到了 L4 级世界领先的智能化等级，实现了从耕地、播种、管理到收获的全程无人化作业。这些装备作为新质生产力的重要载体，融合了新能源、数字化、智能化、网联化的先进技术，展现了强大的作业能力和应用潜力。

图 1　中科原动力智能拖拉机在开展全昼夜自动化精准播种作业

中科原动力成功解决了复杂农田环境下的场景感知、农机作业智能决策与协同控制等关键技术难题。基于北斗的视觉增强定位导航技术，使得农机装备能够在各种复杂环境下实现高精度的自主导航和作业。此外，公司还研制出了会学习的农田作业机器人，通过机器学习和人工智能技术不断优化作业策略，进一步提高了作业效率和精度。这些技术成果不仅代表了中科原动力的研发实力和创新精神，更为全球农业领域的发展注入了新的活力。

以应用为导向，推动智慧农业全面发展

为了验证和推广这些先进的新质生产力成果，中科原动力在国内外积极打造智慧农场和数字农场的示范项目。其中，北大荒集团数字农场及无人化农场群作为公司的重要合作成果之一，全面展示了中科原动力产品的卓越性能和广泛应用前景。通过为北大荒集团农场提供全面的无人化农业解决方案，中科原动力不仅实现了农机的无人驾驶和远程监控，还大幅提高了农业生产效率和资源利用率，为现代农业的可持续发展树立了新的标杆。

图 2 北大荒集团赵光农场使用中科原动力的智能农机产品开展多农机群体作业

在蔬菜无人农场项目中，中科原动力与合作方联合组建了"蔬菜无人农场群体智能联合实验室"，依托双院士的领衔研发优势，成功推出了"蔬菜规模化生产人机智能协作技术"。这项技术为蔬菜规模化生产的全环节智能

化管理与作业需求提供了强有力的技术支撑，并在北京、河北、甘肃等地的示范推广项目中取得了显著成效。联合实验室的无人农机在旋地、犁地、耕种、植保管理、收获、运输等多个环节均表现出色，实现了数字化自主管理和高效生产的目标。

图 3　智农植保打药机器人在开展无人打药作业

为了进一步推动新质生产力的发展和应用，中科原动力还发布了新能源智能拖拉机品牌"万途 VOLTOR"，并公布了"VT-OPEN 农机绿色化、智能化技术开源战略"。这一举措不仅为公司的发展注入了新的动力源泉，更为整个农机行业的绿色智能转型提供了有力支持。通过向行业开源共享专利技术、数据和零部件等资源要素，中科原动力加速了新能源智能农机产业的发展进程，促进了产业链上下游企业的协同创新与合作共赢局面的形成。

此外，中科原动力还积极构建和谐共生的产业生态体系。公司与高校、科研院所及产业链上下游企业开展广泛合作与交流活动，通过产学研合作和校企合作联合实验室的建立等形式促进了技术创新和人才培养工作的深入开展。这些合作成果不仅增强了公司的核心竞争力和市场影响力，也为推动中国农机行业的绿色智能高质量发展做出了重要贡献。

发展新质生产力的经验总结

中科原动力通过聚焦核心技术创新和智能产品研发，成功推动了农业生产的智能化、绿色化转型升级。公司将科技创新作为推动业务发展的核心动力，不断加大研发投入力度，吸引顶尖人才加入研发团队；同时积极与高校、科研院所等合作伙伴开展产学研合作，共同推动农业智能装备技术的研发与应用。

公司紧密关注市场动态和客户需求，深入挖掘潜在市场机会；通过定制化开发和灵活营销策略满足不同客户的个性化需求，从而赢得了客户的信任和认可。

公司注重品牌形象的塑造和维护，通过提供优质的产品和服务赢得了良好的口碑和市场声誉；同时建立完善的售后服务体系，确保客户在使用过程中遇到问题能够及时得到解决。

公司积极拓展海外市场，与多个国家和地区建立了合作关系；通过参加国际展会、举办技术交流会等形式加强与全球同行的交流与合作，共同推动全球农业智能化发展进程。

未来展望

展望未来，随着人工智能、物联网、新能源等技术的不断发展和普及，智慧农业将迎来更加广阔的发展前景。中科原动力将继续依托自身在人工智能和自动驾驶、新能源领域的优势资源，持续深耕农业智能装备领域，推动农业生产的智能化、绿色化转型升级。同时公司将积极响应国家乡村振兴战略，号召加强与政府、高校、科研机构等合作伙伴的紧密合作，共同推动农业科技的进步和创新，为农业现代化发展贡献更多智慧和力量。

此外随着全球人口增长和资源环境压力的不断加大，农业可持续发展将成为未来发展的重要趋势之一。中科原动力将积极探索绿色、低碳、高效的农业生产模式推动农业生产的绿色转型，为构建生态文明社会贡献自己的力量。

[专家点评]

从科技创新驱动的角度来看，中科原动力通过自主研发和创新应用人工智能技术，成功研发出全球领先的农田作业机器人产品，推动了农业科技的跨越式发展。公司不仅掌握了核心技术，还将其转化为实际生产力，为全球农业智能化进程树立了标杆。

在产业融合发展方面，中科原动力积极与高校、科研院所及农业合作社等合作伙伴建立紧密合作关系，共同推动农业智能装备技术的研发与应用。这种产学研合作模式有效整合了各方资源，加速了科技成果的转化与应用，促进了农业产业的转型升级。

数据驱动决策是中科原动力成功的关键因素之一。公司通过收集和分析农业生产过程中的大数据信息，为农业生产提供了精准化、智能化的决策支持。这不仅提高了农业生产效率和质量，还为农业可持续发展提供了有力保障。

绿色可持续发展是中科原动力未来发展的重要方向之一。公司致力于研发低碳环保、高效节能的农业智能装备产品，推动农业生产方式的绿色转型。这不仅有助于降低农业生产对环境的污染和破坏，还有助于提高农产品的品质和安全性。

在国际竞争力提升方面，中科原动力积极参与国际市场竞争与国际同行展开合作与交流。通过不断提升自身技术实力和品牌影响力，公司逐渐在全球农业智能装备领域占据了一席之地。未来随着农业智能化的不断推进，中科原动力有望在全球市场上发挥更加重要的作用。

执笔人：张光辉、郑思仪、安之建

5G 智慧化专网：重构绿电产业新格局

北京广厦网络技术股份公司

北京广厦网络技术股份公司立足于数字经济与实体经济深度融合的时代背景，匠心打造了基于 5G 技术的创新智慧化专网解决方案。该方案巧妙融合了超轻量核心网与自组织网络技术，实现了生产网络的敏捷搭建与智能治理，不仅大幅提升了网络性能、安全性和可靠性，还积极响应国家绿色发展战略，通过绿电优化有效降低能耗，为无人驾驶、远程医疗、智能制造等领域注入强劲动力，引领产业数字化转型的新浪潮。

随着信息技术的飞速发展，数字经济已成为推动全球经济增长的重要引擎。新质生产力作为高质量发展的核心动力，以前所未有的速度重塑传统产业格局。5G 技术的广泛应用，为新质生产力的培育和发展提供了广阔空间。在这一背景下，科技创新不仅是推动经济社会发展的重要力量，更是提升国家竞争力的关键。

专注 5G 基建服务，赋能行业发展

北京广厦网络技术股份公司（以下简称广厦网络）自 2000 年 7 月成立以来，始终致力于成为中国领先的 5G "新基建" 综合技术领航者。公司凭借卓越的技术实力和深厚的行业经验，成功在通信基建服务领域树立了标杆。历经二十余载的发展，广厦网络不仅在全国拥有超过 16000 个站址覆盖，还具备了每年超过 2000 个站址选建能力，以及长达 10 年的 "全生命周期" 通信基建服务能力。公司的业务涵盖边缘机房建设、大数据服务、城市信

息化建设以及"5G+X"应用场景构建等多个领域，形成了多元化的生态业务能力。

广厦网络是国家高新技术企业、北京市专精特新"小巨人"企业，并荣登北京市中小企业百强榜。公司早在2017年就与中国移动建立了紧密的合作关系，加盟了中国移动5G联合创新中心，并成为通信基建服务领域的唯一合作伙伴。随后，公司还成为中国移动"5G智能应用联合创新中心"的重要成员，其业务能力得到了运营商的高度认可。

在技术研发方面，广厦网络拥有发明专利、实用新型等授权知识产权共计41项，注册商标22个，软件著作权91项。公司紧跟"网络强国"战略步伐，积极响应低碳号召，构建了"广厦能源"子品牌，以"5G+绿电"为核心，启动面向双碳战略的能源光储分布式项目，致力于提升能源自给能力，降低运营成本，实现环境与经济效益的双赢。

此外，广厦网络还积极构建"广厦智慧"子品牌，不仅在企业内部运用数字化、信息化手段加强内控管理，更以5G信息技术赋能各行各业，提升市场竞争力，为行业创新、城市可持续发展贡献力量。目前，公司在北京、上海、天津、广东、深圳等8个核心城市及区域设有分、子公司及办事处，业务覆盖全国，为推动我国数智化进程贡献着重要力量。

应对5G挑战，推出创新专网与绿电方案

在数字化浪潮的推动下，各行各业对高效、安全、可靠的网络基础设施需求日益增长。特别是随着无人驾驶、远程医疗、智能制造等新兴领域的快速发展，传统网络架构已难以满足这些行业对低延迟、高带宽、高安全性的严格要求。广厦网络敏锐地捕捉到了这一市场需求，同时也意识到5G技术虽然具有巨大的潜力，但在实际部署中仍面临基站能耗高、网络配置复杂、运维成本大等挑战。因此，公司决定基于5G技术，打造一种创新智慧化专网解决方案，以回应这些市场需求和技术难题。

此外，广厦网络还积极响应国家绿色发展战略，针对5G基站高能耗的问题，提出了绿电解决方案，旨在通过利用可再生能源，降低基站运营成本，同时减少对环境的影响。为了打造这一创新智慧化专网解决方案，广厦网络从以下几个方面入手：

一是针对传统核心网设备庞大、配置复杂的问题，广厦网络采用了超轻量核心网技术。这种核心网采用云原生架构，支持快速部署和灵活扩展，能够根据不同行业的需求进行定制化配置。同时，它还能够通过数据分析和机器学习技术，实时监控网络状态，预测潜在问题，确保网络的稳定运行。

二是为了实现网络的自动化管理和优化，广厦网络在专网建设中引入了自组织网络技术。这种技术允许 5G 基站在没有人工干预的情况下进行自我配置和管理，从而减少了人工操作的需求和潜在的错误风险。在紧急情况下，如自然灾害发生时，自组织网络还能够快速重新配置网络，确保通信的连续性和稳定性。

三是为了降低基站能耗并响应国家绿色发展战略，广厦网络研发了绿电解决方案。该方案利用企业办公楼、厂房等空旷地带安装光伏发电系统和风力发电系统，将光能和风能转化为电能，为基站提供绿色电力。同时，通过配置储能设备和智慧能源管理系统，实现风、光发电的优先供电和市电的补充供电，从而降低了基站对传统电力的依赖并减少了能耗成本。

在具体实施过程中，广厦网络针对不同行业的实际需求，进行了详细的网络规划和设计。例如，在工业互联网领域，公司根据工厂的地理布局和生产需求，设计了 5G 专网的覆盖范围和网络架构，确保了生产区域的全面覆盖和无缝连接。在自动驾驶领域，公司则通过科学合理的 5G 基站部署和领先的空口技术，实现了车联网终端的动态调度和资源优化，满足了自动驾驶对低延迟和高可靠性的要求。

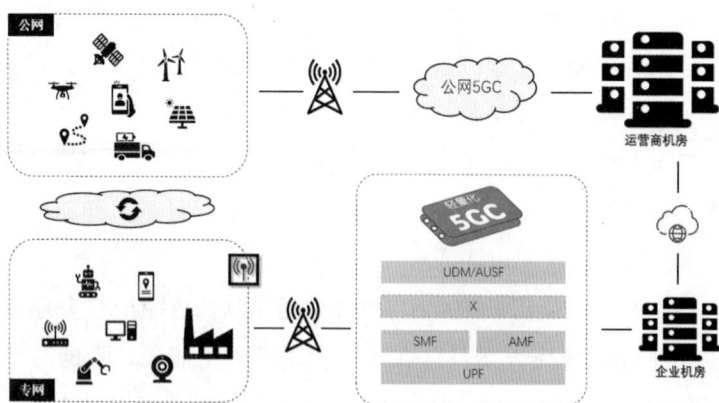

图 1　智慧专网整体架构

引领 5G 专网创新，实现绿色通信

在项目实施过程中，广厦网络面临着技术难度大、投资成本高、市场接受度待提升等多重挑战。然而，公司凭借强大的技术实力和丰富的项目经验，成功克服了这些困难并取得了显著的成效。

在技术层面，广厦网络不断优化超轻量核心网和自组织网络技术，确保了网络的高性能与可靠性。同时，公司还加强了与运营商、高校及科研机构的合作与交流，共同攻克了一系列技术难题。例如，在与北京邮电大学、北京航空航天大学等高校的合作中，公司建立了联合实验室和研发中心，推动了产学研深度融合和科技成果转化。

在市场层面，广厦网络通过积极参与行业展会、举办技术研讨会等方式加强了市场推广力度。同时，公司还注重客户需求导向和市场反馈机制建设，不断优化产品和服务以满足客户的实际需求。这些努力使得公司的创新智慧化专网解决方案在市场上得到了广泛认可和应用推广。

广厦网络的 5G 智慧化专网解决方案不仅显著提升了客户的生产效率和运营效益，还降低了能耗成本和运维成本。同时该方案在无人驾驶、远程医疗、智能制造等多个领域实现了广泛应用。通过全面连接人、机、物、系统等，构建起覆盖全产业链、全价值链的全新制造和服务体系，使 5G 与实体经济在更广范围、更深程度、更高水平融合应用，加快了实体经济数字化、网络化、智能化的转型创新，优化了产业主体协作模式、重构协作链条及流程，从而带动产业生产效率提升和价值增值。

智慧化专网解决方案还积极响应了国家绿色发展战略，通过绿电解决方案促进了环境保护和可持续发展目标的实现。这些成效不仅彰显了广厦网络在新质生产力方面的领先地位，也为其在未来的市场竞争中奠定了坚实的基础。

5G 专网实践的经验与启示

在成功实施基于 5G 技术的创新智慧化专网建设项目后，北京广厦网络技术股份公司积累了丰富的实践经验，并从中提炼出以下几点关键的成功要素和未来可借鉴的经验：

一是技术创新是推动项目成功的核心力量。在专网建设过程中，公司不

断引入前沿技术，如超轻量核心网、自组织网络以及绿电解决方案，这些技术的创新应用不仅提升了网络性能，还降低了运营成本，促进了环保与可持续发展。未来，广厦网络将继续加大在 5G、物联网、大数据、人工智能等前沿技术的研发投入，保持技术领先地位。

二是客户需求导向是项目成功的关键。广厦网络在项目初期就深入市场调研，充分了解不同行业对专网的需求特性。在项目实施过程中，公司始终以客户为中心，根据不同行业的需求进行定制化设计和服务。这种客户需求导向的策略使得项目成果更加贴近实际应用场景，提高了客户的满意度和忠诚度。未来，广厦网络将继续深化客户需求理解，提供更加精准、高效的服务。

三是产学研合作加速技术创新与应用。广厦网络积极与高校、科研机构建立合作关系，通过联合实验室、研发中心等平台推动产学研深度融合。这种合作模式不仅促进了技术创新，还加快了科技成果的转化速度。未来，广厦网络将继续拓展产学研合作网络，引入更多优质资源，推动技术创新与产业升级。

四是绿色可持续发展是企业责任。广厦网络积极响应国家绿色发展战略，通过绿电解决方案降低基站能耗，减少对环境的影响。这一举措不仅提升了企业的社会形象，还为企业的可持续发展奠定了坚实基础。未来，广厦网络将继续关注环保议题，推动绿色通信技术的研发与应用，为实现碳中和目标贡献力量。

五是人才团队是项目成功的保障。广厦网络拥有一支高素质、专业化的技术和管理团队。团队成员具备丰富的行业经验和专业知识，为项目的成功实施提供了有力保障。未来，广厦网络将继续加强人才培养和引进工作，打造一支具有国际竞争力的人才队伍，为企业的持续发展提供源源不断的动力。

展望 5G 未来，助力社会发展

与传统网络相比，广厦网络结合了超清量核心网和自组织网络的 5G 智慧专网，在提升网络效率、降低运营成本、增强网络的智能化和自动化等方面有显著优势。在实际的应用过程中，能够根据不同垂直行业的需求快速提供定制化的网络服务，帮助企业快速实现从 0 到 1 的自有通信网络搭建，减少对公共网络资源的依赖，降低网络部署和运维成本，并支持生产数据的全面本地化处理，减少数据传输的延迟，保障数据不出企业或园区，增强数据的安全性，进一步推动各行各业的数字化转型，促进社会经济的创新发展。

展望未来，广厦网络将不断深化 5G 技术的创新应用，加强与各行各业的深度融合，拓展专网建设的应用场景。公司计划继续优化超轻量核心网和自组织网络技术，提高网络的智能化水平和运维效率。同时，广厦网络将加大绿电解决方案的推广力度，扩大绿色能源在基站供电中的应用，为实现碳中和目标贡献力量。此外，公司还将积极参与国际交流与合作，推动 5G 技术的国际化进程，提升中国企业在全球通信市场的竞争力。随着技术的不断进步和市场的不断拓展，广厦网络有信心在新质生产力的推动下，持续引领行业发展，为社会经济的繁荣和创新发展做出更大贡献。

[专家点评]

从科技创新驱动的角度来看，本案例展现了 5G 技术在推动数字经济转型中的关键作用。通过引入超轻量核心网和自组织网络技术实现了网络性能的显著提升和运维成本的显著降低。

产业融合发展方面，案例中的"5G+ 工业互联网"模式为传统制造业的数字化转型提供了有力支撑。

数据驱动决策方面，广厦网络利用先进的数据分析和机器学习技术，实现了网络状况的实时监控和预测性维护，提高了决策的科学性和准确性。

绿色可持续发展方面，公司积极响应国家低碳政策导向通过绿电解决方案降低了能耗成本并促进了环境保护。

国际竞争力提升方面，本案例所展现的技术创新能力和市场应用前景有助于提升我国在全球 5G 领域的竞争地位，推动中国智造走向世界舞台中央。

执笔人：李壮、夏琨、王谌

AI 坐席助手：助力政府热线智能化升级

北京声智科技有限公司

北京声智科技有限公司凭借其深厚的声学计算与人工智能交叉领域技术积累，创新性地推出了基于声智壹元大模型的服务热线 AI 坐席助手。该系统集成了声智自研的 AI 大模型算法，实现了政务服务热线坐席工作流程的智能化升级，能够迅速、准确地理解用户需求，提供即时且个性化的服务响应，不仅大幅提高了政府服务热线的工作效率，还显著提升了民众的服务体验。此项目的成功实施，充分展示了 AI 技术在政务服务领域的广泛应用潜力，也为新质生产力的探索提供了宝贵的实践经验，并推动了数字经济与公共服务的深度融合，为社会治理现代化和智慧城市的发展注入了强大的科技动力，展现了声智科技在科技创新与社会责任方面的卓越贡献。

在全球数字化浪潮的推动下，新质生产力正引领经济转型升级，通过 AI、大数据等前沿技术深度应用，重塑生产模式与经济结构。北京声智科技有限公司（以下简称声智科技）作为行业领军者，将人工智能技术融入政府服务热线，推出高效智能的 AI 坐席助手，显著提升服务效率与用户体验。这一创新实践不仅展现了新质生产力跨界融合、全面革新的力量，也积极响应了产业升级与高质量发展的时代需求。

面对国际竞争与国内挑战，发展新质生产力成为提升国家竞争力的关键路径，推动经济结构优化与可持续发展。声智科技的成功案例，为智慧城市建设与社会治理现代化提供了有力支撑，彰显了科技创新在推动社会进步中的核心作用。

颠覆性的声学传感技术与产品

声智科技由中国科学院声学研究所团队创立于 2016 年 5 月，专注声学计算与人工智能交叉领域，旗下拥有 1 家国家专精特新"小巨人"企业（声智科技）和 1 家北京市"专精特新"企业（中科声智）。声智科技牵头承担国家揭榜挂帅人工智能重点项目，入选"科创中国"电子信息先导技术榜单，入选国家医疗健康重点研发计划，拥有北京市企业技术中心和 5 个人工智能交叉学科联合实验室，荣获 1 项技术发明奖、3 项科技进步奖、3 项中国专利奖和 5 项高价值专利培育大赛奖，出版人工智能教材 1 部，发起参与 150 余项国际和国家相关标准，获得 300 余项荣誉资质和 2000 余项知识产权，人均专利数位居所有人工智能企业第一名，特别是新质生产力考核指标全要素生产率 TFP，根据估算位居前茅。

声智科技拥有颠覆性声学传感技术，提供以多模态和多语种为特色的 AI 算法和 AI 硬件。声智在人工智能算法领域和大模型领域，拥有"声智壹元大模型算法"、"Azero 高级语音识别算法"、"Azero 高级语音合成算法"三项深度合成服务算法备案，以及一项"声智壹元大模型"生成式人工智能服务备案。不仅承担国家人工智能和医疗健康领域的揭榜挂帅和重点研发计划，而且成功保障了中国共产党成立 100 周年、党的二十大、北京冬奥会与冬残奥会、环球影城智慧文旅园区、北京故宫文旅园区、联合国 COP15 大会、中国服贸会、中国科博会等顶级场景案例，经历过全国防疫抗疫等严苛场景考验，承担了北京大数据 AI 能力建设、北京公安局反欺诈和声纹平台、多省市新冠健康防疫平台、冬奥会和冬残奥会数字平台等重点项目。

声智科技的主营产品体系完善，涵盖了 AI 物联体和 AI 智能体两大领域。在 AI 智能体方向，公司面向医疗、税务、政务等行业领域，提供了包括 AI 智能税务平台、AI 政务坐席助手、智能医疗分诊助手等在内的多种智能化解决方案，以及面向 C 端用户提供智能办公、智能写作、智能健康助手等 AI 服务。在 AI 物联体方向，声智科技推出了工业级智能感知终端，如智慧声控电梯、智慧引导机器人、智慧垃圾分类终端等。以及 AI 消费电子产品，如云耳™开放式无线耳机、Fairyclip耳夹式耳机、灵耳™辅听耳机等，全面满足市场用户需求。

创新开发出声智壹元大模型

在全球数字化转型的大背景下，政府服务热线作为连接政府与民众的重要桥梁，其服务效率与质量直接关系到政府形象与民众满意度。然而，传统客服坐席模式面临着工单处理不准确、回复不及时等挑战，难以满足日益增长的民众需求。针对这一痛点，声智科技依托其自主研发的声智壹元大模型技术，创新性地推出了服务热线 AI 坐席助手项目。

该项目通过整合百万余条专家工程师的服务对话记录、数十万份客服日志及工单数据作为知识库，利用 AI 大模型的自主学习能力，构建了特定领域的智能客服系统。该系统不仅能够精准分析市民群众的来电需求，实现高频次、重复性问题的自动回复，还能为人工坐席提供实时业务指导，为管理者提供高效的监控管理工具。通过这一智能化升级，政府服务热线能够更快速地响应民众诉求，提高服务效率与质量，进而促进政民互动与社会数字化转型。

服务热线 AI 坐席助手项目展现了声智科技的多项技术创新亮点，这些创新不仅提升了系统的性能，也为新质生产力的发展提供了有力支撑。特别是公司研发出的 AzeroGPT 大模型，作为一款集成了尖端技术的综合平台，其文本生成、语音合成以及声纹识别模块均展现出了非凡的创新性和卓越性能。大模型的主要模块包括：

1.文本生成模块。基于先进的 Transformer 架构，通过精细的编码器—解码器流程，不仅能够准确理解输入语境，还能生成连贯、富有逻辑且贴近人类表达方式的回复。该模块持续优化，采用 Nucleus 采样技术增强回复多样性，并借助强化学习方法，依据人类反馈进行微调，确保每一次输出都能更加贴近用户需求。

2.语音合成模块。则以其端到端的设计理念，实现了文本到自然流畅语音的无缝转换。编码器将文本转化为深层次的语义特征，解码器则根据这些特征生成高质量的语音信号。结合先进的注意力机制，该模块在音质、语速、语调等方面均达到了业界领先水平，合成的语音几乎难以与真实人类声音区分。

3.声纹识别模块。作为 AzeroGPT 的另一大亮点，凭借其高准确率和强大的鲁棒性，在声音识别领域树立了新的标杆。该模块采用深度学习算法，对声纹特征进行精确提取和匹配，即使在复杂环境下也能有效识别不同个体的声音。此外，该模块还具备自我学习和适应能力，能够随着使用时间的增长而不断提升识别精度，为用户提供更加安全、便捷的声纹验证服务。

综上所述，AzeroGPT 大模型在文本生成、语音合成及声纹识别领域的卓越表现，充分证明了其技术成熟度和创新实力。未来，我们将继续优化各模块性能，提升用户体验，推动 AzeroGPT 在更多领域的应用与发展。

一站式政府服务热线坐席服务平台

传统电话营销与语音坐席面临信息检索、工单处理等挑战，特别是新人培训周期长且效果受限。声智科技以创新 AI 智能坐席辅助系统，为政务服务热线带来革新。该系统集成智能语音技术，实时转译对话，智能推荐知识库信息，自动填写工单，大幅减轻坐席负担，使其能更专注于与市民的情感交流，提升服务质量与效率。

基于 AzeroGPT 模型的智能坐席辅助系统具备自学习能力，覆盖咨询、办理到进度查询全服务流程，提供全真客服体验，让市民享受沉浸式服务。实时转译与内容摘要功能，确保坐席快速理解并回应市民需求；质控督导则实时监控会话，预警异常情况，降低运营风险。同时，系统自动导航业务流程，快速提取关键信息辅助填单，进一步提升运营效率。声智科技的解决方案不仅优化了坐席工作流程，还通过热点主题分析，引导坐席精准服务，显著提升市民满意度。这一创新实践不仅展现了 AI 在政务服务领域的巨大潜力，也为提升公共服务水平、推动社会治理现代化贡献了科技力量。

AzeroGPT壹元语音模型 — 打造一站式坐席服务平台

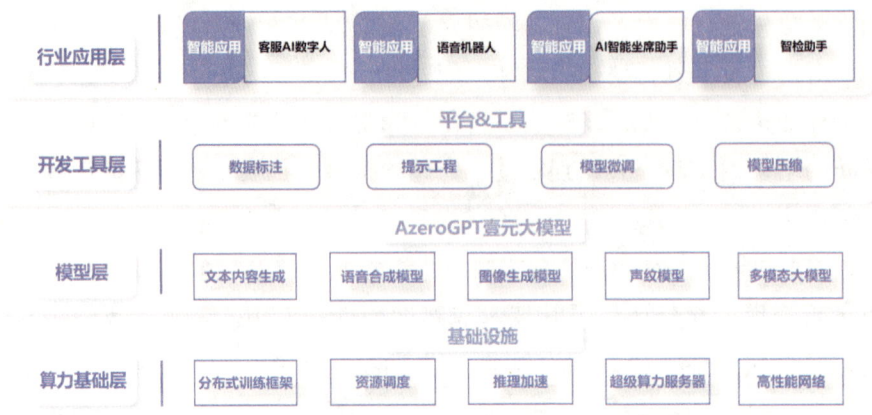

图 1 12345 市民服务热线 AI 坐席助手整体框架

智能坐席辅助系统的核心功能包括以下几点。

1. 智能问答（多语问答）。依托 AI 大模型，智能分析市民来电需求，实现高频问题自动回复，提供 7×24 小时在线服务，降低运营成本。创新"问前智能推荐"，主动推送热点信息、政策指引；深化"问中智能回复"，结合人机互动，确保简单问题秒回，复杂问题人工兜底；强化"问后智能推送"，根据咨询需求，灵活组合多种互动产品，提升服务体验。

2. 会话实时转译（多语翻译）。采用高精度语音识别技术，自动转译市民与坐席通话内容，实时展示操作界面，助力坐席全面理解对话语境，提升沟通效率与准确性。

3. 内容精准摘要（长文本摘要）。借助 AzeroGPT 大模型，智能抓取对话关键词，生成简洁摘要，便于坐席快速掌握市民诉求，同时支持一键推送与标记，提升工作效率与阅读体验。

4. 流程导航。预设标准话术流程，实时匹配提示话术，为坐席提供标准化业务办理指引，支持多场景流程导航，降低记忆负担，提升服务专业性。

5. 知识推荐。运用 NLP 与 CNN 技术，构建知识库，实时推荐金牌话术，减少检索时间，提升服务效率与专业度。

6. 智能填单。自动理解会话内容，识别填单字段并自动填充，支持工单星标收藏与过滤器设置，提升话后处理效率，降低单通时长。

7. 智能派单。基于深度学习算法优化派单流程，实现自助与智慧派单，根据用户画像与工单类型智能分流，提升服务效果与用户体验。内置 SLA 预警服务，确保工单闭环管理。

8. 质检督导。采用智能语音质检系统，实现全覆盖语音质检，提升质检速度与准确性，通过情感分析技术提供"客观评价"，支持分句回听与双轨录音回放，助力服务质量持续改进。

9. 历史回溯。支持对话历史记录查询与回听，提供文字转写保存、查看及导出功能，便于追溯与分析。

10. 统计分析报表。提供多维度 BI 报表，涵盖工作量统计、业务趋势、咨询风险、客户满意度等，为管理决策提供有力支持。

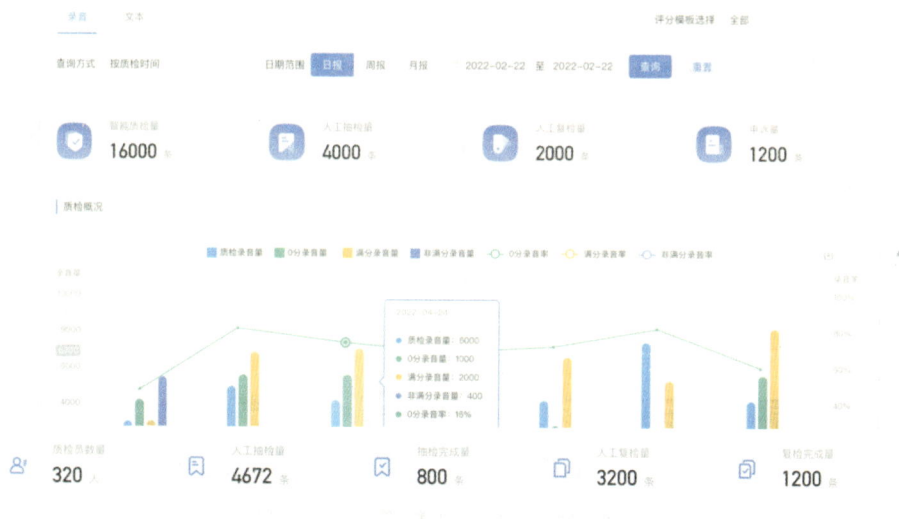

图 2　12345 市民服务热线 AI 坐席助手统计分析报表画面

系统通过集成智能问答、实时转译、精准摘要、流程导航、知识推荐、智能填单、智能派单、质检督导、历史回溯及统计分析报表等核心功能，全面提升了政务服务热线平台的运营效率、服务质量和市民满意度。

发展新质生产力的经验总结

在声智科技服务热线 AI 坐席助手项目的实施与推进过程中，我们不仅成功地将新质生产力理念融入技术创新与业务实践中，还积累了丰富的经验，为公司在人工智能领域的持续领先奠定了坚实基础。

一是创新驱动发展，引领新质生产力变革。技术创新是声智科技推动新质生产力发展的核心动力。面对人工智能技术的迅猛发展，我们始终坚持创新驱动战略，不断探索前沿技术，如基于大模型的知识蒸馏技术、协同注意力的多层次声学信息处理以及多尺度层级变分自编码器的语音合成技术等。这些创新技术的应用，不仅提升了服务热线 AI 坐席助手的性能与效率，还实现了高精度语音识别、情感理解与智能应答等功能，为用户带来前所未有的智能化体验。正是这种持续的技术创新，推动了声智科技在新质生产力领域的领先地位。

二是产品应用深度融合，展现新质生产力价值。声智科技注重将技术创新与实际应用场景紧密结合，开发出了一系列智能产品，如智能助手、智能应答、智能外呼等，这些产品不仅满足了政府服务热线的实际需求，还极大地提升了民众的服务体验与满意度。这种产品与应用场景的深度融合，不仅展现了新质生产力的巨大价值，也为公司在市场上赢得了良好的口碑与竞争力。

三是强化团队协作，凝聚新质生产力合力。在项目实施过程中，声智科技充分发挥了团队优势，强化团队协作与跨部门沟通，形成了强大的合力。通过明确分工、协同作战，我们有效解决了项目实施中遇到的各种难题与挑战。这种高效的团队协作模式，不仅提升了项目执行的效率与质量，也为新质生产力的快速转化提供了有力保障。

四是持续优化升级，探索新质生产力边界。展望未来，声智科技将继续秉承创新理念，不断优化现有技术，提升语音识别与自然语言处理的精度与效率。同时，我们将积极探索更多跨领域的应用场景，将服务热线 AI 坐席助手的技术优势扩展到更多领域中去，为社会的数字化转型与智慧城市建设贡献更多力量。通过持续优化升级与技术探索，声智科技致力于不断拓展新质生产力的边界，推动产业持续升级与发展。

声智科技在服务热线 AI 坐席助手项目的实施过程中，成功地将新质生产力理念融入技术创新与业务实践中，积累了丰富的经验并取得了显著成效。未来，我们将继续坚持创新驱动发展战略，加强产品与应用场景的结合，强化团队协作与跨部门沟通，为新质生产力的持续发展与产业升级贡献更多智慧与力量。

[专家点评]

声智科技以科技创新为核心驱动力成功研发出服务热线 AI 坐席助手，展现了强大的技术创新实力与成果转化能力，为行业树立了标杆典范。

该项目实现了 AI 技术与政务服务领域的深度融合，推动了政务服务智能化升级进程，促进了产业融合发展模式的创新与实践。

通过大数据分析与 AI 模型优化决策过程提高了服务精准度与个性化水平，为政府决策提供了有力支撑与参考依据。

通过提升服务效率与降低人力成本实现了绿色可持续发展目标，符合当前全球范围内对可持续发展的普遍追求与共识。

该项目的成功实施不仅增强了声智科技在国内市场的领先地位，还为其在国际市场上拓展业务奠定了坚实基础，有助于提升中国企业在全球范围内的竞争力与影响力。

AI 自主经营平台：用科技推动保险数智化转型

泰康保险集团股份有限公司

泰康保险集团股份有限公司凭借其在金融科技领域的深厚积累，成功研发并应用了"新一代智能化保险自主经营支持平台"。该平台深度融合了生成式大语言模型、决策式人工智能、知识工程及智能语义搜索等前沿技术，以"AI 驱动＋知识驱动＋新型人机交互"为核心设计理念，显著提升了保险销售的自主经营能力和内部管理的运营效率。通过该平台，泰康不仅为保险代理人提供了高效的知识支持和销售辅助工具，还大幅减轻了员工在办公、数据分析及文案处理等方面的工作负担。此外，该平台还助力泰康保险集团在医养融合领域实现智慧康养，为居民提供全年无休的视频咨询及医疗问诊服务。平台已成功推广应用至 16 家分公司及养老社区，服务全系统内外勤员工超 32.8 万人，显著提升了销售效率、降低了运营成本，为泰康保险集团的长远发展奠定了坚实的基础，也为保险行业的数智化转型树立了新的标杆。

在数字化浪潮席卷全球的今天，人工智能技术正以前所未有的速度改变着各行各业的生产方式和管理模式。作为传统金融服务行业的重要组成部分，保险行业也迎来了智能化转型的关键时期。泰康保险集团股份有限公司（以下简称泰康）作为业内的佼佼者，始终站在技术革新的前沿，不断探索 AI 技术在保险业务中的应用潜力。面对日新月异的市场环境与客户需求的不断变化，泰康深刻认识到，只有通过科技赋能，才能实现保险业务的自主创新与高效运营。基于此，公司自主研发了"新一代智能化保险自主经营支持平台"，旨在通过 AI 技术驱动保险业务的全面升级，提升服务效率与质量，为客户提供更加个性化、智能化的保险解决方案。本案例阐述了泰康如何通过 AI 技术实现保险自主经营的创新实践，不仅展示了公司在技术创新方面的卓越成就，也为保险行业的数智化转型提供了宝贵的经验和启示。

泰康的新寿险模式

公司自 1996 年成立以来，已稳健成长为一家涵盖保险、资管、医养三大核心业务的大型保险金融服务集团。泰康保险集团的总部位于北京，业务版图遍布全国，以其卓越的服务质量和持续的技术创新在保险行业中独树一帜。

集团旗下拥有泰康人寿、泰康养老、泰康在线、泰康资产、泰康之家、泰康医疗、泰康拜博口腔等多家子公司，业务范畴广泛，涵盖人身保险、互联网财险、资产管理、企业年金、职业年金、医疗养老、健康管理、商业不动产等多个领域。泰康保险集团凭借这些多元化的业务板块，为客户提供全面而个性化的金融保险解决方案。

泰康不仅在业务规模上取得了显著成就，其经营业绩同样令人瞩目。集团连续多年荣登《财富》世界 500 强榜单，并在 2024 年位列第 381 位，这充分证明了泰康在全球保险行业的领先地位。截至 2023 年 12 月底，泰康管理资产规模已超过 34000 亿元人民币，核心个人有效客户数量超过 7000 万人，累计服务企业客户超过 49 万家。这些数据背后，是泰康保险集团对客户需求的深刻理解与精准满足。

面向长寿时代，泰康积极拥抱新寿险商业模式，将保险业务延伸至医养康宁服务领域。在传统寿险的"负债端"和"投资端"二维结构中，创新性地加入了"服务端"，形成"支付＋服务＋投资"三端协同的闭环体系。这一创新模式不仅满足了客户在长寿、健康、富足三方面的需求，更为泰康保险集团带来了全新的增长点。

在健康管理领域，泰康布局了全国五大医学中心，并运营着近 160 家泰康拜博口腔门店，为客户提供便捷、专业的医疗服务。同时，泰康还构建了覆盖全国的医养社区网络，目前已在 21 个城市运营了 23 家泰康之家养老社区，为超过 12000 位居民提供高品质的养老服务。

泰康以其卓越的经营业绩、多元化的业务布局、创新的服务模式以及深厚的社会责任感，在保险行业中树立了标杆。未来，泰康将继续秉承"尊重生命、关爱生命、礼赞生命"的核心价值观，致力于为客户提供更优质的服务体验，推动保险行业的持续健康发展。

图 1　平台研发核心成员

AI 助力自主经营创新

随着人工智能技术的飞速发展，保险行业正经历着前所未有的变革。泰康紧跟时代步伐，积极探索 AI 技术在保险业务中的应用潜力，旨在通过技术创新提升保险销售的自主经营能力和内部管理的运营效率。基于此背景，泰康自主研发了"新一代智能化保险自主经营支持平台"，该平台深度融合了生成式大语言模型、决策式人工智能、知识工程及智能语义搜索等前沿技术，旨在通过 AI 驱动实现保险业务的全面升级。

AI 驱动的智能化保险自主经营支持平台可以为保险代理人确立更清晰的目标，为公司带来更大的商业价值。一是提升保险代理人的自主经营水平，通过提供全面的知识库、智能培训工具和精准的内容推荐，助力代理人快速成长；二是提高内部管理的运营效率，通过 App 智能助理、GBI、智能客服、智慧财务、智慧风控等 AI 原生应用，减轻员工在数据分析、日常办公、文案处理和会议记录等方面的工作负担；三是推动医养融合领域的智慧康养发展，为医养服务端提供便捷、高效的健康档案、智慧护理、医疗随访、知识问答等服务，提升泰康在医养领域的竞争力。

"新一代智能化保险自主经营支持平台"的核心设计理念包括"AI 驱动"、"知识驱动"和"新型人机交互"，旨在通过智能化手段全面提升保险业务的经营效率和竞争力。具体而言，平台建设主要包括以下几个方面：

1.AI 赋能保险自主经营。平台为保险代理人提供了全面的绩优知识库和智能培训工具，通过搜问一体化能力为代理人提供强大的知识支持。同时，平台还提供了模拟真实的销售场景训练环境，帮助代理人迅速成长。在销售辅助方面，平台为代理人提供精准、高质量的内容推荐工具，助力代理人高效展业。

2.办公提效。针对内部员工办公需求，平台嵌入了 App 智能助理、GBI、智能客服、智慧财务、智慧风控等 AI 原生应用。智能办公模块通过搜问一体和生成式大模型功能，构建办公智能应用，提供财务审核、会议回顾、决策支持及风险排查等功能，大幅提升员工的办公效率；GBI 模块为管理端提供多轮对话、数据查询、归因分析等三大智能引擎，通过自然语言与数据进行交互，简化数据分析流程。

3.智慧康养。平台在医养融合领域也发挥了重要作用。依托泰康深厚的行业经验和数据资源，平台构建了专属的大模型系统，为家庭医生团队提供医学知识查询、辅助诊断、数据分析等功能支持。同时，平台还通过小泰智能音箱等智能设备为居民提供全年无休的视频咨询及问诊服务，提升泰康在智慧康养领域的服务水平。

4.数智化助力商业模式创新。通过"支付＋服务＋投资"三端协同的新寿险商业模式创新，泰康实现了保险业务与医养康宁服务的深度融合。平台化建设紧抓技术革命机遇，积极采用生成式 AI 与决策式 AI 等前沿技术，推动销售经营、管理办公、医养融合等业态的数字化转型。这一创新模式不仅提升了业务的专业性和前瞻性，还为销售、办公、养康各侧面提供了智能化支持，实现了业务价值的显著提升。

5. 数智化促进企业高端化发展。依托前沿的 AI 技术栈和"AI 驱动＋知识驱动＋新型人机交互"的应用理念，泰康自主研发的新一代智能化保险自主经营支持平台深入保险销售、办公提效等核心业务场景，推动企业服务向高端化、智能化的显著跃升。平台的"1+N"大模型建设模式和一站式大模型开发及服务平台极大地简化了 AI 模型的开发与部署流程，提高了知识搜索和问答的准确性，实现了应用创建的流程自动化。这些技术创新不仅强化了泰康在保险行业的高端服务能力，还为客户提供了更高品质、更高效率的专业服务。

6. 数智化推动管理模式创新。通过与 App 端生态的深度整合和"科技＋运营"的创新模式构建坚实的数字化基础和销售赋能体系，泰康推动了管理模式的数字化转型。这一变革不仅促进了管理模式的扁平化演进和跨部门协作的增强，还显著提高了销售管理、业务管理和队伍管理的自动化水平。创新的管理模式为企业的可持续发展奠定了坚实基础，并为保险金融行业的转型发展提供了宝贵经验。

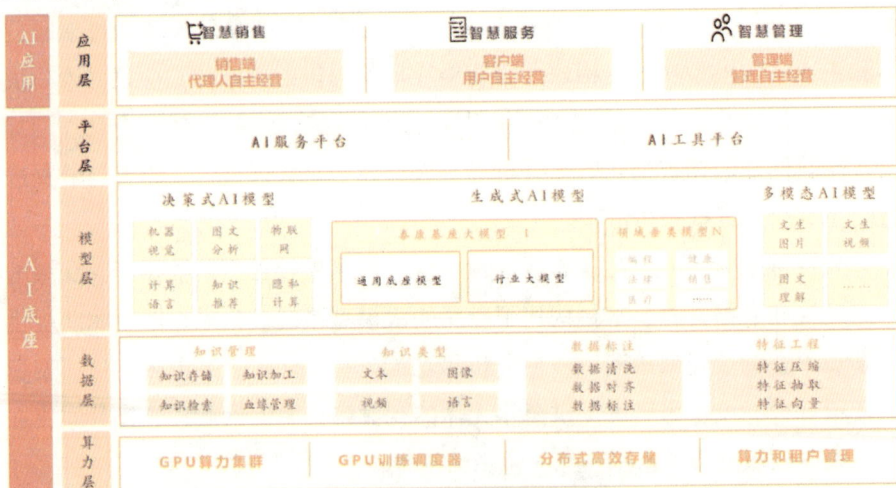

图 2 平台架构图

目前，"新一代智能化保险自主经营支持平台"已在泰康的多个分公司和养老社区得到广泛应用。该平台服务全系统内外勤员工超过 32.8 万人，能力应用场景广泛，已在泰康 App、智慧销售、智慧医养等 50 余个场景提供新一代智能服务超 2441 万次。通过提升代理人销售效率和满足各类渠道销售需求，平台助力分公司降本增效，自动化率显著提升，有效替代人力超 147 人年，大约节约 6050 万元。

未来，泰康将继续深化"支付＋服务＋投资"三端协同的新寿险商业模式创新，依托生成式 AI 与决策式 AI 等先进技术，不断优化和升级智能化保险自主经营支持平台。通过提升销售队伍的专业化、职业化水平，为客户提供更加个性化、智能化的保险解决方案和服务体验。同时，泰康还将积极探索保险行业的更多应用场景和潜力领域，推动保险行业的数智化转型和高质量发展。

发展新质生产力的经验总结

在"AI 助力保险自主经营创新实践"项目的实施过程中，泰康不仅成功打造了具有行业引领性的智能化平台，还积累了丰富而深刻的企业发展新质生产力经验。这些经验不仅为泰康自身的持续创新提供了坚实基础，也为整个保险行业的数智化转型提供了宝贵启示。

泰康深刻认识到，技术的持续进步是推动业务发展的关键。在项目中泰康成功融合了生成式 AI、决策式 AI、知识工程等前沿技术，不仅提升了平台的功能性和智能化水平，更为后续的技术创新和应用探索奠定了坚实基础。泰康的经验表明，企业要在激烈的市场竞争中保持领先地位，就必须紧跟时代步伐，不断探索和应用新技术，以技术创新引领业务发展。

泰康始终坚持用户至上的原则，通过深入了解保险代理人、内部员工及客户的实际需求，不断优化平台的功能与性能。以用户为中心的产品设计理念，不仅提升了平台的用户满意度和忠诚度，还促进了泰康与用户之间的深度互动和合作。泰康的经验告诉我们，企业要想在市场中立于不败之地，就必须始终关注用户需求，不断优化产品和服务，以用户满意为最终目标。

项目的成功实施离不开泰康内部各部门的紧密协作与资源整合。泰康通过建立跨部门协作机制，实现了技术研发、产品设计、市场推广和客户服务等环节的无缝衔接，提高了项目推进的效率和质量。这种协作机制不仅增强了泰康内部的凝聚力和战斗力，还为后续项目的实施提供了有力保障。泰康的经验表明，企业要想实现创新发展，就必须打破部门壁垒，加强跨部门协作与资源整合，形成整体合力。

泰康深知一个优秀的数智化平台需要不断迭代与优化。在项目推进过程中，泰康积极收集用户反馈与建议，对平台进行针对性改进与升级。这种持续迭代与优化的精神使得泰康平台能够始终保持领先的技术水平和服务质量。泰康的经验告诉我们，企业要想保持市场竞争力，就必须不断关注市场动态和用户需求变化，及时调整和优化产品与服务策略。

泰康在项目实施过程中充分利用了大数据和人工智能技术进行数据分析与挖掘，为决策提供了有力支持。通过数据分析发现业务痛点、优化流程并提升效率是泰康成功的关键之一。泰康的经验表明，企业要想在数智化转型中取得突破，就必须加强数据驱动和智能决策能力建设，通过数智化能力指导业务优化和创新发展。

泰康在项目实施过程中注重企业文化的引领作用，通过营造良好的创新氛围和激励机制激发员工的积极性和创造力。同时泰康还注重人才培养和引进工作，为项目推进提供了有力的人才保障。泰康的经验表明，企业要想实现创新发展就必须注重文化建设和人才培养工作，通过打造积极向上的企业文化和吸引优秀人才为企业的持续发展注入不竭动力。

综上所述，"AI 助力保险自主经营创新实践"项目的成功实施为泰康保险集团积累了丰富的新质生产力发展经验。这些经验不仅为泰康自身的持续创新提供了坚实基础，也为整个保险行业的数智化转型提供了有益借鉴。未来泰康将继续秉承创新发展的理念，不断推动技术与业务的深度融合，为行业的数智化转型贡献更多智慧和力量。

未来展望

面向未来，泰康将坚定不移地沿着"科技引领、创新驱动"的战略道路前行，深化数智化转型的每一步实践，以期在保险行业中树立新的标杆。

泰康将加大对人工智能、大数据、云计算等前沿技术的研发投入，持续推动技术创新与保险业务的深度融合。通过不断探索和引入最新的技术手段，我们将进一步提升保险服务的智能化水平，确保泰康在激烈的市场竞争中保持技术领先。

泰康计划将数智化平台的应用场景全面覆盖至保险业务的各个环节，从销售支持、运营管理到客户服务，实现全方位、深层次的数智化转型。通过优化业务流程、提升服务效率与质量，我们将为客户提供更加便捷、高效、个性化的保险服务体验，满足其多样化的需求。

泰康将积极寻求与行业内外的合作伙伴建立更加紧密的战略合作关系，通过资源共享、优势互补，共同推动保险行业的数智化转型进程。我们将致力于构建一个开放、协同的数智化生态系统，促进保险行业的可持续发展和创新升级。

在推进数智化转型的过程中，泰康将始终把数据安全与隐私保护放在首位。我们将加强技术防护和合规管理，确保用户数据的安全性和隐私性，维护客户的信任与满意。通过建立健全的数据安全体系，为泰康的数智化转型提供坚实的保障。

总之，"AI助力保险自主经营创新实践"项目的成功实施，为泰康的数智化转型之路奠定了坚实的基础。展望未来，泰康将继续秉承创新、协作、持续迭代与优化的精神，不断推动保险业务的数智化转型，为行业的高质量发展贡献更多的智慧和力量。我们坚信，通过不懈努力和持续创新，泰康将在保险行业的数智化浪潮中乘风破浪，开创更加辉煌的篇章。

[专家点评]

科技创新驱动：泰康保险通过自主研发"新一代智能化保险自主经营支持平台"，深度融合生成式AI、决策式AI等前沿技术，显著提升保险业务自主经营能力和管理效率，体现了强大的科技创新能力。

产业融合发展：泰康保险创新性地提出"支付＋服务＋投资"三端协同的新寿险商业模式，将保险业务与医养康宁服务深度融合，推动保险产业与养老健康产业的融合发展，开创了行业新标杆。

数据驱动决策：泰康充分利用大数据和AI技术进行数据分析

与挖掘，为决策提供有力支持，通过数据驱动优化业务流程、提升效率，实现了管理决策的智能化和精准化。

绿色可持续发展：泰康在保险业务中注重医养融合领域的智慧康养发展，为客户提供便捷、高效的医疗问诊服务，体现了企业在推动绿色可持续发展方面的积极贡献。

综上所述，泰康保险在 AI 助力自主经营创新实践项目中，展现了全面的科技创新能力、产业融合发展的前瞻视野、数据驱动的决策智慧、绿色可持续的发展理念以及国内竞争力的显著提升，为保险行业的数智化转型和高质量发展提供了宝贵经验和启示。

执笔人：刘岩、张奇

数字孪生技术：实现设备健康管理的智能化升级

北京易智时代数字科技有限公司

北京易智时代数字科技有限公司依托其在数字孪生领域的深厚积累，成功研发出基于数字孪生的设备健康预测分析系统。该系统通过高精度虚拟仿真技术与机器学习算法，实现对工厂动力设备的实时健康监测与精准预测维护，显著降低了设备维护成本与生产停机时间，提高了生产效率和产品质量。该系统不仅为企业带来了显著的经济效益，还推动了制造业的智能化转型与产业升级，成为新质生产力的重要实践典范。

在当今数字化、智能化飞速发展的时代背景下，制造业正面临着深刻的变革。随着人工智能、大数据、物联网等新兴技术的不断涌现，全球制造业逐渐向智能化、自动化方向转型升级。在这一趋势下，设备的高效运行和精准维护对于企业的竞争力至关重要。同时，随着市场竞争的加剧，企业对于设备的可靠性和维护效率提出了更高的要求。环保意识的增强也促使制造业寻求更加绿色、可持续的发展模式。

在这样的时代和产业背景下，北京易智时代数字科技有限公司（以下简称易智时代）凭借其在数字孪生领域的深厚积累，成功研发出基于数字孪生的设备健康预测分析系统。该系统通过高精度虚拟仿真技术与机器学习算法，实现对工厂动力设备的实时健康监测与精准预测维护，显著降低了设备维护成本与生产停机时间，提高了生产效率和产品质量。该系统不仅为企业带来了显著的经济效益，还推动了制造业的智能化转型与产业升级。

71

专注数字孪生，推动行业升级

易智时代作为一家在数字孪生技术领域深耕近二十年的国家级专精特新"小巨人"企业，始终秉持"创新驱动发展，技术引领未来"的核心理念，致力于成为数字孪生技术的领航者。公司自创立以来，便聚焦于 XR 与数字孪生技术的融合创新，通过自主研发与模式创新，不断突破技术瓶颈，打造出一系列具有核心竞争力的产品与服务。

易智时代以清华大学博士研究生社会实践基地为依托，汇聚了众多顶尖科研人才与行业专家，形成了由院士指导、多位清华博士领衔的精英团队。公司凭借深厚的技术积淀与创新能力，在数字孪生平台产品体系构建方面取得了显著成果，成功赋能众多传统行业实现数字化转型与智能化升级。同时，易智时代还积极参与国内外技术交流与合作，不断引进先进技术与管理经验，提升自身在国际舞台上的竞争力与影响力。

在业务范围方面，易智时代专注于提供全栈式数字孪生解决方案，覆盖从设备建模、数据分析到远程维护指导等多个环节。其核心产品——基于数字孪生的设备健康预测分析系统，凭借高精度、高效率与智能化等显著优势，在制造业、能源、交通等多个领域得到了广泛应用与认可。通过持续的技术创新与服务优化，易智时代正稳步迈向全球数字孪生技术领域的领先行列。

图 1　数字孪生管理系统

创新设备健康预测，推动设备管理升级

在制造业智能化转型的大背景下，设备的高效运行与精准维护成为提升企业竞争力的关键。然而，传统设备管理模式存在维护滞后、预测不准确、数据孤岛等问题，严重制约了生产效率和产品质量的提升。北京易智时代数字科技有限公司凭借其在数字孪生领域的深厚积累，致力于通过技术创新解决这些痛点，推动制造业的智能化升级。

易智时代设计并实施了一套基于数字孪生的设备健康预测分析系统，该系统从多个维度展现了新质生产力的强大优势。首先（系统通过高精度的虚拟仿真技术，实现了设备在虚拟环境中的精确映射，不仅保持了设备的物理属性，还模拟了设备的运行逻辑和行为特征）这一创新点为后续的智能监控和预测分析奠定了坚实基础。

在实施过程中，系统采取了以下关键步骤：建设可视化管理平台、虚拟仿真建模、实时数据采集与分析、故障预警与远程指导等。特别是通过集成机器学习等先进技术，系统能够对设备运行数据进行实时分析，准确预测设备的健康状况和潜在风险，提前制定维护计划，避免设备故障对生产造成的不利影响。

设备健康预测分析系统具有诸多技术和管理特色：

1. 技术方面：利用高精度的虚拟仿真技术，系统在虚拟环境中实现了设备的精确映射，不仅保持了物理属性，还模拟了运行逻辑和行为特征。通过机器学习算法，系统能实时分析设备运行数据，准确预测设备健康状况，提前采取维护措施。系统还实现了云平台和 5G 通信技术的融合应用，可以进行设备维护维修的远程指导和协助，提高了故障处理效率并降低了维护成本。该系统构建了自适应云边端协同渲染、码率随信道自适应实时调整的视频编解码技术等，处于国际领先水平，打破了国外 3D 引擎垄断。

2. 管理方面：该系统实现了设备全生命周期的管理，包括安装、调试、运行、维护和报废等各个环节，提供了全面的设备健康状态预测和数据分析。系统可以开展协同化的工作流程，通过信息化手段实现企业内部各部门之间的协同工作，提高了工作效率和协同能力。

设备健康预测系统的多维度创新成果

　　易智时代的设备健康预测分析系统在实践中取得了显著成效。通过高精度的数据收集与先进的算法分析，系统能够准确预测设备的健康状况，显著提高了设备的可靠性和使用寿命。同时，系统的高度集成化和可视化界面设计，降低了维护难度，提高了工作效率。客户使用该系统后，设备维护成本降低了约20%，设备停机时间减少了30%，生产效率和经济效益显著提升。

图 2　数字孪生智慧工厂

　　除了经济效益外，该系统还带来了显著的社会效益。通过减少设备故障和停机时间，降低了企业的能源消耗和排放，推动了社会的可持续发展。同时，系统所代表的技术创新，填补了国内在数字孪生领域的空白，增强了国家在虚拟现实、数字孪生领域的核心竞争力和话语权。

　　在商业模式创新方面，系统不仅提供了设备健康预测分析的基础服务，还通过远程维护、专家指导等增值服务，实现了从产品销售到服务销售的转型。这种服务化的商业模式，为企业带来了更加稳定的收入来源和更广阔的市场空间。同时，系统利用数字孪生技术将设备运行数据转化为有价值的数据资产，为客户提供数据驱动的增值服务，进一步拓展了企业的业务范围和市场影响力。

发展新质生产力的经验总结

回顾易智时代在基于数字孪生的设备健康预测分析系统研发与实施过程中的点点滴滴，我们深刻认识到新质生产力的培育与发展离不开以下几个方面的努力：

创新是新质生产力的核心要素。易智时代始终将技术创新作为企业发展的第一动力，不断加大研发投入，引进高端人才推动技术突破与产业升级。通过持续创新，我们成功打破了国外的技术垄断，填补了国内的技术空白，为企业赢得了市场竞争的主动权。

产学研合作是推动新质生产力发展的重要途径。易智时代积极与高校、科研机构等合作单位建立紧密的合作关系，共同开展技术研发、人才培养与交流合作等活动。通过产学研合作，我们不仅能够及时获取行业前沿动态还能够加速科技成果的转化与应用，提升企业的核心竞争力。

在新质生产力的发展过程中，用户体验与需求导向至关重要。易智时代始终坚持以用户为中心，注重产品的易用性、便捷性与智能化水平。通过深入了解用户需求与痛点，我们不断优化产品功能与用户体验，确保产品能够真正满足客户的实际需求并带来实实在在的价值。

人才是新质生产力发展的根本保障。易智时代高度重视人才培养与团队建设，通过引进高端人才、加强内部培训等方式不断提升团队整体素质与创新能力。同时我们还注重营造积极向上的企业文化氛围，激发员工的创新潜能与创造活力，为企业发展注入源源不断的动力。

未来展望

展望未来，易智时代将继续深耕数字孪生技术，致力于将基于数字孪生的设备健康预测分析系统推向更广泛的应用领域。首先，我们计划通过技术创新和规模效应，不断降低系统成本，使其更加普及化，惠及更多中小企业，推动整个行业的技术升级和智能化转型。其次，我们将持续提升系统的可扩展性和可维护性，确保系统能够随着企业规模的扩大和设备种类的增加而不断完善，满足不同客户的个性化需求。同时，我们将加强与物联网、大数据、人工智能等前沿技术的融合，共同推动智能制造的发展，实现生产流程的全面优化和智能化升级。

此外，易智时代还将为客户提供基于数据运营产生的附加值，通过深度挖掘和分析设备运行数据，帮助客户提高生产效率、降低运营成本，并带来商业模式的创新和数据资产的增值。我们相信，随着数据的不断积累和价值的不断提升，客户能够发现新的商业机会和价值点，进一步拓展业务领域和市场份额。

易智时代将以更加开放和合作的态度，积极与产业链上下游企业、科研机构及政府部门等开展紧密合作，共同推动数字孪生技术在设备健康预测分析领域的标准化和普及化。通过构建数据驱动的生态系统，实现数据共享、合作创新，共同推动整个行业的持续健康发展。我们有信心，在新质生产力的推动下，易智时代将为企业的转型升级和行业的可持续发展注入新的动力，引领智能制造的未来发展方向。

［专家点评］

科技创新驱动：易智时代在设备健康预测分析领域的成功实践，充分展现了科技创新的强大驱动力。公司凭借自主研发的数字孪生技术实现了对传统设备维护模式的颠覆性创新，不仅提高了设备维护的智能化水平，还为企业带来了显著的经济效益和社会效益。这种以科技创新为引领的发展模式值得其他企业借鉴与推广。

产业融合发展：易智时代的案例体现了产业融合发展的新趋势。通过将数字孪生技术与制造业深度融合，不仅提升了设备维护的效率与质量，还推动了制造业的智能化转型与产业升级。这种跨界融合的发展模式有助于打破行业壁垒，促进产业链上下游企业的协同发展，共同推动产业的繁荣与进步。

数据驱动决策：易智时代的系统通过实时数据采集与分析为企业提供了有力的数据支持，帮助企业实现科学决策与精准管理。这种数据驱动的发展模式有助于企业更好地把握市场动态与客户需求，提升企业的市场响应速度与竞争力。同时随着数据的不断积累与挖掘，企业还能够发现更多潜在价值，为企业创造更多商业机会与增长点。

　　绿色可持续发展：易智时代的系统通过节能减排与智能化管理降低了企业的能源消耗与排放，推动了绿色可持续发展。这种绿色发展模式符合全球环境保护的大趋势，有助于企业树立良好的社会形象与品牌形象，提升企业的社会责任感与公信力。同时，随着全球对绿色发展的重视不断提高，易智时代的绿色发展模式还将为企业带来更多的政策支持与市场机遇。

　　国际竞争力提升：易智时代在全球数字孪生技术领域的成功实践不仅提升了我国制造业的核心竞争力，还为我国企业在国际舞台上赢得了更多的尊重与认可。通过加强与国际同行的交流合作，易智时代不断引进先进技术与管理经验，提升自身在国际市场上的竞争力与影响力。这种国际化的发展战略有助于企业更好地融入全球产业链，供应链体系，共同推动全球产业的繁荣与发展。

执笔人：王红梅、李建华、刘博懿

猪联网：助力生猪产业数智化转型

农信数智科技有限公司

农信数智科技有限公司凭借其创新的"生猪产业数智生态服务平台——猪联网"，引领了生猪养殖行业的新质生产力革命。该平台深度融合了大数据、人工智能、物联网等前沿技术，为生猪养殖全链条提供了智能化解决方案。它不仅实现了养殖过程的精准管理，还通过数据分析与预测能力，帮助养殖户科学决策，有效降低了生产成本与经营风险。此外，猪联网平台打破了数据壁垒，促进了产业链上下游企业的紧密合作，共同推动了生猪养殖行业的数字化转型。这一平台不仅显著提升了生猪产业的运营效率和竞争力，更展示了新质生产力在农业现代化中的巨大潜力与广阔前景。

在全球科技日新月异的今天，数字化转型已深入各行各业，农业领域亦不例外。作为国民经济的基础产业，农业的现代化进程直接关系到国家粮食安全和乡村振兴战略的实施效果。生猪养殖行业作为农业的重要分支，其数智化转型显得尤为重要和迫切。农信数智科技有限公司（以下简称农信数智）紧跟时代步伐，深刻洞察到农业数智化转型的迫切需求，以新质生产力为引领，匠心打造了"生猪产业数智生态服务平台——猪联网"。该平台不仅标志着生猪养殖行业从传统模式向数智化、智能化方向的重大跨越，更是新质生产力在农业领域深度应用的典范。通过深度融合大数据、人工智能、物联网等前沿技术，猪联网平台不仅实现了生猪养殖全过程的精细化管理，还促进了产业链上下游企业的紧密协作与资源共享，为推动我国生猪养殖行业的可持续发展注入了强劲动力。展望未来，随着新质生产力的持续赋能，生猪养殖行业必将迎来更加广阔的发展前景。

国内农牧业领域的数字化头部企业

农信数智是国内数字农牧业领域的头部民营企业，将新一代信息技术服务农业，使传统农业与互联网、物联网、大数据、人工智能等数智技术融为一体，为农牧企业及农户提供 SaaS、AIoT 及交易增值服务，提升现代农牧业的管理、生产与交易效率，降低生产及运营成本，助力国家乡村振兴。公司拥有授权发明专利 29 件、实用新型专利 38 件、外观设计专利 14 件，软件著作权 250 件，行业团体标准 1 项。此外，还有 48 件发明专利、13 件软件著作权、3 项团体标准在申请过程中。公司依据知识产权所研发的产品已应用在全国 6 万多家农牧企业，例如天津农垦、北京中育种公司、湖北中新开维现代牧业有限公司等，获得行业内的广泛认可。目前服务规模猪场超 6 万家，已为 910 万涉农人群、162 万家企业提供专业服务，连接超过 18 万台智能化设备或终端，是国内服务养猪户最多、覆盖猪头数规模最大的数智生猪产业服务平台。

搭建生猪产业数智生态服务平台

生猪产业作为我国农牧业的重要组成部分，在面对数字化转型时有着诸多痛点，制约着其发展。传统生猪产业数字化转型需要投入大量资金，购买设备、软件和技术服务等，对于中小型养殖户来说负担较重，同时数字化转型缺乏统一的行业标准和规范，导致数据质量参差不齐，难以有效利用。产业链各环节数据无法打通，难以实现数据共享和协同，导致产业数据积累不足，缺乏有效的数据分析工具和方法，难以发挥数据价值，限制了产业链的效率和效益提升。

农信数智首创"农牧产业智能装备平台"依托 AI 大脑和自研 LOKI 算法平台，实现对现有农、牧场的农机设备进行智能化设计和研发升级；依托"农牧产业链大数据平台"，自研首个生猪养殖大语言模型，填补了国内该细分领域的空白，为猪企提供如决策分析、行情预测、猪场预警、疫病防治等场景服务，是国内农牧领域第一个行业大模型。

农信数智自主研发的生猪产业数智生态服务平台"猪联网",结合生猪产业现状,通过将生猪养殖与机器学习、自然语言处理 NLP、大模型、视觉算法、区块链、物联设备、大数据、3D 建模等前沿先进的技术的融合,实现生猪全产业链各环节主体的降本增效。目前已汇聚了产业链上游的数据采集设备制造商(包括传感器、无人机与卫星遥感设备、智能农机设备等)、数据处理与分析工具提供商(包括大数据存储与管理解决方案、数据处理与分析软件等);中游系统集成商、模型算法开发与优化团队、平台运维与服务提供商等;以及下游主要面向精准种植与养殖业务、农牧产品加工与销售、农业金融服务、农业培训与咨询服务等市场客户群体,推动产业的数字化转型。

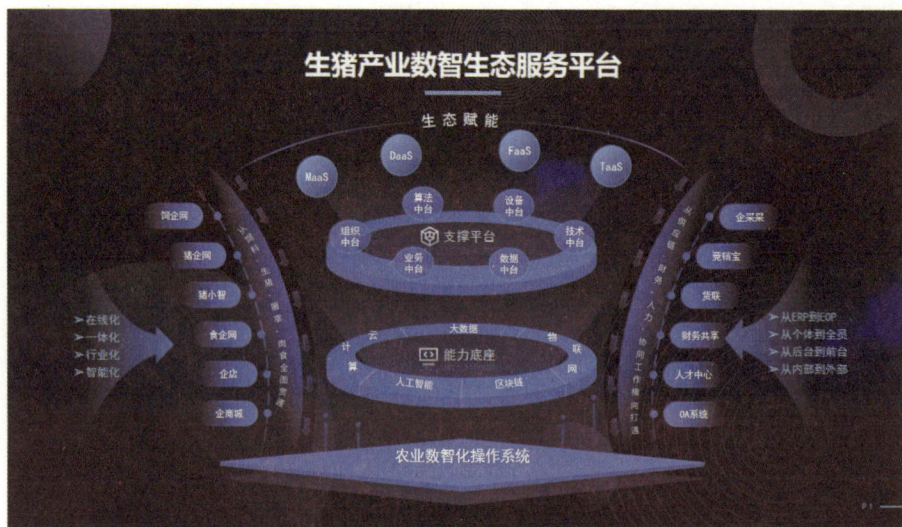

图 1　生猪产业数智生态服务平台

通过建立包括猪企网、猪小智、猪交易、猪金融、猪服务在内的养猪生态圈,打通生猪产业链上下游,从设备提供到服务提供以及生猪养殖,各环节数据完成串联,消除数据壁垒,实时反馈数据到大数据平台,构建线上线下服务体系,在线上整合生产、物流、专家、政府、协会等全产业链相关参与者共同服务产业发展,通过数字生态服务平台促进生猪产业转型升级。

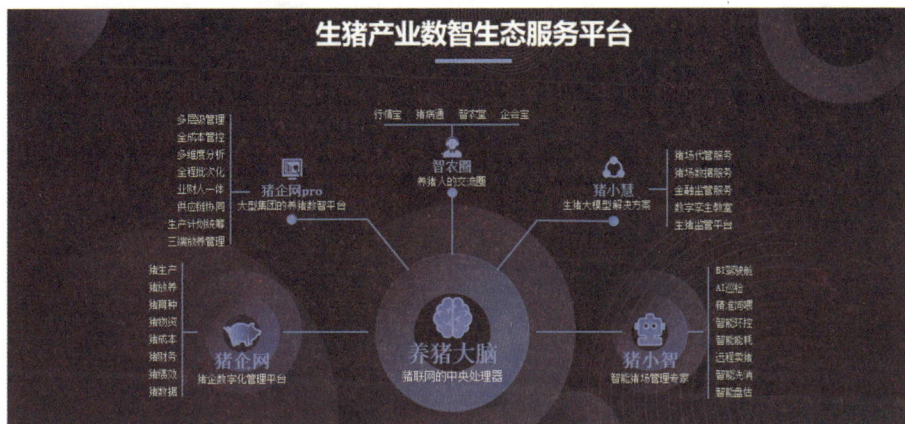

图 2　生猪产业数智生态服务平台

"猪联网"平台，打通生猪产业上下游，促进产品线上化、透明化交易，减少交易中间环节，解决传统生猪产业"买卖"难题，帮助养殖户降低采购成本。同时依托数据平台，帮助金融机构开展信贷、保险等业务，为生猪产业发展提供有效的资金保障。全程应用平台解决方案的企业，其人工成本降30%~40%，饲料成本节约8%~10%，仔猪成活率提高3%~5%，育肥猪提前出栏10~15天。平台已经累计服务个人用户达1000万，企业用户超200万；助力生猪线上累计交易量达6000万头，金额达1400亿元。

图 3　"猪联网"助养猪场模式

政府对于农牧企业数字化转型的政策扶持，为农信数智科技有限公司旗下的猪联网平台带来了深远的影响。首先，财政补贴和税收优惠政策直接降低了猪联网平台的运营成本，使得企业能够将更多的资源投入到技术研发和市场推广中。这不仅加速了平台功能的完善和服务的优化，也为平台用户提供了更加质优价廉的服务，进一步扩大了用户基础。其次，政府的数据共享和标准制定政策为猪联网平台提供了宝贵的数据资源和技术指导。通过接入政府建立的农业大数据平台，猪联网能够获取更全面、更准确的数据，进一步强化了其数据分析和服务能力。同时，遵循统一的标准和规范，确保了平台的技术和服务能够与行业接轨，增强了其在市场中的竞争力。

随着新一代信息技术和数字经济的快速发展，生猪产业数字化转型将成为必然趋势。"猪联网"平台将继续深化创新、完善生态、拓展应用场景，发挥其"新""质"生产力的作用，推动生猪产业智能化、高效化、绿色化，助力我国生猪产业实现变道超车。

发展新质生产力的经验总结

农信数智自成立以来，始终致力于将新一代信息技术深度融入传统农牧产业，以新质生产力为核心驱动力，推动行业的数智化转型。在多年的实践探索中，我们积累了丰富的经验，形成了独特的发展路径。

首先，我们深刻认识到，新质生产力是推动农业现代化的关键。传统农业依靠经验和人力，难以应对日益复杂的市场变化和环境挑战。而大数据、人工智能、物联网等前沿技术的融入，为农业带来了前所未有的变革机遇。农信数智科技有限公司紧跟这一趋势，自主研发了"生猪产业数智生态服务平台——猪联网"，该平台集成了多种先进技术，不仅实现了生猪养殖全过程的精细化管理，还通过数据分析与预测，为养殖户提供了科学的决策支持，有效降低了生产成本与经营风险。

其次，我们注重平台生态的构建与协同。猪联网平台不仅服务于养殖户，还积极连接产业链上下游企业，包括饲料供应商、兽药生产商、屠宰加工企业等，形成了紧密的产业生态。通过打破数据壁垒，实现信息共享与资源互补，我们促进了产业链各方的协同发展，提升了整体运营效率与核心竞争力。这种以平台为核心的生态构建模式，为新质生产力在农业领域的广泛应用提供了有力支撑。

再次，我们注重技术创新与研发投入。作为行业创新的引领者，我们深知技术创新是企业持续发展的源泉。因此，我们不断加大在大数据、人工智能等领域的研发投入，积极探索新技术在农业领域的应用场景。同时，我们还与多家科研院所建立了紧密的合作关系，共同开展技术研发与成果转化，为新质生产力的不断涌现提供了有力保障。

最后，我们还注重用户体验与服务质量的提升。在平台开发与运营过程中，我们始终坚持用户至上的原则，深入了解用户需求与痛点，不断优化产品功能与用户体验。同时，我们还建立了完善的客户服务体系，为用户提供及时、专业的技术支持与解决方案，赢得了广大用户的信任与好评。

通过多年的实践探索与经验积累，农信数智已发展成为数字农业领域的佼佼者。未来，我们将继续秉承创新、协同、开放、共赢的发展理念，以新质生产力为核心驱动力，推动生猪养殖行业的数智化转型与可持续发展。我们相信，在全体员工的共同努力下，农信数智定能在未来的发展中取得更加辉煌的成就。

未来展望

中国农牧业正站在数智化转型的关键节点上，市场规模巨大，生猪产业更是其中的重要组成部分。随着5G、物联网、人工智能等新一代信息技术的飞速发展，农牧产业的数智化升级将成为不可逆转的趋势。农信数智科技有限公司将紧跟时代步伐，持续深耕农牧产业，通过技术创新和模式创新，引领产业向更高层次迈进。

我们预见，未来几年内，随着大语言模型、区块链等前沿技术的进一步成熟和应用，农牧产业的数智化水平将得到显著提升。农信数智将不断优化升级"猪联网"平台，推动生猪产业全链条的数字化和智能化进程，助力养殖企业降本增效，提升市场竞争力。同时，我们将积极探索跨行业合作，拓宽数智技术在其他农业领域的应用，为乡村振兴和国家粮食安全贡献力量。

展望未来，农信数智将坚持以用户为中心，以技术创新为驱动，不断提升服务质量和效率，为农牧产业打造更加智能、高效、可持续的发展生态。我们相信，通过不懈的努力和持续的创新，农牧产业的数智化未来将更加光明，为实现农业现代化和乡村振兴目标奠定坚实基础。

[专家点评]

科技创新驱动：农信数智通过自主研发"猪联网"平台，展现了科技创新在农业数字化转型中的核心作用。平台集成了多项前沿技术，为生猪产业提供了高效、精准的数字化解决方案，显著提升了产业效率与竞争力。

产业融合发展：公司通过构建线上线下相结合的服务体系与生态合作网络，推动了生猪产业的全链条整合与资源优化配置。这种产业融合发展的模式为农业现代化进程提供了有力支撑。

数据驱动决策：平台依托大数据与人工智能技术实现了对生猪养殖数据的深度挖掘与分析，为养殖户提供了精准的决策支持与行情预测。这种数据驱动决策的方式有效降低了养殖风险与成本投入。

绿色可持续发展：通过数字化养殖与智能调配等新技术的应用实现了节能减排与绿色生态发展。这不仅符合国家对环保政策的要求，也体现了企业社会责任与可持续发展理念。

国际竞争力提升：农信数智在生猪产业数智化转型方面取得了显著成效并已将成功经验推广至国际市场。这不仅提升了我国农业产业在全球范围内的竞争力，也为推动全球农业数字化进程贡献了力量。

执笔人：于莹、满少鹏、魏明慧

智慧文旅项目：香山公园的新活力

贝塔智能科技（北京）有限公司

　　贝塔智能科技（北京）有限公司依托其在人工智能、大数据、物联网等前沿技术的深厚积累，为香山公园量身打造了智慧步道综合管理系统，实现了游客运动数据的精准采集与分析，提供了个性化、科学化的运动与健康管理服务。通过 5G 网络、人脸识别、云计算等先进技术的融合应用，贝塔智能不仅极大地提升了游客的游览体验，还为公园管理者提供了高效、智能的管理工具。该项目的成功实施，标志着香山公园从传统景区向智慧文旅目的地的转型升级，展现了新质生产力在推动传统产业高质量发展中的重要作用。贝塔智能的这一实践案例，不仅为文旅产业智慧化升级提供了宝贵经验，也为全球智慧文旅的发展贡献了重要力量。

　　在数字经济时代，新质生产力作为技术革新的核心驱动力，正深刻改变着世界的每一个角落。贝塔智能科技（北京）有限公司（以下简称贝塔智能），作为中关村高科技企业，积极响应时代号召，将先进的信息技术与传统文旅产业相结合，通过香山公园智慧文旅建设项目的成功实践，探索出了一条以科技赋能文旅产业、推动产业转型升级的新路径。这不仅是对新质生产力理论的生动诠释，更是对文旅产业未来发展模式的一次大胆尝试与突破。

智慧文旅产业背后的技术团队

　　贝塔智能成立于 2016 年，坐落于中国科技创新的核心区域——中关村，是北京股权交易中心挂牌企业作为国家级高新技术企业及中关村高新技术企业，贝塔智能始终站在科技创新的前沿，致力于人工智能与新一代信息技术的研发与应用。公司不仅拥有近百项软件著作权及多项自主知识产权，还荣获了包括"AAA级信用企业""AAA级重合同守信用企业"在内的多项荣誉，展现了其在行业内的卓越地位和良好信誉。

贝塔智能的技术团队汇聚了来自清华、北大、北航等国内顶尖学府的精英，他们在识别、算法、芯片等领域具备深厚的专业背景和丰富的实战经验。公司的核心技术涵盖行为识别、物体识别、生物识别等多个方面，同时，团队还掌握了体态算法、行为算法、人脸识别算法等关键技术，这些技术为贝塔智能在智慧文旅、智慧公园、智慧景区等多个领域的广泛应用提供了坚实的基础。

至今，贝塔智能已在全国范围内成功部署了超过300家智慧公园项目，其中包括北京海淀公园、香山公园等国家级标杆型公园。这些项目的成功实施，不仅提升了公园的管理效率和服务质量，也为游客带来了更加便捷、智能、个性化的游览体验。贝塔智能所建设的智慧场景不仅吸引了大量游客的关注，还得到了各级领导的认可和赞誉，成为智慧文旅领域的典范。

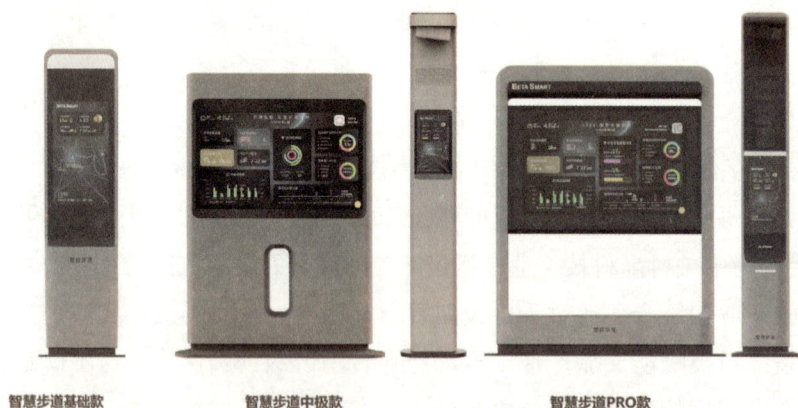

智慧步道基础款   智慧步道中极款   智慧步道PRO款

图1　贝塔智能科技（北京）有限公司　智慧步道创新应用产品

此外，贝塔智能还非常注重用户信息安全，获得了公安部颁发的"生物识别系统三级备案证明"以及第三方认证机构出具的信息安全、信息技术服务等多项管理体系认证。公司始终坚持以用户为中心，不断提升服务质量和用户体验，为推动智慧文旅产业的发展贡献着自己的力量。未来，贝塔智能将继续秉承"科技创新、服务至上"的理念，不断探索新技术、新应用，为全球智慧文旅的发展注入新的活力。

科技让香山公园焕发新活力

香山公园，作为一座拥有近 900 年历史的皇家园林，以其丰富的历史文化底蕴和独特的自然景观吸引着大量游客。然而，随着游客数量的不断增长和对服务质量要求的提升，香山公园现有的管理与服务模式已难以满足游客的多元化需求。特别是在 5G、AI 等新技术快速发展的背景下，游客对于智慧化、个性化的服务体验需求日益增强。同时，公园管理者也面临着数据采集分析、服务优化、紧急信息发布等多重挑战。因此，香山公园亟须通过智慧化升级来提升管理效率和服务质量，以满足游客和公园管理者的双重需求。

贝塔智能针对香山公园的实际需求，提出了智慧文旅建设方案。该方案以 5G、AI、大数据等先进技术为支撑，构建了智能步道综合管理系统、健康互动综合触点服务和 5G 配套服务三大业务场景。通过这些场景的建设和应用，实现了游客运动数据的精准采集与分析、个性化运动建议的提供、疫情防控信息的实时发布等功能，为游客提供了智慧化、科学化的运动与健康管理服务。同时，该方案还帮助公园管理者通过系统实时监控游客运动情况并做出科学决策，优化了服务流程、提高了管理效率，为香山公园的可持续发展奠定了坚实基础。

在 AI 技术的加持下，公园的服务与管理达到了前所未有的智能化水平。从入园的那一刻起，智能票务系统便确保了快速、无接触的入园体验，让每一位游客都能感受到科技带来的便捷。智能票务系统，确保了游客快速、无接触的入园体验，让科技的便捷渗透到每一处细节。而智能监控系统与垃圾分类回收站，则在守护这片自然遗产的同时，倡导绿色出行，让环保理念深入人心。项目的成功实施也吸引了众多游客和媒体的关注，提高了公园的品牌知名度和美誉度。

智慧步道，作为香山公园的一大特色，是国内首个 5G 健康步道项目，为智慧文旅产业的发展树立了标杆并产生了广泛的示范效应。

智能步道综合管理系统的应用让游客能够实时了解自己的运动数据并获得个性化的运动建议，极大地提升了游览体验。

用户通过智慧步道小程序登录，运动过程中结合环境监测信息，精准实现人脸识别测速，能够将自己登山前、登山中、登山后三个阶段的运动数据串联起来。同时兼具运动数据分析、陪跑光影、健康指导、社交分享、运动数据管控等功能，为用户提供了一个基于5G智慧应用的高科技运动体验。让每一次登山都成为一次科技与自然的对话，无论是运动数据分析，还是社交分享，都让运动变得更有趣、更有意义。从项目建成到2024年春节期间，香山公园智慧步道使用人次近十万。在春节期间，超万人次使用打卡分享。香山公园这座拥有近900年历史的皇家园林，见证了朝代更迭，承载着丰富的文化底蕴。而今，它也披上了智慧的外衣，成为AI科技与自然景观融合的典范。

图2　贝塔智能科技（北京）有限公司　香山公园智慧登山步道

发展新质生产力的经验总结

在香山公园智慧文旅建设项目的实施过程中，贝塔智能科技（北京）有限公司不仅成功实现了技术创新与产业应用的深度融合，还为后续类似项目的推进积累了宝贵的经验。以下是对本次项目实施过程中的几点重要经验总结：

1. 深入理解用户需求，定制化解决方案

项目的成功首先得益于贝塔智能对香山公园管理方和游客需求的深入理解和精准把握。通过前期的详细调研和分析，贝塔智能针对香山公园的特定场景和需求，量身定制了包括智能步道综合管理系统、健康互动综合触点服

务和 5G 配套服务在内的整体解决方案。这一定制化策略确保了项目实施的
针对性和有效性，为游客提供了更加贴心、个性化的服务体验。

2. 技术创新与融合应用

在项目实施过程中，贝塔智能充分发挥了其在人工智能、大数据、物联
网等领域的技术优势，通过技术创新和融合应用，实现了游客运动数据的精
准采集与分析。分布式计算架构、人脸识别技术、空间模型算法等先进技术
的运用，不仅提升了系统的性能和稳定性，还为游客提供了更加科学、准确
的运动建议和健康指导。这种技术创新与融合应用的模式，为智慧文旅产业
的发展提供了有力支撑。

3. 多方协同，共同推进

项目的顺利实施离不开各方的紧密协作与共同努力。贝塔智能与香山公
园管理方保持了密切的沟通与协作，共同解决了项目实施过程中遇到的各种
问题。同时，贝塔智能还积极寻求与行业内其他企业的合作机会，通过资源
共享和优势互补，共同推进智慧文旅产业的发展。这种多方协同、共同推进
的合作模式，为项目的成功实施提供了有力保障。

4. 持续优化与迭代升级

智慧文旅建设是一个持续优化的过程。在项目实施后期，贝塔智能根据
游客和公园管理者的反馈意见，对系统进行了多次优化和迭代升级。通过不
断优化用户体验和功能模块，提高了系统的实用性和满意度。这种持续优化
与迭代升级的理念，确保了项目能够持续适应市场需求和技术发展的变化。

5. 注重用户信息安全与隐私保护

在项目实施过程中，贝塔智能始终将用户信息安全与隐私保护放在首
位。通过获得公安部颁发的"生物识别系统三级备案证明"以及第三方认证
机构出具的信息安全、信息技术服务等多项管理体系认证，确保了用户信息
的安全性和可靠性。这种对用户信息安全的高度重视和有效保护措施，赢得
了用户的信任和好评。

未来展望

随着科技的飞速发展和人们对高质量生活追求的不断提升，智慧文旅已
成为旅游业发展的必然趋势。贝塔智能将继续深耕智慧文旅领域，依托其在

人工智能、大数据、物联网等前沿技术的领先优势，为更多景区提供智能化、个性化的解决方案。未来，公司计划进一步优化智能步道综合管理系统的功能和服务，引入更多创新技术和应用场景，如增强现实（AR）、虚拟现实（VR）等，为游客带来更加丰富、沉浸式的游览体验。同时，贝塔智能还将加强与政府、企业、科研机构等各方的合作，共同推动智慧文旅产业的快速发展，为提升旅游业整体服务水平和竞争力贡献力量。

［专家点评］

科技创新驱动：贝塔智能在香山公园智慧文旅建设项目中充分展现了科技创新的引领作用。通过自主研发和技术创新，公司成功解决了传统文旅产业中的诸多痛点问题，推动了产业的智慧化升级和高质量发展。

产业融合发展：项目实现了人工智能、大数据等新一代信息技术与文旅产业的深度融合，促进了智慧文旅新业态的形成和发展。这种跨界融合不仅丰富了文旅产品的内涵和外延，也提升了游客的游览体验和满意度。

数据驱动决策：贝塔智能通过构建智能步道综合管理系统实现了游客数据的实时采集与分析，为公园管理者提供了科学的数据支持和决策依据。这种数据驱动的决策模式，有助于提升公园的管理效率和服务水平，推动公园向更加智能化、精细化的方向发展。

绿色可持续发展：项目在设计和实施过程中充分考虑了环保和可持续发展的要求。通过智慧化升级，减少了资源浪费和环境污染，促进了人与自然的和谐共生。这种绿色可持续的发展理念符合全球生态文明建设的要求，也为贝塔智能赢得了良好的社会声誉和品牌形象。

执笔人：张开翼、荣光明

影像云平台：人工智能重构智慧医疗服务生态

浙江飞图影像科技有限公司

浙江飞图影像科技有限公司作为国内领先的医疗影像数据管理、数据流转、数据应用的国家级高新技术企业，凭借其在云计算、大数据及人工智能领域的深厚积累，创新性地构建了"专业影像云＋人工智能应用平台"。该平台实现数据在授权范围内的自由流通，提供医学影像共享、医生移动阅片、数字影像服务（智能胶片）、远程协作会诊、双向转诊、示教培训、人工智能诊断深度应用等一系列解决方案，为患者、医生、医疗机构提供专业医学影像服务。至今，平台已在全国2500余家医院成功部署，年服务人次超8000万，不仅有效降低了医疗机构耗材成本，而且极大地改善了患者的就医体验。飞图影像多项数字创新成果，充分展示了新质生产力在推动医疗信息化进程中的巨大潜力与价值，成为行业内的典范之作。

在数字化转型的汹涌浪潮中，新质生产力如同一股强劲动力，正引领着社会进步与经济高质量发展的崭新航向。它不仅聚焦于技术本身的革新，更强调跨领域技术的深度融合与应用，通过打破行业壁垒，彻底重塑生产方式与服务模式。特别是在医疗健康领域，随着民众健康意识的觉醒和医疗需求的激增，传统医疗服务模式正面临前所未有的挑战。浙江飞图影像科技有限公司（以下简称飞图影像），敏锐洞察到这一时代变迁，主动拥抱新质生产力，将云计算、大数据、人工智能等尖端科技深度融入医疗影像领域，不仅实现了医学影像数据的高效流通与管理应用，更为医疗机构和患者带来了前所未有的便捷与高效，引领医疗行业步入了智慧医疗的新纪元。飞图影像的这一创举，不仅提升了医疗服务质量与效率，更为整个医疗行业的数字化转型树立了标杆，展现了新质生产力在推动社会进步中的无限潜力与价值。

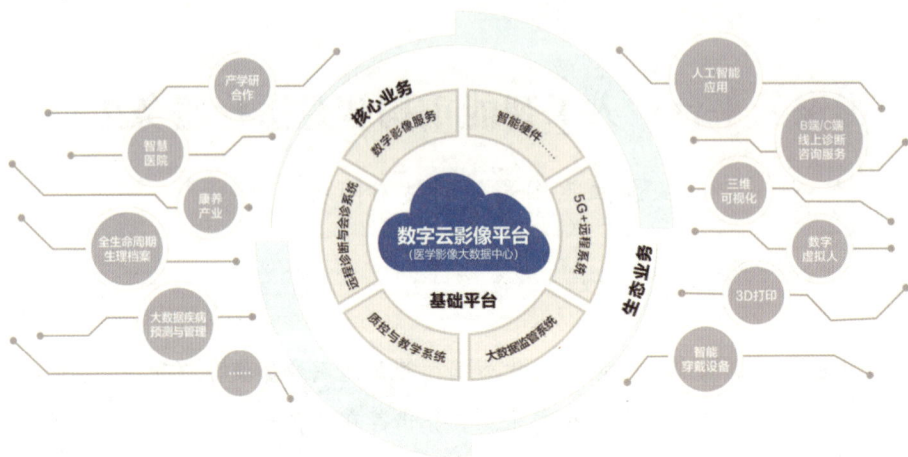

图1　飞图影像业务生态布局

数字医学影像应用生态的引领者

飞图影像自成立以来便深耕于医疗影像数据管理的前沿阵地，秉持"让专业云影像惠及每个人"的企业使命，致力于将云计算、大数据、人工智能等尖端科技与医学影像科学深度融合，以期实现生产力的飞跃式提升。公司凭借卓越的自主研发实力与深厚的技术底蕴，打造"专业影像云＋人工智能应用平台"，形成"1+N"业务发展模式，服务医疗全场景、全流程，构建数字医学影像应用生态，赋能智慧医疗，助力健康中国、数字中国两大战略融合落地，成为推动医疗行业信息化、智能化升级的重要力量。

飞图影像在技术创新的同时，亦注重企业文化的建设与传承。公司积极营造开放包容、协作共赢的工作氛围，鼓励员工勇于探索、敢于创新，不断突破技术瓶颈，为企业的持续发展注入源源不断的活力。此外，飞图影像还高度重视社会责任与公益事业，通过积极参与医疗援助项目、推广智慧医疗应用等方式，致力于提升全民健康水平，为实现健康中国的宏伟目标贡献自己的力量。

近年来，飞图影像凭借其卓越的产品性能与服务质量，在医疗影像领域赢得了广泛的认可与赞誉。公司已在全国范围内服务超过2000家医疗机构，年服务人次突破 8000 万，成为行业内的领军企业。同时，飞图影像还荣获了多项国家级与省级荣誉资质，包括"首批新质生产力企业"、2024"数据要素 ×"数商 TOP50、准独角兽企业、"专精特新"企业、数字赋能新业态新模式典型企业等称号，充分彰显了公司在医疗影像领域的领先地位与强劲实力。

智慧医疗平台为健康中国添彩

在医疗资源分布不均、基层医疗服务水平亟待提升的现实背景下，传统医疗影像管理模式暴露出诸多弊端。首先，各医疗机构间普遍存在的"信息孤岛"现象，严重阻碍了医学影像数据的流通与共享，导致患者在进行跨院诊疗时往往需要重复检查，不仅增加了医疗成本，也延长了诊疗周期。其次，医生在阅片过程中，缺乏有效的智能化辅助工具，单纯依赖人工阅片不仅效率低下，且容易因疲劳或经验不足而出现误判，影响诊断的准确性。因此，如何打破医疗机构间的信息壁垒，实现医学影像数据的高效共享，并借助人工智能技术提升诊断效率，成为当前医疗影像管理领域亟待解决的关键问题。

针对上述市场需求与痛点，浙江飞图影像科技有限公司以数字影像云平台为基座，围绕数字影像云平台创新性打造一系列数据应用解决方案及服务。

图 2　区域影像数据中心应用场景

飞图影像云平台构建了覆盖省、市、县、镇四级医疗卫生机构的智慧医疗网络体系，有效助力区域内影像检查数据的互联互通和互认共享，打破了各医疗机构间的信息壁垒。同时，平台基于大数据库和领先的算法，集成了多套 AI 辅助诊断系统，包含骨龄检测 AI、肺结节检测 AI、肋骨骨折识别检测 AI、AI 智能报告助手等，并且不断加大研发力度，覆盖更多病种，减少医生重复繁重的工作，提升医疗诊断效率。

在产品研发方面，飞图影像始终坚持以市场需求为导向，不断推出符合医疗机构与患者需求的新产品与新技术。例如，公司自主研发的 AI 智能报告助手以庞大的医学影像知识图谱作为基础支撑，可以根据影像检查所见情况文本描述，自动生成影像诊断结论，医生仅需进行最终确认工作，从而减轻医生工作负荷；远程会诊系统则打破了地域限制，实现了专家资源的跨区域共享。这些创新产品的问世进一步丰富了飞图影像的产品线，提升了公司的市场竞争力。

在项目实施过程中，飞图影像采取了多项有效措施以确保项目的顺利推进与成功落地。首先，公司组建了由行业专家与技术骨干组成的专业团队，负责项目的整体规划与实施工作。团队成员凭借丰富的行业经验与扎实的专业技能，为项目的顺利实施提供了有力保障。其次，飞图影像注重与合作伙伴的沟通协作。在项目推进过程中，公司积极与政府部门、医疗机构、技术提供商等多方主体建立紧密联系，共同探讨解决方案的优化与完善方向。通过加强合作与沟通，飞图影像不仅获得了宝贵的市场反馈与技术支持，也有效降低了项目实施过程中的风险与挑战。

行业典范：桂林区域医学影像协同平台

经过不懈的努力与实践探索，飞图影像云平台广泛应用于全国各级医疗机构，在多个地区取得了显著的成效。特别是由公司打造的桂林市区域医学影像协同平台已经成为行业典范。

在桂林这样的旅游城市，医疗机构分布不均，医疗资源相对集中于市区大医院，而基层医疗机构则面临设备落后、专业人才缺乏等困境。并且患者在不同医疗机构之间就诊时，重复检查不仅增加了患者的经济负担，还浪费了宝贵的医疗资源。

为了应对上述问题，飞图影像按照桂林市卫健委制定的"试点先行，分步实施，有序推进，全面展开"的工作方针，打造桂林市区域医学影像协同平台。平台以"打造桂林数字经济新高地，培育数字经济新动能"为目标牵引，依托政务云和华为云底座，打造新一代连接自治区、市、县、乡四级医院，实现互联互通的区域医学影像协同平台。该平台实现桂林市医学影像数据的统一存储、统一管理、统一应用。实现患者便捷就医，提升就医体验，实现院内及医院间影像数据的共享，帮助医生提高影像诊断效率，助力政府完善监管体系。节约了区域医保支出，患者不必重复检查且减少辐射损伤，有效规范了诊疗行为，显著降低群众看病费用。有效破解群众就医过程中的难点、痛点和堵点，不断提升医疗行业"数智"治理水平。

桂林市区域医学影像协同平台自 2021 年 1 月投入使用以来，全市医学影像数据实现统一监管、互联互通、共享共用，平台已接入全市包括 10 家三级医院在内的 94 家医院，上传检查报告累计 883.8 万人次，患者调阅累计 1328.6 万人次，数据跨院间调阅 61.89 万人次，开展远程诊断 9.22 万例。

发展新质生产力的经验总结

在数字化转型的大潮中，飞图影像通过创新实践，成功地将新质生产力引入医疗影像领域，不仅推动了行业的变革，也为公司自身的发展开辟了新的道路。这一过程中的宝贵经验，对于未来继续深化技术创新、拓展市场应用具有重要的指导意义。

首先，找准新质生产力的形成路径是成功的关键。飞图影像深刻认识到，新质生产力的提升不仅仅是技术的简单堆砌，而是需要找准技术与行业需求的结合点，通过顶层设计进行系统性规划。公司提出了"1+N"业务发展战略，以数字云影像平台为基座，围绕其延伸数据应用解决方案及服务，通过人工智能、大数据等先进技术赋能医疗健康行业，实现了生产力的跨越式提升。

其次，注重科技创新与自主研发是核心竞争力所在。飞图影像在医疗影像数据管理领域深耕多年，积累了丰富的技术经验。公司倾力打造的"专业影像云＋人工智能应用平台"，不仅拥有自主知识产权，还能根据市场需求不断优化升级，确保了产品的先进性和竞争力。这种对技术研发的持续投入和对自主知识产权的重视，为公司的长远发展奠定了坚实的基础。

再者，因地制宜、灵活多变的合作模式是市场拓展的有效手段。飞图影像深知不同地区、不同医疗机构的需求差异巨大，因此在市场推广过程中，公司根据不同场景寻找适合当地的特色化合作路径，定制差异化的解决方案。这种灵活多变的合作模式不仅提高了客户满意度和市场占有率，也为公司积累了宝贵的经验资源。

最后，飞图影像还高度重视企业文化的建设与传承。公司倡导开放、协作、创新的工作氛围，鼓励员工勇于探索未知领域，不断挑战自我极限。这种积极向上的企业文化氛围激发了员工的创造力和凝聚力，为公司的发展注入了不竭的动力。同时，公司还积极履行社会责任，通过参与公益项目、推广智慧医疗等方式回馈社会，提升了品牌形象和社会影响力。

未来展望

展望未来，浙江飞图影像科技有限公司将继续深化对新质生产力的探索与应用。随着科技的飞速发展，我们将进一步超前布局，聚焦关键性、颠覆性技术的突破，加强与战略性新兴产业和未来产业的融合创新。通过不断迭代优化底层模型和算力算法，降低推理成本，并结合更多高质量的医疗数据进行模型训练，实现技术效果的显著提升和成本的有效控制。同时，我们将积极响应国家健康中国战略，推动区域医疗均质化发展，提升基层医疗服务水平，确保优质医疗资源惠及更广泛的人群。

在国际市场方面，飞图影像将积极拓展海外业务，将"专业影像云＋人工智能应用平台"推广至全球更多国家和地区，助力全球医疗影像智能化升级。此外，我们还将持续关注行业动态，紧跟技术发展趋势，不断推出符合市场需求的新产品和新服务，引领行业未来发展潮流，通过持续的技术创新和市场拓展，为医疗健康事业贡献更大力量。

［专家点评］

科技创新驱动：浙江飞图影像科技有限公司通过持续的科技创新，成功地将云计算、大数据、人工智能等前沿技术融入传统医疗行业，展现了科技创新的强大驱动力。

产业融合发展：公司通过打造"专业影像云＋人工智能应用平台"，实现了医疗与信息技术的深度融合，推动了医疗产业的转型升级。

数据驱动决策：飞图影像充分利用医疗大数据资源，通过数据价值挖掘，为医疗服务提供了有力支持，实现了数据驱动决策的科学性和精准性。

绿色可持续发展：公司注重资源的高效利用和环境保护，通过优化医疗资源配置、降低能耗等方式，促进了医疗行业的绿色可持续发展。

国际竞争力提升：通过不断提升自主研发能力和技术创新水平，飞图影像在国际市场上展现出了强大的竞争力，为提升我国医疗行业的国际地位做出了积极贡献。

执笔人：胡利荣、张玲、陈海松

AI 智慧场馆：体育场馆提质增效的新选择

厦门钛尚人工智能科技有限公司

厦门钛尚人工智能科技有限公司凭借其在人工智能领域的深厚积累，基于自主创新研发的 AI 体育管家—TaiSam AI 机器人，创新推出了"羽约 AI 智慧场馆"项目。该项目以 TaiSam AI 机器人为核心，通过深度整合人工智能、物联网等先进技术，对传统羽毛球场馆进行了全面智能化改造。"羽约 AI 智慧场馆"不仅解决了传统场馆普遍面临的经营成本高、营业收入受限等难题，还极大地提升了场馆运营效率和服务质量。用户能够通过智能化系统享受更加便捷、个性化的服务体验，同时场馆管理者也能借助 AI 技术实现精准决策和高效管理。截至目前，全国已有超过 1500 家场馆与钛尚科技达成合作，并陆续完成智能化升级改造，并取得了显著的提质增效成果。"羽约 AI 智慧场馆"项目的成功实施，不仅展示了新质生产力在推动体育产业转型升级中的巨大潜力，也为未来更多行业的智能化发展提供了有益借鉴和参考。随着全民健身热潮的兴起和人工智能技术的不断成熟，"羽约 AI 智慧场馆"有望在未来实现更广泛的应用和推广，为体育产业的高质量发展贡献力量。

体育场馆作为群众体育活动的重要载体，其运营效率和服务质量直接影响到体育事业的发展。然而，传统羽毛球场馆普遍面临着经营成本高、营业收入受限等难题，难以满足人民群众日益增长的体育健身需求。厦门钛尚人工智能科技有限公司（以下简称钛尚科技）积极响应国家号召，凭借其在人工智能领域的深厚积累，创新推出了"羽约 AI 智慧场馆"项目。该项目以

TaiSam AI 机器人为核心，通过深度融合 AI 技术，对传统羽毛球场馆进行全面智能化改造，不仅大幅降低了经营成本，提高了营业收入，还极大地提升了用户服务体验。随着全民健身活动的普及和人工智能技术的飞速发展，羽约 AI 智慧场馆项目的成功实施将为体育产业的高质量发展注入新的活力与动力。

科技赋能体育的新标杆

钛尚科技自 2018 年成立以来，始终秉承"科技赋能体育"的理念，致力于将人工智能技术深度融入体育产业。公司汇聚了一支由麻省理工博士团队领衔的高水平研发队伍，在 AI 认知决策、机器深度学习、物联网及软硬件集成等领域拥有丰富的技术积累。

钛尚科技的核心产品——TaiSam AI 机器人，是一款基于多模态深度学习的 AI 认知决策执行系统。该系统通过与体育场馆产业的深度融合，成功助力众多传统羽毛球场馆实现了智能化转型升级。羽约 AI 智慧场馆作为钛尚科技的主营业务，通过自主研发的 AI 模型驱动内核，帮助场馆摆脱经营困境，实现了营收和利润的大幅增长。

在市场竞争中，钛尚科技凭借卓越的技术实力和显著的市场成效脱颖而出。公司不仅荣获了国家高新技术企业、厦门市"专精特新"中小企业等多项荣誉，还成为国家智能体育典型案例的典范。这些成就不仅彰显了钛尚科技在行业内的领先地位，更为公司未来的发展奠定了坚实的基础。

体育场馆智能化运营的新选择

在全球体育健身热潮的持续推动下，羽毛球作为一项广受欢迎的运动项目，其场馆数量在全球范围内迅速增长。然而，随着场馆数量的增加，一系列经营和管理上的问题也随之浮现，成为制约行业进一步发展的瓶颈。首先，传统羽毛球场馆普遍面临经营成本高昂的挑战，包括高昂的房租、水电费用、人力成本以及各类运营软件的订阅费用等，这些成本直接挤压了场馆的利润空间。其次，传统场馆在营业时间内存在大量闲置时间，据数据显示，全国羽毛球场馆的闲置时间占比高达 380%，这不仅造成了资源的极大浪费，也限制了场馆的营收增长。最后，随着消费者对运动体验和服务质量要求的不断提升，传统场馆在提供多元化、个性化服务方面显得力不从心，难以满足市场的多样化需求。

钛尚科技正是敏锐地洞察到了这些市场痛点与需求，依托其在人工智能领域的深厚积累，决定推出一款能够彻底解决上述问题的创新解决方案——"羽约 AI 智慧场馆"。

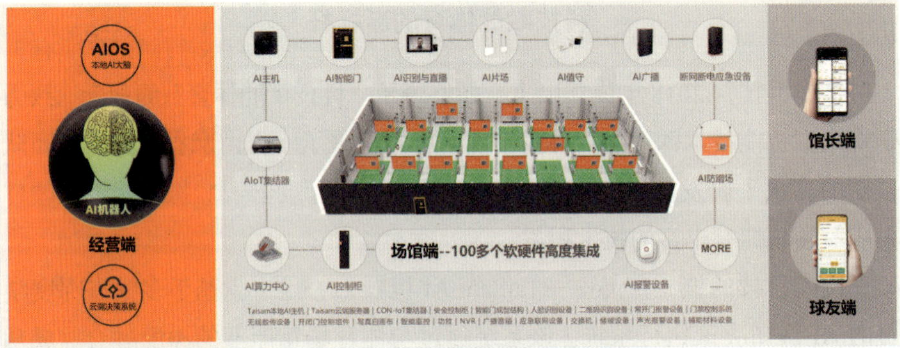

图 1　羽约 AI 智慧场馆的结构图

羽约 AI 智慧场馆是钛尚科技自主研发的一款以 AI 体育管家—TaiSam AI 机器人为核心的智能场馆管理系统。TaiSam AI 机器人是一种基于多模态深度学习的 AI 认知决策执行系统，它集成了先进的 AI 认知和决策算法，能够实现对场馆运营数据的全面收集、分析和处理。通过与智能硬件设备（如智能灯控、智能广播、AI 摄像头等）和 AI 技术服务软件（如场馆小程序、经营管理系统、球技分析系统等）的深度融合，TaiSam AI 机器人能够实现对场馆运营全过程的智能化管理。

具体来说，TaiSam AI 机器人具备超过 40 种 AI 能力，包括但不限于运动认知（识别球体飞行轨迹、球友动作等）、行为认知（识别用户行为、抽烟、保洁等场景）、AI 值守管理（通过动态值守减少人力成本）、AI 自动组局（提高场地使用率）、AI 闲置销售（减少场地空置率）等。这些能力不仅极大地提升了场馆的运营效率，还为用户提供了更加便捷、个性化的服务体验。例如，AI 自动组局功能根据用户的运动偏好和场地空闲情况能够自动匹配球友进行约球活动；AI 球技分析功能则能够为球友提供详尽的球技分析报告和建议提升方案。

此外，羽约 AI 智慧场馆还提供了多元化服务以满足消费者的个性化需求。例如通过智能裁判系统确保比赛的公正性；通过实时直播系统让无法到场的球友也能感受到现场氛围；通过精彩抓拍功能记录下每一个精彩瞬间供用户分享和留念。这些服务的引入不仅丰富了场馆的功能模块，还增强了用户的黏性和忠诚度。

在羽约 AI 智慧场馆项目的实施过程中，钛尚科技克服了诸多技术难题和市场挑战。首先，在技术层面，公司投入了大量资源进行 TaiSam AI 机器人的研发和迭代升级确保其具备高度的稳定性和可靠性。同时，公司还与多家知名硬件和软件厂商建立合作关系，共同打造了一套完整的智能场馆解决方案。其次在市场层面公司通过精准的市场定位和有效的营销策略成功吸引了大量潜在客户的关注，并向市场充分展示了羽约 AI 智慧场馆的优越性和应用前景。

图 2　已改造的部分场馆展示

随着项目的逐步推进，羽约 AI 智慧场馆迅速在全国范围内获得了广泛认可和应用。截至目前，全国已有超过 1500 家羽毛球场馆与钛尚科技达成合作并陆续完成了智能化升级改造。这些场馆在升级改造后普遍实现了显著的提质增效效果。具体来说在增收方面通过 AI 机器人的主动运营能力场馆的闲置时间得到了充分利用，每年额外销售时间平均近 2000 小时，按平均单价计算全年可实现新增收入数十万元。在降本方面，羽约 AI 智慧场馆实现了对人力成本的极大降低，同时也减少了对 SaaS 管理类软件和订场平台的依赖，直接提升了场馆的利润空间。此外，在提升用户体验方面，多元化的服务功能和个性化的服务体验使得球友的运动频次大幅增加、用户满意度持续上升。

值得一提的是羽约 AI 智慧场馆的成功实施不仅为传统羽毛球场馆带来了全新的运营模式和发展机遇，还为整个体育产业的智能化转型升级提供了有益的探索和借鉴。

发展新质生产力的经验总结

在"羽约 AI 智慧场馆"项目的实施过程中，钛尚科技深入探索并实践了新质生产力的核心理念，推动了羽毛球场馆行业的智能化转型升级。以下是对项目经验的详细总结：

1. AI 技术引领行业变革

公司自主研发了 TaiSam AI 机器人，为羽毛球场馆带来了前所未有的智能化变革。TaiSam 不仅具备强大的认知与决策能力，还能通过持续学习不断优化场馆运营效率。TaiSam AI 机器人在体育场馆领域的应用，填补了国内该领域 AI 模型的空白，展现了公司在技术创新方面的领先地位。

2. 实现了精准决策与运营优化

项目通过智能硬件设备与 AI 技术服务软件的互动，实现了对场馆运营和用户行为的全面数据采集，为精准决策提供了坚实的数据基础。利用 AI 技术对海量数据进行深度分析，项目团队能够实时掌握场馆运营情况，优化经营策略，提高运营效率。例如，通过 AI 自动组局和 AI 闲置销售功能，有效提升了场地使用率和经营收入。

3. 打造了全新智能场馆模式

羽约 AI 智慧场馆实现了 AI 自主经营和管理，减少了人力成本，提高了管理效率。这种全新的业态模式，为羽毛球场馆行业树立了新的标杆。项目为球友提供了包括 AI 球技分析、智能裁判、实时直播等在内的多元化服务，极大地提升了用户的运动体验。

4. 创新商业模式，实现可持续盈利

项目采用了创新的商业模式，通过与场馆深度合作，共享新增收益，实现了全国场馆联合 AI 的自主性和成长性。这种商业模式不仅为场馆带来了显著的经济效益，也促进了 AI 技术的普及和应用。通过帮助场馆实现利润增长和球友运动频次的增加，项目实现了可持续的盈利模式，为公司的长期发展奠定了坚实基础。

5. 构建生态系统，推动产业升级

项目积极构建了一个包括场馆、用户、合作伙伴在内的生态系统，通过跨界融合推动羽毛球场馆产业的升级和发展。例如，与智能硬件设备供应商、传统羽毛球设施设备供应商等合作伙伴的紧密协作，共同推动了羽毛球场馆的智能化转型。随着项目的成功实施和经验的积累，公司逐渐形成了标准化的智能场馆解决方案，为更多羽毛球场馆的智能化转型提供了可复制的模式和路径。

6. 绿色经营推动场馆可持续发展

作为全民健身国家战略的重要推手，项目通过提供智能化的场馆服务和运动体验，促进了全民健身事业的发展和社会和谐进步。项目在运营过程中注重节能减排和资源循环利用，实现了绿色运营和可持续发展目标。

未来展望

展望未来，"羽约AI智慧场馆"项目除了将继续深耕羽毛球场馆智能化领域，还将致力于实现更加全面、深入的全运动行业变革。我们将分三阶段推进战略规划：首先，进一步加大投资力度，加速全国羽毛球场馆的智能化改造进程，帮助更多场馆实现AI技术升级，促进羽毛球场馆行业向大模型转型。其次，深化对球友的服务运营，通过丰富的活动和优质的服务体验，增强用户黏性，提升球友的运动频次和满意度。同时，依托TaiSam AI机器人的强大能力，为球友提供更加个性化、智能化的运动建议和服务，打造全方位的运动生态系统。最后，我们将积极寻求跨运动品类的合作，推动TaiSam AI机器人在其他体育场馆及休闲娱乐领域的应用，拓展更广阔的市场空间。我们相信，随着技术的不断进步和市场的持续拓展，"羽约AI智慧场馆"项目将引领羽毛球场馆行业迈向更加智能、高效的未来，为全民健身事业贡献更大的力量。

【 专家点评 】

科技创新驱动：厦门钛尚科技"羽约 AI 智慧场馆"项目，以 AI 体育管家—TaiSam AI 机器人为核心，采用多模态深度学习技术，实现场馆智能运营与管理。该创新不仅解决了传统场馆运营成本高、效率低的问题，还开创了 AI 自主经营与管理的新模式，为行业树立了标杆。

产业融合发展：项目通过深度融合人工智能、物联网等技术，推动体育产业与科技的紧密结合。成功将 AI 技术应用于羽毛球场馆，提升了用户体验，增加了场馆收入，为体育产业的智能化转型提供了示范案例。

数据驱动决策："羽约 AI 智慧场馆"全面采集场馆运营数据，运用 AI 技术进行深度分析，为精准决策提供了有力支持。通过数据分析优化经营策略，提高了运营效率，实现了数据驱动下的智能化管理。

绿色可持续发展：项目在运营过程中注重节能减排和资源循环利用，展现了绿色运营的理念。AI 技术的应用减少了人力成本，提高了资源利用效率，为实现体育产业的可持续发展贡献力量。

国际竞争力提升：钛尚科技的这一创新项目，不仅在国内取得了显著成效，还具备国际竞争力。随着技术的不断成熟和市场的拓展，有望在全球体育场馆智能化领域占据重要地位，推动中国体育产业走向世界舞台。

执笔人：许阿义、陈鹏程、陈跃鸿

植物组织培养：引领种苗产业新变革

北京农畔科技产业发展有限公司

北京农畔科技产业发展有限公司通过创新性地运用植物组织培养技术，在农业领域实现了生产力的显著革新。农畔在山东省建立了大规模的组培工厂，专注于高品质种苗的生产。利用植物组织培养技术，公司成功培育出脱毒草莓、樱桃砧木等优质种苗，这些种苗因其抗逆性强、生长旺盛、产量高等优势，迅速占领市场。项目不仅解决了传统种苗生产中的效率低下、品质不稳定等问题，还显著提升了农业生产效率和经济效益，为我国农业现代化进程贡献了新的力量。同时，该项目的成功实施，也展示了新质生产力在农业领域的广阔应用前景，为农业高质量发展提供了有力支持。

在当今科技快速发展的时代背景下，发展农业新质生产力，对于提升农业生产效率、保障粮食安全、促进农民增收具有重要意义。北京农畔科技产业发展有限公司（以下简称农畔）紧跟时代步伐，深入探索植物组织培养技术在农业领域的应用，成功实现了农业新质生产力的革新，为我国农业现代化发展开辟了新的路径。

三大板块助力乡村振兴

农畔作为一家深耕于乡村振兴领域的民营企业，积极响应乡村振兴战略的总要求，以推动乡村产业兴旺为核心目标，致力于通过农文数旅的融合为乡村振兴注入新动力。公司自成立以来，便专注于农业可持续发展，协助地方政府利用新质生产力擦亮"金字招牌"，绘就区域产业发展的"富春山居图"。

农畔的服务范围广泛且深入，从乡村产业培育创新、产业招商导入到产业赋能等多个维度全面助力区域乡村产业发展。一方面，公司为政府提供从产业规划咨询、产业数字化平台建设、产业空间运营到产业导入落地的全流程服务；另一方面，也为企业提供从选址入驻到科技创新、品牌营销、金融赋能等全方位一站式的综合性服务。

在主营业务方面，公司三大板块齐头并进。首先是产业招商运营，依托丰富的招商经验，与地方政府共建产业载体，为各类产业地产开发商提供全流程策划、招商、运营服务。其次是产业赋能服务，包括产业规划编制、政策申报服务以及品牌营销服务，通过携手阿里、京东、腾讯及浙江大学等顶尖团队，助力乡村品牌实现产品上行、品牌打造及供应链优化。最后是乡村人才赋能，通过组织乡村振兴培训、电商培训等活动，以及举办产业高端论坛、节庆/赛事等活动，为乡村发展培养并吸引高端人才。

凭借卓越的服务与显著的成绩，北京农畔科技产业发展有限公司在业界赢得了广泛的认可。2023年公司营收达到1227.4万元，并荣获多项资质与奖项，包括受邀加入中华全国工商业联合会农业产业商会，以及获批山东省省级现代农业产业园奖补资金500万元。

植物组织培养引领种苗生产变革

随着现代农业的快速发展，传统种苗生产方式逐渐暴露出效率低下、品质不稳定、易受病虫害侵袭等弊端。消费者对农产品品质和安全性的要求日益提高，市场对高品质、无病毒种苗的需求急剧增加。在此背景下，农畔凭借其敏锐的市场洞察力和深厚的技术积累，决定采用植物组织培养技术，引领农业新质生产力的革新，以满足市场对高品质种苗的迫切需求。

图1　农畔的"小植物大产业"

农畔专注于植物组织培养与细胞工程技术的研究与应用。该技术通过离体培养的方式，在无菌条件下对植物组织进行快速繁殖和基因改良，从而生产出无病毒、品质优良、遗传性状稳定的种苗。相比传统种苗，组培苗具有更强的抗逆性、更快的生长速度和更高的产量，能够显著提升农业生产效率和经济效益。

图2　农畔组培实验室场景

在山东省农畔建立了大规模的组培工厂和智能温室大棚，实现了脱毒草莓、樱桃砧木等多种优质种苗的规模化生产。公司技术团队通过长时间的研究与试验，不断优化组培生产工艺，成功缩短了繁殖周期，提高了分化系数，使得组培苗的品质和产量均达到了国内领先水平。此外，公司还积极参与行业标准的制定与推广，为行业规范化发展贡献了力量。

在技术创新方面，公司技术团队通过长时间的深入研究与持续优化，在多项关键技术上取得了高效能、高质量重大突破。例如，成功将组培樱桃的继代繁殖周期由 30 天缩短至 20 天，草莓的分化系数由 3 倍提升至 7 倍，这些成果均已达到国内领先水平。此外，公司还积极参与行业标准的制定与推广，为行业规范化发展贡献力量。

农畔凭借其技术优势和市场洞察力，构建了独特的商业模式。公司不仅注重技术研发与产品创新，还积极拓展市场渠道与品牌建设。通过参加各类农业展会、技术交流会等活动，公司不断提升品牌知名度与市场影响力。同时，公司积极对接电商平台与线下销售渠道，为农户提供更加便捷的销售服务。

在市场拓展方面，公司采取了多元化策略。一方面，与地方政府合作共建产业载体，为区域农业产业发展提供全方位服务；另一方面，与农业企业合作推广组培种苗，帮助它们提升产品品质和市场竞争力。通过这种模式，公司成功将组培种苗推广至全国多个城市，取得了显著的经济效益与社会效益。

在具体操作层面，公司注重客户需求分析与定制化服务。针对不同地区、不同作物的实际需求，公司提供个性化的组培种苗解决方案和技术支持。例如，在樱桃砧木市场领域，公司针对部分优质品种进行重点研发与推广，成功占据了市场领先地位。此外，公司还建立了完善的售后服务体系和技术支持团队，确保客户在使用过程中能够得到及时、专业地帮助与支持。

除了国内市场外，公司还积极开拓国际市场。通过参加国际农业展会、建立海外销售网络等方式，公司将组培种苗推向更广阔的市场空间。这种全球化的发展策略不仅有助于提升公司的品牌知名度和市场竞争力，还能够为公司带来更多的发展机遇和商业价值。

综上所述，农畔通过植物组织培养技术的创新与应用，成功引领了农业新质生产力的革新。公司凭借其技术优势、市场洞察力和商业模式创新，在种苗产业领域取得了显著成就，为推动农业高质量发展做出了重要贡献。未来，公司将继续深化技术创新与管理创新，拓展市场布局与品牌建设，致力于成为新业态下的植物组织培养行业领导者。

发展新质生产力的经验总结

农畔发展新质生产力的成功经验主要体现在以下几个方面：

紧跟市场需求与技术前沿：公司敏锐地捕捉到了市场对高品质、无病毒种苗的迫切需求与技术痛点，并迅速响应市场变化进行创新研发。这种敏锐的市场洞察力与技术敏感度是公司能够在激烈的市场竞争中脱颖而出的关键因素之一。

注重技术研发与团队建设：公司拥有一支经验丰富的技术团队与完善的研发体系。通过长时间的研究与试验积累的技术优势和经验成果为公司的产品与服务提供了有力支撑。同时，团队间的紧密合作与良好沟通也为公司的快速发展注入了强大动力。

拓展市场渠道与品牌建设：公司注重市场渠道的拓展与品牌建设工作。通过参加各类展会、举办技术交流会等活动以及利用电商平台等新型销售模式，不断提升品牌知名度与市场影响力。这种多元化的市场拓展策略与品牌建设思路为公司赢得了更多客户的信任与支持。

提供全方位服务与技术支持：公司不仅注重产品的研发与生产，还注重为客户提供全方位的服务与技术支持体系。通过建立健全的售后服务体系与技术支持体系确保客户在使用过程中能够得到及时、专业地帮助和支持，这种贴心的服务赢得了客户的广泛好评及信赖。

注重行业标准化与规范化发展：公司积极参与行业标准的制定与推广工作，推动行业向标准化、规范化方向发展。这种高度的社会责任感与行业自律精神为公司赢得了业界的广泛认可和尊重。

未来展望

展望未来，农畔将继续秉承创新、协作、共赢的发展理念深化技术创新与管理创新推动种苗产业向高端化、智能化、绿色化方向发展。具体而言，公司将采取以下措施：

加大技术研发力度：公司将继续加大在植物组织培养技术领域的研发投入，致力于突破更多关键技术难题，推动技术创新与产业升级。

拓展市场布局与品牌建设：公司将继续拓展市场布局深化品牌建设策略，通过多元化的销售渠道与高效的营销手段进一步提升品牌知名度和市场影响力。

强化团队建设与人才培养：公司将继续加强团队建设与人才培养工作，通过引进优秀人才与提升现有员工素质为公司的发展提供坚实的人才保障。

推动行业标准化与规范化发展：公司将积极参与行业标准的制定与推广工作，推动行业向标准化、规范化方向发展，提升行业整体水平与竞争力。

总之，农畔将继续致力于成为新业态下的植物组织培养行业领导者，为推动农业高质量发展贡献力量。

[专家点评]

　　本案例充分展示了科技创新驱动在农业发展中的关键作用。公司通过植物组织培养技术实现了种苗产业的重大突破，不仅显著提升了种苗的品质与生产效率，还推动了农业产业的绿色可持续发展。该案例在产业融合发展、数据驱动决策方面也表现出色，通过智能化管理与精准控制，进一步优化了资源配置与生产效率。此外，公司在国际市场上的竞争力也逐步增强，为我国农业国际化发展树立了典范。综上所述，该案例在科技创新驱动、产业融合发展、数据驱动决策、绿色可持续发展及国际竞争力提升等方面均展现出了卓越表现，值得广泛推广与借鉴。

执笔人：何昭明、张雄伟、程凡桂

AI 赋能＋数据驱动：公路货运的
智能化演进与模式革新

北京福佑多多信息技术有限公司

福佑卡车是国内最大的全链路数字化货运履约平台，通过将人工智能技术应用于整车运输交易市场，推动大数据、云计算等新一代信息技术与货运行业融合，自主研发"福佑大脑"智能中台，实现了货运的智能定价、智能分单和智能服务。同时，将数据作为新型生产要素，实现资源的高效配置，提升了货运效率和质量，降低了社会物流成本，并推动行业向绿色低碳转型。未来，福佑卡车将继续以技术创新为核心驱动力，推动行业向数字化、智能化、绿色化转型升级。

公路货运是国民经济的重要产业，对经济社会循环具有重要作用。近年来，新一代信息技术与传统货运加速融合，公路货运数字化转型提速，福佑卡车作为物流新业态的代表企业，通过 AI 赋能实现公路货运数字化降本增效，为行业发展带来新机遇。

用数字化推动中国公路货运降本增效

福佑卡车成立于 2015 年，是国内最大的全链路数字化货运履约平台，致力于用数字化推动中国公路货运降本增效。公司依托大数据、人工智能等技术构建智能物流系统，将整个货运交易链条数字化、标准化、智能化重构，形成行业领先的履约能力和供应链运营优势，提供全链路数字化履约解

111

决方案。

作为全国首批"无车承运"试点企业、全国首批 5A 级网络货运企业，同时也是国家高新技术企业，福佑卡车注册司机超过 155 万，构建覆盖全国 337 个主要城市、57000+ 重点线路的数字货运网络，服务范围辐射国内几乎所有地区。公司开创的全链路数字化履约模式，重新定义了整车运输服务标准，在 CIC 灼识咨询 2023 年中国公路货运市场调查中，NPS 值（客户净推荐值）位列行业第一阵营。

基于专业履约和高品质服务，福佑卡车赢得无数客户的认可与信赖。公司已成为服务中国快递快运行业的最大货运履约平台，与京东物流、顺丰速运、菜鸟物流、中国邮政等快递快运 Top10 企业均建立了长期稳定的合作关系。同时，公司也为晶科能源、中伟股份、中节能等新能源头部企业，沃尔玛、百事等跨国企业，以及元气森林、雪花啤酒等知名快消品牌提供服务。

成立至今福佑卡车凭借高成长性、出色的科技创新能力，获得了中银投资、经纬中国、君联资本、钟鼎创投、普洛斯等知名机构投资。2021—2024 年，公司连续入选胡润全球独角兽榜单，并先后获评福布斯中国高增长企业、波士顿咨询新兴市场科技百强挑战者、《财富》中国最具社会影响力创业公司。

率先引入 AI 技术，重构"人、车、货、场"

公路货运连接生产和消费、内贸和外贸，是国民经济中具有基础性、先导性、战略性的产业，对畅通产业循环、市场循环和经济社会循环具有重要作用。从市场规模上看，2023 年国内公路货运市场的 GTV（货运交易总额）为 11,065 亿美元。从货运量上看，2023 年全国公路货运量为 403.37 亿吨，占总货运量的 73.6%。

传统货运模式下，用车需求主要依靠线下熟人熟车、物流园区等信息中介来满足，面临运力供给不稳定、供需匹配效率较低、交易链条冗长、服务标准缺失等问题。福佑卡车深度介入从询价、发货到交易、结算整个货运交易链条，将其数字化、标准化、智能化改造，重构公路货运行业生态和底层逻辑，供需两端信息更加透明，资源匹配更加精准，交易链条得到缩短简化，货运服务更加专业和高效，形成公路货运领域的新质生产力，为社会物流降本增效带来了新空间。

图 1　福佑卡车碳管理中心

相较于其他新兴产业，公路货运是传统基础设施型行业，对新技术、新理论的吸收和应用相对滞后。围绕构建"数字货运新业态"的目标，福佑卡车首次将人工智能技术商用于整车运输交易市场，推动大数据、云计算等新一代信息技术与货运行业不断渗透融合，自主研发"福佑大脑"智能中台，在解放人力工作的同时，进一步突破时空边界，解决货运行业的关键"痛点""难点"问题。在以大模型为代表的生成式人工智能兴起后，福佑卡车推出国内首个数字货运大模型，将其应用在货运物流场景，实现提质降本增效。

如何真正发挥数字货运新业态的价值，关键在于生产要素的创新配置。相较于传统的"人、车、货、场"，福佑卡车将数据作为新型生产要素，通过与其他生产要素的深度融合，实现资源的高效配置，提升全要素生产率。平台整合全国范围内的货源信息、运力信息、天气信息、道路信息，以及平台上的海量交易信息、司机画像，建立全链条数据库，涵盖 1.9 亿关键节点数据，200 亿＋多维度行为数据，通过对这些数据的挖掘、分析和利用，打通"信息孤岛"和"数据壁垒"，为货运需求预测和市场趋势分析提供支持，让运单与运力最优匹配，提升货车的能效水平，提升行业的运行效率。

图2 福佑卡车"福佑大脑"智能中台

自主研发"三大系统",破解行业关键性难题

"福佑大脑"是福佑卡车将数据中台和人工智能中台深度融合,通过所嵌入的机器学习、深度学习算法,充分利用平台数据资产而开发的企业级智能应用,也是福佑卡车推进公路货运数字化、智能化的核心基础设施。目前"福佑大脑"包含智能定价、智能分单、智能服务等三大系统。

智能分单系统旨在提高车辆运行效率。国内超过七成的卡车司机没有固定运输线路,举例来说,司机承运一个从 A 地发往 B 地的订单,需要找到一个回程订单,有时在淡季甚至要等 2—3 天才能找到合适的货源;如果发货地在临近城市,还需要空车行驶数十或上百公里去接单,大量无效的等待时间和空驶里程,是车辆运行效率低的主要原因。平台的智能分单系统可以智能分析运单与司机信息,结合市场运输需求、司机位置、当前状态、运单偏好等因素,智能分发最合适的运单,并通过 AI 驱动的运单重组策略,可以将多个临近运单组合成高效运输任务,从而减少等待时间及空驶里程,提升了货车的能效水平。通过运力的高效调度,平台车辆空驶率降至 6.3%,远低于

45% 的行业均值。

智能定价系统旨在提高定价环节效率。长途整车运价受货物重量、长度大小、种类、油价、天气等多种因素，市场上长期存在运价不标准、波动大、不透明等问题。以北京到乌鲁木齐的运价为例，7—8 月新疆哈密瓜、大枣、香梨等进入成熟期，司机抵达乌鲁木齐后可以轻松找到返程货源，所以运价通常较低；到 2—4 月出疆货物减少，加上冬天寒冷道路结冰，运价会升高；如果遭遇暴雪等极端天气，价格还会剧烈上浮。传统货运模式下，运价主要依靠发货人与司机自行商议，要经过多轮询价、反复沟通谈判，这样的方式缺乏实时、合理、可靠的定价。平台的智能定价系统依托特定的算法模型，结合车型、车长、距离、天气等影响因素，以大数据破解人工议价难题，对整车数据进行大量积累、清洗与分析，实时计算整车运价，在业内首次实现长途整车秒级定价，与市场价吻合度超过 95%。

智能服务系统旨在解决订单跟踪难、履约缺乏服务标准等问题。长途整车运输在途时间长，且卡车司机大多为个体经营，这就导致订单跟踪难、缺乏服务标准。在运输途中，货主和卡车司机大多通过人工联系，确定运输状态，如果发生车辆晚点、路线偏移等问题很难及时解决。平台的智能服务系统可以自动抓取运输轨迹，积累了上百种异常场景，一旦车辆运行状况触发异常，系统自动上报、提前预警，降低异常发生率。同时机器人客服 7×24 小时在线，解决运输途中的异常问题。通过智能服务系统，拥有不同承运经验的运力可以输出稳定、统一的标准化服务，保障货物安全、准时送达。

目前，福佑卡车平台连接超过 155 万名司机，337 个主要城市，57000+条重点线路，构建了一张覆盖全国范围的高效数字货运网络，为国内广大生产制造企业提供柔性灵活、高效流转的全链路数字化货运履约服务，推动公路货运数字化、智能化升级，提升行业资源配置效率，降低了社会物流成本。

福佑卡车在数字货运领域的创新实践也有力推动行业向绿色低碳转型，形成绿色生产力。通过对行业标准化、智能化改造，有效降低车辆空驶率，减少了运力资源的浪费，进而减少了能源的消耗。经测算，公司在 2023 年共计实现温室气体减排量 117.9 万吨，到 2025 年预计减排 259.34 万吨。

发展新质生产力的经验总结

福佑卡车深度介入货运交易链条，进行数字化、标准化、智能化改造。技术创新是关键，公司首次将人工智能技术应用于整车运输交易市场，自主研发"福佑大脑"智能中台，并推出国内首个数字货运大模型。生产要素创新配置方面，将数据作为新型生产要素，整合信息建立全链条数据库。"福佑大脑"包含智能定价、智能分单、智能服务三大系统，智能分单系统提高车辆运行效率，智能定价系统提高定价环节效率，智能服务系统解决订单跟踪和履约服务标准问题。福佑卡车构建了覆盖全国的数字货运网络，推动了公路货运数字化、智能化升级，降低了社会物流成本，有力推动行业向绿色低碳转型。

以新业态新模式为载体，开创全链路数字化履约模式，重构公路货运行业生态和底层逻辑，提高信息透明度和运行效率。

创新应用人工智能技术，推动新一代信息技术与货运行业融合，自主研发智能中台和数字货运大模型，解决行业关键"痛点"问题。

创新配置生产要素，将数据作为新型生产要素与其他要素深度融合，实现资源高效配置，提升全要素生产率，如通过整合信息实现运单与运力的最优匹配。

大幅提升货运效率和质量，构建覆盖全国的数字货运网络，通过智能系统赋能，实现整车货运秒级定价，全程可视、可追溯，提高货运准时率，降低货损率，降低车辆空驶率，提升运输效率，降低社会物流成本。

未来展望

未来公路货运数字化仍有很大增长空间，福佑卡车将集聚优势资源，深入产业链上下游，为更多货主企业提供干线物流解决方案，推动供应链迭代升级。技术创新是培育货运物流新质生产力的关键，福佑卡车将继续以技术创新为核心驱动力，推动生成式人工智能在更多货运物流场景应用，加速构建自动驾驶货运网络，打造履约服务机器人，推动公路货运行业向数字化、智能化、绿色化转型升级。

［专家点评］

　　福佑卡车在公路货运数字化领域的实践具有重要意义。通过人工智能技术的应用和生产要素的创新配置，有效地提升了货运效率和质量，降低了社会物流成本，推动了行业的绿色低碳转型。未来，随着技术的不断发展，福佑卡车有望在货运数字化领域取得更大的成就，为行业的发展提供更好的示范和引领作用。同时，建议福佑卡车进一步加强与产业链上下游企业的合作，共同推动公路货运行业的数字化、智能化、绿色化发展。

执笔人：丁聪

磁阻调速电机：创起重机械行业的"芯"动能

德州汇芯多能电机有限公司

德州汇芯多能电机有限公司深耕智能制造领域，凭借卓越的研发实力，成功推出开关磁阻调速电机，该产品凭借其独特的技术优势（结构简洁、调速范围宽广、启动转矩强劲、系统运行高效及显著的节能效果）在起重机械及其他工业应用场景中大放异彩。汇芯多能紧密融合技术创新与市场需求，不仅大幅提升了产品的市场竞争力，更积极促进了整个行业的绿色转型与可持续发展。公司已获得国家权威机构的认证及多项发明专利，标志着汇芯多能在推动新质生产力实践中的重大成就与领先地位，为智能制造领域的未来发展树立了新的标杆。

在当今这个科技日新月异的时代，新质生产力正以前所未有的速度重塑着经济社会的发展格局，成为推动高质量发展的核心驱动力。这不仅仅是单一技术的革新，更是对生产模式、组织结构乃至整个产业链的深层次变革。在全球资源环境压力增大、行业竞争日益白热化的背景下，发展新质生产力不仅是企业生存与发展的需要，更是时代赋予的责任与使命。德州汇芯多能电机有限公司（以下简称汇芯多能）深刻认识到这一趋势，积极响应国家创新驱动发展战略，聚焦于智能制造与节能环保领域，致力于开关磁阻调速电机的研发与应用。通过持续的技术创新，我们不仅旨在提升产品的核心竞争力，更期望能够引领行业向更加绿色、高效、可持续的方向发展，为新质生产力的蓬勃兴起贡献力量。

智能制造领域的创新先锋

汇芯多能自 2023 年成立以来，始终秉持创新驱动发展的理念，致力于成为智能制造领域的佼佼者。公司注册于山东省德州市陵城区边临镇德尔利工业园区，注册资本高达 5000 万元，拥有坚实的资金基础以支持持续的科研投入与技术革新。

作为民营企业的佼佼者，汇芯多能专注于开关磁阻调速电机的研发与生产，经过团队多年的潜心研究与技术积累，已使该系列产品在数字化与智能化方面达到国内领先水平。公司紧跟市场需求，成功开发出多系列产品，以满足不同工况与环境下的客户需求。特别值得一提的是，汇芯多能的开关磁阻调速电机在四象限运行工况下的节电率尤为显著，进一步巩固了其在行业内的领先地位。

为进一步推动技术创新与成果转化，汇芯多能于 2023 年成立了专门的研究中心，汇聚了行业内经验丰富的技术骨干力量，并配备了先进的研发与检测设备。这些举措不仅有效保障了技术创新工作的顺利开展，也为公司产品的持续优化与升级奠定了坚实基础。

汇芯多能深知品牌建设与市场拓展的重要性，因此建立了完善的市场渠道、客户服务系统、售后服务管理及品牌管理体系。公司主导产品不仅在国内市场享有盛誉，更凭借其卓越的性能指标与先进的技术水平，赢得了国内外客户的广泛认可。汇芯多能始终坚持质量为先的原则，确保每一款产品都能达到国内领先乃至国际先进水平，为客户创造更大的价值。

推动起重机械行业的绿色升级

在快速发展的工业领域中，起重机械作为重要的物流设备，其性能与效率直接影响到生产线的整体运作。然而，长期以来，起重机械行业普遍采用的传统三相感应电动机存在明显的局限性，如能耗高、效率低、启动转矩小、启动电流大、维护成本高等问题，这些问题严重制约了行业的可持续发展。随着工业 4.0 时代的到来，市场对高效、节能、可靠的电机产品需求日益迫切。

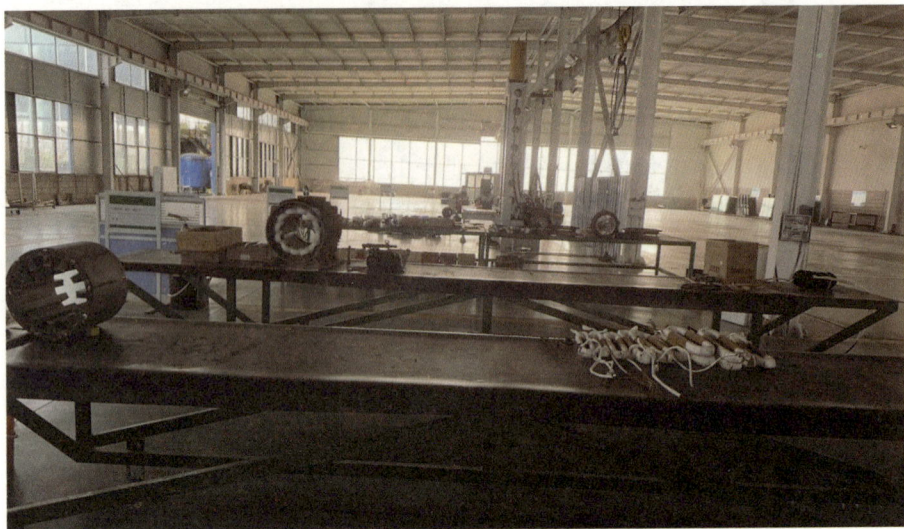

图 1　电机生产车间

　　汇芯多能作为智能制造领域的创新先锋，敏锐地洞察到了这一市场需求和技术趋势。公司研发团队通过深入分析起重机械行业的现状与挑战，认识到传统电机的局限性已难以满足现代工业对高效、节能、可靠性的要求。因此，汇芯多能决定投身于开关磁阻调速电机的研发，旨在通过技术创新解决传统电机的痛点，推动起重机械行业的绿色升级。

　　汇芯多能依托其强大的研发团队和先进的研发设备，经过数年的潜心研究与技术攻关，成功研发出具有自主知识产权的开关磁阻调速电机。该产品凭借其独特的技术优势，在起重机械等工业领域展现出卓越的性能。开关磁阻调速电机的转子上没有任何绕组，不需要串接任何启动限流装置，结构异常简单且坚固，能够适应各种恶劣的运行环境。同时，由于转子不发热，电机的冷却和维护更加方便。该电机具有宽广的调速范围和强大的起动转矩，能够满足起重机械在不同工况下的需求。即使在低速运行时，也能保持较高的效率和稳定性。

　　智能电机系统在其调速范围内始终保持高效率输出，尤其在低转速及负载率低的情况下更为显著。相比其他调速系统，整体效率高出 5% 至 15%，节电率在 10% 至 50% 之间，特别是起重专用电机节电率大于 35%。电机系统具备软起动特性，启动电流平滑增加至所需值，有效降低了启动时的冲击电流。同时，电机可频繁启动停止和正反转操作 1000 次 / 分钟，充分满足起重机械的高频使用需求。

　　在产品研发过程中，汇芯多能不仅注重技术创新，还充分考虑了市场需求的多样性。公司成功开发了多系列产品，以适应不同工况和环境下的应用需求。此外，为确保产品质量和产量的稳定性，公司还建立了完善的生产管理体系和质量控制流程。

图 2　电机线圈

　　在开关磁阻调速电机的研发与应用过程中，汇芯多能遇到了诸多技术难题和市场挑战。然而，公司凭借坚韧不拔的毅力和持续创新的精神，逐一攻克了这些难关。

　　第一，加强技术研发与攻关。汇芯多能投入大量研发资源，组建了专业的技术团队，致力于解决电机结构设计、控制策略优化、温升抑制、振动与噪声降低等关键技术问题。通过不断地技术迭代与优化，公司成功提高了电机的整体性能和可靠性。

　　第二，深化产学研合作。为加速技术创新与成果转化，汇芯多能积极与高校、科研机构及上下游企业建立紧密的合作关系。通过资源共享、优势互补，共同推动开关磁阻调速电机技术的快速发展。

　　第三，注重市场需求导向。在产品研发过程中，汇芯多能始终坚持以市场需求为导向。公司与客户保持密切沟通与合作，深入了解市场需求和用户反馈，不断优化产品设计和服务体系。这种以用户为中心的理念确保了产品的市场适应性和竞争力。

第四，推动行业绿色可持续发展。开关磁阻调速电机的成功研发与应用不仅为公司带来了可观的经济效益，还推动了起重机械行业的绿色可持续发展。该电机以其高效、节能、可靠的性能优势为行业树立了新的标杆，促进了整个产业链的转型升级和高质量发展。

汇芯多能成功研发的开关磁阻调速电机不仅提升了公司的核心竞争力，还为起重机械行业的绿色升级和可持续发展做出了积极贡献。未来随着技术的不断进步和市场需求的不断扩大，汇芯多能将继续深耕智能制造领域，以技术创新为驱动不断推动产业升级和高质量发展。

发展新质生产力的经验总结

汇芯多能在开关磁阻调速电机的研发与应用过程中，积累了丰富的企业经验，这些经验不仅体现了公司在技术创新方面的深厚实力，也充分展示了新质生产力在推动企业高质量发展中的重要作用。

首先，我们深刻认识到，新质生产力的核心在于持续的技术创新。在开关磁阻调速电机的研发初期，面对传统电机在起重机械行业中的诸多局限，我们敢于突破，勇于尝试新技术、新工艺。通过组建专业的研发团队，投入大量研发资源，我们攻克了一个又一个技术难关，最终成功研发出具有自主知识产权的开关磁阻调速电机，在起重行业领域独树一帜。这一成果不仅填补了国内市场的空白，更为我们赢得了市场的广泛认可。

其次，我们注重市场需求与技术创新的紧密结合。在研发过程中，我们始终坚持以市场需求为导向，通过深入的市场调研和客户需求分析，不断调整和优化产品设计。同时，我们积极与客户沟通合作，及时获取市场反馈，确保产品能够满足客户的实际需求。这种以市场需求为导向的研发策略，使我们的产品更具竞争力，也为我们赢得了更多的市场份额。

再者，我们深知产学研合作的重要性。在研发过程中，我们积极与高校、科研机构及上下游企业建立紧密的合作关系，共同开展技术攻关和产品研发。通过资源共享和优势互补，我们加速了技术创新与成果转化，提高了产品的技术含量和市场竞争力。这种开放合作的模式不仅促进了我们的快速发展，也为整个行业的进步做出了贡献。

此外，我们还注重人才培养和团队建设。我们深知人才是企业发展的根本动力，因此不断引进高层次人才，加强内部培训和学习，提高员工的专业素质和技术能力。同时，我们注重团队建设和企业文化营造，打造了一支团结协作、勇于创新的优秀团队。这支团队在研发过程中发挥了重要作用，也是我们不断取得新成果的重要保障。

未来展望

展望未来，德州汇芯多能电机有限公司将继续深耕开关磁阻调速电机领域，积极响应国家绿色发展和产业升级的号召。我们将不断加大研发投入，提升产品智能化、数字化水平，以满足市场对高效、节能、可靠电机的迫切需求。同时，我们也将积极拓展起重机械以外的应用领域，如能源管理、智能制造等，实现产品多元化发展。

在市场推广方面，我们将充分利用国家节能改造项目等政策机遇，加强与行业协会、政府部门的沟通合作，提升品牌影响力。此外，我们还将进一步完善销售和服务网络，提升客户体验，确保产品能够快速占领市场，为企业带来持续的经济效益。

总之，汇芯多能对未来充满信心，将以更加饱满的热情和坚定的步伐，推动开关磁阻调速电机技术的不断创新与应用，为实现中国制造的高质量发展贡献力量。

［专家点评］

汇芯多能的开关磁阻调速电机项目，充分体现了科技创新驱动产业融合发展的战略意义。该项目不仅在技术创新上取得了显著成果，推动了高效节能电机技术的快速发展，还为传统起重机械行业的转型升级提供了有力支持。通过产学研用的紧密结合，该项目成功实现了技术创新与市场需求的有效对接，为行业带来了全新的发展动力和机遇。

该项目还充分展示了数据驱动决策的重要性。汇芯多能依托先进的信息化管理系统实现了生产过程的智能化监控和管理，有效提升了生产效率和产品质量。这种以数据为核心的管理模式不仅提高了企业的运营效率，还为企业的长期发展奠定了坚实基础。

在绿色可持续发展方面，该项目积极响应国家节能减排的号召，通过研发高效节能产品为环境保护和可持续发展做出了积极贡献。同时汇芯多能还注重国际市场的开拓，通过提升产品的国际竞争力为提升我国制造业的国际地位发挥了重要作用。

综上所述，汇芯多能的开关磁阻调速电机项目在科技创新驱动、产业融合发展、数据驱动决策、绿色可持续发展以及国际竞争力提升等方面均表现出色，具有很高的推广价值和借鉴意义。

执笔人：李永强、甘沐雨

地热＋复合源热泵技术：新型
能源系统优化组合管理的基石

中煤水文局集团有限公司

中煤水文局集团有限公司成功实施的邯郸市科技中心冷热源合同能源管理项目采用地热＋复合源热泵技术，实现了高效节能、清洁环保的能源管理目标。该技术不仅显著降低了一次性投入及运营成本，还大幅降低了制冷供暖的运行费用，减少了污染物排放，符合国家能源产业政策和"碳达峰、碳中和"战略要求。中煤水文局下属中煤水文局集团（雄安）地热科技有限公司凭借其强大的技术团队和丰富的项目管理经验，成功将新型能源系统优化组合技术应用于实际，为行业树立了绿色、低碳、可持续发展的典范。本项目在提升科技中心能效水平的同时，也为地热能开发利用的可持续发展提供了宝贵经验，具有广泛的示范和推广价值。

新质生产力以科技创新为核心，旨在通过技术革新、模式创新和管理创新，实现生产效率、资源利用效率和环境效益的全面提升，实现经济社会的可持续发展。面对日益严峻的能源挑战和环境问题，发展新质生产力已成为我国实现可持续发展的必由之路。中煤水文局集团有限公司（以下简称中煤水文局）深刻认识到发展新质生产力的必要性和重要性，积极响应国家政策，致力于新能源领域的探索和创新。通过不断提升技术水平和创新能力，公司努力为客户提供更加优质、高效的能源解决方案，为推动行业进步和社会可持续发展贡献力量。

地热新能源开发利用的国家队

公司始建于 1974 年，隶属于国务院国资委，是中央地质勘查单位。2024 年 1 月迁址雄安新区。作为中国地热与温泉产业技术创新联盟理事长单位，公司以地热新能源开发利用为战略性新兴产业，坚持"五水科技"，推进"五水兴局"产业发展思路。

20 世纪 90 年代起，利用自身优势，进入地热勘察及开发利用领域，公司在十余个省市开展地热能、太阳能、空气能及矿山尾热等可再生资源的供暖制冷应用。1999 年，为实现中深层与浅层地热能联合开发、梯级利用成立专业化公司。2024 年迁址雄安后更名为"中煤水文局集团（雄安）地热科技有限公司"。公司拥有国家各类资质甲（壹）级 30 项，乙（贰）级 11 项，获得专利 498 件，其中地热能 100 余项，软件著作权 19 件，承担 10 多项国家及行业标准制定修订工作。先后荣获国家科技进步奖，省部级特等奖、优质报告奖及新发现水资源奖等各类奖项 220 余件。形成了"基于地下水系统的水文地质勘查技术""基于羽状多分支水平定向钻探的区域治理技术""基于取热不取水的中深层闭式换热技术""地热 + 多能互补能源综合利用技术"等一系列核心技术。

地热 + 复合源热泵技术在邯郸的探索实践

邯郸市科技中心是邯郸市东区"四大中心"之一，是东区重点建设项目和滨水核心区标志性建筑，包括主楼和科技展馆两部分。该建筑群地下三层、地上主楼部分二十五层（建筑高度近 100 米）、科技产业馆部分四层（建筑高度 24 米）。项目总占地面积 39100 平方米，总建筑面积 107075.64 平方米（主楼 95887.16 平方米、科技产业馆 11788.48 平方米）。项目地处寒冷区，夏季空调制冷需求期 4 个月、冬季供暖需求期 120 天。采用地源 + 空气源复合型热泵系统供暖、制冷，末端形式为风机盘管 + 新风系统，设计总冷负荷 9660kW，总热负荷 7728kW。

图 1　规模化空气源热泵

邯郸市科技中心项目地处寒冷区，对夏季空调制冷和冬季供暖有较大需求。传统能源供应方式存在能耗高、污染大等问题，无法满足客户对节能环保的要求。从而摆在面前的是如何合理利用地热能、空气能等可再生能源，实现高效、稳定的供暖制冷。

地热资源是一种清洁、可再生的能源，其开发利用不会对环境产生污染。储量大、分布广，具有较大的开发利用潜力，并且地热能的供应相对稳定，不受季节、气候等外界因素的影响，能够保证冷热源系统的稳定运行。

复合源热泵技术能够综合利用多种能源形式（如地热、空气、水等），通过优化能源配置，实现能效的最大化。该技术能够根据不同的气候条件、能源供应状况进行灵活调整，确保系统的高效运行。并且地热＋复合源热泵技术符合国家能源产业政策，有利于推动能源结构的优化和转型。在使用过程中零污染、零排放，有助于减少温室气体排放，改善环境质量，促进可持续发展。

通过对邯郸市科技中心周边地区进行地热资源勘查，确定地热资源的储量、温度、分布等基本情况。根据勘查结果，制订地热能源开发利用方案，包括地热井的钻探、地热水的抽取与回灌等。

结合地热资源的特点，设计复合源热泵系统，确保系统能够充分利用地热资源及其他可用能源。积极引进国内外先进的地热勘查技术、复合源热泵技术及智能化管理系统，提升项目的技术水平。结合项目实际情况，对引进的技术进行消化吸收再创新，形成具有自主知识产权的核心技术。

127

图 2　标准化地源热泵能源站

项目建成之后，取得的成效有：

1.降低了系统能耗，提高了机组运行效率，节约了室外埋管工程的初投资，调节了地源侧冷热堆积问题，保证了机组常年安全有效运行。采用节能增效策略改造后，项目载体在当前供暖制冷面积下，系统年度运行总节电可达384456kw·h／年，相当于建筑节能1345596kw·h／年。若科技中心全面积使用节能改造后复合源热泵系统全年空调制冷、冬季供暖，可实现节电1100254kw·h／年，相当于建筑节能4165207kw·h／年。通过智能运行策略，节能深化控制，单位面积季均能耗17.5kw·h/m²。

2.实现了技术创新与效益提升。多元化能源利用—该技术能够高效利用地热、空气、水等多种能源形式，通过复合源热泵系统实现能效最大化，打破了传统冷热源系统对单一能源的依赖。系统集成创新——将地热勘查、开采技术与复合源热泵技术有机结合，形成了一套高效、环保的冷热源系统解决方案，体现了在系统集成上的创新。

3.制定智能化管理与运维系统—智能控制策略。开发了智能化管理系统，实现对冷热源系统的实时监测、数据分析与智能调控，提高了系统的运行效率和稳定性。通过大数据分析预测系统运行状态，提前进行故障预警和维护，减少了系统停机时间和维护成本。

4. 降低运营成本，提升经济效益。地热＋复合源热泵技术的应用降低了邯郸市科技中心冷热源系统的一次性投入及长期运营成本，显著节约了制冷供暖运行成本。通过合同能源管理模式，中煤水文局集团与邯郸市科技中心共享节能效益，增加了企业的收入来源。

5. 减少污染物排放，提升环境效益。地热资源的利用和复合源热泵技术的实施，有效减少了燃煤等传统冷热源方式产生的污染物排放，对改善空气质量具有积极作用。地热＋复合源热泵技术属于高清洁、零污染、零排放的绿色能源技术，显著减少了二氧化碳等温室气体的排放。通过优化系统设计和运行管理，大幅降低了冷热源系统的能耗，提高了能源利用效率。

6. 促进可持续发展。该项目符合国家能源产业政策和环保要求，对于推动地热能开发利用的可持续发展具有重要意义，也为保护绿水青山、缓解能源紧张形势、发展循环经济、建设和谐社会做出了积极贡献。

7. 具有很好的示范效应。项目在行业内具有很强的示范和推广效应，有助于提升社会对新能源技术的认知和应用水平。

综上所述，中煤水文局在邯郸市科技中心冷热源合同能源管理项目中，通过技术创新与效益提升的有机结合，不仅实现了项目的高效运行和节能减排目标，还为企业带来了显著的经济效益和社会效益。

发展新质生产力的经验总结

公司践行新质生产力的经验总结如下：

1. 创新驱动方面：通过不断研发和应用新技术，如复合型热泵系统和智能监控系统，提高了能源利用效率和系统运行稳定性。

2. 节能环保方面：充分利用地热能、空气能等可再生能源，减少了对传统能源的依赖，降低了污染物排放，实现了绿色可持续发展。

3. 智能高效方面：依托物联网、云技术和自动化技术，实现了项目的远端管理和自动运行，提高了复合源热泵的运行效率和管理水平。

4. 技术创新方面：加大对科研的投入，不断提升技术水平，以满足市场需求和客户要求。

5. 团队协作方面：培养一支高素质的专业团队，加强各部门之间的协作与沟通，确保项目的顺利实施。

6. 客户需求方面：以客户为中心，深入了解客户的需求和痛点，提供个性化的解决方案。

7. 坚持可持续发展：将节能环保理念贯穿于项目的全过程，积极推动可再生能源的应用，为社会和环境做出贡献。

未来展望

展望未来，中煤水文局将继续秉承创新引领、绿色发展的理念，深耕新质生产力领域，特别是新能源与节能环保技术的研发与应用。我们将以邯郸市科技中心项目冷热源合同能源管理项目的成功实施为契机，不断优化和升级地热＋复合源热泵技术，进一步提升其能效比和经济性，确保在更多类似项目中实现高效、环保的能源利用。同时，公司将加强与高校、科研机构的合作，推动产学研深度融合，共同探索新能源技术的最前沿。我们致力于将更多创新成果转化为实际生产力，为社会的可持续发展贡献中煤水文局的智慧和力量。

此外，随着"碳达峰、碳中和"目标的逐步推进，中煤水文局将积极响应国家号召，加大在节能减排、循环经济等方面的投入，努力推动地热能等清洁能源的开发利用，为缓解能源紧张形势、保护生态环境作出更大贡献。我们相信，通过不懈努力，中煤水文局必将在新质生产力的发展道路上越走越远，为实现绿色低碳的美好未来贡献更多"中煤智慧"和"中煤方案"。

〔专家点评〕

科技创新驱动：中煤水文局集团有限公司在邯郸市科技中心项目冷热源合同能源管理项目中，展现了强大的科技创新能力。通过引入地热＋复合源热泵技术，该项目不仅实现了能源的高效利用，还大大降低了制冷供暖的运行成本，减少了环境污染。这一创新技术的成功应用，充分体现了科技创新在推动新质生产力发展中的核心驱动作用，为行业树立了标杆。

产业融合发展：项目成功地将新能源技术与传统建筑节能相结合，实现了产业融合发展的新模式。地热资源的开发利用与复合源热泵系统的集成应用，促进了新能源产业链上下游的紧密合作，推动了新能源产业的快速发展。这种产业融合的发展模式，为构建绿色低碳、循环发展的经济体系提供了有力支撑。

数据驱动决策：在项目实施过程中，公司充分利用了大数据、物联网等现代信息技术，实现了对能源使用情况的实时监控和数据分析。这些数据不仅为项目的优化调整提供了科学依据，也为未来类似项目的规划设计提供了重要参考。这种数据驱动决策的模式，提高了能源管理效率，降低了运营成本，为新质生产力的智能化、精细化发展奠定了基础。

绿色可持续发展：项目所采用的地热＋复合源热泵技术，属于高清洁、零污染、零排放的绿色能源技术，符合国家能源产业政策和绿色低碳的发展理念。该项目的成功实施，不仅减少了污染物的排放量，还有效缓解了能源紧张形势，对保护生态环境、推动可持续发展具有重要意义。中煤水文局在这一领域的积极探索和实践，为我国绿色可持续发展贡献了重要力量。

国际竞争力提升：公司在新能源技术领域的持续创新和应用，不仅提升了国内市场的竞争力，也为公司拓展国际市场奠定了坚实基础。随着全球对绿色低碳发展的高度重视，新能源技术将成为国际竞争的重要领域。中煤水文局凭借其在新能源技术方面的领先地位和丰富经验，有望在国际市场上赢得更多合作机会，提升企业的国际竞争力。

第二篇　如何培育壮大新兴产业

因地制宜发展新质生产力：
培育壮大战略新兴产业的路径探索

在当今全球科技革命和产业变革加速推进的背景下，新质生产力作为创新驱动的核心力量，正成为培育壮大战略新兴产业的关键。战略新兴产业，作为引领未来经济社会发展的重要力量，其培育与发展需紧密结合地区实际，因地制宜地推进新质生产力的建设。本文将从因地制宜的角度，探讨如何以新质生产力为引擎，有效培育并壮大战略新兴产业。

一、理解新质生产力与战略新兴产业的内在联系

新质生产力，以科技创新为核心，融合新技术、新业态、新模式，展现出高效能、高质量、高附加值的特点。它是推动产业升级、经济转型的重要动力。战略新兴产业，则是指那些具有重大引领带动作用、知识技术密集、物质资源消耗少、成长潜力大、综合效益好的产业，如新一代信息技术、生物技术、新能源、新材料等。

新质生产力与战略新兴产业之间存在着紧密的内在联系。一方面，新质生产力为战略新兴产业提供了技术创新和模式创新的源

泉；另一方面，战略新兴产业的发展又为新质生产力的释放提供了广阔的应用场景和市场空间。因此，因地制宜地发展新质生产力，对于培育壮大战略新兴产业具有重要意义。

二、因地制宜发展新质生产力的策略

——明确区域定位，聚焦特色产业

不同地区应根据自身的资源禀赋、产业基础和发展需求，明确区域定位，聚焦具有比较优势和发展潜力的特色产业。通过精准定位，集中力量推进特色产业的技术创新和产业升级，形成具有区域特色的新质生产力。

——加强科技创新，构建创新生态

科技创新是新质生产力的核心。应加大科技研发投入，加强基础研究和应用基础研究，推动关键核心技术突破。同时，构建开放合作的创新生态，吸引高校、科研机构、企业等多方参与，形成协同创新的良好氛围。

——优化产业布局，促进产业集聚

根据区域特色和产业发展趋势，优化产业布局，促进产业集聚。通过建设产业园区、创新基地等载体，吸引战略新兴产业相关企业集聚发展，形成产业链上下游协同、资源共享、优势互补的产业集群。

——深化改革开放，激发市场活力

进一步深化市场化改革，完善市场机制，激发市场活力和社会创造力。通过放宽市场准入、加强知识产权保护、优化营商环境等措施，为战略新兴产业的发展提供有力保障。

三、以新质生产力培育壮大战略新兴产业的路径

——技术创新引领产业升级

利用新质生产力的技术创新优势，推动战略新兴产业的技术升级和产品创新。通过引进和研发先进技术，提升产品的技术含量和附加值，增强市场竞争力。

——模式创新拓展市场空间

结合新质生产力的新业态、新模式，推动战略新兴产业的模式创新。利用互联网、大数据、人工智能等新技术手段，拓展市场空间和盈利渠道，提升产业的整体效益。

——人才培养支撑产业发展

加强人才培养和引进工作，为战略新兴产业的发展提供有力的人才支撑。通过建设高水平的人才队伍，提升产业的技术水平和创新能力，推动产业的持续发展。

——政策支持促进产业发展

制定和完善相关政策措施，加强对战略新兴产业的扶持力度。通过财政补贴、税收优惠、金融支持等措施，降低企业的运营成本和风险，促进产业的快速发展。

四、结语

因地制宜发展新质生产力，是培育壮大战略新兴产业的关键路径。通过明确区域定位、加强科技创新、优化产业布局、深化改革开放等措施，可以有效提升新质生产力的水平。同时，结合技术创新、模式创新、人才培养和政策支持等路径，可以推动战略新兴产业的快速发展和壮大。未来，我们应继续加强新质生产力的建设，为战略新兴产业的发展注入新的活力和动力，推动经济社会的高质量发展。

智能位置数字底座：为全球提供高精度定位服务

北京北斗星通导航技术股份有限公司

在全球科技与经济发展的大背景下，北京北斗星通导航技术股份有限公司顺应卫星导航与位置服务领域的市场趋势，以"云＋芯"商业模式为基础，构建"智能位置数字底座"（iLDB）。通过在定位芯片和云服务领域的技术创新，以及商业模式创新，公司攻克了一系列关键核心技术，实现了从无到有、从有到优的发展。展现了公司坚持科技创新、把握市场趋势、推动产业协同、培养创新人才的经验，为我国卫星导航与位置服务产业的发展提供了有力支撑，也为其他企业发展新质生产力提供了借鉴。

公司通过构建"智能位置数字底座"与产业上下游一起为测量测绘、交通运输、电力金融、农林牧渔等传统产业，智能穿戴、机器人、智能网联汽车等新兴产业和以低空经济等为代表的未来产业提供无时不有、无时不在的按需定位能力，提供支撑全社会数字化发展的关键底座和一揽子服务解决方案，加速推动位置产业各类应用的规模化发展并在各领域形成新质生产力。

随着全球科技的飞速发展，新一代信息技术产业成为推动经济增长和社会变革的重要力量。在卫星导航与位置服务领域，北斗卫星导航系统的全面建成并投入使用，为我国乃至全球的位置服务产业带来了前所未有的发展机遇。同时，全球科技的发展、市场需求的升级以及国内外经济环境的变化和市场竞争的加剧，也对企业的创新能力和发展模式提出了更高的要求。在这样的大背景下，北京北斗星通导航技术股份有限公司（以下简称北斗星通）

凭借其敏锐的市场洞察力和强大的技术创新能力，积极探索发展新质生产力的路径，为推动我国卫星导航与位置服务产业的发展做出了重要贡献。

因"北斗"生，伴"北斗"长

北斗星通成立于 2000 年 9 月 25 日，因"北斗"而生，是我国卫星导航产业首家上市公司。

二十多年来，公司与"北斗"共成长，见证并推动了我国卫星导航及相关产业发展。公司形成了"智能位置数字底座"和微波陶瓷器件两大业务板块，包括卫星导航定位芯片、模组、天线的研发生产与销售，以及位置数据服务。

北斗星通具有多项竞争优势，技术创新能力强，产品性能达国际一流；产业链整合能力出色，可提供一体化解决方案；品牌影响力大，在国内外市场享有较高声誉。公司荣获众多殊荣，其核心产品广泛应用于各行业，在高精度应用领域中国市场占有率超 60%。

公司所处产业领域为新一代信息技术，专注卫星导航与位置服务产业。秉承"诚信、务实、坚韧"的企业文化和"科技创新、产业报国"的价值观，致力于为用户创造价值，为智能时代赋能。

位置定位服务的"云 + 芯"模式

随着全球数字经济、智能产业的蓬勃发展，时空信息与位置服务成为智能时代发展不可或缺的重要基础。各行业对高精度、全天候、全场景的定位服务需求不断增长。

传统的高精度定位场景所采用的局域范围差分存在局限性，无法满足自动驾驶车、无人机等定位目标对连续、稳定、大范围高精度定位的需求。同时，用户对位置服务的需求也从单一产品向"产品 + 服务"的模式转变。

GNSS 系统虽然是目前应用最广泛的定位技术，但存在一定的局限性和不稳定性。如何将 GNSS 与多种技术手段、信息系统相融合，持续提升定位的精度、可靠性和可用性是未来的发展趋势。

北斗星通以"云 + 芯"商业模式为基础，通过单项技术演进创新和多项技术融合创新，构建了"智能位置数字底座"（简称 iLDB）。iLDB 包括位置芯片、模组、天线，以及基于地基增强和星基增强参考站网络等基础设施。数据经过算法处理所形成的差分改正数数据产品，能够为各类用户提供全天候、全场景、安全可信的按需定位能力。

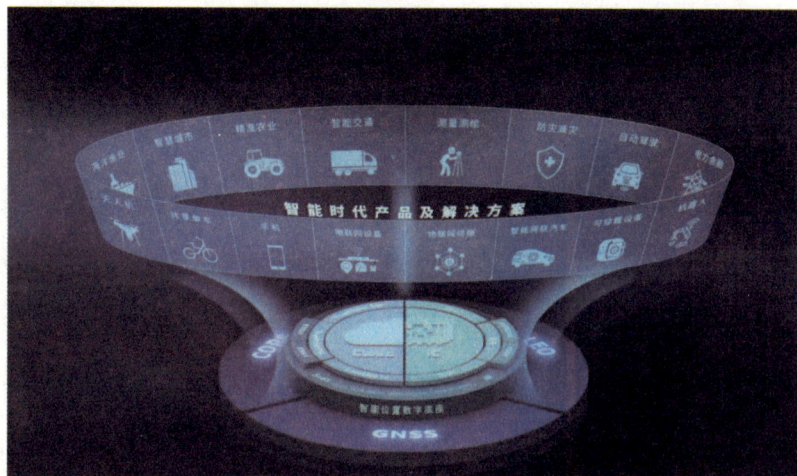

图 1　北斗星通"智能位置数字底座"

从 2009 年设立专业从事 GNSS 定位芯片研发设计子公司以来，北斗星通不断突破芯片性能、工艺、功耗、集成度等方面的技术难题。实现了从基带到射频，再到基带＋射频＋高精度算法一体化的发展，融合惯性、视觉等其他技术，并支持芯片模组基础上提供 SDK，满足客户个性化需求。

为打造"云＋芯"业务模式，满足智能驾驶、无人机、机器人、精准农业等用户对高精度导航、定位的应用需求，北斗星通设立了专业从事位置数据云服务的子公司。拥有完全自主的 NRTK、PPP–RTK 等高精度定位算法，算法性能和复杂场景下的可用率处于国际领先水平。云服务系统框架设计充分考虑了未来天地一体的发展应用趋势，可支持星地融合高精度定位服务，并兼容低轨导航增强数据处理能力。

北斗星通顺应位置产业市场发展趋势的"三轴交汇"（市场需求增长、技术融合加速、商业模式变革），着力推动云芯一体化发展，打造"云＋芯"的商业模式。以这一创新商业模式为基础构建的"智能位置数字底座"，为用户提供了一体化的完整解决方案，满足了市场对"产品＋服务"的需求。

通过构建"智能位置数字底座"，北斗星通的业务布局不断拓展，市场份额持续提升。公司在高精度应用领域的市场占有率超过 60%，2023 年实现营业收入 40.82 亿元，归母净利润 1.61 亿元。同时，数据服务业务在中国正在导入测量测绘、精准农业、无人机和机器人头部客户，为公司未来的发展奠定了坚实的基础。

北斗星通的产品和服务广泛应用于测量测绘、交通运输、电力金融、农林牧渔等传统产业，以及智能穿戴、机器人、智能网联汽车等新兴产业和以低空经济为代表的未来产业。为这些产业提供了高精度、可靠的位置服务，加速了传统产业的智能化改造和数字化转型，助推了新兴产业的发展壮大，促进了未来产业的孵化培育。在加速数字化转型、推动经济社会发展等方面发挥了重要作用。

发展新质生产力的经验总结

坚持科技创新是核心动力。公司一直将研发资源的持续投入视为重中之重，积极鼓励团队不断挑战关键技术的瓶颈，力求实现突破。通过这样的努力，公司致力于提升产品的性能和可靠性，以确保能够精准地满足市场不断变化的需求以及技术飞速发展的要求。例如，在卫星导航定位芯片的研发中，公司不断优化算法，提高定位精度，同时降低功耗，提升产品的稳定性和可靠性。

把握市场趋势是关键导向。公司始终贴近市场，把握用户需求和产业发展的变化趋势，因此深入洞察这些变化，以便及时调整业务布局和商业模式。只有这样，公司才能灵活适应市场的快速变化，始终保持领先地位。比如，随着智能驾驶、无人机等新兴领域对高精度定位的需求不断增长，公司顺应市场趋势，加大在相关领域的研发和市场拓展力度。

推动产业协同是重要支撑。公司明白，一个企业的力量是有限的，只有加强与产业链上下游企业的合作，整合各方资源，实现优势互补，才能共同推动产业的发展和升级。通过与供应商、合作伙伴的紧密协作，公司能够确保原材料的稳定供应，提高生产效率，同时共同开拓市场，实现互利共赢。

培养创新人才是根本保障。公司高度重视人才培养和引进，致力于打造一支高素质、富有创新精神的人才队伍。通过提供良好的培训机会、激励机制和发展空间，吸引和留住优秀人才，为企业的持续创新提供坚实的人才支持。例如，公司采用创新的合作机制，建立了与核心员工利益共享、责任共担的"合伙人"制度，同时积极与高校、科研机构合作，引进高端人才，为企业的创新发展注入新的活力。

未来展望

根据欧盟航天计划机构（EUSPA）发布的报告，未来十年全球卫星导航与位置服务产业仍将保持较高的增长速度，市场前景广阔。北斗星通将继续发挥自身优势，抓住产业发展机遇，不断推动技术创新和业务拓展。

技术创新方面，进一步加强在定位芯片、云服务等领域的技术研发，提高产品性能和服务质量。探索融合更多新兴技术，如人工智能、大数据、物联网等，为用户提供更加智能化、精准化的位置服务。

业务拓展方面，在巩固现有高精度应用领域市场地位的基础上，大力拓展汽车、消费和服务领域。加强与国内外汽车制造商、消费电子企业等的合作，推动智能网联汽车、智能穿戴设备等领域的发展。同时，积极拓展国际市场，提高公司在全球的市场份额和行业地位。

产业协同方面，继续推动产业生态优化重构，与重大客户、重要供应商建立更加紧密的合作关系，共同打造开放、合作、共赢的产业生态系统。加强与高校、科研机构的合作，开展产学研协同创新，培养更多的专业人才，推动产业的可持续发展。

北斗星通董事长周儒欣表示，公司将以"智能位置数字底座"为核心，不断提升新质生产力，为全球用户提供更加优质的产品和服务，为我国卫星导航与位置服务产业的发展做出更大的贡献，引领智能时代的位置服务产业迈向新的高度。

[专家点评]

科技创新驱动：北斗星通在定位芯片、云服务等领域不断进行技术创新，从基带到射频再到一体化的发展，以及自主研发高精度定位算法，融合多种技术，提高产品性能和服务质量，满足了市场对高精度、智能化位置服务的需求。

产业融合发展：通过构建"智能位置数字底座"，北斗星通将卫星导航与位置服务产业与其他相关产业深度融合，如与汽车、消费电子、智能穿戴等领域的结合，推动了传统产业的智能化改造和数字化转型，同时也促进了新兴产业的发展。

商业模式创新：顺应市场趋势，北斗星通打造"云 + 芯"的商业模式，从单一产品销售向提供"产品 + 服务"的一体化解决方案转变，满足了用户对位置服务的多样化需求，提高了市场竞争力。

数据驱动决策：基于地基增强和星基增强参考站网络等基础设施，北斗星通通过数据服务业务收集、处理和分析大量位置数据，为用户提供精准的定位服务，并利用数据驱动算法优化和业务决策，实现了数据的价值最大化。

绿色可持续发展：卫星导航与位置服务本身具有低能耗、高效益的特点，北斗星通的产品和服务在推动各行业发展的同时，有助于减少资源浪费和环境污染，符合绿色可持续发展的要求。

国际竞争力提升：北斗星通的产品性能达到国际一流水平，成为全球十大 GNSS 核心部件制造商之一，在国际市场上具有较强的竞争力。公司积极拓展国际业务，推动了我国卫星导航与位置服务产业在全球的影响力提升。

组织氧饱和度监测技术：精准监测提升儿童手术成功率

首都儿科研究所附属儿童医院

　　首都儿科研究所附属儿童医院作为儿科医学领域的领军机构，创新性地应用了基于 SRS 空间分辨算法的组织氧饱和度监测技术。这项技术不仅能够实时监测儿童心脏手术后脑、胃肠道、肾、足底等多部位的组织微循环灌注情况，还显著提高了术后循环功能评估的精准性，有效预防了低心排血量综合征的发生，极大保障了患儿的生命安全。通过该技术的应用，医院不仅推动了儿童重症监护领域的智能化、无创化进程，还实现了治疗决策的精确化，充分展现了新质生产力在提升医疗服务质量、促进医疗科技创新方面的卓越贡献。此外，该技术还为临床科研与教学提供了宝贵的实践平台，进一步巩固了首都儿科研究所附属儿童医院在儿科医学界的领先地位。

　　在科技日新月异的时代浪潮中，新质生产力的蓬勃发展正逐步重塑全球经济格局，尤其在医疗健康领域，其影响力尤为显著。新质生产力，这一以科技创新为基石的新兴力量，不仅极大地提升了医疗服务效率与质量，更推动了医疗技术的革新与进步。在儿科医学这一关乎未来希望的领域，首都儿科研究所附属儿童医院（以下简称首儿所）勇立潮头，积极拥抱新质生产力的变革浪潮。面对儿童心脏手术后循环功能评估的复杂性与挑战性，首儿所没有止步于传统方法，而是勇于创新，引入基于

SRS 空间分辨算法的组织氧饱和度监测技术，实现了对儿童术后多部位组织微循环灌注的精准监测。这一举措不仅彰显了首儿所在新质生产力应用方面的前瞻视野与实践勇气，更为提升我国儿科医疗水平、保障儿童健康福祉贡献了重要力量。通过不断探索与实践，首儿所正逐步构建起以科技创新为引领的儿科医疗服务新模式，为儿童健康事业开辟出更加广阔的发展前景。

儿科医学领域的领军机构

首儿所作为新中国成立后首家儿科医学研究所，自 1958 年成立以来，始终站在儿科医学领域的最前沿，引领着我国儿科医疗技术的发展方向。医院不仅是一所集儿科基础研究、临床诊疗、高等教育、预防保健为一体的综合性儿科医疗机构，更是国家级儿科学重点学科和高层次人才培养的摇篮。作为公立非营利性医疗机构，首儿所长期致力于提升儿科医疗服务水平，为广大患儿提供高质量的医疗服务。

心脏外科作为首儿所的重点发展学科，自 2014 年成立以来，始终紧跟国际先进医疗技术步伐，不断引进和创新治疗手段。科室拥有国内领先的技术力量和由主任医师、主治医师及高素质护士团队组成的专家阵容，配备了一系列先进的心脏外科手术及监护设备，包括体外循环机、呼吸机、ICON、Mostcare 血流动力学监测系统等，为先天性心脏病等复杂心脏疾病的诊断与治疗提供了坚实的技术保障。心脏外科团队在临床工作中积累了丰富的经验，手术创伤小、畸形矫治成功率高、并发症少，赢得了广大家长和患儿的信赖与好评。

首儿所秉承"以患儿为中心"的服务理念，坚持人文关怀与医疗技术的有机结合，致力于为每一位患儿提供个性化、全方位的医疗服务。通过不断的技术创新和服务优化，首儿所在提升医疗质量的同时，也积极推动儿科医学领域的教学与科研工作，为培养更多的儿科医学人才、推动我国儿科医疗事业的发展做出了积极贡献。展望未来，首儿所将继续以科技创新为引领，不断提升医疗服务水平，为守护儿童健康贡献更大的力量。

创新监测方式提升手术成功率

在当今医疗领域，儿童心脏手术的成功与否直接关系到患儿的生命质量和未来健康。然而，低心排血量综合征（LCOS）作为心脏手术后的常见且严重的并发症，其高致死率和致残率一直是临床面临的重大挑战。LCOS的发生往往由于心脏排血量下降，导致多脏器灌注不足和组织缺氧，传统监测手段如平均动脉压（MAP）、指脉氧（SpO2）等虽然能在一定程度上反映患者的血流动力学状态，但存在显著的滞后性，难以实时、准确地监测微循环灌注情况。尤其在儿童患者中，由于生理特点与成人差异显著，对监测技术的精度和实时性要求更高。

传统的监测方法依赖于大循环血流动力学指标，但这些指标往往无法捕捉到微循环灌注的细微变化，导致在患儿出现微循环障碍的早期阶段难以被及时发现，从而错过了最佳治疗时机。因此，面对儿童心脏手术后易发的LCOS，市场急需一种能够实时监测多部位组织微循环灌注状态的新技术，以实现对术后循环功能的精准评估与治疗。

首儿所创新性地引入了基于SRS空间分辨算法的组织氧饱和度监测技术，该技术通过测量并计算出组织氧饱和度（TOI）和组织血红蛋白浓度指数（THI），能够实时、无创地反映局部组织的氧合和灌注情况。相较于传统监测设备，这一技术不仅克服了只能监测氧饱和度而无法全面评估血流灌注的局限，还实现了对多部位（如脑、胃肠道、肾、足底）组织微循环的连续、实时监测。

技术团队经过不懈努力，成功研发出基于SRS空间分辨算法的新型无创监测设备，该设备通过近红外光技术，以贴片形式贴于皮肤表面即可快速测得相应数据，真正实现了无创监测。这一创新不仅提高了监测的便捷性和患者的舒适度，还极大地提升了数据的准确性和实时性。

在临床应用中，医生能够借助这一技术更早地发现低血容量或心肌收缩力减低等潜在风险。例如，在血容量不足的情况下，胃肠道及足底的组织氧饱和度和血红蛋白浓度指数会首先出现降低，而此时传统的心率和血压指标可能仍在正常范围内。通过及时补充血容量或给予血管活性药物强心治疗，医生能够有效地预防LCOS的发生，提高手术成功率和患儿预后。

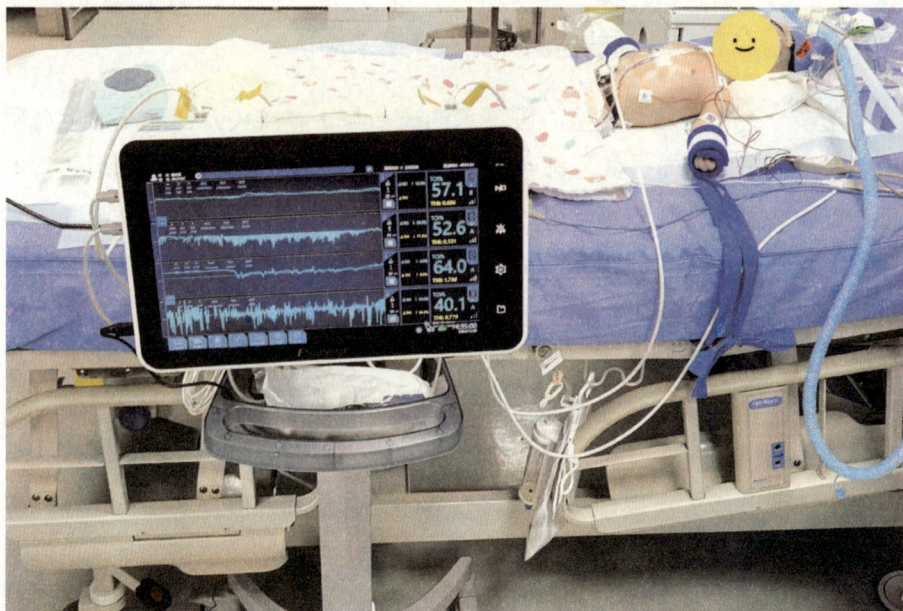

图1　苏州爱琴生物医疗电子有限公司的近红外组织血氧参数无损监测仪监测头部、胃肠道、肾脏、足底的组织氧饱和度（TOI）和组织血红蛋白浓度指数（THI）

在实施过程中，首儿所面临了技术、临床、成本等多方面的挑战。技术团队不断优化算法和硬件设备，通过大量实验验证和临床测试，确保了监测数据的准确性和稳定性。同时，他们还对设备进行了人性化的设计改进，使其更加符合临床操作习惯，提升了医护人员的使用体验。

临床团队则积极学习新技术操作方法，通过培训和实践相结合的方式，迅速提升了对新技术的接受度和操作熟练度。他们利用新设备对先天性心脏病手术后的患儿进行了连续的微循环灌注监测，结合心率、血压等传统指标进行综合评估，实现了对术后循环功能的精准评估与治疗。

在成本控制方面，首儿所通过规模化采购和自主研发相结合的方式，有效降低了设备成本，确保了其在临床上的广泛应用。同时，医院还加强了与国内外相关领域的合作与交流，共同推进组织氧饱和度监测技术的研发与应用，进一步提升了医院在儿科医学领域的竞争力和影响力。

通过这一系列努力，项目取得了显著成效：术后循环功能评估的精准度得到了显著提升；LCOS的发生率明显降低；患儿生存率和生活质量得到了有效保障。同时，该项目的成功实施还为医院带来了良好的经济效益和社会效益，吸引了更多患者前来就诊，进一步巩固了医院在儿科领域的领先地位。

通过实时监测多部位组织微循环灌注状态，医生能够更早地发现并处理潜在的风险因素，从而有效避免了 LCOS 的发生。这不仅减少了术后并发症的发生率，还缩短了患儿的住院时间，减轻了家庭经济负担。此外，该技术的应用还为低年资医生提供了宝贵的实践机会和学习平台，促进了医学人才的培养和成长。

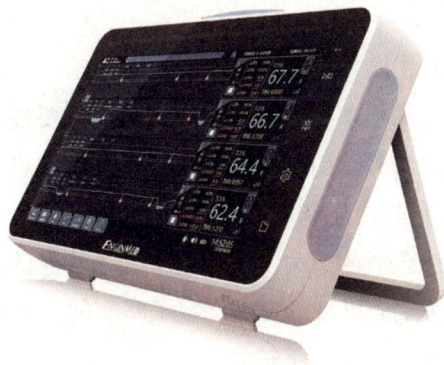

图 2　苏州爱琴生物医疗电子有限公司的近红外组织血氧参数无损监测仪 / 脑氧检测仪

发展新质生产力的经验总结

在医疗健康领域，尤其是针对儿童复杂心脏疾病的诊治过程中，首都儿科研究所附属儿童医院（首儿所）积累了丰富的实践经验，这些经验不仅提升了临床治疗效果，也为未来技术创新和医疗服务质量的持续提升奠定了坚实基础。

1. 创新驱动发展，技术引领未来

首儿所始终将技术创新视为推动医院发展的核心动力。面对儿童心脏手术后低心排血量综合征这一临床难题，医院没有局限于传统监测手段，而是敢于突破，积极引入并创新应用基于 SRS 空间分辨算法的组织氧饱和度监测技术。这一技术的成功应用，不仅解决了传统监测手段滞后性的问题，还实现了对多部位组织微循环灌注的连续、实时、无创监测，为术后循环功能的精准评估与治疗提供了强有力的技术支持。这一实践经验表明，只有不断创新，才能在医疗领域保持领先地位，为患者带来更加安全、有效的治疗方案。

2.团队协作，共创佳绩

在项目实施过程中，首儿所充分发挥了团队协作的优势。技术团队与临床团队紧密合作，共同攻克技术难关，优化设备性能，提升医护人员操作熟练度。这种跨学科的协作模式不仅加快了项目进度，还促进了知识与经验的共享，为医院整体技术水平的提升奠定了坚实基础。此外，团队成员之间的沟通与协调也至关重要，它确保了项目在实施过程中能够顺利进行，及时应对各种挑战。

3.注重人才培养，提升团队素质

人才是医院发展的根本。首儿所深知人才的重要性，因此在项目实施过程中特别注重人才的培养与引进。医院通过举办培训班、研讨会等形式，不断提升医护人员的专业技能和综合素质。同时，还积极引进国内外优秀人才，为医院的发展注入新的活力。这种注重人才培养的理念不仅提升了医院的整体实力，还为医院的可持续发展奠定了坚实的人才基础。

4.强化质量管理，确保医疗安全

医疗安全是医院工作的重中之重。首儿所在项目实施过程中始终将质量管理放在首位，通过建立完善的质量管理体系和监控机制，确保每一项技术操作都符合规范标准。同时，医院还加强对医护人员的安全教育和培训，提高他们的安全意识和应急处理能力。这种严格的质量管理措施不仅保障了患者的医疗安全，也提升了医院的品牌形象和社会声誉。

5.深化交流合作，促进共同发展

交流合作是推动医院发展的重要途径。首儿所在项目实施过程中积极与国内外相关领域的专家学者进行交流与合作，共同探讨技术创新与临床应用中的难点与热点问题。这种开放包容的合作态度不仅拓宽了医院的视野和思路，还促进了医院与国内外先进医疗机构的交流与合作，为医院的未来发展奠定了更加坚实的基础。

综上所述，首儿所在实施组织氧饱和度监测技术项目过程中积累了丰富的实践经验。这些经验不仅体现在技术创新、团队协作、人才培养、质量管理和交流合作等方面，更为医院未来的发展提供了宝贵的借鉴和启示。未来，首儿所将继续秉承创新发展的理念，不断提升医疗技术水平和服务质量，为更多患儿带来福音。

未来展望

展望未来，组织氧饱和度监测技术将在医疗领域展现出更加广阔的应用前景。针对儿童心脏手术后低心排血量综合征的评估与治疗，首儿所将继续优化和完善基于 SRS 空间分辨算法的组织氧饱和度监测技术，通过收集更多病例资料，进一步验证和巩固这一技术在临床中的有效性和安全性。

同时，首儿所将积极探索该技术在其他危重症患儿中的应用，不仅限于心脏手术，还可能拓展至其他需要实时监测组织微循环灌注状态的领域，如新生儿重症监护、创伤急救等，以期全面提升医疗服务质量。

此外，首儿所还将关注并引入更多先进的医疗技术和设备，如脑氧饱和度结合 B 超脑血流（TCD）和脑电图（EEG）的"三位一体"管理方法，以形成更加全面、精准的患者评估体系。通过这些技术的综合运用，医生将能够更准确地判断患者的整体状况，为制订个性化治疗方案提供科学依据。

在国际交流与合作方面，首儿所将积极寻求与国际先进医疗机构的合作机会，共同开展临床研究和技术创新，推动儿童医疗健康领域的全球进步。通过共享资源和经验，首儿所期待与世界各地的同行携手共进，为儿童健康事业贡献更多智慧和力量。

总之，首儿所对未来充满信心，将继续在新质生产力的引领下，不断探索和创新，为患儿提供更加优质、高效的医疗服务，开启儿童医疗健康事业的新篇章。

［专家点评］

科技创新驱动：本项目通过引入 SRS 空间分辨算法等先进技术，实现了对儿童心脏手术后微循环灌注的精准监测，展现了科技创新在医疗健康领域的巨大潜力。

产业融合发展：项目不仅促进了医疗设备制造业的发展，还推动了儿童重症监护技术的整体进步，实现了产业上下游的融合发展。

数据驱动决策：实时监测数据为医生提供了客观、准确的诊断依据，有助于实现更加科学、精准的决策过程。

绿色可持续发展：无创监测技术的应用减少了对患者的创伤和医疗资源的浪费，符合绿色可持续发展的理念。

国际竞争力提升：该项目的成功实施，为我国在儿童医疗健康领域的国际竞争中增添了新的优势。

执笔人：魏丹、向浩

BIP 数智化平台：引领企业数智化转型新潮流

用友网络科技股份有限公司

在推动企业发展新质生产力背景下，用友网络科技股份有限公司以用友 BIP 数智化平台实现了深度且全面的数智化转型。用友 BIP 基于大数据、人工智能、云计算、物联网 &5G、移动互联网等数智化技术，构建了融云技术平台、应用平台、数据平台、智能平台、开发平台和连接集成平台于一体的 PaaS 平台，并基于企业服务大模型 YonGPT，聚焦财务、人力、供应链、营销、采购、制造、研发、项目、资产、协同等十大核心领域，全面支撑企业运营管理与产业价值链，彻底革新了企业的业务与管理模式，赋能企业数智化转型与发展，推动社会商业进步。这些变革不仅限于表面的流程优化，而是深入到企业的每一个决策环节，显著提升了企业的业务敏捷性、管理精益化程度以及全球运营能力。

通过实时数据洞察与智能决策支持，用友 BIP 帮助企业精准把握市场脉搏，优化资源配置，大幅提升生产效率与产品质量，该平台已成为众多行业领军企业数智化转型道路上的坚实后盾。用友 BIP 的实践成果，充分展示了其在推动企业新质生产力发展中的独特价值与巨大潜力，为行业树立了数智化转型的标杆。

近年来，随着全球数字化转型浪潮的推动，用友网络科技股份有限公司（以下简称用友）加快数智化转型，不断提升运营效率、优化资源配置并强化市场响应能力。

用友 36 年专注在企业软件与云服务领域，致力于推动信息技术在企业的普及应用与价值创造。所以，用友在"AI+企业应用"领域早就率先布局并持续研发创新多年。从2017年在业界首提"数智化（数字化、智能化）理念"，到2019年率先倡导"企业数智化"，再到2020年定义了企业发展的新范式——"数智企业"，并在2023年总结提炼出"数智化1-2-3"的企业数智化能力进阶模型。用友以前瞻性的洞察、体系化的理念，持续引领企业数智化发展，积极践行新质生产力的理念。

2023年7月，用友率先发布业界首个企业服务大模型YonGPT，作为用友BIP的重要组成部分，这一创新举措极大增强了用友的市场竞争力，也为全球企业的数智化转型提供了成功案例和经验，加速AI在各行业的应用，助力企业构建新质生产力，促进高质量发展。

全球领先的企业数智化软件与服务提供商

自1988年成立以来，用友始终深耕于信息技术在企业与公共组织应用与服务领域，致力于成为全球领先的企业数智化软件与服务提供商。用友公司秉承用创想与技术推动商业和社会进步的使命，持续引领企业服务产业的创新发展。

用友的发展历程可划分为三大阶段：在1.0时期，公司通过普及财务软件，成功服务超过40万家企事业单位，实现了会计电算化的普及，奠定了中国最大财务软件公司的地位。进入2.0时期，用友进一步推广ERP（企业管理软件），服务范围扩大至超过200万家企业，迅速成长为亚太最大、全球前十的ERP软件提供商。

当前，用友正处于3.0发展新阶段，全力普及其全球领先的数智商业创新平台——用友BIP。用友BIP历经预研、原型产品、小规模客户验证、功能完善与跨行业规模化应用的发展历程，从BIP1、BIP2到BIP3，在平台技术与应用架构、领域与行业应用、生态体系三个层面，实现全面突破，达到全球领先水平。

同时，用友凭借在ERP SaaS、应用平台软件市场的卓越表现，在全球市场中稳居前十，并且是唯一入选HCM云魔力象限和ERP云魔力象限荣誉企业的中国厂商。在中国市场，用友在中国aPaaS、中国企业应用SaaS、中国大型及超大型企业应用SaaS市场连续多年稳居市场占有率第一，充分展示了其在中国企业数智化服务和软件国产化自主创新方面的领先地位。

成为数智企业，实现高效增长

在全球化和数字化双重浪潮的推动下，新质生产力成为推动经济社会发展的关键力量。新质生产力强调技术革命性突破、生产要素创新性配置和产业深度转型升级，通过优化劳动者、劳动资料、劳动对象及其组合，实现全要素生产率的显著提升。

在这一背景下，企业数智化转型不仅是应对市场变化的必然选择，更是形成和提升新质生产力的必由之路。用友作为中国企业数智化转型的先锋，深刻洞察到这一趋势，明确了通过用友 BIP 平台推动企业数智化转型的战略方向，致力于助力企业在新质生产力浪潮中抢占先机。

用友 BIP 作为全球领先的企业数智化平台与应用软件，帮助企业构建和运行强大、统一的数智化底座，基于深懂企业服务的大模型 YonGPT 以及最全的领域应用服务，帮助企业实现业务与管理的深度融合与创新。

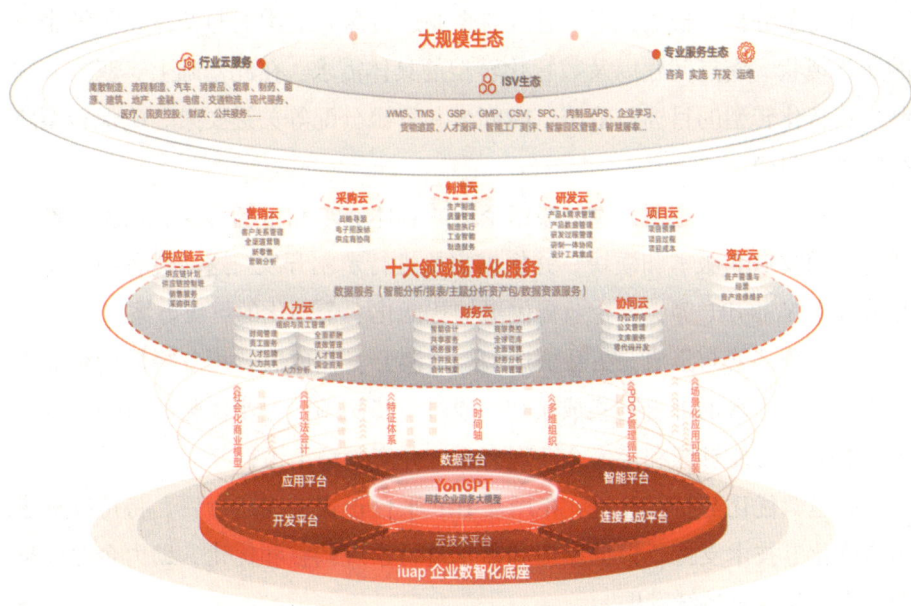

图 1　用友网络全球领先的企业数智化平台与应用软件——用友 BIP

作为用友 BIP 的核心组成部分之一，YonGPT2.0 沉淀了财务、人力、供应链等垂直领域模型，并实现更强专业能力和完善的大模型训练体系。YonGPT2.0 与行业领先企业一起通过大模型平台、结合行业/企业应用中的知识与数据，训练提升行业/企业个性化的专业能力，将"繁杂的企业应用需求"与"通用大模型"之间的鸿沟连接起来，是深懂企业服务的大模型，成为企业 AI 应用新引擎。

用友 BIP 提供覆盖企业生产经营和运营管理 10 个领域的创新服务，包括智能财务、数智人力、数智供应链、数智采购、智能制造、数智营销、数智研发、数智项目、数智资产、协同工作。通过实时数据分析、智能预测、自动化流程优化等功能，全面提升了企业的业务敏捷性、管理精益化和全球运营能力。

企业数智化转型的路径图

在推动企业数智化转型的过程中，用友注重与企业的紧密合作，共同制定详细的实施计划和时间表。具体来说，数智化转型的实施过程可以概括为以下五个关键步骤。

1. 需求分析与规划：用友通过与企业进行深入的沟通与交流，了解企业的业务现状、痛点问题以及数智化转型的具体需求。在此基础上，双方共同制定数智化转型的目标、范围、时间表和资源分配等关键要素，确保转型路径的清晰明确。

2. 系统选型与定制开发：根据企业的具体需求和市场情况，用友会推荐适合的用友 BIP 版本和模块，并根据需要进行定制开发。这一过程中，用友充分利用 YonGPT 等，为企业提供更加智能化、个性化的解决方案。

3. 系统部署与集成：在系统选型与定制开发完成后，用友将协助企业进行用友 BIP 平台的部署与集成工作。通过分步实施、逐步优化的策略，确保用友 BIP 平台能够顺利接入企业现有系统并实现稳定运行。

4. 运营优化与持续改进：在用友 BIP 平台正式上线运行后，将持续提供运营优化、技术支持，根据反馈和需求进行系统调整和优化，助力企业保持竞争力并实现可持续发展。

5. 培训与知识转移：为了确保企业员工能够熟练使用用友 BIP 平台并理

解数智化管理理念和方法论，用友网络会提供全面的培训和支持服务，帮助企业员工掌握数智化工具和管理理念。

通过以上步骤的实施和推进，用友成功助力众多企业实现了数智化转型并提升了新质生产力水平。为企业在新质生产力浪潮中抢占先机提供了有力的支撑和保障。

以企业数智化推进中国式现代化

众多包含世界 500 强企业在内的国资国企、民营行业龙头企业选择用友BIP，成就数智企业，迈向高质量发展。目前用友 BIP 已帮助超过 5.8 万家大中型企业推进数智化转型。

中国平煤神马控股集团有限公司

中国建筑第五工程局有限公司

新疆天山水泥股份有限公司

金川集团股份有限公司

打造世界一流共享服务中心

构建数智化新底座

强化"三精"管理
建设具有中国特色的世界一流水泥公司

有色行业数智化转型新灯塔

携手用友，以财务共享为核心，人力资源共享、物资设备共享为中心，高质量、高标准建设集团信息融合共享运营中心，实现三大上市公司核心单位业务全覆盖，最终实现集团"一屏掌控"，部署"一键智达"，监管"一览无余"，助力集团数智发展。

携手用友，基于用友 iuap 建设数字化管控运营平台，业务与信息技术双轮驱动，打造行业领先数字化创新应用企业，支撑五局"一最两创"、"三强三优"战略发展，重塑管理流程，引领转型升级，赋能企业高质量发展。

携手用友，搭建业财一体化管控平台，推进新天山体系建设，管理整合。采用总部集中管控、区域协同运营、工厂精益生产的三级多维管理模式，助力组织精益化、管理精细化、经营精益化，打造中国乃至世界的水泥行业数智化转型价值典范。

携手用友，对标世界一流，聚焦财采销主航道，构建工同相长、业财合一、全域共享的数智化新能力，商旅费控报销效率提升 5 倍，资金支付周期缩短70%，实现集团财务由"核算型管理"全面向"管理型会计"转型。

图 2　众多行业领先企业签约用友网络，加速数智化转型，迈向高质量发展

中建五局依据"3411"（三大升级举措、四大业务主题、一个数据中心、一个技术平台）数字化转型战略蓝图，以用友 iuap 平台为数智化底座支撑，利用大数据、人工智能技术，构建数字化管理运营平台，实现企业运营管理

在线分析、在线检查、在线考核、风险线上预警。中建五局的平均审批时间缩短了 5~6 天，签订时间由 20 多天缩短至 7 天，业务办理效率提升了 75% 以上。

图3　众多行业领先企业签约用友网络，加速数智化转型，迈向高质量发展

云南白药基于用友 BIP 构建了人力资源数字共享平台（ONE-BY），即"一个白药"，通过场景化、自动化、集团化、角色化、智能化等，真正实现集团多组织架构、员工全生命周期管理、奖金核算自动化、目标绩效线上化、员工服务创新—数字员工等人力资源数字化战略落地，助力白药由传统制造企业向基于数字化底座的智慧企业转型。

山西国运基于用友 BIP 国资云进行财务监督数智创新，助力山西省国资监管实现了"从静态监管向动态监管、从人工上报向自动采集、从碎片化小数据到规范化大数据、从单向度指标到智能多元化分析"的转变，监管可视化率、数据自动化率，监控领域覆盖率、各组织覆盖率均达到 90%。实现了

"监督一屏展示、数据一键获取、预警一有即出、穿透一贯到底"的四大目标，促进了"组织全级次、数据全动态、主线全穿透、业态全覆盖、评价全量化、风险全监控、报告全自动、监管全透明"。

飞鹤集团携手用友构建 PaaS 平台，并在这些基础能力之上打造了六大业务应用——数字营销、协同制造、敏捷供应链、柔性采购、卓越运营和大数据。并形成三大数据应用能力，即数据资产化、数据共享化、决策智慧化。飞鹤得以掌握前所未有的新能力，进而打造智慧营销和智慧供应链，并形成了全面的数字资产，助力管理决策优化。

用友 BIP 帮助双良硅材料实现人、机、料的实时连接、动态感知、精准协同，实现生产过程智能化、生产数据可视化、业务作业标准化的数智化运营模式，打造准确预测、精益制造、品质稳定、物流高效的新能源光伏产业数智化工厂。生产计划执行准确率提升 50%，质量、维修效率提升 35%。

全球综合物流服务运营商极兔速递，通过用友 BIP 构建了数字化、智能化的物流运营管理网络，累计梳理业务场景 2400 多个，实施上线 15 个国家的 200 多家公司，覆盖财务及业务用户 3000 多个，为全球客户提供全场景化、高效率、可持续的物流解决方案，为全球逾 20 亿人口提供极致的物流体验。

发展新质生产力的经验总结

用友在全球数字化转型的大背景下，通过用友 BIP，不仅推动了企业自身的创新发展，更为全球企业的数智化转型提供了宝贵的经验和启示。通过深入实践，用友总结出了以下几点关键经验：

1. 深刻理解并紧跟时代趋势

用友始终密切关注全球数字化和智能化的发展趋势，深刻理解新质生产力的内涵与要求。通过前瞻性的战略眼光，用友把握住了数智化转型的历史机遇，为企业的长远发展奠定了坚实基础。

2. 打造领先的平台底座

用友 BIP 平台集成了 AI、大数据、云计算等前沿技术，特别是持续训练迭代了 YonGPT 大模型，使得平台具备了强大的智能化能力。这些技术的应用不仅提升了企业的运营效率和管理水平，更为企业创造了全新的商业价值和竞争优势，为企业数智化转型提供了强有力的技术支撑。

3. 定制化解决方案与紧密合作

用友深知每个企业的具体需求和业务场景各不相同，因此在推动企业数智化转型的过程中，用友始终注重与企业的紧密合作。通过深入了解企业的痛点问题和实际需求，用友能够为企业量身定制数智化解决方案，确保方案的针对性和实效性。同时，用友还提供了全面的培训和支持服务，帮助企业员工快速掌握数智化工具的使用方法和管理理念，确保数智化转型的顺利实施和持续推进。

4. 持续优化与迭代升级

数智化转型是一个持续的过程，需要不断优化和迭代升级。用友在推动企业数智化转型的过程中，注重收集企业的反馈意见和需求变化，及时调整和优化用友 BIP 的功能和服务。同时，用友还密切关注行业动态和技术发展趋势，不断引入新技术和新应用，确保用友 BIP 始终保持竞争力和先进性。

5. 培养和引进优秀人才

人才是企业发展的核心资源。用友深知这一点，因此在推动企业数智化转型的过程中，注重培养和引进优秀人才。通过建立健全的人才培养机制和激励机制，用友吸引了一大批具备专业知识和实践经验的专业人才加入团队。这些人才的加入不仅提升了用友的技术实力和服务水平，更为企业的长远发展注入了新的活力和动力。

未来展望

数智化时代，中国企业的数智化连同中国企业的商业创新、管理创新将引领全球。用友将坚定不移地坚持用户之友、持续创新、专业奋斗的核心价值观，紧握全球数字化浪潮的脉搏，致力于用友 BIP 的广泛普及与深度应用，为企业、产业和社会的创新发展注入澎湃动能，让高质量发展成为这个时代最亮的底色。

在深化与各行各业的合作方面，用友将积极探索跨行业、跨领域的数智化应用场景，打破行业壁垒，推动产业链上下游企业的协同合作，共同构建数智化生态体系。同时，也将持续加大对中小企业的支持力度，帮助它们克服数字化转型中的障碍，实现业务的快速增长和可持续发展。

在全球化的战略布局中，用友将积极拓展国际市场，加强与全球伙伴的合作与交流，共同推动全球企业数智化进程。通过不断提升品牌国际影响力和竞争力，为全球企业的创新发展贡献更大的力量。我们坚信，在不懈的努力下，用友将携手众多企业共同迎接数智化时代的辉煌未来，推动商业和社会的全面进步。

[专家点评]

　　本案例充分展示了用友网络科技股份有限公司在科技创新驱动、产业融合发展、数据驱动决策、绿色可持续发展以及国际竞争力提升等方面的卓越成就。用友通过用友BIP成功推动了企业数智化转型的实践进程，不仅显著提升了企业的业务敏捷性、精益管理水平和全球运营能力，还为企业带来了显著的经济效益和社会效益。用友的成功经验表明，科技创新是推动企业高质量发展的核心动力；产业融合发展是实现资源优化配置的有效途径；数据驱动决策是提高企业运营效率和管理水平的重要手段；绿色可持续发展是企业履行社会责任的必然要求；国际竞争力提升则是企业参与全球竞争的重要目标。因此，本案例值得其他企业借鉴和推广，共同推动新质生产力的发展进程。

执笔人：刘秀华、任真如、王轶

传感器技术：连接物理世界与数字世界的桥梁

北京京东方传感技术有限公司

北京京东方传感技术有限公司作为京东方集团旗下的高新技术企业，依托集团在半导体显示领域的深厚积累，积极践行新质生产力理念。公司通过持续的技术创新、产品研发和市场拓展，成功推出多款高性能传感器产品，广泛应用于智能制造、消费电子等多个领域，显著提升了产品竞争力和出货量。京东方传感不仅注重技术领先，更强调市场导向，通过精准把握市场需求，不断优化产品结构和服务模式，实现了经济效益与社会效益的双丰收。公司在新质生产力方面的探索与实践，为行业转型升级提供有力支持，树立行业标杆。

在全球科技日新月异的今天，新质生产力已成为推动经济社会发展的重要引擎。它不仅仅代表技术的革新，更涵盖了管理模式的优化、市场策略的精准定位以及产业链条的深度融合。作为传感器技术的领航者，北京京东方传感技术有限公司（以下简称京东方传感）紧跟时代步伐，积极响应国家创新驱动发展战略，深入践行新质生产力理念。凭借深厚的技术积累、敏锐的市场洞察力和强大的创新能力，在传感器领域不断取得突破，为智能制造、消费电子等多个行业提供了先进的产品解决方案。京东方传感的成功实践，不仅彰显了企业在新质生产力方面的深厚功底，更为行业树立了创新发展的典范。在未来的发展中，公司将继续秉承创新引领、质量为先的发展理念，为全球传感器技术的进步和产业的升级贡献更多力量。

传感器技术全产业链的引领者

京东方传感作为京东方集团"1+4+N"发展战略的重要组成部分，专注于传感器技术的研发与应用，致力于为客户提供智能化解决方案。自2017年10月成立以来，公司持续深耕光电传感、微纳创新等技术领域，构建起从研发、生产到市场应用的完整产业链。公司不仅拥有先进的生产设备和严格的质量控制体系，还汇聚一支由行业专家和高端人才组成的研发团队，为技术创新和产品升级提供坚实保障。

在业务拓展方面，京东方传感紧跟市场需求和技术趋势，不断拓宽产品应用范围。光电传感技术平台涵盖大面积光学成像、高精度工业检测、智慧调光等多个领域；微纳创新技术平台则以3D工艺技术为核心，突破材料限制，切入硅基MEMS产业。此外，公司还设有业内领先的传感试验技术中心，为技术创新和产品研发提供了强大的支持。

凭借卓越的产品性能和服务质量，京东方传感在行业内树立了良好的口碑，赢得了众多客户的信赖与支持。公司先后荣获中关村高新技术企业、国家级专精特新"小巨人"企业等多项荣誉，进一步巩固其在传感器领域的市场地位。

传感技术赋能多领域产业突破

在全球科技迅猛发展的背景下，传感器技术作为连接物理世界与数字世界的桥梁，其重要性日益凸显。面对国家重大需求的日益增长以及全球市场对智能化、高质量产品的迫切需求，京东方传感快速洞察市场需求，明确技术创新与产品升级的方向。

针对明确的市场需求和技术难点，展开一系列创新实践，并取得了显著成果。

在医疗影像领域，成功开发出具有高效转化率的平板式X射线探测背板。该技术通过优化面板工艺，显著提高了X射线的转化效率，从而大幅降低了医疗诊断过程中的辐射剂量。这不仅为患者提供了更加安全、舒适的检查体验，也为医疗机构提高了诊断的准确性和效率。该产品的推出，成功打入欧美、日韩等医疗影像设备领先客户的供应链，赢得了市场的广泛认可。

在工业检测领域，推出了高精度检测设备，实现了对微小缺陷的精准识别。这些设备广泛应用于制造业的各个环节，为客户提供了可靠的质量控制手段。通过高精度检测技术的应用，制造业企业能够更有效地提升产品质量，降低不良品率，提高市场竞争力。

在智慧调光领域，光幕技术拥有秒级响应、自然灰黑色、隐私防眩、隔热防护、安全低电压，智能无极调光的优势，成功上车极氪009光辉和红旗H9。同时，公司还不断拓展消费电子产品的应用领域，满足消费者对智能化、便捷化生活的追求。

例如：光幕采用了先进的染料液晶调光技术，它能够根据用户的实际需求进行光线调节。无论是想要享受阳光的沐浴，还是追求静谧的私密空间，只需轻轻一触，就能实现10档明暗调节，从最亮到最暗仅需1.5秒，响应速度之快，在同行业中遥遥领先。

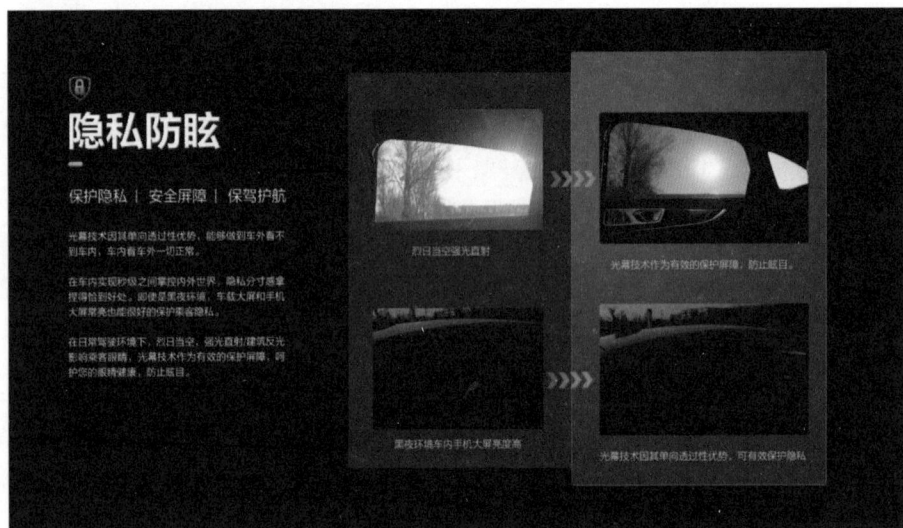

图1 隐私防眩

光幕呈现出的自然灰黑色调，不仅与车载灰色玻璃完美融合，更在最暗时呈现出纯黑色，解决传统调光技术中心扩散的问题，实现了更高的均一性和美观性。

图 2　自然灰黑色

在隔热防护方面，光幕能够隔绝 99.9% 的紫外线，最暗状态下可隔绝 99.5% 的可见光，对太阳光的遮蔽率高达 90%。不仅提升了车内的舒适度，也有效保护了乘客的皮肤和眼睛免受紫外线伤害。

光幕采用了 12V 安全低电压设计，相较于其他调光技术的 110V 电压，不仅功耗更低，也更加安全可靠。光幕技术不仅仅改变了汽车玻璃的传统定义，更将为用户带来前所未有的驾乘体验，在智能调光领域树立了新的标杆。

此外，京东方传感在硅基 MEMS、玻璃基封装等新兴领域也取得了显著成果。在硅基 MEMS 领域，公司凭借独特的技术优势成功开发出具有高性能和稳定性的硅基 MEMS 产品，为汽车电子、医疗健康等领域提供了可靠的技术支持。

技术创新，协同发展

在技术创新方面，京东方传感不断突破技术瓶颈，取得了一系列核心技术的自主知识产权。公司通过加大研发投入和人才引进力度，构建了完善的技术创新体系。同时，公司还积极与高校、科研机构等合作伙伴开展产学研合作，共同推动技术创新和成果转化。

在创新实践过程中，京东方传感凭借坚定的信念和强大的执行力，成功实现技术的突破和市场的拓展。

首先，公司采取引进高端人才、建立激励机制等措施，不断提升技术创新能力。同时，公司还注重培养内部人才，通过培训、交流等方式提升员工的专业素养和创新能力。

其次，公司加强与合作伙伴的协同创新。通过与高校、科研机构、上下游企业等建立紧密的合作关系，共同攻克技术难关、推动成果转化。这种协同创新的模式不仅提升了公司的技术实力和市场竞争力，也为合作伙伴带来了更多的发展机遇。

再次，公司优化内部管理流程、提高运营效率和项目执行力。通过引入先进的管理理念和方法、加强内部沟通和协作、建立完善的绩效考核机制等措施，确保项目的顺利推进和成果的落地实施。

最后，公司积极拓展国内外市场、提升品牌影响力和市场竞争力。通过参加展会、举办技术交流会、开展市场推广活动等方式，不断提升品牌知名度和美誉度。同时提供优质的售后服务和技术支持、建立完善的客户关系管理体系。

京东方传感成功克服技术挑战和市场拓展难题，不仅在多个业务领域取得显著成果，还为企业未来的发展奠定坚实的基础。展望未来，京东方传感将继续秉承创新引领、质量为先的发展理念，致力于成为全球传感器技术的领先企业之一。

发展新质生产力的经验总结

京东方传感在探索和实践"新质生产力"的过程中，积累了丰富的宝贵经验，这些经验不仅为公司的持续发展提供了坚实的支撑，也为行业内其他企业提供了有益的借鉴。

首先，技术创新是京东方传感发展的核心驱动力。公司深刻认识到，在快速变化的科技领域中，只有持续投入研发，不断突破技术瓶颈，才能在激烈的市场竞争中保持领先。因此，公司建立了完善的研发体系，积极引进高端人才，形成了从基础研究到应用开发的完整创新链条。同时，公司注重产学研合作，与国内外知名高校、科研机构建立长期合作关系，共同攻克技术难题，推动科技成果转化。

其次，市场需求导向是京东方传感产品创新的重要原则。公司密切关注市场动态和客户需求，通过深入的市场调研和分析，准确把握行业发展趋势和客户需求变化。在此基础上，公司不断推出符合市场需求的新产品和解决方案，满足了客户的多样化需求。这种以市场需求为导向的产品创新策略，不仅提升了公司的市场竞争力，也为客户创造了更大的价值。

此外，质量管理和品牌建设也是公司取得成功的关键因素。公司建立了严格的质量管理体系，从原材料采购到产品生产、检测、出厂等各个环节都进行严格把控，确保产品质量的稳定性和可靠性。同时，公司注重品牌建设，通过不断提升品牌形象和知名度，赢得了客户的信任和认可。这些努力不仅提升了公司的市场地位，也为公司的长远发展奠定了坚实的基础。

在未来发展中，京东方传感将继续坚持技术创新、市场需求导向、质量管理和品牌建设等成功经验，不断优化和完善管理体系和运营机制。同时，公司将积极拓展国内外市场，加强与产业链上下游企业的合作与交流，共同推动传感器产业的升级和发展。通过这些措施的实施，京东方传感有信心为行业进步和发展做出更大的贡献。

未来展望

展望未来，京东方传感将在新质生产力的道路上继续前行，致力于成为传感器技术领域的领先企业。随着物联网、人工智能等技术的快速发展，传感器作为连接物理世界与数字世界的桥梁，其重要性日益凸显。京东方传感将紧跟技术潮流，加大在技术研发和产品创新上的投入，不断推出具有核心竞争力的新产品和解决方案。

同时，公司将继续优化内部管理流程，提升运营效率，确保产品质量和客户服务水平的持续提升。在市场拓展方面，公司将积极拓展国内外市场，加强与全球客户的合作与交流，提升品牌国际影响力。

此外，公司还将积极履行社会责任，关注环保和可持续发展问题，推动绿色生产技术的应用和推广。通过加强产学研合作、人才培养和引进等措施的实施，京东方传感将为传感器产业的持续健康发展注入新的活力和动力。

总之，京东方传感将以新质生产力为引领，持续推动技术创新和产业升级，不断提升企业核心竞争力和市场地位。在未来的发展中，公司将秉持创新、务实、高效的企业精神，为实现传感器技术的飞跃发展和产业的繁荣做出更大的贡献。

[专家点评]

北京京东方传感技术有限公司的新质生产力实践案例在科技创新驱动、产业融合发展、数据驱动决策、绿色可持续发展和国际竞争力提升等方面均表现卓越。公司通过持续的技术创新和产品升级不仅满足了市场对高性能传感器的迫切需求还推动了整个产业链的协同发展。在产业融合方面，公司积极探索跨领域合作，构建了多元化、开放性的产业生态体系。同时，公司注重数据驱动决策，通过大数据分析和人工智能技术优化生产流程和管理决策，实现了资源的高效配置和利用。此外，公司还积极倡导绿色可持续发展理念，致力于环保材料和节能工艺的研发与应用，展现了高度的社会责任感。在国际竞争力提升方面北京京东方传感技术有限公司通过拓展国际市场、加强与国际伙伴的合作与交流不断提升品牌知名度和国际影响力，为全球传感器产业的发展注入了新的活力。综上所述，北京京东方传感的实践案例，为行业内其他企业提供了宝贵的经验和启示，值得广泛推广和借鉴。

执笔人：徐晓光、原烽、骆欢、马云平

新一代智能解析产品：引领互联网基础资源关键技术创新

北京国科云计算技术有限公司

北京国科云计算技术有限公司自主研发基于云计算、人工智能、大数据等前沿技术的新一代智能解析产品，采用分布式集群架构，具备智能线路、权重负载、全局流量管理、高防 DNS、DNSSEC、IPv4/IPv6 双栈解析等先进特点，实现了 DNS 解析的智能化、高效化与安全化，能够为各行业用户提供更优质的网络体验与安全保障。该产品在研发设计、集成部署和功能特点等方面具有创新性，能满足不同用户的需求，保障解析的安全性和稳定性，为网络基础安全建设提供坚实的技术支撑，具有广阔的行业应用推广前景和社会经济效益，为推动各行业数字化转型和发展提供强大生产力。

在互联网行业迅猛发展、网络安全和用户体验需求不断提升的背景下，传统 DNS 解析技术的弊端日益凸显，严重制约了产业数字化转型。北京国科云计算技术有限公司（以下简称国科云）研发的新一代智能解析产品应运而生，该产品致力于提升解析效率、增强安全性、提高稳定性，为用户提供更优质的网络服务体验，推动新质生产力的发展。

专注技术创新，服务国家网络安全战略

公司的前身是北京中科三方网络技术有限公司，其作为中国科学院控股有限公司旗下控股企业，专注于提供基于云计算、人工智能、IPv6 等技术的

互联网基础资源安全产品和服务。

随着互联网应用的广泛普及，对域名、解析、IPv6 等互联网基础资源的需求与日俱增，同时对网络安全和数据保护的要求也不断提高。国科云自 2000 年成立以来，始终围绕国家网络安全战略，紧跟市场前沿需求，自主研发了云解析、IPv6 改造、云监测等产品，广泛应用于域名管理、智能解析、IPv6 升级改造、内容监测等业务场景，为众多政府机关、金融机构、科研院所、央国企等重点领域头部客户提供服务，赢得了行业与客户的认可。

凭借强大的技术实力和精益求精的服务，国科云连续多年参与党代会、两会、北京冬奥会、"一带一路"国际合作高峰论坛等重大会议期间的重保值守工作，屡次收到相关部门的感谢和嘉奖，连续多年参加国家级网络攻防演练并获得优异成绩，曾在"CNCERT 网络安全攻防大赛"中获得三等奖（全国第五名），荣获"专精特新"中小企业、国家高新技术企业、瞪羚企业、海淀区网络安全先进单位等荣誉称号，是中国互联网网络安全威胁治理联盟、信息技术应用创新工作委员会、政企信息技术应用创新促进中心的核心成员单位。

国科云始终坚持以客户为中心的价值观，秉承"专业、安全、服务"的企业精神，面向国家战略需求和世界科技前沿，专注技术创新，不断在人工智能、云计算等新兴技术领域持续发力，推动域名管理和基础网络安全新思路和新技术的转化与应用，让不同领域用户享受到更专业智能的互联网基础资源领域产品与服务，积极为抢占科技制高点和建设科技强国贡献力量。

夯实网络根基，构建新一代 DNS 解析

从互联网体系架构来看，我们可以将互联网简单分为物理设施层、基础资源层和业务应用层三层结构。物理设施层是网络的硬件部分，是信息传播的高速公路；业务应用层是网络中的各种应用，犹如行驶在高速公路中的众多车辆。而 DNS 则属于中间的基础资源层，构成了网络世界中的导航系统，它负责将人类可读的域名转换为计算机可识别的 IP 地址，是互联网运行的关键基础。如果 DNS 发生故障，导航系统失效，互联网世

界就会陷入大规模的混乱之中，信息高速公路上的众多车辆便无法正常行驶。

在以往网络规模较小、业务场景单一的情况下，传统的 DNS 解析技术尚能满足用户的查询所需。但随着网络规模的快速增长、网络环境的日益复杂，传统 DNS 解析技术开始面临越来越多的挑战。国科云解析通过创新性技术实现了对传统解析的全面升级和改造，通过分布式部署、权重负载和全局流量管理，能够实现服务的高可用性；通过 IPv4/IPv6 的双栈支持，满足网站对 IPv6 升级改造的需求；采用高防 DNS 技术，提升抗 DDoS 攻击、防缓存投毒攻击的能力；国科云解析还支持多级子域名管理和多条 URL 转发数量等功能，满足了用户对多域名、多网站管理的需求。

传统解析的单节点部署，往往会因集中请求和恶意攻击而出现线路拥堵或服务故障，对解析安全稳定形成制约。针对这种情况，国科云解析采用了全新的架构设计，在国内及海外流量集中区域部署多个解析服务节点，并配合弹性带宽、流量清洗、DNSSEC、抗 DDoS 防火墙等技术措施，使得云解析在面对集中流量请求、DDoS 攻击等情况时更加得心应手，有效避免了传统解析模式中存在的单点故障和性能瓶颈问题，实现了跨平台、跨区域的协同工作，提高了系统的可用性和稳定性，并降低了维护成本。

国科云解析将传统解析服务与云计算、人工智能技术相结合，通过具备自主知识产权的智能算法、全局流量调度（GTM）技术，结合全球完整 IP 地址库，实现了应用资源的动态分配和弹性扩展，并对域名解析过程进行智能管理和优化。这一创新使得云解析能够根据实际需求自动调整资源分配，根据用户属性进行智能调度和分配线路，有效解决传统解析模式中跨区域跨运营商访问难题以及单节点请求过载的问题，解析效率和稳定性得以提升。

国科云解析采用敏捷开发模式和 DevOps 方法，实现自动化部署、持续集成和持续交付，提高开发效率和产品质量，采用微服务架构使得每个服务都可以单独部署、升级和扩展，降低了维护成本和管理难度。在传统域名解析功能基础上进行深度拓展，支持用户分级权限管理，支持 OpenAPI，满足 IPv6 升级改造需求，为用户提供一站式解决方案。

域名智能解析
- 覆盖全球60亿的IP库
- 支持全球国家级、全国9大运营商城市级的智能解析线路
- 丰富的资源记录类型
- 灵活的ACL访问控制策略

高可信全局流量管理
- 支持应用服务IP的健康检测
- 支持主备地址池异常切换
- 支持主备地址池按权重返回
- CDN智能加速

域名云解析看板
- 数字化驾驶舱
- 多维度解析看板
- 可订阅的报告

云解析域名安全管理
- 支持域名分组，提供域名停靠，快速添加解析，区文件全量/增量导入
- 解析记录TTL最小1s

云解析安全
- 支持DNSSEC
- DNS安全防护(以DDoS版本为例)提供不低于3000W QPS的防护能力

云解析生态
- 云解析图形化客户控制台
- 支持OpenAPI，提供Java SDK

图 1　国科云解析主要特点

发展新质生产力的经验总结

在信息化产业蓬勃发展的时代背景下，国科云凭借其前瞻性的战略眼光和强大的创新能力，在服务质量和用户体验上持续优化，不断推动云解析产品迭代升级，满足用户对解析的个性化需求，这使得国科云解析在市场上获得了良好的口碑，受到了各行业用户的青睐。

随着云计算、大数据、物联网等技术的广泛应用，互联网基础资源正面临着前所未有的升级需求。国科云解析作为其中的重要一环，能够为各类互联网应用提供稳定、高效的域名解析服务，助力基础资源的升级换代。

数字政府建设是我国"十四五"规划中的重中之重，数字政府建设需要安全稳定的网络环境为支撑，国科云解析能够提供智能、安全、稳定、高效的域名解析服务，满足政府网站和应用对域名解析的高标准严要求，推动数字政府加速建设。例如，某省人民政府通过采用国科云解析，满足了其对线路选择，就近区域划分的智能解析需求。同时云解析的全局流量监测功能，能够通过多种方式对网站健康状况进行监测，发现宕机现象，可快速切换至备用服务器，为其网站与应用的稳定性和高可用性提供了保障。

金融行业作为信息技术应用的重要领域，对域名解析服务的稳定性和安全性有着极高的要求。国科云解析以其高效、稳定、安全的特点，能够满足金融行业的个性化需求，助力金融行业的数字化转型。例如，某证券交易所服务器资源占用过高，资源抢占严重，对系统的稳定运行和业务的正常开展造成了较大影响。通过使用国科云解析，满足了其多节点解析备份需求，避免了单节点解析、自建 DNS 服务器发生故障而造成的业务损失，获得业务质量上的保障。

国科云解析作为一种新型的域名解析技术，具有广阔的行业应用推广前景和深远的社会经济效益，能够为推动各行业的快速稳健发展提供强大的生产力。随着技术的不断进步和市场的不断拓展，国科云解析将在未来发挥更加重要的作用，助力社会的信息化建设和可持续发展。

未来展望

国科云深知在日新月异的互联网环境中，唯有不断创新，才能保持领先地位，为新质生产力的发展提供源源不断的动力。在技术创新的道路上，国科云将持续加大研发投入，聚焦互联网基础资源与云计算、大数据、人工智能等前沿技术的深度融合，旨在通过智能化、自动化的手段，进一步提升云解析服务的安全性和精准度。通过构建智能化的 DNS 解析系统，实现流量智能调度、安全威胁实时预警与防御，以及用户行为深度分析等功能，为用户提供更安全、高效、智能的 DNS 解析体验。同时，国科云将积极寻求与其他行业的合作与融合，拓展云解析服务的应用场景，探索云解析服务在政务、金融、科研、教育、医疗等关键领域的深度应用，助力各行业数字化转型发展。在人才战略方面，国科云将持续优化人才结构，加大高端人才引进力度，同时注重内部员工的培养和激励，提升团队整体的素质和创新能力，为国科云解析的持续发展提供有力保障。

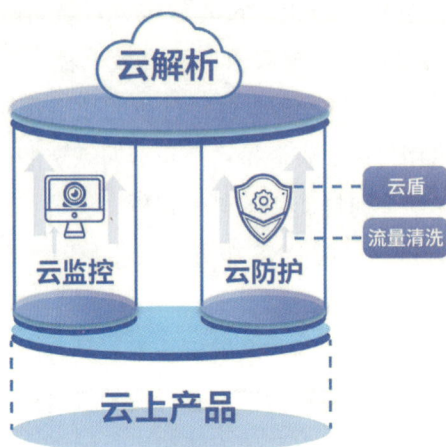

图 2　国科云解析

[专家点评]

产品创新：推出符合市场需求的智能云解析产品，解决传统解析局限性，增加智能解析等功能。

技术创新：采用先进的云解析技术，引入行业领先的算法实现智能解析和精准调度，注重安全性技术创新。

管理创新：采用敏捷开发模式和DevOps方法，提高开发效率和产品质量，采用微服务架构降低维护成本和管理难度。

业务模式创新：在传统域名解析功能基础上进行深度拓展，支持用户的分级权限管理，支持OpenAPI，满足IPv6升级改造需求，并为探索增值业务提供一站式解决方案。

执笔人：陈鹭、李娜、徐立广

集成化冷却系统：海上风电降本增效的利器

北京金风科创风电设备有限公司

　　北京金风科创风电设备有限公司通过自主研发的海上大容量风力发电机组集成化冷却系统，积极应对海上风电项目降本增效的紧迫需求。该系统凭借高效集成设计、智能化控制策略以及出色的环境适应性，成功实现了技术创新，有效降低了冷却成本，并在全球首台 16MW 海上风电机组中得到了成功应用，标志着我国海上风电技术向国际舞台迈出了坚实的一步。在项目实施过程中，公司采用了先进的 MP+IPD 开发模式，组建了涵盖多学科的专业团队，通过周密的计划安排、严谨的管理流程以及严格的质量控制措施，确保了项目的稳步推进和高质量完成。展望未来，公司将继续深化技术研发，不断优化冷却系统性能，同时加强市场推广力度，积极参与行业标准的制定与推广，为我国海上风电行业的可持续发展注入新的活力与动能。

　　在"碳达峰、碳中和"全球目标的推动下，我国正以前所未有的力度推进能源结构优化与转型升级。海上风电，凭借其丰富的资源储量和清洁高效的能源特性，成为推动我国能源结构绿色化转型的重要力量。然而，随着国家补贴政策的逐步退坡，海上风电行业面临着严峻的成本控制挑战，如何在保障发电效率的同时降低建设和运营成本，成为亟待解决的关键问题。新质生产力，作为技术创新、模式创新与管理创新的综合体，为破解这一难题提供了全新思路。北京金风科创风电设备有限公司（以下简称金风科创）作为风电行业的佼佼者，积极响应国家号召，以新质生产力为指引，深耕海上风电领域，通过自主研发的海上大容量风力发电机组集成化冷却系统，不仅有效降低了机组冷却成本，更提升了机组的整体运行效率和可靠性，为海上风电行业的可持续发展树立了典范。

风电行业的领军企业

金风科创自 2006 年成立以来，始终站在风电技术的前沿，是金风科技股份有限公司旗下的核心子公司，金风科技持股 95.11%，国开发展基金持股 4.89%。经过近二十年的稳健发展，金风科创已跻身国内风电行业的领军地位，并在国际上享有盛誉。公司主营业务广泛覆盖风电装备制造、风电场规划建设与运营、智慧能源解决方案、环保水务处理以及绿色金融等多个领域，不仅为国内外客户提供了全方位的风电整体解决方案，还积极带动了京津冀地区近 1500 家上下游产业链企业的发展，形成了强大的产业集群效应。

在技术研发与创新方面，金风科创累计申请国内知识产权达 2583 项，其中发明专利占比超过半数，显示出公司在核心技术领域的深厚积累和持续创新能力。同时，公司还积极参与国际竞争，拥有授权国际专利 210 项，其中包括 PCT 专利 194 项，巴黎公约专利 16 项。通过与国内外多所知名高校、科研机构及行业伙伴的紧密合作，金风科创在风电技术研究与应用上取得了诸多突破性成果，先后承担了包括国家科技部 863 计划在内的多项国家级科研项目，为我国乃至全球的风电技术进步做出了重要贡献。

此外，金风科创还拥有一系列高级别的科研荣誉资质平台，如智慧风电设计运营互联网服务技术北京市工程实验室、北京市企业技术中心等，这些平台不仅为公司提供了强大的技术支持，也为行业的技术创新与发展注入了源源不断的活力。展望未来，金风科创将继续秉持创新驱动发展的理念，致力于成为全球领先的风电整体解决方案提供商，为推动全球能源转型和可持续发展贡献力量。

研发集成冷却系统 应对海上风电挑战

我国环渤海、长三角和珠三角等沿海经济圈拥有丰富的海上风电资源，这些资源靠近负荷中心，便于就地消纳，未来发展潜力巨大。然而，在国家补贴政策即将退出的背景下，海上风电项目的收益率面临下降压力，如何在保持甚至提升发电效率的同时进一步降低成本，成为海上风电行业亟待解决的问题。

海上超大型功率机组的冷却设计是确保机组高效、稳定运行的关键技术之一。传统的分散式冷却系统采用多个独立的冷却单元，不仅占用大量机舱空间，还导致高昂的维护成本和复杂的运维管理。此外，随着机组容量的不断增加，各部件的散热需求也随之提升，对冷却系统的性能提出了更高要求。因此，开发一种高效率、高可靠性、低成本的集成化冷却系统成为海上风电发展的迫切需求。

图 1　16MW 超大容量海上风力发电机组吊装

为了应对上述挑战，金风科创自主研发了海上大容量风力发电机组的集成化冷却系统。该系统采用一体化水冷设计，将发电机、变流器、变压器等主要设备的冷却系统集成到一个统一的平台中，实现了冷却资源的优化配置和高效利用。其技术创新亮点包括：

1. 高效集成设计：通过系统协同设计与仿真，提出"控制系统化—系统集成化—部件精益化"的一体化冷却系统开发流程。系统充分利用机舱内外空间，将主要设备和冷却系统的水泵、管路等紧凑布置，有效减小了机舱尺寸。

2. 智能控制策略：系统内置智能感知设备，实时监测各部件温度，并根据监测结果动态调整冷却介质的流量分配，确保各部件在最佳温度范围内运行。同时，通过变频控制水泵，根据部件实际温度调整电机转速，进一步降低能耗。

3. 环境适应性提升：在机舱顶部布置外冷散热器，利用外界环境的自然风冷与主动风冷相结合的方式，提高了系统对恶劣海洋环境的适应性，降低了机组故障率。

4. 成本效益显著：集成化冷却系统通过优化冷却部件选型和管路布局，显著降低了材料成本和运维成本。据估算，该技术可实现机组冷却成本降低约 13 万元 / 台。

该系统已成功应用于三峡与金风科技联合开发的全球首台 16MW 超大容量海上风力发电机组，并通过实际运行验证了其高效性、可靠性和经济性。

图 2 海上大容量风力发电机组集成化冷却系统主视图

在研发过程与实施策略方面，金风科创采取了以下措施：

1. 项目团队组建与管理：组建了由多名高级工程师和中级工程师组成的专业研发团队，涵盖系统设计、热仿真、空气动力学等多个专业领域。项目团队采用 MP + IPD 开发模式，结合海上风电机组自身特点及实际应用环境，制定了详细的项目实施计划。

2. 技术调研与分析：在项目启动前，进行了大量的技术调研和理论分析工作，深入了解了国内外集成化冷却系统的最新进展和应用案例。同时，结合自身技术积累和生产加工能力，对项目的可行性进行了充分评估。

3. 研发过程管理：严格按照 IPD 研发管理流程推进研发工作，确保每个时间节点的任务按时完成。在技术层面，针对集成化水冷系统进行了多次仿真计算和试验验证，不断优化设计方案。在质量管理方面，加强了前期质量策划和节点评审工作，确保项目研发全过程的质量可控。

4. 人才培养与团队建设：通过本项目的研发工作，培养了一批具备理论基础和实践经验的专业化人才。通过引入 DFMEA 风险分析和 TRIZ 工具等方法论的应用，团队的创新能力和问题解决能力得到了显著提升。

集成化冷却系统不仅成功应用于我国首台 16MW 海上风电机组，并展现出优异的性能，还为我国海上风电行业的技术升级和成本降低提供了重要参考。未来，金风科创计划依托"重大装备环境适应性公共技术服务平台"等行业资源平台开展技术推广工作，并积极推动相关国家和行业标准的制定工作，引领海上风电行业的绿色发展潮流。

发展新质生产力的经验总结

金风科创在海上大容量风力发电机组集成化冷却系统的研发与应用过程中，积累了丰富的宝贵经验，这些经验不仅为公司未来的技术创新提供了坚实的基础，也为整个风电行业的技术进步和可持续发展提供了重要参考。

首先，技术创新是核心驱动力。面对海上风电行业降本增效的迫切需求，金风科创没有选择跟随已有的技术路径，而是大胆创新，自主研发了集成化冷却系统。这一系统不仅在技术上实现了重大突破，更在实际应用中取得了显著成效，充分展示了技术创新的巨大潜力。

其次，多学科交叉融合是关键。在研发过程中，金风科创充分整合了系统设计、热仿真、空气动力学等多个学科的专业知识，形成了跨学科的研究团队。这种多学科交叉融合的研究模式不仅提升了研发效率，还促进了新知识、新技术的不断涌现，为项目的成功实施提供了有力保障。

再次，项目管理的重要性不容忽视。金风科创在项目管理方面积累了丰富的经验，采用 MP+IPD 开发模式，确保了项目的顺利推进。项目管理团队通过详细的计划制定、严格的过程控制和有效的质量管理措施，保证了项目的按期完成和高质量交付。同时，项目管理过程中的风险分析和应对措施也有效降低了项目执行过程中的不确定性。

第四，人才培养和团队建设是公司发展的基石。金风科创深知人才对于企业发展的重要性，通过本项目的研发工作，不仅培养了一批具备专业知识和技能的人才队伍，还通过引入先进的管理工具和方法论，提升了团队的整体创新能力和协作效率。这些人才将成为公司未来技术创新和业务拓展的重要力量。

第五，市场导向和合作共赢的理念。金风科创在研发过程中始终关注市场需求和行业动态，确保所研发的技术和产品能够满足市场的实际需求。同时，公司积极与产业链上下游企业开展合作与交流，共同推动风电行业的协同发展。这种市场导向和合作共赢的理念不仅促进了项目的成功实施，也为公司的长远发展奠定了坚实基础。

未来展望

面对我国海上风电潜力巨大的市场前景，金风科创对未来充满信心。我国海上风电可开发容量达到 30 亿 KW，是实现"30·60"碳达峰碳中和目标的重要途径。随着海上风电单机容量的大型化趋势，对冷却系统的性能和成本提出了更高的要求。金风科创研发的海上大容量风力发电机组集成化冷却系统，不仅提升了机组的运行效率和经济性，还为我国海上风电技术的国际化竞争提供了重要支撑。

展望未来，金风科创将继续推进集成化冷却技术的优化与迭代，致力于提升系统的智能化、自适应性和环保性能。我们计划依托"重大装备环境适应性公共技术服务平台"，在行业内广泛开展技术推广和成果宣传，通过技术服务、研讨会等形式，帮助更多企业解决海上风电环境适应性相关问题。同时，我们将紧密跟踪市场需求变化，以市场需求为导向，推动核心产品走向市场，以更优越的性能、更高的可靠性和更长的使用寿命，赢得市场的广泛认可。

此外，金风科创还将积极引领行业技术变革，与产业链上下游企业加强合作，共同推动海上风电环控技术和产业的发展。我们将制定和完善相关国

家和行业标准，通过实际行动证明项目实施的优越性和可行性，为整个海上
风电行业的健康可持续发展贡献力量。我们有理由相信，在不久的将来，金
风科创将在海上风电领域取得更加辉煌的成就，为我国能源结构的优化升级
和绿色低碳发展作出更大的贡献。

［专家点评］

　　金风科创的海上大容量风力发电机组集成化冷却系统实践案例
充分展示了科技创新驱动的重要性。该案例不仅实现了技术的重大
突破，还推动了风电行业的绿色可持续发展，体现了产业融合发
展的理念。同时金风科创通过数据驱动决策优化系统设计和运营管
理，提升了项目的经济效益和社会效益。此外，金风科创在国际市
场上的卓越表现，也彰显了中国企业在全球风电领域的竞争力。未
来随着技术的不断进步和应用场景的不断拓展，金风科创的集成化
冷却系统有望在更广泛的领域得到应用，为全球能源转型和可持续
发展贡献更多力量。

执笔人：张敬祎、王立恒、王素景

Micro LED 技术：火爆出圈的"神奇力量"

利亚德光电股份有限公司

利亚德光电股份有限公司作为 LED 显示技术的领航者，持续引领行业前沿。公司凭借多年全球 LED 显示产品市占率领先的辉煌成就，以及在 Micro LED 等尖端技术领域取得的突破性成果，不仅巩固了行业领导地位，还全面推动了产业链的优化与升级。公司积极拥抱数字化转型，深度融合绿色制造理念，通过引入先进生产管理系统、智能化装备及环保措施，实现了生产效率与产品质量的双重飞跃。此外，公司以客户需求为核心，不断创新解决方案，为全球客户带来超乎想象的视觉体验。除近期助力打造的《黑神话：悟空》火爆出圈外，公司已先后助力杭州亚运会首个"数字人"点火仪式；服务爆款影片《封神》《三体》等，应用行业已覆盖影视、游戏、医疗、体育、文化艺术等，并成功落地文旅演出、展览展陈、影视综艺、电商直播、教育、发布会、演唱会等多个应用场景。未来，利亚德·虚拟动点作为空间计算与动作捕捉领军者，将继续站在科技创新前沿，精准研判时代脉搏，积极拓展前沿应用场景的无限可能，为各行各业注入强劲的发展动力。

2022 年 2 月 4 日，冬奥会开幕式上利亚德光电股份有限公司（以下简称利亚德）提供的 LED 显示系统呈现了各种视觉效果，包括动态图像和实时互动内容，超大规模 LED 显示技术的应用不仅增强了开幕式的观赏性和艺术性，也展现了中国在智能显示领域的先进水平。

图 1　利亚德服务的 2008 年北京奥运会和 2022 年北京冬奥会开幕式现场视效

利亚德作为深度参与北京两届奥运盛会的"双奥之企"，也见证并引领了中国显示科技的跃迁。相较于 2008 年奥运会，更先进更多元的显示技术、更丰富的显示产品（LED 地屏、LED 格栅屏、LED 碳纤维屏），全国产化的播控系统，都让 2022 年北京冬奥成为永恒经典。

2022 年北京冬奥会开幕式项目周期覆盖了北京夏季和冬季，也会面临雨季和大雪期间的施工问题，不同的气候条件给 LED 显示系统的安装和运行带来了极大的挑战。实施过程中，利亚德团队对开幕式现场进行了详细的考察和模拟测试，并且针对开幕式特点，开发了专有技术和定制化产品。在短时间内超额完成了超大面积 LED 显示屏幕的安装和调试工作，还有地屏、冰瀑、冰立方等关键组成部分。

利亚德设计团队面对复杂的环境因素和超大规模 LED 显示屏幕，还需要兼顾系统的可靠性和稳定性。针对这些挑战，利亚德采取了一系列创新措施：防水、防滑设计，确保 LED 屏幕即使在恶劣天气下也能正常工作。防眩目处理，保证运动员和观众在任何角度都能获得最佳观看体验。高可靠性的结构，采用特殊材料和技术，增强设备在特殊天气条件下的耐用性。LED 显示模组采用备份技术进行可靠性设计，避免了 LED 显示屏的像素缺失所导致的图像缺失，进而解决了现有技术像素单元损坏所造成的屏幕图像缺失的技术问题。采用二合一拼接器方案，不同的驱动芯片根据控制信号驱动对应的显示单元发光，像素备份、信号备份和电源备份是LED显示屏显示可靠性的三重保险，保障了在特殊环境下的安全应用。

图2 利亚德服务的 2022 年北京冬奥会视效现场画面

全球视效科技的领创者

利亚德自 1995 年成立以来，便深耕于 LED 显示技术领域，现已发展成为全球领先的视效解决方案提供商。作为业界的佼佼者，利亚德不仅在国内市场占据主导地位，更在全球范围内建立了广泛的业务网络。公司总部位于北京市海淀区，员工总数近 5000 人，拥有 10 大生产基地及 9 大研发中心，遍布国内外，展现了其强大的生产能力和研发实力。

利亚德始终坚持技术创新和产品创新并重的战略方针，不断推动 LED 显示技术的进步与应用。从自主研发出国内第一块 LED 全彩显示产品，到原创并命名"小间距 LED"技术，再到全球首发 Micro LED 技术并实现量产，利亚德每一次技术突破都引领着 LED 显示行业的发展方向。公司专利数量 2600 余项，涵盖了从基础技术研发到高端应用解决方案的各个方面，彰显了其在行业内的深厚积累和技术实力。

利亚德始终站在行业创新的前沿，敏锐捕捉并引领着科技发展的脉动。面对全球市场的激烈竞争，利亚德不仅展现出深厚的行业洞察力，更以非凡的战略眼光精准定位市场需求，将新质生产力的探索与实践推向了新的高度。公司坚持创新驱动发展战略，不断加大研发投入，勇攀技术高峰，从 LED 全彩显示产品的自主研发，到 Micro LED 技术的突破性应用，每一次技术革新都标志着利亚德在行业内的领先地位。同时，利亚德还积极推行管理创新与市场拓展，加速数字化转型步伐，为全球客户提供更加卓越的产品与服务体验。利亚德的成功实践，不仅彰显了其在技术革新与市场拓展方面的卓越成就，更为 LED 显示行业的未来发展树立了鲜明的标杆，激励着更多企业投身于新质生产力的探索与实践中，共同推动行业迈向更加辉煌的明天。

在经营方面，利亚德业务表现稳健，近三年营业总收入整体保持稳定，净利润也呈现出良好的态势。公司凭借卓越的产品性能和优质的客户服务，赢得了全球客户的广泛认可，并持续保持全球 LED 显示产品市占率领先，成为全球 LED 显示市场的领军企业。

此外，利亚德还积极响应国家绿色发展战略，致力于推动绿色制造和可持续发展。公司通过了多项国际认证，包括 ISO 9001 质量管理体系、ISO 14001 环境管理体系等，确保了产品的高品质和环保性。同时，利亚德还制定了绿色供应链建设实施方案，通过了工信部"绿色供应链"管理企业认定，通过优化采购、生产、销售等各个环节，推动整个产业链的绿色发展。

市场需求与产业趋势驱动新质生产力发展

在当今这个快速迭代的科技时代，随着 5G、物联网、大数据等技术的飞速发展，以及消费者对高品质视觉体验需求的日益增长，LED 显示行业正经历着前所未有的变革。市场对高清、智能、互动的显示解决方案的需求日益增长，推动了 LED 显示技术的不断革新与升级。利亚德作为 LED 显示行业的领军企业，敏锐地洞察到了这一市场趋势，将技术创新作为企业发展的核心驱动力，致力于满足市场对高品质、高性能 LED 显示产品的迫切需求。

与此同时，随着全球竞争的加剧，传统生产力模式已难以满足快速变化的市场需求。新质生产力，以其高水平的技术含量、高质量的产品特性、高效率的生产流程，成了企业提升竞争力的关键。利亚德深刻认识到新质生产力对于推动产业升级和高质量发展的重要性，积极投身到新质生产力的实践中去，力求在激烈的市场竞争中占据先机。

利亚德在新质生产力的探索中取得了显著的成果，其中最引人注目的便是 Micro LED 技术的突破与应用。Micro LED 技术因其超高分辨率、超长寿命、超广色域等显著优势，被视为未来显示技术的重要发展方向。利亚德通过自主研发与持续创新，成功实现了 Micro LED 技术从实验室到产业化的飞跃，为全球 LED 显示产业树立了新的标杆。

利亚德不仅掌握了 Micro LED 的核心技术，还通过不断优化生产工艺、降低成本，推动了 Micro LED 技术的普及应用。此外，利亚德还积极拓展产品线，推出了多款适应不同应用场景的 LED 显示产品，如户外广告牌、室内显示屏、虚拟现实设备等，满足了市场的多元化需求。这些创新产品不仅提升了利亚德在市场上的竞争力，也为整个 LED 显示产业的升级与发展注入了新的活力。

在推动产业链升级方面，利亚德充分发挥了龙头企业的带动作用。公司与上下游企业建立了紧密的合作关系，共同推动整个产业链的协同发展。通过优化供应链管理、提升产品质量控制、加强人才培养与引进等措施，利亚德为整个产业链注入了强劲的动力。同时，利亚德还积极参与国家重大科技项目的研发与实施工作，为提升我国 LED 显示产业的国际竞争力做出了重要贡献。

创新驱动发展，实现高质量发展

利亚德在新质生产力的实践中始终坚持创新驱动发展战略不动摇。公司不断加大研发投入力度，建立完善的技术创新体系和知识产权保护体系，确保技术创新活动的持续性和有效性。利亚德拥有一支高素质、专业化的研发团队和管理团队，他们致力于前沿技术的探索与应用，为企业的持续创新提供了有力的支撑。

在内部管理方面，利亚德通过数字化转型与高端制造相结合的方式实现了生产流程的智能化和自动化水平的提升。公司引入了先进的生产设备和制造工艺，实现了生产过程的高度集成化和精细化控制。这不仅提高了生产效率和产品质量，还降低了生产成本和资源消耗。同时，利亚德还建立完善的质量管理体系和客户服务体系，确保产品质量的稳定性和客户满意度的提升。

图3　利亚德显示产品制造车间

在市场拓展方面，利亚德积极践行"走出去"战略，加强与国际市场的交流与合作。公司通过参加国际展会、建立海外销售网络等措施扩大了品牌影响力和市场占有率。同时，利亚德还为国内众多重大活动提供卓越的视效服务，如奥运会、国庆庆典、冬奥会等活动的视效服务工作，进一步提升了利亚德在国际市场上的知名度和美誉度。

图4　利亚德服务的国庆70周年阅兵视效——红飘带

此外，利亚德还积极响应国家绿色发展理念和社会责任担当要求。公司制定了绿色发展战略规划并付诸实施，取得了显著成效。通过采用环保材料和节能减排技术，利亚德实现了生产过程的绿色化和低碳化转型为行业树立了绿色发展标杆。这不仅有助于企业的可持续发展还为社会环保事业做出了积极贡献。

总之利亚德光电股份有限公司在新质生产力的实践中取得了显著成果。

公司通过技术创新、产业链升级、内部管理优化以及市场拓展等多方面的努力实现了高质量发展,为 LED 显示行业的未来发展树立了标杆与典范。未来利亚德将继续秉承创新驱动发展的理念,不断推动新质生产力的探索与实践,为全球客户提供更加优质、高效的 LED 显示解决方案。

发展新质生产力的经验总结

利亚德在推动新质生产力发展的过程中,积累了丰富的经验,这些经验不仅推动了企业自身的高质量发展,也为整个 LED 显示行业树立了标杆。

首先,利亚德深刻认识到技术创新是新质生产力的核心驱动力。公司自成立以来,始终将技术创新置于战略发展的核心位置,不断加大对研发的投入,吸引和培养了一大批高素质的技术人才。通过自主研发和持续创新,利亚德在 LED 显示技术领域取得了多项突破性成果,如 Micro LED 技术的成功研发和产业化应用,不仅打破了国外技术的垄断,还推动了全球 LED 显示技术的进步。这一经验表明,只有不断追求技术创新,才能在激烈的市场竞争中立于不败之地。

其次,利亚德注重产业链上下游的协同发展。作为行业龙头企业,利亚德积极与上下游企业建立紧密的合作关系,共同推动整个产业链的升级与发展。公司通过优化供应链管理、加强质量控制、提升人才培养与引进等措施,有效提升了整个产业链的竞争力。这种协同发展的模式,不仅增强了企业的抗风险能力,还促进了整个行业的共同进步。

再次,利亚德在数字化转型和智能制造方面取得了显著成效。公司引入先进的生产设备和制造工艺,实现了生产流程的智能化和自动化水平的提升。这不仅提高了生产效率和产品质量,还降低了生产成本和资源消耗。利亚德通过数字化转型与高端制造相结合的方式,推动了新质生产力的快速发展,为企业的可持续发展奠定了坚实基础。

此外,利亚德还积极响应国家绿色发展理念和社会责任担当要求。公司制定了绿色发展战略规划并付诸实施,通过采用环保材料和节能减排技术,实现了生产过程的绿色化和低碳化转型。这一举措不仅有助于企业的可持续发展,还为社会环保事业做出了积极贡献。利亚德以实际行动践行了企业的社会责任,展现了新时代企业的良好形象。

未来展望

利亚德自成立以来，始终秉持着提升人类视觉享受，推进员工共同富裕，以及回报国家和社会的初心与使命。展望未来，利亚德将继续深化"技术引领，产业布局，扩大应用"的发展战略，特别是在 Micro LED 技术领域，随着技术的日渐成熟和成本的降低，利亚德将迅速扩产，进一步推动 Micro LED 产品从高端应用下沉至常规市场，引领技术创新与市场大规模应用，实现业务的持续增长。

同时，利亚德将全面加强企业数字化建设，通过精简合并机构、优化人员配置、提升管理效率，并严格控制成本，确保企业稳健发展。我们还将积极履行社会职责，践行绿色发展理念，通过优化产业布局和产品结构，推动 LED 行业绿色可持续发展，为实现"碳达峰"、"碳中和"目标贡献力量。利亚德将坚持以员工利益为核心，保持团队的稳定与活力，吸引更多优秀人才加入，共同推动企业在智能显示领域的持续领先，为全球视觉显示技术的进步贡献中国智慧和中国方案。

［专家点评］

利亚德的案例充分展示了科技创新驱动、产业融合发展、数据驱动决策、绿色可持续发展以及国际竞争力提升这五个方面的显著成效。公司通过持续的技术创新和产品升级，不仅巩固了在全球 LED 显示领域的领先地位，还积极探索新的应用领域和市场机会，展现了强大的市场适应能力和创新能力。同时，利亚德注重绿色发展和可持续发展理念的实施，推动了行业的绿色转型和可持续发展。此外公司还通过国际化战略提升了国际竞争力，为全球客户提供了优质的产品和服务。这些经验和做法对于其他企业具有很好的借鉴意义，值得广泛推广和应用。

执笔人：罗蜜、王杏、浮婵妮

视频智能分析预警平台：油气管道智能监控新范式

北京汉王智远科技有限公司

北京汉王智远科技有限公司推出的城市生命线视频智能分析预警平台，通过集成高清视频、光纤震动、无人机等智能硬件，结合实时地理天气数据、地震数据，利用 AI 视觉大模型、大数据分析等前沿技术，实现了对油气地下管廊全天候、全方位的智能化监控。该平台自 2020 年成功应用于西南某油田以来，显著提升了巡检效率和安全性，平均每年提前发现并预警，未报备施工等威胁管道安全事件 50 起以上，有效处理了多起重大安全隐患，为国家及企业避免了巨大的经济损失。这一创新实践不仅展现了公司在人工智能识别领域的领先地位，也为油气管道行业的安全监控提供了全新的解决方案。此外，平台的应用还促进了劳动效率的显著提升，推动了产业链供应链的升级，为公共安全和社会稳定做出了重要贡献，是新质生产力在实际应用中的杰出典范。

在新一轮科技革命和产业变革的浪潮中，新质生产力正逐步成为推动社会进步和经济发展的重要引擎。面对日益复杂的公共安全挑战，特别是油气管道这类关键基础设施的安全监控问题，传统方式已难以满足现代社会的需求。北京汉王智远科技有限公司（以下简称汉王智远）凭借其在人工智能领域的深厚积淀和持续创新，基于视频智能分析技术打造了城市生命线视频智能分析预警平台，为这一领域的难题提供了全新的解决方案。该平台结合实时地理天气数据、地震数据，运用视频智能分析 AI 算法、大数据分析等人工智能技术，实现了地下油气管道监控的智能化升级，不仅显著提高了监控效率和准确性，更在预警与应急响应方面展现出卓越性能，为公共安全和社会稳定构筑了坚实的防线。这一创新实践不仅彰显了汉王智远的技术实力，也为新质生产力的发展开辟了新的路径。

人工智能识别领域的领跑者

汉王智远作为汉王科技股份有限公司旗下的高新技术企业，一直以来都是人工智能识别领域的佼佼者。公司深耕生物特征识别领域已超过二十年，期间积累了丰富的技术经验和研发实力。作为人脸识别行业的领先者，汉王智远不仅参与并主导了多项人脸识别标准的制定，还荣获了包括北京市科学技术二等奖、北京市发明专利三等奖在内的多项殊荣，充分彰显了其在行业内的权威性和领先地位。

汉王智远的核心竞争力在于其强大的自主研发能力。公司以深度学习算法为核心，将人脸及生物特征识别、视频智能分析、人形识别、图像识别等技术与实际应用场景深度融合，为客户提供了高效、精准的解决方案。此外，公司还构建了多元化的产品体系，从静态人证核验到动态视频分析，全方位满足客户需求。

在业务拓展方面，汉王智远凭借其卓越的技术实力和服务质量，成功在智慧城市、智慧园区、智慧社区、智慧工地、智慧校园、智慧医院等多个领域取得了显著成绩。公司的营销网络遍布全球60多个国家，与众多国际知名企业建立了长期稳定的合作关系。

智能化平台破解油气管道巡检难题

在快速发展的城市化进程中，城市基础设施的安全维护变得尤为关键，其中油气管道作为城市能源供应的生命线，其安全性直接影响到城市运行的稳定和居民生活的安全。然而，传统的油气管道巡检方式高度依赖人工，不仅效率低下，而且难以及时响应突发状况，导致安全隐患难以及时发现和处理。此外，随着管道使用年限的增长、地质条件的变化以及第三方施工活动的增加，油气管道面临的安全威胁日益严峻。因此，迫切需要一种高效、智能的监控手段来替代传统的人工巡检方式，实现油气管道安全的实时监测与预警。

正是在这一背景下，汉王智远凭借其深厚的人工智能技术和行业经验，研发了油气管道视频智能分析平台。该平台旨在通过先进的人工智能技术，实现对油气管道全天候、全方位的智能监控，提升巡检效率和准确性，为城市基础设施的安全运行提供有力保障。

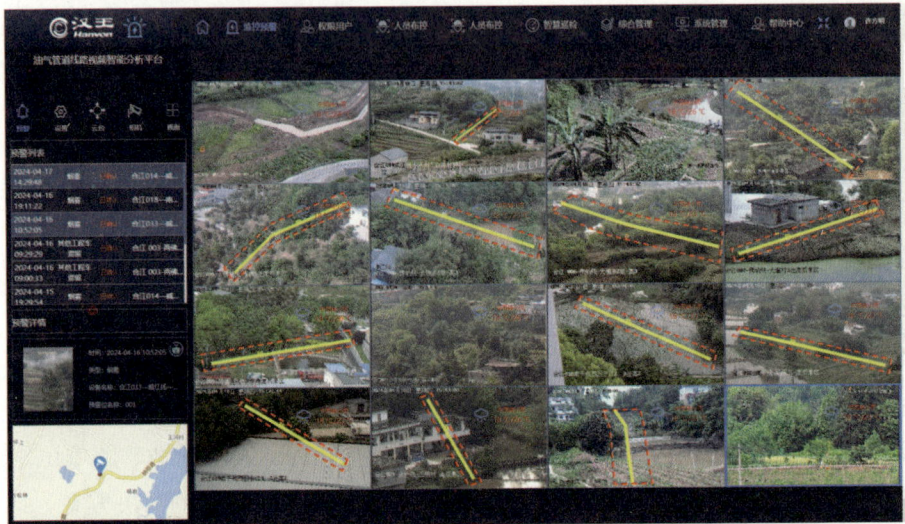

图 1　平台智能巡检

汉王智远城市生命线视频智能分析预警平台是一款集视频智能分析 AI 算法、光纤振动传感、大数据分析等先进技术于一体的智能化解决方案。该平台通过集成多种传感器，实时采集油气管道周围的各种数据，并运用先进的人工智能算法和大数据分析技术，对采集到的数据进行智能分析和处理。一旦发现管道周围存在异常情况，如工程车辆挖掘施工、重型车辆滞留碾压、人群聚集、管道上方用火或油气泄漏等，平台将立即触发预警机制，并将预警信息实时推送至指挥中心。指挥中心的工作人员在接收到预警信息后，可迅速进行二次研判，并根据实际情况启动应急响应流程，实现派警、出警等全流程闭环化管理。

该平台不仅具备强大的实时监控和预警功能，还能够提供丰富的数据分析和可视化展示功能，帮助管理人员全面了解地下油气管廊的运行状态和安全风险。同时，平台还支持多种定制化服务，可根据客户的实际需求进行灵活配置和调整，以满足不同场景下的监控需求。

汉王智远城市生命线视频智能分析预警平台通过集成高清视频、光纤振动、燃气泄漏、地理天气、地震数据等多种传感器数据，实现了多元数据的实时采集和融合处理。平台运用先进的人工智能算法对多元数据进行智能分析，能够自动识别出管道周围的异常情况并进行精准预警。这种多元数据融合与智能分析的方式大大提高了预警的准确性和时效性。

图 2　管道上方人群聚集

图 3　管道上方重车碾压

图 4　管道上方挖掘机施工

图5 管道上方用火

平台具备实时预警功能，一旦检测到异常情况将立即触发预警机制并将预警信息推送至指挥中心。指挥中心的工作人员在接收到预警信息后，可迅速进行二次研判并根据实际情况启动应急响应流程。平台支持全流程闭环化管理功能，确保从预警到应急响应的每一个环节都能得到及时有效的处理。

汉王智远城市生命线视频智能分析预警平台不仅实现了内部的高效协同工作还实现了与管道周边医院、公安、消防、抢险大队等应急机构的紧密联动。一旦平台检测到重大安全事件或异常情况可迅速通过一键呼叫调度功能将相关信息推送给相关应急机构，协调各方资源进行快速响应和处理。这种高效协同的工作机制确保了应急响应的迅速性和有效性，大大降低了安全风险。

平台在开发过程中注重持续优化与升级以满足客户不断变化的需求。汉王智远拥有一支专业的研发团队能够根据客户的反馈和建议，对平台进行不断的改进和完善。同时平台还支持远程升级功能，可确保客户在使用过程中始终能够享受到最新的技术成果和最佳的使用体验。

汉王智远城市生命线视频智能分析预警平台凭借其多元数据融合、实时预警与闭环化管理、高效协同工作机制以及持续优化与升级等特点实现了对油气管道全天候、全方位的智能监控。该平台不仅提升了巡检效率和准确性还降低了安全风险，为城市基础设施的安全运行提供了有力保障。同时，该平台也展示了人工智能技术在公共安全领域的广阔应用前景，为相关行业的发展提供了新的思路和方法。

发展新质生产力的经验总结

汉王智远在城市生命线视频智能分析预警平台的研发与应用过程中，积累了丰富的实践经验，并深刻认识到技术创新与实际应用相结合的重要性。

在项目初期，我们深入调研了油气管道监控的实际需求，明确了行业痛点。通过与客户紧密沟通，我们了解到传统人工巡检方式在效率、覆盖范围和响应速度上的局限性，以及对于智能化监控手段的迫切需求。基于这些调研结果，我们精准定位了解决方案的方向，致力于开发一套高效、智能的油气管道监控平台。

在平台研发过程中，我们充分发挥了汉王在人工智能识别领域的技术优势，将深度学习算法、视频智能分析、大数据分析等前沿技术深度融合到平台中。通过不断的技术迭代和优化，我们成功实现了对油气管道全天候、全方位的智能监控，并显著提升了预警的准确性和时效性。这一过程中，我们深刻体会到技术创新是推动项目成功的核心驱动力。

为了实现更加全面、准确的监控预警，我们采用了多元数据融合的策略。通过集成高清视频、光纤振动、燃气泄漏等多种传感器数据，我们构建了多维度的监控体系。这些多元数据在平台上进行实时采集和融合处理，为预警提供了更加全面、可靠的依据。这种数据融合的方式不仅提高了预警的准确性，还丰富了监控数据的维度和价值。

在项目应用过程中，我们始终将用户体验放在首位，不断优化平台功能和界面设计。通过收集用户反馈和建议，我们及时调整平台策略和功能设置，确保平台能够更好地满足用户需求。同时，我们还建立了完善的客户服务体系，提供全方位的技术支持和培训服务，帮助用户更好地理解和使用平台。这种注重用户体验的做法不仅提升了用户满意度，还促进了平台的持续发展和市场拓展。

在项目实施过程中，我们积极与行业内外的合作伙伴进行交流与合作，共同探讨技术创新和应用实践。通过参与行业会议、研讨会等活动，我们了解了行业最新动态和趋势，拓宽了视野和思路。同时，我们还与科研机构、高校等建立了长期合作关系，共同推动人工智能技术在油气管道监控领域的应用和发展。这种开放合作的态度不仅促进了我们自身的技术进步和产业升级，也为推动行业共同进步做出了积极贡献。

未来展望

汉王智远将继续深化技术研发，将边缘计算、5G通信等前沿技术融入城市生命线视频智能分析预警平台，进一步提升平台的性能与效率。同时，公司将致力于推动行业标准化和规范化建设，制定技术标准和应用规范，确保技术进步的同时，注重环境保护和资源节约，促进整个行业的绿色可持续健康发展。此外，汉王智远还将积极探索，平台在其他领域的应用拓展，如智慧交通、智慧环保等，为构建更加安全、智能的城市生活贡献力量。随着技术的不断进步和应用的深化，汉王智远油气管道视频智能分析平台将在更多领域发挥重要作用，为社会发展创造更大价值。

汉王智远将始终秉承"自主创新与行业应用紧密结合"的发展宗旨，不断探索新技术、新应用，为公共安全领域提供更加智能、高效的解决方案。同时，我们也将加强与行业内外合作伙伴的交流与合作，共同推动人工智能技术的普及和应用，构建更加安全、高效、智能的视频预警平台。

［专家点评］

城市生命线视频智能分析预警平台项目展现了汉王智远在科技创新驱动方面的卓越能力。通过融合高清视频、光纤振动传感、地理天气、地震数据、AI视觉大模型与大数据分析等先进技术，该平台不仅实现了对油气管道的全天候智能监控，还显著提升了巡检效率与安全性，体现了科技对产业升级的强大推动力。同时，项目促进了人工智能技术与传统油气行业的深度融合，展现了产业融合发展的新趋势。

该平台以数据为核心驱动力，通过实时数据分析与预警，实现了对安全隐患的精准识别与快速响应，体现了数据驱动决策的重要性。此外，项目在提升公共安全水平的同时，也考虑到了绿色可持续发展，通过智能化手段减少了对人工巡检的依赖，降低了能源消耗与碳排放，符合绿色发展的时代要求。

在国际竞争力方面，汉王智远凭借其领先的技术解决方案与丰富的行业经验，成功开发出具有国际先进水平的油气管道智能监控系统，不仅在国内市场占据领先地位，更具备拓展国际市场的潜力，有助于提升我国在该领域的国际竞争力。综上所述，城市生命线视频智能分析预警平台项目在科技创新、产业融合、数据驱动、绿色发展及国际竞争力提升等方面均表现突出，是新质生产力实践的成功典范。

执笔人：黄磊、许方明、刘颖

远红外功能眼镜：干眼症治疗的新革命

国科视康（北京）科技有限公司

国科视康（北京）科技有限公司秉承"科技修善，立身为民，产业报国"的理念，在视觉康复领域取得了突破性进展。公司历经数年科研努力，成功开发出采用独家"铠晶石"新材料的远红外功能眼镜，该产品凭借卓越的耐用性和健康保健功能，在市场中脱颖而出。该眼镜不仅通过了多项国家质量检测，更在北京同仁医院等权威医疗机构的临床试验中，展现了其在干眼症治疗中的显著疗效，有效提升了患者的眼部舒适度和生活质量。国科视康的这一创新实践，不仅推动了眼健康领域的技术革新，也为行业树立了新标杆，为未来的视觉康复技术智能化、个性化发展奠定了坚实基础，为国民视力健康提供了强有力的科技支撑。

在当今这个科技飞速发展的时代，新质生产力已成为推动社会进步的强大引擎，尤其在医疗健康领域展现出了巨大的潜力和价值。新质生产力的不断涌现，不仅引领了诊疗技术的革新，还显著提升了医疗服务的精准性和效率，为患者的健康带来了更多福音。国科视康（北京）科技有限公司（以下简称国科视康）作为一家以"科技修善，立身为民，产业报国"为核心理念的创新型企业，紧跟时代步伐，积极响应社会对高质量视觉康复解决方案的迫切需求。面对干眼症等眼部健康问题的挑战，国科视康依托自主研发的新材料和新技术，成功研制出远红外功能眼镜，为患者提供了更为安全、有效的治疗手段。这一创新实践不仅展现了新质生产力在医疗健康领域的巨大潜力，更为视觉康复行业的发展注入了新的动力，引领着行业向智能化、个性化方向迈进。

视觉康复领域的深耕者

国科视康坐落于北京市大兴区中关村科技园区大兴生物医药产业基地，是一家以"科技修善，立身为民，产业报国"为核心理念的高新技术企业。公司深耕视觉康复领域，致力于通过科技创新提升国民视力健康水平。依托强大的研发团队和深厚的行业积累，国科视康成功研发出基于独家"铠晶石"新材料的远红外功能眼镜，这一创新产品不仅填补了市场空白，更为干眼症等眼部疾病患者带来了革命性的解决方案。

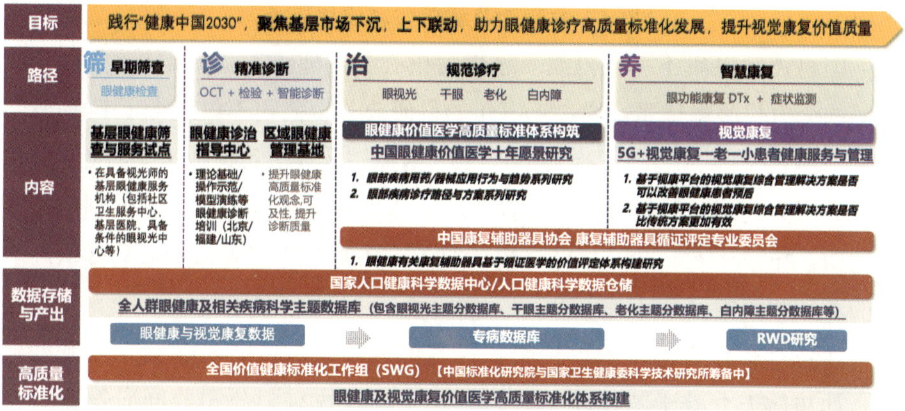

图 1　打造眼健康规范诊疗提速扩面平台

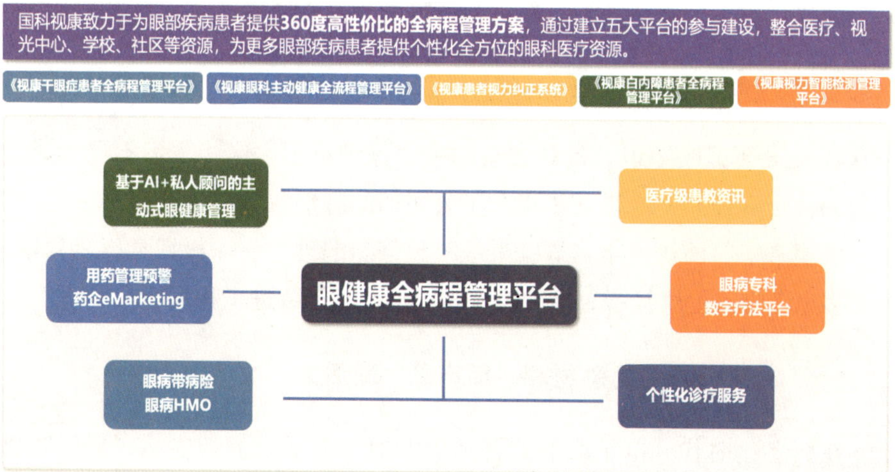

图 2　全球领先的眼健康管理平台

以独有AI管理引擎驱动眼健康管理全流程	专业眼健康跟踪服务系统	专科医生覆盖全国
基于3万眼部疾病患者内外多源异构数据开发数据点过亿,其他平台极难获取。通过团队医学数据建模能力,可实现指导规范诊疗、病情预警、管理方案设计与个性化诊疗方案推荐等功能,将管理效率提高到同平台的5-10倍。	通过人工干预可提升管理依从性与效果,提高患者满意度和复购率。通过5G+健康管理,结合互联网与医疗健康设备、人工智能等技术,针对眼部疾病患者进行跟踪式服务,构建居民个人眼健康画像,开展疾病危险因素检测和健康管理服务。	与80+头部三甲医院开展合作并与超过1000+眼科医生达成意向合作,通过大数据平台及人工智能技术,将医疗资源覆盖90%+地级市

深度开展有关眼科主动健康、智慧康复、数字医学、循证医学、卫生经济学、医疗器械与康复辅助器具研究、主动健康研究、数字疗法开发及数据服务工作,将为中国10亿眼病患者提供医学帮助。

我国是全球眼病患者最多的国家,患者基数庞大,如果不计算重叠发病,仅近视、干眼症、白内障三大眼病患者人数就已经超过10亿,我国未成年人近视患病率高达54%。各类眼病发病率高,各地诊疗水平参差不齐,大量眼病患者治疗需求难以满足,庞大的眼病规模造成严重的社会眼健康问题。

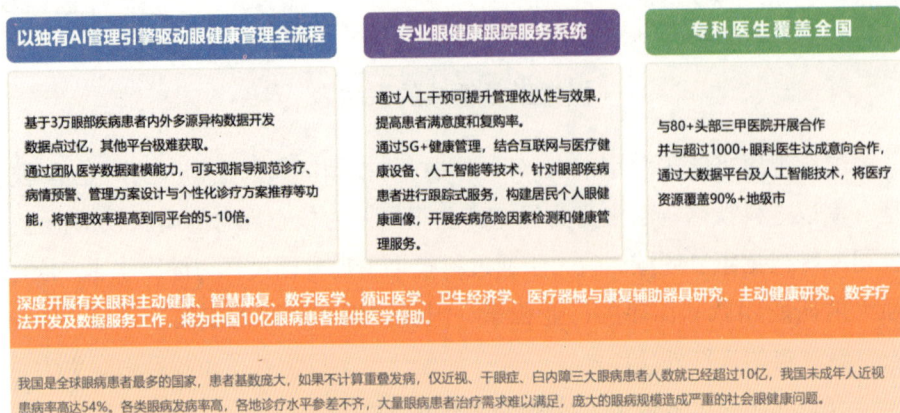

图 3　打造高质量眼健康管理服务

国科视康以旗下"意得凯"品牌为核心,构建了覆盖眼部检测、护理、康复的全方位服务体系。通过近五年的科研攻关,公司不仅获得了14项发明专利,还在全国30多个省市自治区设立了视力健康管理中心,形成了覆盖广泛的服务网络。此外,公司还在北京、深圳、成都等地布局,分别承担市场运营、技术研发、产品生产、售后服务等关键职能,确保为市场提供高质量的产品和服务。

在技术合作方面,国科视康积极与国内外知名科研机构和企业开展合作,如与航天九院十三所北京航天时代光电科技有限公司共同研发新型材料,不断提升产品的科技含量和竞争力。同时,公司还与中国康复辅助器具协会等权威机构保持紧密合作,共同推动视觉康复技术的进步和应用。

国科视康不仅关注技术创新和市场拓展,还积极履行社会责任,热心公益事业。公司通过捐赠远红外功能眼镜、开展健康宣教等方式,为社会公众普及眼部健康知识,提高大众的视力保护意识。这些举措不仅彰显了公司的社会责任感,也进一步提升了公司的品牌形象和市场影响力。

展望未来,国科视康将继续秉承科技创新的理念,深耕视觉康复领域,为更多患者带来健康福音,推动医疗健康行业的持续进步和发展。

新材料、新产品、新活力

在数字化时代,电子产品的普及极大地丰富了人们的生活,但同时也带来了一系列眼部健康问题。随着智能手机、平板电脑等电子设备的广泛应用，人们长时间注视屏幕，导致干眼症、视疲劳等眼部疾病的发病率急剧上升。据相关统计，全球范围内干眼症患者数量庞大，且呈现年轻化趋势。这一现状不仅严重影响了患者的生活质量，也给社会医疗卫生体系带来了巨大的压力。

传统治疗方法对于干眼症等眼部疾病的效果有限，且往往伴随着诸多不便，如治疗周期长、患者依从性差等问题。因此，市场急需一种便捷、高效、安全的解决方案，以满足患者对于眼部健康管理的迫切需求。同时，视觉康复领域的技术创新也面临着诸多挑战，特别是在材料科学、生物技术等关键领域，需要不断突破传统技术的局限，探索新的治疗途径和方法。

正是在这样的背景下，国科视康敏锐地捕捉到了市场机遇，并勇于承担技术挑战，开始了新材料、新技术的研发之路。国科视康与航天九院十三所北京航天时代光电科技有限公司等机构紧密合作，经过数年的科研攻关，成功研发出了具有自主知识产权的"铠晶石"新材料及基于此材料的远红外功能眼镜产品。这一创新解决方案的推出，不仅填补了市场空白，更为干眼症等眼部疾病的治疗提供了新的思路和方法。

"铠晶石"作为一种新型复合材料，它结合了多种材料的优点，具有高强度、高透光性、耐磨损等特点。更重要的是，"铠晶石"材料能够稳定地释放远红外线波长，这种远红外线对人体的眼部健康具有显著的积极影响。通过科学研究和实验验证，"铠晶石"材料被证明能够改善眼部血液循环、缓解眼部疲劳，为远红外功能眼镜的开发奠定了坚实的基础。

远红外功能眼镜采用独家研发的"铠晶石"材料制成眼镜框，不仅保证了产品的耐用性和舒适性，还融入了独家频段的远红外材料技术。这种眼镜不仅具有传统的视力矫正功能，还能通过释放远红外线，有效改善眼部血液循环，缓解眼部疲劳，对干眼症等眼部疾病具有显著的辅助治疗效果。

在实际应用中，远红外功能眼镜凭借其便捷性、高效性和安全性受到了患者的广泛好评。患者只需日常佩戴眼镜，即可享受到远红外治疗带来的益处，无需额外的时间和精力投入。

国科视康在远红外功能眼镜的研发过程中，克服了诸多技术难题和市场挑战。公司投入了大量资金和人力进行材料研发和产品测试，确保产品的安全性和有效性。同时，公司积极与高校、科研机构及医疗机构合作，共同推动项目的顺利进行。

在材料研发阶段，国科视康与航天九院等科研机构紧密合作，共同研发出"铠晶石"新材料。经过多次试验和优化，最终确定了材料的最佳配方和工艺参数。

在产品设计阶段，在材料研发成功的基础上，公司组织专业团队进行产品设计。设计师们充分考虑了产品的美观性、舒适性和功能性，经过多次修改和完善，最终确定了远红外功能眼镜的外观和结构。

在产品测试阶段，为确保产品的安全性和有效性，国科视康与北京科技大学顾强教授团队进行了深入合作。团队对产品进行了全面的检测和评估，包括化学组分检测、平衡热辐射检测以及放射性检测等多个方面。研究结果表明，远红外功能眼镜的主要元素为常见无害元素，没有发现有害元素和化合物，产品的平衡热辐射和放射性指标均符合国家标准。

在临床试验阶段，在通过初步测试后，国科视康与北京同仁医院、中国人民解放军总医院等权威医疗机构合作，启动了高水平的临床试验。研究团队通过随机对照研究方法验证了远红外功能眼镜对干眼症患者症状的改善情况。经过4周的治疗周期后，实验组患者的眼部舒适度、视力改善等方面均表现出显著效果且无明显副作用。

远红外功能眼镜的成功研发和推广不仅为公司带来了显著的经济效益和社会效益，也为视觉康复领域的技术创新树立了新的标杆。通过多项国家质量检测和高水平临床试验的验证，远红外功能眼镜的安全性和有效性得到了充分证明。目前该产品已在全国范围内推广应用，为众多干眼症患者带来了福音。同时国科视康也因此在行业内赢得了良好的口碑和声誉。

国科视康的这一创新实践不仅推动了眼健康领域的技术革新，也为公司未来的发展奠定了坚实的基础。未来随着科技的不断进步和市场需求的不断变化，国科视康将继续深耕远红外功能眼镜领域，为更多患者带来福音的同时也为公司的可持续发展注入新的活力。

发展新质生产力的经验总结

在视觉康复领域，国科视康通过深入实践新质生产力，不仅成功解决了行业内的技术难题，更为患者带来了切实的健康福祉，积累了丰富的宝贵经验。以下是我们对新质生产力实践经验的全面总结：

1. 创新驱动发展，新质生产力引领技术革新。

国科视康深刻理解到，创新是推动企业发展的核心动力。在研发远红外功能眼镜的过程中，公司积极探索新材料、新技术的应用，与航天九院等科研机构深度合作，共同研发出具有自主知识产权的"铠晶石"新材料。这种创新性的材料应用，不仅提升了产品的附加值，更为干眼症等眼部疾病的治疗提供了新的思路和方法，充分体现了新质生产力在技术创新方面的巨大潜力。

2. 市场需求导向，精准定位提升竞争力。

在产品开发初期，国科视康就深入调研市场需求，发现干眼症等眼部疾病患者对于便捷、高效、安全的治疗方案有着迫切的需求。基于此，公司精准定位产品功能，将远红外功能眼镜打造成为一款既能矫正视力又能缓解眼部疲劳、辅助治疗干眼症的创新产品。这种精准的市场定位不仅满足了患者的实际需求，也有效提升了产品的市场竞争力。

3. 产学研用深度融合，加速科技成果转化。

国科视康注重产学研用的深度融合，积极与高校、科研机构及医疗机构合作，共同推动远红外功能眼镜的研发和应用。通过与北京科技大学、北京同仁医院等单位的紧密合作，公司不仅获得了专业的技术支持和丰富的临床数据，还成功将科技成果转化为实际产品并投入市场应用。这种合作模式不仅加速了科技成果的转化进程，也为企业自身的发展注入了新的活力。

4. 注重品牌建设和社会责任，提升企业形象。

在推动技术创新和市场拓展的同时，国科视康还注重品牌建设和社会责任的履行。公司通过积极参与公益活动、开展健康宣教等方式提升品牌形象和美誉度；同时关注环境保护和可持续发展问题，采用环保材料和生产工艺减少对环境的影响。这些举措不仅增强了企业的社会责任感，也提升了企业的品牌形象和市场竞争力。

5. 持续优化产品和服务，满足多样化需求。

面对不断变化的市场需求和患者反馈，国科视康不断优化产品和服务以满足更多样化的需求。例如针对长时间使用电子屏幕的群体推出防蓝光眼镜；针对视疲劳患者推出抗疲劳镜片等。通过持续的技术创新和产品升级，国科视康始终保持在行业领先地位并为患者提供更加全面、个性化的视觉康复解决方案。

综上所述，国科视康通过深入实践新质生产力，在视觉康复领域取得了显著成果。这些成果不仅为公司自身的发展奠定了坚实基础，也为行业的可持续发展注入了新的活力。未来随着科技的不断进步和市场需求的不断变化，国科视康将继续秉承创新理念深耕视觉康复领域，为更多患者带来健康福音。

未来展望

展望未来，国科视康将继续秉持"科技修善，立身为民，产业报国"的核心理念，深耕视觉康复领域，推动新质生产力的发展。我们计划进一步加大研发投入，不断探索新材料、新技术的应用，开发出更多具有自主知识产权的创新产品，以满足市场对眼部健康管理日益增长的需求。

同时，我们将积极拓展国内外市场，加强品牌推广和渠道建设，提升产品在全球范围内的知名度和影响力。通过参加国际展会、建立海外销售网络等方式，将我们的优质产品推向更广阔的市场。

此外，国科视康还将积极响应国家健康中国战略，加强与政府、医疗机构、科研机构等合作，共同推动眼健康事业的发展。我们将继续履行社会责任，关注公益事业，通过捐赠产品、开展健康宣教等方式，为改善公众眼部健康贡献力量。

展望未来，我们有信心将国科视康打造成为全球领先的视觉康复解决方案提供商，为人类的眼健康事业做出更大的贡献。

[专家点评]

　　国科视康的创新实践充分展示了科技创新驱动产业融合发展的巨大潜力。从科技创新的角度来看，公司自主研发的新材料、新技术不仅推动了视觉康复技术的进步，更为行业树立了标杆；从产业融合的角度来看，公司与高校、科研机构及医疗机构的紧密合作促进了产学研用的深度融合，推动了产业链的协同发展；从数据驱动的角度来看，公司依托市场调研和用户反馈不断优化产品设计和服务模式提高了市场竞争力；从绿色可持续发展的角度来看，公司注重环保材料和生产工艺的应用展现了企业的社会责任感；从国际竞争力提升的角度来看，公司积极拓展国际市场加强与国际眼科机构的合作有望在全球市场占据一席之地。综上所述，国科视康在科技创新、产业融合、数据驱动、绿色可持续发展及国际竞争力提升等方面均表现出色值得其他企业学习和借鉴。

执笔人：彭超、许薇薇、刘京曦

手部智能康复系统：推动医疗康复技术变革

北京软体机器人科技股份有限公司

北京软体机器人科技股份有限公司创新研发了手部智能康复系统，该系统集软体材料学、智能算法与高精度传感技术于一体，实现了主被动训练模式与康复评估的无缝结合。通过个性化康复方案定制与实时监测评估，显著提升了康复效果与效率，有效缓解了康复师资源紧张问题。作为新质生产力的典范，该系统不仅展现了公司在康复技术领域的深厚积累与创新能力，更为康复医学行业的高质量发展注入了新动力。

在全球化与科技进步日新月异的今天，新质生产力已成为推动经济社会发展的重要力量。新质生产力不仅体现在技术创新层面，更涵盖了产业模式、生产流程、市场需求及社会价值等全方位的革新。面对康复医学领域日益增长的需求与资源有限的矛盾，北京软体机器人科技股份有限公司（以下简称 SRT）积极响应国家创新驱动发展战略，将软体机器人等前沿技术深度融入康复医学实践，致力于提升康复行业的整体生产力水平。通过自主研发的手部智能康复系统，SRT 不仅解决了传统康复方法中的诸多痛点，还推动了康复产业的智能化、个性化发展，为新质生产力在医疗健康领域的广泛应用提供了宝贵经验和示范案例。

软体机器人技术在手部康复领域应用的探索者

SRT 自成立以来，始终站在软体机器人技术的前沿，致力于突破产学研全链条的关键技术瓶颈。作为国内首个在该领域取得全面突破的创新型科技集团，SRT以"科技引领康复，创新服务健康"为企业使命，将软体机器人技术深度应用于医疗健康产业，特别是手部康复领域。

SRT的发展历程充满了创新与挑战。从最初的技术探索到如今的产业布局，公司不仅构建了丰富的康复产品体系，还成功地将软体机器人技术拓展至工业自动化领域，研发出能够高效抓取搬运异形、易损物品的柔性夹爪，解决了工业自动化生产中的"最后一厘米"难题。此外，SRT还积极涉足机器视觉AI技术、智慧物流仓储系统及半导体相关工艺技术领域，不断拓展其技术边界。

凭借强大的研发实力和持续的技术创新，SRT在行业内树立了领先地位。公司已申请近200项专利，其中包括66项发明专利，并通过了国家高新技术企业认定，荣获国家重点"小巨人"企业、专精特新"小巨人"企业等多项殊荣。在市场竞争中，SRT凭借其独特的技术优势和市场洞察力，成功占据了康复医学和工业自动化领域的重要位置，成为推动行业发展的中坚力量。

开创手部康复的智能化时代

随着人口老龄化的加速和慢性病发病率的上升，手部功能受损的患者数量急剧增加，对手部康复的需求也日益迫切。然而，传统的康复方法面临着诸多挑战：一方面，训练模式单一，难以满足患者在不同康复阶段的多样化需求；另一方面，评估手段主观，缺乏客观、量化的数据支持，影响了康复方案的精准制定和调整。此外，康复师资源的紧张也是制约康复服务普及和质量提升的关键因素。

面对这些挑战，如何创新康复手段、提升康复效率与质量，成为康复医学领域亟待解决的问题。SRT凭借其在软体机器人技术领域的深厚积累，决定研发一款集主被动训练模式与智能评估于一体的手部智能康复系统，旨在通过技术创新应对康复医学的新挑战，推动手部康复的变革与发展。

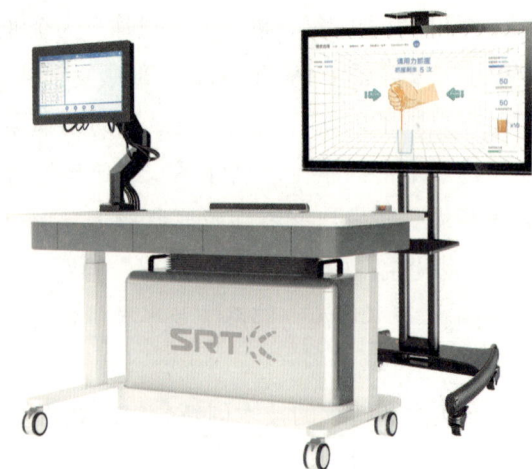

图 1 软体机器人–手部智能康复系统

针对上述挑战，SRT 研发的手部智能康复系统展现出了一系列核心优势：

软体材料学技术的应用：系统采用了先进的软体材料学技术，设计出了贴合度高、舒适性强的训练手套。这种手套不仅模拟了人手的自然运动轨迹，提供了更为真实、自然的训练体验，还通过其弹性和形变特性延长了产品使用寿命，降低了维护成本。

智能算法与高精度传感技术的融合：内置的高精度传感器和智能算法模块实现了对患者训练过程的实时监测和数据分析。传感器能够捕捉患者手部的微小动作和力度变化，为评估提供翔实的数据支持；智能算法则根据这些数据生成详尽的评估报告，帮助医护人员准确了解患者的康复进展，实现精准治疗。

主被动训练模式的整合：系统结合了主动训练与被动训练的优势，可以根据患者的康复阶段和需求灵活调整训练方式。这种个性化定制的训练方案不仅提高了患者的参与度和康复效果，还有效缓解了康复师资源紧张的问题。

差异化方案管理与优化医护资源配置：通过建立完善的康复方案数据库，医护人员可灵活调用或定制合适的康复方案，支持方案的共享、修改等功能，实现差异化方案管理。同时，系统支持异步训练模式，提高了医护资源的利用效率。

　　在研发过程中，SRT团队克服了多个技术难题。由首席技术官鲍磊领衔，带领着一支跨学科的研发团队，成员包括材料工程师、硬件工程师、软件工程师等多领域人才。面对种种技术挑战，团队通过紧密协作和持续创新，成功解决了多项关键技术难题。例如，在遇到传统软体材料的负载能力较弱的问题时，团队不仅优化现有设计，还引入了新的材料配比与结构设计，显著提升了产品的稳定性与性能。展现出了团队卓越的技术实力与创新能力。

　　软体材料设计：经过多次试验与优化，团队选定了既具有高弹性又具有良好生物相容性的材料作为手套的主要成分，确保了产品的舒适性和安全性。

　　传感器技术研发：自主研发了先进的信号处理算法，有效提高了传感器的数据准确性和实时性，克服了数据传输延迟和噪声干扰等问题。

　　临床验证与优化：邀请康复医学专家和临床医生参与系统设计和测试过程，确保系统符合临床需求和患者实际使用情况。通过不断地迭代和优化，逐步完善了系统的功能和性能。

　　最终，SRT成功研发出手部智能康复系统，并在全国多家医疗机构推广应用。该系统不仅提高了康复效率和质量，还为患者提供了更加个性化、舒适的康复体验。同时，它也促进了康复产业的智能化升级和个性化发展，为康复医学的进步注入了新的活力。

　　在北京市某三级甲等康复医院，SRT的手部智能康复系统被应用于帮助患者恢复手部功能。院内患者王先生因突发脑卒中出现了运动功能障碍，面临严峻的康复挑战。医院的康复团队首先对其手部功能进行了全面评估，基于评估结果，利用SRT的手部智能康复系统，为王先生设计了一套个性化的康复计划。定期通过康复系统辅助完成握拳、分指、对捏等动作训练。在不断地康复训练过程中，他逐步地恢复了手部的灵活性与力量，日常生活能力有了很大的提升。对此王先生表示："康复体验非常特别，经过训练后能够明显感觉到手指功能的改善。"

发展新质生产力的经验总结

　　通过本次手部智能康复系统的研发与应用实践，SRT深刻体会到了创新技术对于推动行业进步的重要作用。以下是我们在项目过程中所积累的一些宝贵经验：

深入理解市场需求是创新的基础：在项目初期，我们通过对市场需求的深入调研，明确了客户在康复过程中的痛点和技术难点。这种对市场需求的精准把握为我们后续的技术创新提供了明确的方向和目标。因此，在未来的产品开发中，我们将继续强化市场导向，确保产品能够切实解决客户的实际需求。

跨学科合作是创新的关键：本项目的成功离不开软体材料学、智能算法、高精度传感技术等多学科的紧密合作。通过整合不同领域的知识和技术资源，我们攻克了一系列技术难题，实现了产品的创新突破。这启示我们在未来的技术创新过程中，应更加注重跨学科合作，充分发挥各领域的专业优势，共同推动技术创新的发展。

持续迭代与优化是创新的保障：在产品研发过程中，我们经历了多次试验、测试和优化，才最终实现了产品的稳定和高效。这使我们深刻认识到，创新并非一蹴而就的过程，而是需要不断地迭代与优化。因此，在未来的技术创新中，我们将继续坚持持续改进的理念，通过技术迭代和产品优化，确保产品始终保持领先地位。

强化产学研合作是创新的重要途径：通过与康复医学专家和临床医生的紧密合作，我们成功地将科研成果转化为实际应用产品。这种产学研合作模式不仅提升了产品的专业性和实用性，还促进了科技成果的快速转化和应用。未来，我们将继续加强与科研机构、高校及医疗机构的合作，共同推动科技创新和产业发展。

注重用户体验是创新的目标：在产品研发过程中，我们始终将用户体验放在首位，致力于为用户提供更加舒适、便捷、高效的康复体验。这种以用户为中心的设计理念不仅提升了产品的市场竞争力，还赢得了广大用户的信赖和支持。未来，我们将继续秉承这一理念，不断提升产品的用户体验和用户满意度。

综上所述，本次手部智能康复系统的研发与应用实践为我们积累了宝贵的经验。在未来的技术创新过程中，我们将继续坚持市场导向、跨学科合作、持续迭代与优化、产学研合作以及以用户为中心等理念，为推动康复医学领域的技术进步和产业发展贡献更大的力量。

未来展望

展望未来，SRT 将继续深化软体机器人技术在康复领域的应用，不断提升手部智能康复系统的智能化水平。我们将引入更多先进技术，如人工智能和大数据分析，以进一步优化训练效果和用户体验。同时，我们还将加强与国内外医疗机构和康复专家的合作，推动系统的广泛应用与持续优化，助力全球康复医学领域的进步与发展。通过不懈努力，我们期望能够为更多患者提供高效、个性化的康复服务，为实现健康中国的伟大目标贡献力量。

〔专家点评〕

从科技创新驱动的角度来看，本案例展示了软体机器人技术在康复医学领域的创新应用，推动了康复技术的革新与进步。从产业融合发展的角度来看，SRT 通过与医疗机构、科研院所等合作伙伴的紧密合作，形成了康复产业链的协同发展态势。从数据驱动决策的角度来看，系统内置的高精度传感器和智能算法为康复决策提供了有力的数据支持。从绿色可持续发展的角度来看，该系统的应用有助于减少康复过程中的资源浪费和环境污染。从国际竞争力提升的角度来看，SRT 的创新实践为我国康复医学领域的国际竞争提供了有力支撑。综上所述，本案例在科技创新驱动、产业融合发展、数据驱动决策、绿色可持续发展和国际竞争力提升等方面均表现出色，具有较高的推广价值和借鉴意义。

执笔人：马鑫、鲍磊、张雅婷、赵静静

新型电力系统：聚焦四大关键领域服务智能电网

北京前景无忧电子科技股份有限公司

北京前景无忧电子科技股份有限公司积极响应国家关于加快能源结构转型与推动数字经济发展的战略号召，斥资 1.1 亿元打造新型电力系统技术研发中心建设项目。该项目涵盖了多个关键领域，包括电力载波通信芯片的设计、区块式自动灭火技术的创新、配网行波故障预警与精确定位系统的开发以及电力设备状态智能诊断平台的建设。

通过深度融合人工智能、大数据分析、物联网等前沿技术，项目不仅致力于提升电力系统的智能化水平和运行效率，更力求在保障能源供应安全与促进绿色低碳发展方面发挥引领作用。项目的实施不仅将巩固公司在电力行业的技术领先地位，还将为智能电网、电动汽车充电网络、智能家居系统等多个领域的革新与发展注入强大动力，助力我国电力行业实现更高质量、更可持续的发展。

北京前景无忧电子科技股份有限公司（以下简称前景无忧）作为一家深耕电力行业配用电领域的高新技术企业，始终站在技术创新的最前沿。面对电力行业智能化、数字化转型的迫切需求，公司果断决策，启动新型电力系统技术研发中心建设项目。该项目不仅是对公司自身技术实力与创新能力的一次全面展示，更是对国家能源战略与数字经济政策的积极响应。通过该项目的实施，公司期望能够突破一系列关键技术瓶颈，推动电力行业的技术进步与产业升级，为实现全球能源互联网构建与绿色低碳发展目标贡献自己的智慧与力量。

电力行业配用电领域的领先品牌

前景无忧自成立以来，始终深耕于电力行业配用电领域，致力于提供前沿的智能物联产品和全方位的数字化解决方案。作为一家拥有深厚行业积淀的高新技术企业，公司不仅注册资本达到 1.08 亿元人民币，更凭借持续的技术创新和卓越的产品品质，赢得了市场的广泛认可。

公司构建了完整的"云、管、边、端"全栈式产品体系，覆盖了电力载波、计量、配网及软件等多个产品线。这些产品不仅涵盖了电力系统管理的各个方面，还通过集成先进的人工智能、大数据分析和物联网技术，实现了电力系统的智能化升级。从 HPLC/HDC 通信单元到中低压载波通信模组，从低压配网监测采集终端到全参数边缘计算终端，公司的产品体系，全面满足了电力行业的多样化需求。

在技术创新方面，公司展现出了强大的研发实力，不仅拥有 93 项软件著作权和 52 项专利，还荣获了多项行业荣誉和资质认证，包括北京市"专精特新"中小企业、专精特新"小巨人"企业以及工信部国家级专精特新"小巨人"企业称号。此外，公司还积极参与各类创新创业大赛，并在"创客北京 2022"中取得了优异成绩，进一步巩固了其在行业内的领先地位。

展望未来，前景无忧将继续秉持创新、务实、高效的企业精神，深化与国内外合作伙伴的战略合作，共同推动电力行业的数字化转型和智能化升级。同时，公司还将积极拓展新业务领域和市场空间，为客户提供更加优质、高效的服务和解决方案，携手共创电力行业的美好未来。

围绕四大领域研发新型电力系统

在全球能源转型和电力行业智能化发展的大背景下，前景无忧敏锐地洞察到了行业的发展趋势，深刻认识到提升电力系统智能化水平的重要性和紧迫性。随着能源需求的不断增长和用户对高效、安全、可靠供电服务期望的日益提高，传统电力系统在通信可靠性、设备状态监测、火灾防控等方面存在的短板愈发凸显。这些问题不仅限制了电力系统的整体效能，也阻碍了电力行业向更高质量、更智能化发展的步伐。

为了应对这些挑战，前景无忧决定启动新型电力系统技术研发中心建设项目。该项目旨在通过技术创新，解决行业痛点问题，推动电力系统向更高效、更智能、更绿色的方向发展。这不仅是对全球能源转型趋势的积极响应，也是公司自身发展战略的重要布局，更是对电力客户日益多样化需求的精准把握。

新型电力系统技术研发中心建设项目围绕电力设备状态智能诊断、区块式自动灭火、配网行波故障预警与精确定位、能源互联网本地通信芯片等四大核心领域展开全面研发。

1.电力设备状态分析与智能诊断。该项目采用人工智能、大数据、机器学习等先进技术，构建了电力设备状态智能诊断系统。系统通过实时监测电力设备的运行状态，收集并分析大量数据，能够自动识别设备故障，预测可能出现的问题，并提供维修决策建议。这不仅大幅提高了运维效率，还有效降低了设备故障率，保障了电力系统的稳定运行。

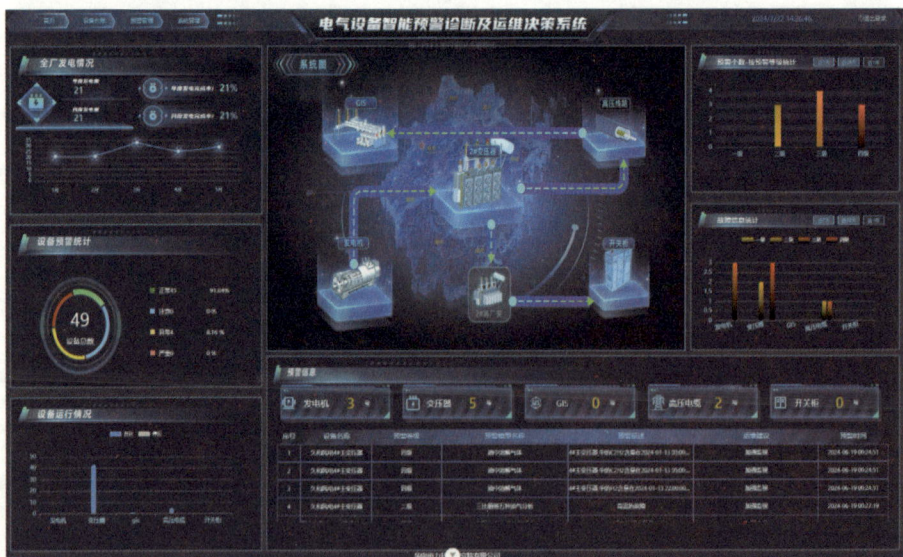

图1　电气设备智能预警诊断及运维决策系统

2.区块式自动灭火技术。针对传统灭火设备在电气火灾防控中的不足，前景无忧研发了区块式自动灭火装置。通过物联网、云计算等先进技术，实现了消防设备的智能化管理与自动灭火功能。在火灾初期阶段，系统能够迅速响应，精准定位火源，并通过自动喷洒灭火剂有效遏制火势蔓延，为电力系统的安全运行提供了坚实保障。

3. 配网行波故障预警与精确定位系统。该项目利用多源信息融合和大数据分析技术，开发了配网行波故障预警与精确定位系统。该系统能够实时监测配网线路的运行状态，一旦发现短路、接地等故障，能够迅速定位故障点并发出预警信号。这不仅缩短了故障处理时间，提高了供电可靠性，还有效降低了因故障导致的停电损失。

图 2　配网三维全景感知系统

4. 新一代面向能源互联网的本地通信系列芯片及模块研发。针对能源互联网的发展需求，前景无忧研发了高效可靠的通信芯片与模块产品。这些产品不仅支持 HPLC 和 HRF 自组网技术，还具备 MIMO 多通道并发功能和 Polar 信道编码高效传输技术。它们为智能电网的构建提供了坚实的硬件基础，实现了台区设备的安全可靠接入和全景监测，助力电网低压侧升级为全连接、广覆盖及高效运维的数字化网络。

在项目实施过程中，前景无忧面临了技术难度大、研发投入高、市场竞争激烈等多重挑战。然而，公司凭借强大的技术实力和团队协作精神，成功克服了这些困难，取得了显著的成果。

图 3　通信系统测试实验室

第一，技术创新成果显著。项目团队在电力设备状态智能诊断、区块式自动灭火技术、配网行波故障预警与精确定位系统等方面取得了多项技术创新成果。这些成果不仅填补了国内相关领域的空白，还达到了国际先进水平。公司申请了多项专利和软件著作权，进一步巩固了公司在电力行业的技术领先地位。

第二，经济效益明显提升。通过项目实施，前景无忧显著降低了设备故障率和运维成本。智能诊断系统的应用提高了运维效率，减少了人工巡检的次数和难度；区块式自动灭火技术的引入则有效避免了火灾事故的发生，降低了经济损失。同时，配网行波故障预警与精确定位系统的实施也缩短了故障处理时间，提高了供电可靠性，为公司带来了显著的经济效益。

第三，社会效益广泛认可。项目成果不仅提升了电力系统的智能化水平，还推动了能源行业的绿色转型和发展。通过技术创新和应用实践，前景无忧为电力行业的可持续发展做出了积极贡献。同时，项目的成功实施也增强了公司在电力行业的市场地位和品牌影响力，为公司在未来的市场竞争中奠定了坚实基础。

此外，项目还通过产学研合作的方式提升了技术攻关效率和研发效率。

公司与多所高校和科研机构建立了紧密的合作关系，共同攻克技术难题推动成果转化。这种合作模式不仅加速了项目进程还促进了人才培养和知识共享，为公司的长远发展注入了新的活力。

图 4 智能楼宇可视化系统

发展新质生产力的经验总结

本案例不仅深刻体现了新质生产力在电力行业转型升级中的关键作用，还全面展示了前景无忧在推动技术创新与产业升级方面的丰富经验和显著成效。以下是对公司践行新质生产力经验的深入总结：

1. 坚持创新驱动发展战略。

北京前景无忧电子科技股份有限公司将技术创新视为企业持续发展的核心动力。公司不仅设立了新型电力系统技术研发中心建设项目，而且持续加大研发投入，积极引进高端技术人才，不断突破关键核心技术。通过聚焦电力载波通信、电力设备状态监测与智能诊断、区块式自动灭火技术等前沿领域，公司成功实现了多项技术突破，为电力行业的智能化、高效化转型奠定了坚实基础。

2. 紧密围绕市场需求，精准解决客户痛点。

公司始终密切关注市场需求和行业动态，以客户需求为导向，精准定位并解决客户痛点。例如，电力设备状态分析与智能诊断系统的研发，正是针对传统电气设备状态监测不准确、维护成本高等问题提出的解决方案。通过智能化、数字化手段，公司有效提升了设备状态管控能力，降低了运维成

215

本，显著提高了客户满意度。

3.加强产学研合作，促进技术成果转化。

公司高度重视产学研合作，积极与国内外知名高校、科研院所建立战略合作关系，通过联合研发、技术交流等形式，充分利用外部资源，提升技术攻关效率和成果转化速度。产学研合作的深入实施，不仅加速了公司技术创新步伐，还促进了技术成果向实际生产力的快速转化，为公司创造了显著的经济效益和社会效益。

4.注重人才培养与引进，打造高素质研发团队。

人才是企业发展的根本。公司高度重视人才队伍建设，通过制定科学的人才培养计划、提供丰富的培训资源、建立完善的激励机制等措施，不断提升员工的专业素养和创新能力。同时，公司还积极引进国内外高端技术人才，为技术创新注入新鲜血液。高素质研发团队的打造，为公司持续的技术创新提供了有力保障。

5.推动产业链协同发展，构建共赢生态体系。

公司深刻认识到产业链协同发展的重要性，积极与上下游企业开展深度合作，共同推动产业链的优化升级。通过资源共享、优势互补、协同创新等方式，公司不仅提升了自身的核心竞争力，还促进了整个电力产业链的协同发展。产业链生态体系的构建，为公司创造了更广阔的发展空间和市场机遇。

综上所述，前景无忧在践行新质生产力方面积累了丰富的经验。公司通过坚持创新驱动、紧密围绕市场需求、加强产学研合作、注重人才培养与引进以及推动产业链协同发展等措施，成功实现了技术突破和产业升级，为电力行业的智能化、高效化发展做出了积极贡献。未来，公司将继续秉承创新理念，不断推动技术进步和产业革新，为电力行业的高质量发展贡献力量。

未来展望

前景无忧将继续秉持创新理念，致力于电力行业的技术革新与产业升级。公司计划进一步加强创新体系建设，完善科研管理机制，提高科研成果的转化率和产业化速度。同时，公司将加大人才培养与引进力度，特别是在关键技术领域吸引和培养高端人才，为持续的技术创新提供坚实支撑。

在绿色发展方面，公司将积极响应国家碳中和目标，推动研发和生产实现绿色转型，加大清洁能源利用，减少碳足迹。此外，公司还将深化与产业链上下游企业的合作，通过技术交流、资源共享等方式，共同探索电力行业的新模式、新业态，构建更加开放、协同的产业生态体系。

展望未来，前景无忧将以新质生产力为引擎，持续推动电力行业向高效率、低能耗、高科技、智能化、绿色化的方向转型升级，为实现电力行业的可持续发展贡献力量。

〔专家点评〕

科技创新驱动：前景无忧在新型电力系统技术研发项目中，显著展示了科技创新实力。项目涵盖电力载波通信芯片、区块式自动灭火技术、配网行波故障预警及精确定位系统等，均通过前沿技术融合实现重大突破。通过智能诊断平台与大数据分析，项目有效提升了电力设备的安全性与运维效率，解决了行业难题，彰显了企业在科技前沿的引领力。

产业融合发展：项目不仅聚焦技术创新，还注重产业融合发展。前景无忧通过技术研发，将成果应用于智能电网、电动汽车充电网络、智能家居等多个领域，推动了产业链上下游的协同发展。这种跨领域的合作，促进了技术的广泛应用与产业的深度融合，增强了整体产业链的竞争力。

数据驱动决策：在项目实施中，前景无忧充分利用数据作为关键生产要素，推动生产效率和产品质量的提升。通过大数据分析与AI模型，实现了对电力设备的精准监控与预测，为企业决策提供了有力支持。这种数据驱动的模式，提升了企业的管理效能和市场响应速度。

绿色可持续发展：项目积极响应国家绿色低碳发展战略，通过技术创新促进能源行业的绿色转型。电力设备状态智能诊断、区块式自动灭火等技术的应用，显著降低了能耗与污染，提高了能源使用效率。同时，项目研发的高效通信芯片与模块，也为智

217

能电网的构建提供了坚实基础，助力实现更清洁、更高效的能源供应。

国际竞争力提升：前景无忧在新型电力系统技术研发中的显著成果，不仅巩固了国内技术领先地位，也提升了企业的国际竞争力。通过技术创新与产业升级，企业成功打入了国际市场，在参与全球能源转型与数字经济发展的浪潮中，为中国电力行业的国际化进程贡献力量。

执笔人：李焱、宋传阳、戚冬杰

胸阻抗断层成像仪：肺部监测技术的新突破

苏州健通医疗科技有限公司

苏州健通医疗科技有限公司自主研发的胸阻抗断层成像仪，依托先进的电阻抗成像（EIT）技术，实现了肺功能的实时监测与病理分析一体化。该产品不仅填补了国内空白，还以高性价比挑战了国际垄断，显著提高了医疗诊断的效率和准确性。公司通过技术创新与市场洞察，成功将新质生产力应用于医疗领域，为全球医疗健康事业贡献了中国智慧与中国方案。

在科技日新月异的今天，新质生产力作为推动社会进步与产业升级的核心动力，正深刻改变着各行各业的面貌。特别是在医疗健康领域，随着人口老龄化的加剧和疾病谱的不断变化，对高效、精准、无创的医疗诊断技术需求愈发迫切。苏州健通医疗科技有限公司（以下简称健通医疗）积极响应时代召唤，聚焦新质生产力的培育与发展，致力于通过技术创新破解医疗诊断领域的难题。公司自主研发的胸阻抗断层成像仪，正是这一探索与实践的结晶，它不仅标志着我国在电阻抗成像技术领域取得了重大突破，更为全球医疗健康事业贡献了宝贵的中国智慧与解决方案。

生命体征监测技术的领航者

健通医疗自2019年成立以来，始终秉持"科技创新，健康未来"的企业使命，致力于成为无创连续动态实时深度生命体征监测技术的领航者。公司坐落于昆山开发区，是一家集研发、生产、销售于一体的高新技术企业。健通医疗深耕心肺功能性监测领域，专注于体循环与肺通气的动态实时监测技术创新，已逐步构建起涵盖无创心排量监测、EIT可视化肺成像、组织氧及微循环检测等多元化的产品线。

公司拥有一支由资深专家和青年才俊组成的研发团队，成员涵盖生物医学工程、电子信息技术、临床医学等多个领域，为持续的技术创新和产品研发提供了坚实的人才保障。健通医疗凭借强大的自主研发能力，成功突破多项关键技术瓶颈，取得了丰硕的科研成果，其中包括多项国内外领先的专利技术和软件著作权。

作为国家级科技型中小企业和高新技术企业，健通医疗不仅获得了昆山双创人才企业和苏州市创新创业领军人才企业等多项荣誉，还成为上海市危急重症临床医学中心智能设备联合研发基地及江苏省研究生联合培养工作站。公司产品广泛应用于国内外各大医疗机构，赢得了广泛的市场认可和用户好评，奠定了公司在医疗科技领域的领先地位。

健通医疗始终坚持以市场为导向，以客户为中心，不断推动技术创新与产业升级，为全球医疗健康事业贡献着中国智慧与中国力量。未来，公司将继续秉承初心，深化产学研合作，拓展国际视野，为全球用户提供更加优质、高效的医疗健康解决方案。

依托电阻抗成像（EIT）技术研发

在医疗健康领域，肺部疾病的早期发现和精准治疗一直是临床医学的重点与难点。传统肺部成像技术，如CT和X光，虽能提供清晰的肺部结构图像，但存在辐射风险、设备昂贵、操作复杂且不便携等局限。特别是对于需要持续监测和紧急救援的场景，传统方法显得力不从心。因此，市场迫切需要一种无创、实时、便携且成本效益高的肺部监测解决方案。健通医疗敏锐地捕捉到了这一市场需求和客户痛点，决定依托电阻抗成像（EIT）技术，研发一款胸阻抗断层成像仪，以实现肺功能的实时监测与病理分析。

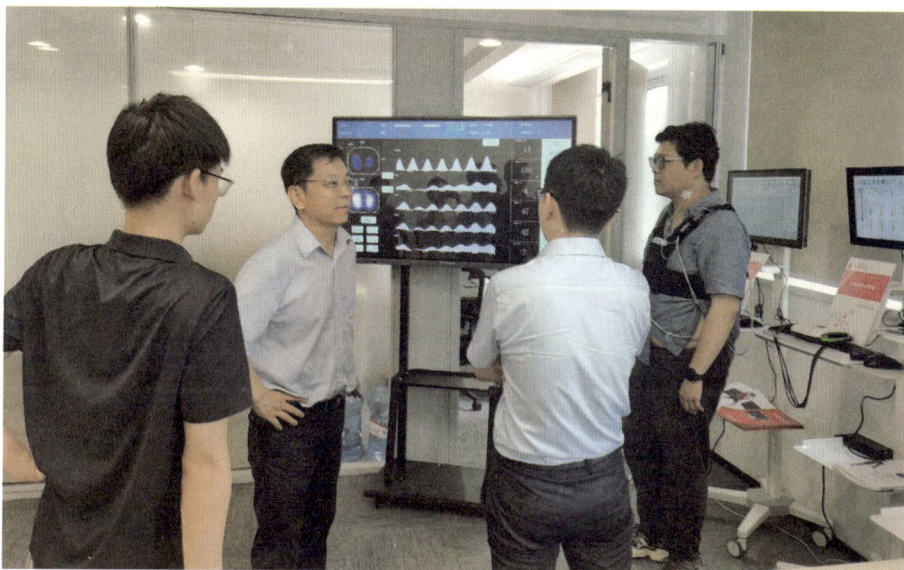

图 1　产品展示

　　该产品基于电阻抗成像原理，实现了肺功能的实时监测与病理分析。其核心技术创新点包括高精度成像技术、多频同步 BIS 高速采集和病理分析技术、高性能便携成像主机以及智能分析与云服务平台。这些技术的突破不仅填补了国内空白，还达到了国际先进水平。

　　该产品基于电阻抗成像原理，通过向人体施加安全电激励并测量响应电压信号，重建肺内部的电阻率分布图像，进而实现肺功能的实时监测与病理分析。在研发和推广过程中，健通医疗面临了诸多挑战。在成像精度与稳定性、实时性提升，以及便携性等方面有显著优势。其核心技术创新点包括：

　　高精度成像技术：采用基于 EIT 卷积神经网络的肺部图像重构技术，以数万例临床 CT 数据为训练模型，实现空间分辨率 ≤ 3% 的高精度成像，突破了 EIT 成像精度较低的技术瓶颈。

　　多频同步 BIS 高速采集和病理分析技术：首创多频同步 BIS 核心部件，将 BIS 病理信息融合于 EIT 图像信息中，采样周期缩短至 1 毫秒，实现"实时监测 + 病理分析"一体化。

　　高性能便携成像主机：搭载"高性能低功耗 ARM+ 多模块集成 FPGA"双核架构，实现 40 帧 / 秒的动态成像监测，极大提升了设备的便携性和处理速度。

智能分析与云服务平台：建立基于大数据云服务的长期健康管家系统，通过智能算法分析阻抗波形及参数，提供肺部病变趋势预测和个性化治疗方案建议。

临床验证与市场拓展

健通医疗与多家知名医院合作开展临床试验，收集了大量临床数据用于产品迭代升级。产品已在苏大附一院等 8 家医院进行临床测试，反馈良好，为急性肺损伤、呼吸窘迫综合征等多种肺部疾病的筛查、分诊、量化评估及实时监控提供了有力支持。

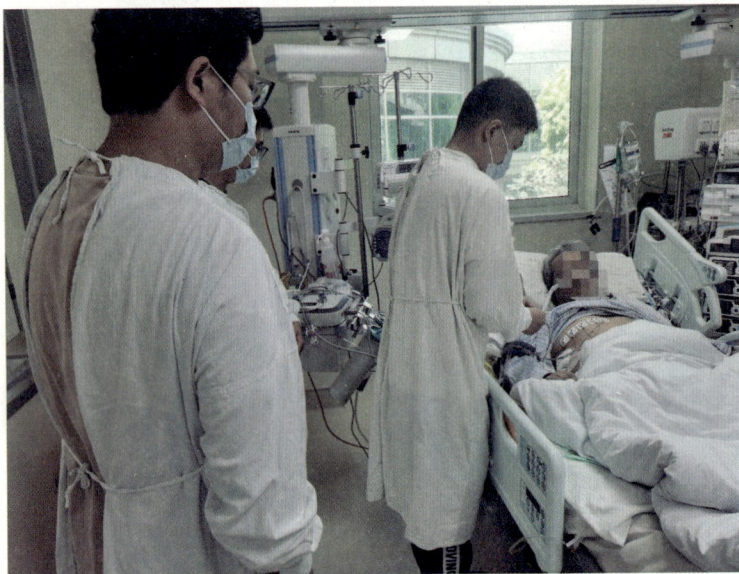

图 2　患者监测

凭借创新的技术优势和显著的临床效果，健通医疗的胸阻抗断层成像仪在市场上赢得了广泛认可。公司已与多家三甲医院达成合作意向，并计划在未来 3—5 年内逐步推广到各层级医疗机构和社区、家庭等场景。

胸阻抗断层成像仪以其高性价比优势挑战了国际垄断。产品的广泛应用提高了肺部疾病的早期诊断率和治疗效率，减轻了患者痛苦和经济负担。同时其无创、实时、便携的特点也为紧急救援和偏远地区医疗服务提供了有力支持，对提升全民健康水平具有积极意义。同时，该产品的成功研发和推广也促进了上下游产业链的发展壮大。

健通医疗与南京航空航天大学等高校建立了紧密的产学研合作关系，共同培养高端医疗科技人才，推动科技成果转化和产业升级。

发展新质生产力的经验总结

健通医疗自主研发胸阻抗断层成像仪的过程中，积累了宝贵的经验，这些经验不仅促进了项目的成功实施，也为公司未来的技术创新和市场拓展奠定了坚实基础。

技术创新是推动项目成功的核心动力。在胸阻抗断层成像仪的研发过程中，我们始终将技术创新放在首位，通过自主研发，突破了电阻抗成像（EIT）技术的成像精度瓶颈，实现了空间分辨率≤3%的高精度成像。同时，我们首创了多频同步 BIS 高速采集和病理分析技术，将采样周期缩短至 1 毫秒，实现了肺功能的实时监测与病理分析一体化。这些技术创新不仅提升了产品的核心竞争力，也为公司赢得了市场的广泛认可。

深入市场调研，精准定位需求。在项目启动之初，我们进行了深入的市场调研，准确把握了肺部疾病监测领域的市场需求和客户痛点。通过调研，我们发现传统肺部成像技术存在辐射风险、设备昂贵、操作复杂且不便携等局限，难以满足现代医疗对于无创、实时、便携且成本效益高的监测需求。因此，我们决定依托 EIT 技术，研发一款符合市场需求的胸阻抗断层成像仪。这一精准的市场定位为项目的成功实施奠定了坚实基础。

强化产学研合作，促进科技成果转化。在项目实施过程中，我们积极与高校、科研机构及医疗机构建立紧密的产学研合作关系。通过与南京航空航天大学等高校的合作，我们共同培养高端医疗科技人才，推动科技成果转化和产业升级。同时，我们与多家知名医院合作开展临床试验，收集了大量临床数据用于产品迭代升级。这种产学研深度融合的模式不仅提升了公司的研发实力和市场竞争力，也促进了科技成果的快速转化和应用。

注重团队建设与人才培养。人才是企业发展的第一资源。在项目实施过程中，我们高度重视团队建设与人才培养工作。通过引进和培养一批高素质的研发人员和管理人才，我们打造了一支专业、高效、创新的团队。这支团队在技术研发、市场推广、客户服务等方面发挥了重要作用，为项目的成功实施提供了有力保障。

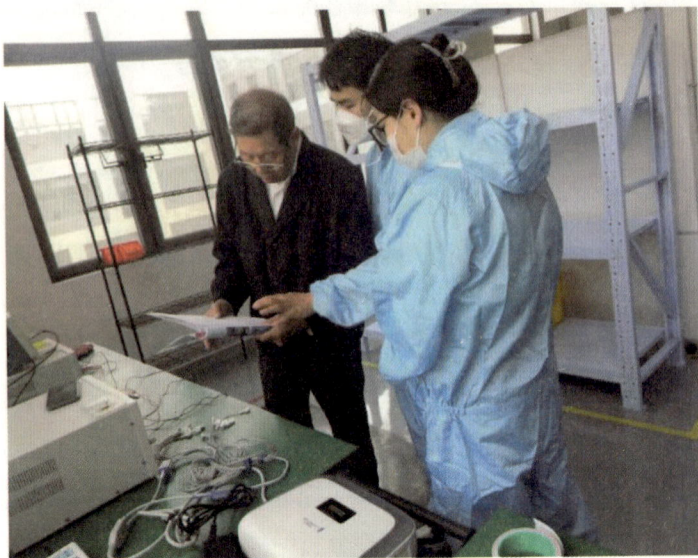

图 3 专家指导

灵活应对市场变化，持续优化产品。市场环境的不断变化要求我们始终保持敏锐的市场洞察力。在项目推进过程中，我们密切关注市场动态和客户需求的变化趋势，及时调整产品策略和市场定位。同时，我们持续优化产品性能和用户体验，确保产品能够持续满足市场需求并保持竞争力。这种灵活应变的能力使我们能够在激烈的市场竞争中立于不败之地。

未来展望

展望未来，健通医疗将依托在胸阻抗断层成像仪研发中积累的宝贵经验，持续优化产品性能，拓宽应用场景。我们计划进一步提升图像分辨率，加强人工智能技术的应用，使产品更加智能化。同时，我们将紧跟大语言模型等 AI 技术的最新进展，推动产品不断创新升级。此外，我们还将加强与国内外医疗机构和科研机构的合作，共同探索更多前沿技术，为肺部疾病的精准诊断和治疗提供更多支持。我们相信，在不久的将来，健通医疗将推出更多具有自主知识产权的高端医疗设备，为全球医疗健康事业的发展贡献力量。

［专家点评］

　　健通医疗的胸阻抗断层成像仪项目充分体现了科技创新驱动产业融合发展的理念。该产品通过电阻抗成像技术的创新应用实现了肺功能的实时监测与病理分析一体化，为医疗诊断带来了革命性的变化。项目团队在技术研发和市场推广方面均展现出卓越的能力和敏锐的市场洞察力。同时项目注重数据驱动决策，不断优化产品性能提升用户体验，展现了绿色可持续发展的理念。此外，该产品在国内外市场的成功应用不仅提升了企业的国际竞争力，还为国内医疗健康设备的自主可控提供了有力支持。综上所述，该项目在科技创新驱动、产业融合发展、数据驱动决策、绿色可持续发展以及国际竞争力提升等方面均表现出色，值得广泛推广和借鉴。

执笔人：徐成喜、范文勇、郭新茹

病理实验室：以智能化助力精准医疗发展

北京华逸飞科技发展有限公司

本文聚焦北京华逸飞科技发展有限公司在病理实验室智能装备领域的创新实践，深入探讨新质生产力在医疗健康领域的应用成效。通过阐述华逸飞的创业初衷、发展轨迹、核心产品与技术创新，以及其在病理实验室智能装备研发和应用成果，总结新质生产力的特性、经验与教训，并对未来产业发展予以展望。

在当今医疗科技飞速进步的时代，新质生产力的提升已然成为推动医疗行业前行的关键要素。病理行业正处在历史发展的关键节点。一方面，数字智慧病理为解决行业痛点提供了有力支撑；另一方面，它也为传统病理检验市场注入了新的发展活力。随着个性化医疗的逐步发展，下一代病理时代即将来临。当前，数字病理产品已基本实现国产替代，占据超 70% 的市场份额；病理信息化市场虽竞争分散，但企业发展迅速；首张病理 AI 三类证获批，宫颈细胞学方向的病理 AI 软件已在全国广泛应用，其他病种的病理 AI 软件也日益成熟。与此同时，数字智慧病理与传统病理检验的积极融合正逐渐塑造产业新生态。北京华逸飞科技发展有限公司（以下简称华逸飞）作为病理实验室智能装备领域的佼佼者，凭借技术创新解决了传统病理实验室的诸多难题，大幅提高了诊断效率和生物安全水平。发展新质生产力对于推动医疗健康事业高质量发展意义重大。

国产替代，推动病理实验室产业自主可控发展

一、公司简介

华逸飞成立于 2007 年 8 月 2 日，注册资本 1050 万元，是国内智慧型病理实验室智能装备的顶尖智造商。公司多年来荣获国家高新技术企业称号，并于 2022 年获得北京市"专精特新"中小企业称号及 2011 年度生产力促进（创新发展）奖。华逸飞通过中国质量认证中心（CQC）的质量管理、环境管理、职业健康安全管理体系等三项认证，拥有发明专利等 47 项，以及多项软件著作权。作为中国研究型医院学会病理专业委员会常委单位、中国医学装备协会病理装备技术专业委员会理事会员单位，华逸飞不断强化与学术机构和专家的合作，致力于国际领先的智能病理实验室设备产品及整体解决方案研究。

二、技术成果与专利

在领军人郭慧君的带领下，华逸飞取得了丰硕的技术成果。共获得发明、实用新型与外观等专利 40 余项及软件著作权 23 项。例如"一种风幕装置、风幕操作台及风幕消毒柜"专利，填补了病理实验室智能设备生物安全风幕气流隔离屏障的关键技术空白；"智能取材工作站自动风幕隔离与消毒控制软件 V2.1"等自动化智能控制系统，攻克了国际病理实验室自动化运行过程中的难题。这些关键技术的应用，不仅确保了样本安全、生物安全和环境友好，还降低了劳动强度，减少职业损伤，符合国际认证标准，有利于国际学术交流与项目合作。

三、应用成效

华逸飞的产品和技术已在国内多家知名医院得到广泛应用，成效显著。既提高了病理诊断的准确性和效率，又降低了生物安全风险，同时改善了病理工作人员的工作环境。通过实施国产替代战略，为国家节约了大量外汇资源，推动了病理实验室装备产业的自主可控发展。在四川大学华西医院的项目中，华逸飞的产品和服务更是获得了高度评价，为医院创造了显著的经济和社会效益。

病理实验室的成功案例

一、四川大学华西医院案例

（一）项目背景

四川大学华西医院是世界规模第一的综合性单点医院，也是中国西部疑难危急重症诊疗的国家级中心。随着医疗科技的发展，医院对病理实验室的智慧化升级有强烈需求，期望构建一个由多个分院区病理分中心组成的多分中心互联互通、远程互诊的数字智慧病理实验室总平台。

（二）解决方案

华逸飞针对医院需求，深入调研各生物实验室平台情况。在项目前期，由于医院各生物实验室平台均有相关负责人，华逸飞分别与各个平台负责人对接，全面了解需求，避免单一调研对象只对自己平台负责且需求局限于现有状态。同时，公司结合自身技术优势，为医院设计了满足其在规模、智慧化水平、节能环保和运维安全可靠性等方面高要求的数字智慧病理实验室总平台。该平台包括数字自动化病理资料管理系统、病理实验室通风防护及智能控制系统等核心模块。

（三）项目成效

1.满足医院需求：平台建成后，实现了多个分院区病理分中心的互联互通和远程互诊，大大提高了病理诊断的效率和准确性，为医院的临床诊断和治疗提供了有力支持。

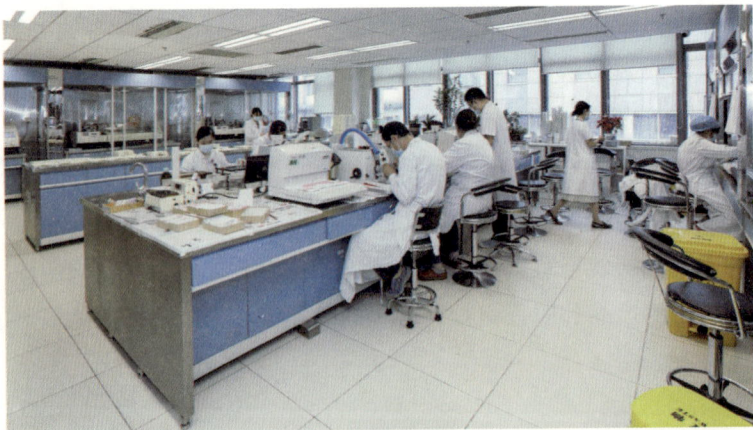

图 1　医学病理实验室生物安全防护装备系统

2.提升医院效益：通过优化病理实验室的工作流程和提高设备利用率，降低了生物安全风险，改善了病理工作人员的工作环境，同时也为医院节约了成本，创造了显著的经济和社会效益。

二、中国医学科学院北京协和医院案例

（一）项目背景

中国医学科学院北京协和医院作为国内顶尖医院，对病理实验室的设备精度、生物安全和工作效率有极高要求。医院希望更新和升级病理实验室的部分设备，以提高病理诊断的质量和效率。

（二）解决方案

华逸飞根据医院的具体需求，为其提供了一系列智能装备和技术系统。例如，针对生物安全问题，提供了具有先进风幕装置的设备，有效隔离了气流，保障了样本安全和生物安全；针对设备精度和工作效率问题，提供了自动化程度高的取材工作站和制片设备。这些设备配备了先进的控制系统，能够精确控制操作过程，提高了制片质量和效率。

（三）项目成效

1.提高诊断质量：新设备和技术系统的应用，显著提高了病理诊断的准确性和效率，为医院的临床诊断和治疗提供了更可靠的依据。

2.改善工作环境：智能装备的应用有效改善了病理实验室的工作环境，降低了工作人员的劳动强度，减少了职业损伤，同时也提高了工作人员的满意度。

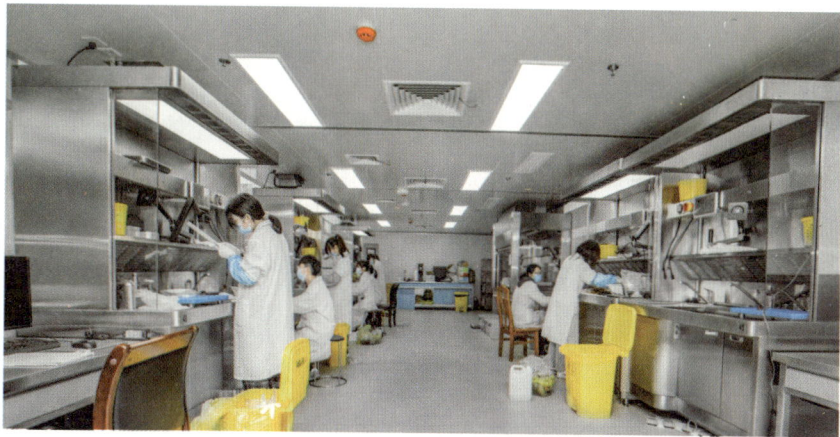

图2　医学病理实验室智能装备

瞄准病理实验室需求，明确研发方向

一、传统病理实验室的问题

随着医疗水平的不断提高，病理诊断对实验室环境、设备精度以及生物安全的要求越来越高。传统病理实验室存在诸多问题，如环境污染、生物安全风险大、操作复杂等，难以满足现代医疗的需求。特别是像四川大学华西医院这样的大型综合性医院，在构建智慧型病理实验室时面临着更高的标准和要求。

二、明确研发方向

华逸飞通过深入市场调研和技术分析，确定了病理实验室智能装备的研发方向。病理实验室是医院病理科的重要组成部分，承担着病理各种片子的制作任务，包括快速病理制片、穿刺与脱落细胞病理制片、常规活检组织的HE制片、免疫组化、特殊染色、分子病理制片等。其布局直接影响病理技术制片的流程与效率，合理布局对于提高病理技术质量水平以及整个病理科的水平具有重要意义。当前病理实验室类项目建设存在以下四大痛点：

（一）痛点一：病理实验室建设规划与医院功能定位、学科以及学科群发展匹配度差。

在医院定位清晰，学科及学科群规划合理的前提下，许多医院可能仍未做好实验室类项目定位及发展，仅凭经验或临床自然需求，逐步完善实验室检测服务项目类别和内容，未实现有序发展。因此，病理实验室类项目建设必须匹配并服务医院功能定位、学科以及学科群发展目标，为临床诊断和治疗提供有力支撑和保障。

（二）痛点二：病理实验室类项目建设需求调研深度不够。

医院实验室类项目建设，在医疗资源及建筑资源分配上矛盾突出，只有基于深度需求调研，才能逐步高效完成实验室定位、服务能力规划、建筑空间定位等内容，这是确定实验室类项目建设规模、检测检验服务项目以及建筑资源分配的依据。

（三）痛点三：病理实验室类项目运营效率评估不足。

病理实验室类项目建设、验收、投入使用后，对实验室运营效率持续评估做得不够。为解决此问题，需从两个方面考虑实验室类项目运行效率：

一是实验室服务效率，判断从接样—上机—出报告时间是否高效。出报告时间高效既能减少门诊患者在院等待时间，也能缓解患者心理压力，提升服务效率，提高临床支撑效率。

二是实验室内部运行效率，包括质控、设备设施开机率等方面。一些实验室管理不严格，检测、检验设备设施质控未按国家规定要求完成相应的室内质控与室间质控等质量管理工作，更不用说对设备开机率、使用率、危害性，特别是对病理诊断结果的准确性和可靠性产生了不利影响。在这种情况下，如何提高实验室运营效率，确保病理诊断质量，是当前病理实验室建设和运营中需要重点解决的问题。

为解决实验室运营效率问题，我们可以从以下几个方面入手：

首先，从提升实验室服务效率来看，需要关注从接样—上机—出报告的时间。如果这个过程高效，就能减少门诊患者在院无效等待时间，缓解患者心理压力，同时也能提高临床支撑效率。例如，一些先进的病理实验室通过优化工作流程和采用先进的技术设备，将出报告时间大幅缩短，提高了患者满意度和医院的整体服务水平。

其次，对于实验室内部运行效率，包括质控、设备设施开机率等方面。严格的质量管理是确保实验室正常运行的关键。实验室应按照国家规定要求完成相应的室内质控与室间质控等质量管理工作，同时要关注设备开机率、使用率、故障率、耗材消耗、闲置率、检测数据分析等相关情况，并建立持续改进体系，以提高实验室内部运行效率。

最后，实验室类项目建设地点也极大影响服务效率，包括是否方便患者采样，送样。因此，该建设选址须符合科室功能布局最优原则，要在初始建筑空间布局时，即开展医疗工艺一级流程时确定实验室类项目与临床、住院等单元工作流线关系，如无法做到最优，应评估利用智慧物流传输、信息技术等手段提升工作效率。

（四）痛点四：实验室类项目建设未来发展空间预留不足。

实验室类项目建设也需要考虑未来发展，需从两个方面规划：

1. 满足医院学科需要，并根据医院专业发展方向，进行匹配式规划。

2. 基于实验室自身区域性定位，若为区域、国家级实验室，则紧跟相关领域前沿动态，做好系统规划及相关技术攻关，并考察学习其他优秀机构，为未来发展预留空间。这体现了一种前瞻性的思维方式，对于实验室的可持续发展至关重要。

针对这些痛点问题，华逸飞提出了全面的解决方案。公司自主研发了多项智能装备和技术系统，如数字自动化病理资料管理系统、病理实验室通风防护及智能控制系统等。这些装备和系统的应用，显著提高了病理实验室的工作效率和生物安全水平。

发展新质生产力的经验总结

本案例充分展示了新质生产力在病理实验室智能装备领域的巨大潜力。华逸飞的成功经验在于紧跟市场需求进行技术创新、注重产品质量和用户体验以及坚持自主研发和品牌建设。此外，通过与大型综合性医院的紧密合作，华逸飞不仅提升了自身技术实力和市场竞争力，还为整个行业树立了标杆和典范。

四川大学华西医院是世界规模第一的综合性单点医院，也是中国西部疑难危急重症诊疗的国家级中心。随着时代的发展与进步，华西医院借力人工智能，正在建设由多个分院区病理分中心组成的多分中心互联互通、远程互诊的数字智慧病理实验室总平台。华逸飞为华西医院设计了这一平台，满足医院在规模、智慧化水平、节能环保和运维安全可靠性等方面的高要求。

在平台建设之前，医院各生物实验室平台均有相关负责人，所以在做需求调研时，公司要分别与各个平台负责人对接，防止调研对象只对自己平台负责，且对自己服务平台的需求仅仅基于现有状态，而没有对未来发展以及实验室平台之间互动提出具体要求和相关条件参数。

在项目工期紧、需求调研深度不够的情况下急于推进实验室建设，投入使用后就会出现生物平台、PCR平台、分子细胞平台、NGS平台等实验室之间实验配合度不够、使用效率低等问题。所以在项目前期调研要有足够的深度，并能与医院实验室总负责人配合协调与统一规划，避免未来数据不能打通的问题，实现精准医疗。

未来展望

展望未来，随着医疗科技的不断发展，病理实验室智能装备领域将迎来更加广阔的发展空间。当前国外发达国家医院病理科数字化建设速度较快且全面，数字智慧病理降本增效效益明显。以荷兰的 LabPON 为例。2015 年，LabPON 成为全球首个 100% 数字化的病理实验室。病理科全科数字化后，LabPON 发现每天可节约 19 个时间单位（小时），相当于节省 2.63 个全职等效人数。首款 FDA 获批的数字病理系统在荷兰 LabPON 落地 3 年后，经临床研究证实，医院的生产力提高了 15%。相对国外我们还存在比较大的差距。华逸飞将继续秉承创新精神，加强技术研发和产品升级，努力成为行业领军者。同时，华逸飞还将积极响应国家"一带一路"倡议，拓展海外市场，为全球客户提供更优质的产品和服务。此外，华逸飞仍将继续深化与医疗机构、学术机构的合作与交流，共同推动病理实验室智能装备行业的创新发展。

[专家点评]

科技创新驱动：华逸飞在病理实验室智能装备领域展现出强大的创新能力，自主研发了包括风幕装置、毒性液体灌装装置在内的多项专利技术，解决了国际关键技术难题，显著提高了病理诊断的效率和生物安全水平。这些技术突破不仅填补了行业空白，还推动了病理学诊断技术的进步。

产业融合发展：华逸飞成功将智能制造与医疗健康产业深度融合，为三级甲等医院提供了标准化、规范化的病理诊断实验室智能装备，促进了产业链上下游的协同发展。其产品和服务已广泛应用于国内多家顶尖医院，有效推动了医疗健康产业的自觉性、主动性和创造性，即智能化升级。

数据驱动决策：华逸飞注重数据在决策中的应用，计划整合全国主流三级甲等医院的病理资料数据，构建病理资料数据云平台，为病理医生提供学习平台，并为企业后续的人工智能项目提供数据支撑。这种以数据为驱动的发展模式，将为企业决策提供更加科学、精准的依据。

绿色可持续发展：公司在产品研发中融入了绿色、环保的设计理念，智能装备的应用有效改善了病理实验室的工作环境，降低了有害气体排放，符合国家环保标准。同时，公司还致力于节能降耗，通过智能控制系统减少能源消耗，体现了企业的社会责任感和可持续发展理念。

国际竞争力提升：这些案例详细展示了华逸飞在不同医院的病理实验室智能装备项目中的解决方案和成效，凸显了公司的技术实力和应用价值。

脑神经刺激设备：TI 技术赋能无创神经调控

西安穹顶医疗科技有限公司

西安穹顶医疗科技有限公司在时间干涉刺激（Temporal Interference,TI）领域拥有国际领先的核心技术壁垒，自主研发的高精度无创脑深部电刺激治疗设备填补了传统神经调控手段的空白，已在多家头部医院和机构率先实现大批量、多适应症人体临床试验，取得了超出预想的临床效果，在国际国内处于领先地位，其技术领先性、临床有效性和市场前景性得到了各界的充分肯定。本文介绍了穹顶医疗在技术研发、产品迭代、管理制度及商业模式等方面的创新实践，展示了新质生产力在医疗健康领域的应用前景。

21 世纪，随着科技的飞速发展，新质生产力成为推动经济社会发展的关键力量。新质生产力不仅体现在技术创新的深度和广度上，更在于其能够深刻改变生产方式、提升生产效率、促进社会进步。西安穹顶医疗科技有限公司（以下简称穹顶医疗）正是基于这样的时代背景，致力于利用时间干涉刺激（Temporal Interference,TI）技术推动医疗健康的创新发展，解决传统神经调控手段在兼顾无创性与深脑精确性方面的局限，为患者提供更安全、有效的治疗方案。

大脑被誉为宇宙间最复杂的物体，是思想、情感、感知、行为、学习和记忆的源泉。然而，面对这片自然科学"终极疆域"的疾病问题，人类能做的依然十分有限。针对全球范围内神经/精神类疾病的高发态势，神经调控所具有的微创（无创）、高度靶向性、高度可逆性、持久可调节性成为有效临床干预手段。然而，现有深脑神经调控解决方案多以有创开颅为主，而无创干预又无法兼顾深度和精度，有效性未能达到临床预期。这条充满诱惑的百亿蓝海赛道，迫切呼唤着能够同时满足无创、深脑、精准、多靶点临床需求的新技术领跑者。

穹顶医疗深刻认识到发展新质生产力、加速赋能脑科学的必要性和重要性，持续深耕神经调控，不断精进 TI 技术，在国内率先掌握并实现了人体 TI 无创深脑精准神经调控。最新迭代的代表性产品可完美实现无创、深脑、高精度、多靶点的中枢神经系统刺激干预，在满足了市场需求的同时，为患者的福祉与健康打开了希望之窗。

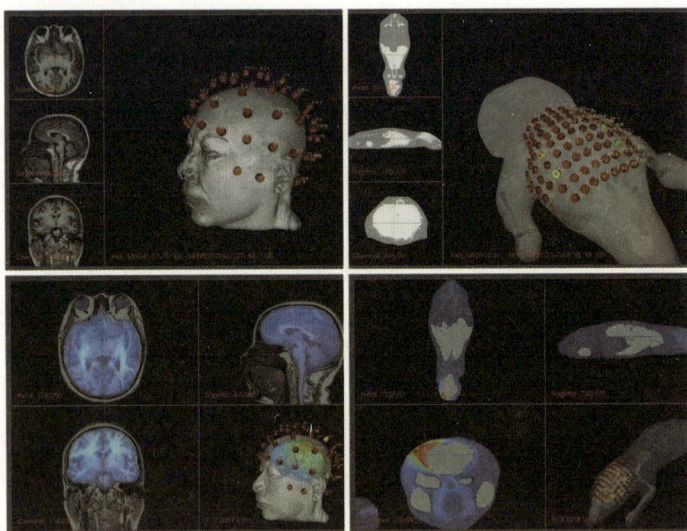

图 1　TI 导航定位算法

以科技铸健康，突破神经调控技术

穹顶医疗成立于 2019 年，是一家专注于无创深脑神经调控领域的高新技术企业。公司始终围绕时间干涉（Temporal Interference, TI）刺激技术，致力于打造全球领先的无创深脑神经调控平台。自成立以来，穹顶医疗秉承"科技引领健康"的理念，致力于为中枢—周围神经系统疾病及慢性精神障碍患者提供创新型的终身治疗方案。

在 TI 技术领域，穹顶医疗取得了显著突破，最新成功研发的代表性产品——第六代 NervioX 无创脑神经刺激设备，填补了国际及国内 TI 刺激市场的空白。该设备具备超高精度刺激功能，可准确输出不同模式信号，并根据临床需求精细调节参数，确保治疗方案的准确性、有效性和可重复性。穹顶医疗不断精进 TI 技术，在神经调控领域树立了坚实的技术壁垒。

公司以客户诉求和临床需求为指引，积极参与行业交流，全面推进临床合作。公司现与上海交通大学医学院附属瑞金医院、空军军医大学唐都医院、中南大学湘雅二医院、郑州大学第五附属医院等十余家头部医院联合开展大批量临床试验，在植物人唤醒、帕金森及特发性震颤、运动障碍、失语症康复等方面均取得了超出预期的临床效果。

凭借先进的创新理念、坚实的技术壁垒、良好的临床效果和积极的市场反馈，穹顶医疗荣获了多项重要奖项，包括作为联合牵头单位获批西安市深脑功能调控与类脑智能工程研究中心、脑机接口联盟会员单位、"坪山高新区杯"悬赏挑战赛二等奖、未来医疗 100 强等荣誉；CEO 李龙博士也先后荣获苏州工业园区科技领军人才、秦创原 U30 年度青年创业榜等个人荣誉，充分展示了穹顶医疗在无创神经调控领域的领先地位和创新能力。

以挑战为契机，探索临床应用之路

大脑作为人体最为复杂的器官之一，承载着思想、情感、感知等多种功能。然而，阿尔茨海默病、抑郁症、帕金森病等神经 / 精神类疾病，给患者及其家庭带来了沉重的负担。针对传统开颅治疗手段的手术风险高、恢复周期长等问题，穹顶医疗以挑战为契机，不断创新新质生产力发展路径，围绕 TI 技术积极探索无创、精准、高效的脑深部神经调控之路。

穹顶医疗立足生物医学工程和康复医学领域，建立了涉及神经科学、生物医学工程、计算机科学等多个学科的跨学科研究团队，并与高校、科研机构和医疗机构紧密合作，形成产学研一体化的合作模式，加速了技术成果的转化和应用。公司注重知识产权保护，早期便注册了相关技术的国内外专利，为实现技术落地和产业化应用奠定了坚实基础。

研发团队通过时间干涉技术精准调整中枢神经系统中的神经信号传播速度和模式，提高传输效率和准确性。同时，采用多维神经电刺激反馈干预技术，对多个神经通路进行同时刺激，促进神经信号的整合和传导，提高康复效果。这一协同工作的创新设计实现了对神经信号的精确调控。研发团队凭借先进的算法和硬件设计，实现了对神经信号的高精度调控，确保调控的准确性和灵活性。引入的实时反馈机制可实现对神经信号变化的实时监测，并通过及时的参数调整保障信号的稳定传输和有效整合。

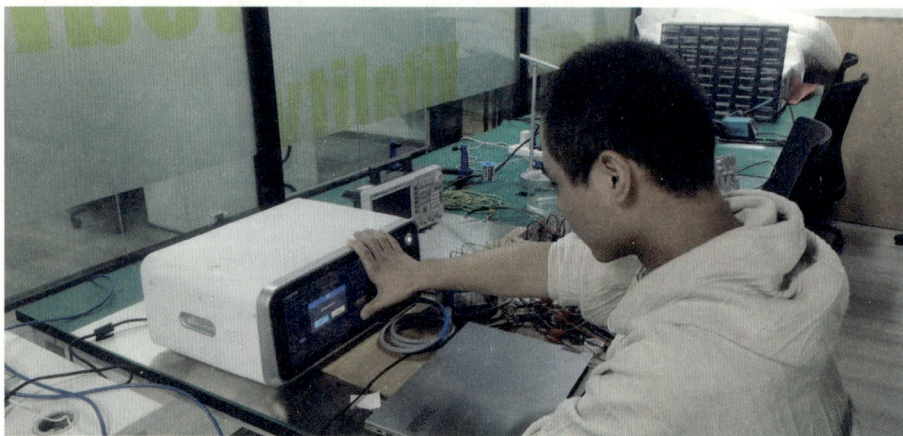

图 2　NervioX 无创脑神经刺激设备

据此，穹顶医疗可针对不同患者的具体情况和需求，通过精准的 TI 神经调控和多维神经电刺激反馈干预技术，结合患者的康复目标和生活习惯，提供定制化、个性化、精准化的治疗方案，其技术领先性、临床有效性和发展前景性得到了资本市场的青睐和支持。

发展新质生产力的经验总结

穹顶医疗始终将创新作为发展的核心驱动力，不断推动技术进步和产品升级。通过自主研发和产学研合作，实现关键技术的突破和应用。同时积极寻求与高校、科研机构和产业界的合作机会，建立紧密的产学研合作关系。通过共享资源、优势互补，共同推动科技创新和产业升级。

在产品开发和应用过程中，穹顶医疗充分考虑用户需求和市场变化，提供个性化、差异化的产品和服务。通过精准定位和定制化服务，提升用户满意度和市场竞争力。同时，穹顶医疗建立完善的质量管理体系，确保产品从设计、研发到生产、销售的每一个环节都符合高标准要求。通过严格的质量控制和持续优化，提升产品品质和市场竞争力。

未来展望

未来，穹顶医疗将积极响应国家关于创新驱动发展的号召，不断加大研发投入，持续深耕无创深脑神经调控领域，以TI技术为平台，不断推动技术的创新与发展。随着科技的进步和市场需求的变化，公司将进一步优化现有产品性能，提升治疗效果和用户体验。同时，公司将积极拓展新的适应症领域，为更多神经系统疾病患者带来福音。

在产学研合作方面，公司将继续加强与高校、科研机构和医疗机构的合作，不断加大研发投入，培养更多的科技创新人才，共同探索神经科学的前沿领域，推动科技成果转化和应用。通过跨学科、跨领域的深度合作，公司将不断提升自身的技术实力和创新能力，为国内乃至全球神经科学领域的发展贡献更多智慧和力量。

"日月不肯迟，四时相催迫"。展望未来，穹顶医疗有信心在新质生产力的推动下，继续以无创高精度脑深部神经调控领域的领军者姿态，打造业内优质标杆，为全球医疗健康事业作出更大贡献。

〔专家点评〕

科技创新驱动：穹顶医疗在神经调控领域展现出卓越的创新能力，通过自主研发TI技术成功解决了传统手段的局限性问题。这种技术创新不仅提升了治疗效果，还推动了医疗技术的进步和发展。

产业融合发展：公司注重跨学科合作和产学研一体化模式的应用，通过与高校、科研机构及医疗机构紧密合作加速了技术成果的转化和应用。这种产业融合模式不仅提升了项目的社会效益和经济效益，还促进了医疗健康产业的协同发展。

数据驱动决策：在产品研发和临床应用过程中，公司注重数据收集和分析工作。通过实时监测神经信号的变化及时调整调控参数确保治疗效果的最优化。这种数据驱动决策模式为公司提供了精准的市场洞察和产品研发方向。

绿色可持续发展：穹顶科技的无创脑深部电刺激治疗设备在减

少手术风险和恢复周期方面具有显著优势，符合绿色可持续发展的理念。公司还注重知识产权保护和市场拓展工作，为医疗健康产业的可持续发展做出了积极贡献。

国际竞争力提升：公司积极参与国际交流和技术合作，不断提升自身在国际市场上的竞争力。通过自主研发核心技术和推出创新产品，公司不仅在国内市场上占据领先地位，还积极拓展国际市场，为中国医疗健康产业的国际化发展贡献力量。

执笔人：刘天、李龙、张琰龙

高精度视觉检测系统：深度学习技术在工业检测中的新应用

苏胜天信息科技（北京）有限公司

苏胜天信息科技（北京）有限公司针对智能手机制造流程中"手机中框精抛外侧面缺陷检测"的迫切需求，成功研发并实施了一套基于机器视觉与深度学习的全自动缺陷检测系统。该系统通过高精度的视觉成像与智能识别技术，实现了对手机中框外侧面加工中微小缺陷的快速、准确检测，显著提升了生产效率和产品质量。项目自实施以来，已为客户创造显著经济效益，并展现出强大的市场潜力和应用前景。作为智能制造领域的新质生产力代表，该项目不仅体现了技术创新的价值，也为推动制造业智能化转型提供了有力支持。未来，苏胜天将继续深化技术研发，拓展应用场景，为智能制造的深入发展贡献力量。

在全球科技竞争日益激烈的今天，新质生产力已成为推动社会进步和经济发展的核心动力。新质生产力强调科技创新与传统产业的深度融合，通过引入先进技术提升生产效率与产品质量，进而增强国家竞争力。智能制造作为新质生产力的代表领域，正逐步改变着传统工业的生产模式。苏胜天信息科技（北京）有限公司（以下简称苏胜天信息科技）作为机器视觉与深度学习技术领域的领航者，敏锐洞察市场需求，以技术创新为驱动，致力于解决智能制造中的各种质量检测难题，为产业升级贡献新质力量。

在智能制造的大潮中，工业质检作为保证产品质量、优化生产流程的关键环节，正经历着从传统人工检测到智能自动化检测的深刻变革。苏胜天科技通过不断探索与实践，正引领这一变革趋势，为制造业的智能化转型树立典范。

由自动化向智能化转型的积极推动者

苏胜天信息科技成立于 2023 年 8 月 21 日，作为南京苏胜天信息科技有限公司的全资子公司，其战略布局旨在巩固并拓展北方市场，成为区域性的业务总部。南京苏胜天信息科技有限公司自 2016 年成立以来，始终深耕于机器视觉、深度学习及自动化领域，致力于为制造业提供顶尖的工业图像检测及配套自动化设备解决方案。作为专业的机器视觉与自动化解决方案提供商，苏胜天历时数年开发了具有自主知识产权的苏胜天大模型，以及基于苏胜天大模型的一系列具有深度学习能力的物体识别、缺陷检测、尺寸测量等机器视觉算法模型，还通过不断地技术创新推动制造业由自动化向智能化转型。

公司业务范围广泛，包含且不限于表面识别检测、物体测量、目标定位、物体计数、人脸识别等方向，涵盖手机表面识别检查，发动机视觉质检及新能源电池外观及组装质检等各个机械视觉应用领域，提供从软件到硬件的全流程解决方案。凭借卓越的产品品质和优质的服务，苏胜天信息科技赢得了包括苹果代工厂在内的众多国内外知名企业的认可与信赖。近年来，公司业绩持续增长，2022 年营收突破 3000 万元人民币，2023 年更是达到 1 亿元人民币，预计 2024 年营收将有望突破 2 亿元人民币大关。此外，公司还荣获了国家高新技术企业等多项荣誉称号，并积累了大量发明专利、实用新型专利及软件著作权，彰显了其在技术创新和知识产权保护方面的强大实力。

全自动缺陷检测中的机器视觉技术

在智能手机市场竞争日益激烈的环境下，手机厂商在生产过程中也面临各种问题与挑战，其中质量控制是不可逾越的一环，一方面由于智能手机的生产过程复杂，零件众多，涉及生产、组装上百个环节。如何确保每个环节与物料都达到质量标准，是手机厂商必须解决的重要问题。另一方面消费者对产品品质的要求不断提高，特别是对于手机外观的精细度要求更为苛刻。而手机中框作为手机结构的重要组成部分，也是直面消费者的外观零件之一，其精抛外侧面的微小缺陷直接影响到用户的视觉体验和品牌的信誉。传统的人工检测方式不仅效率低下，而且易受人为因素影响，越来越难以满足大规模、高速度生产线的需求。此外，随着智能制造的推进，企业对于生产过程的自动化、智能化水平要求也越来越高。因此，如何高效、准确地实现手机中框精抛外侧面的缺陷检测，成为制约智能手机制造业发展的一个关键瓶颈。

苏胜天信息科技凭借其在机器视觉与人工智能领域的深厚积累，针对手机中框精抛外侧面的缺陷检测难题，提出了一套创新的解决方案。该方案核心在于利用深度学习技术构建的高精度视觉检测系统，该系统通过采集手机中框的图像信息，利用神经网络模型进行智能分析，实现对划痕、异物污染、色差、尺寸偏差等多种缺陷的自动识别与分类。与漏检率20%~30%的传统的人工检测方式相比，苏胜天高精度视觉检测系统的识别率达到99%以上，具有显著的优势。

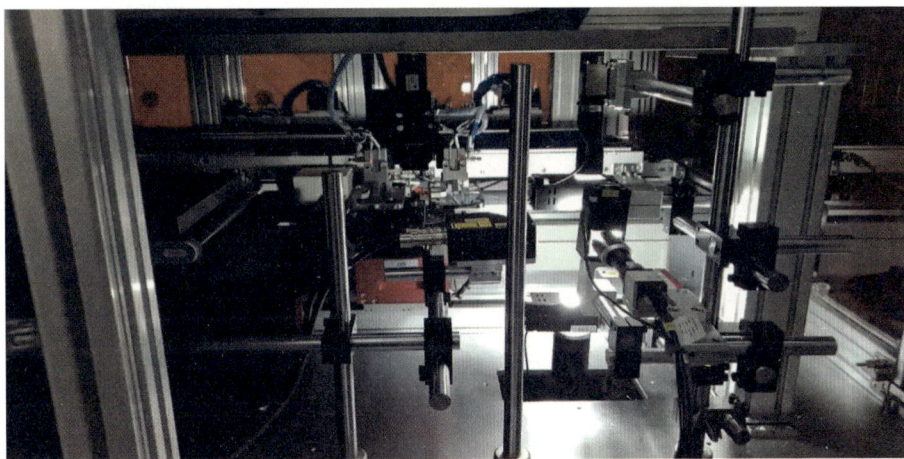

图1　手机中框精抛外侧面缺陷检测设备

第一，实现高精度检测。系统采用先进的图像处理算法和深度学习技术，能够精确识别各种微小缺陷，检测精度高达0.05×0.05mm，确保每一个细微之处都不被遗漏。

第二，具有实时反馈与决策支持功能。系统具备毫秒级响应速度，能够即时处理并分析采集的图像数据，一旦发现缺陷立即反馈给控制系统，为生产线提供及时的调整指导，有效降低不良品率。

第三，实现无缝集成与自动化升级。该系统可以轻松嵌入现有生产线，实现全无人智能质检，大幅降低人力成本，提高生产效率。同时，系统支持持续的自动化升级，确保与生产线的高效协同。

第四，具有智能自适应能力。通过持续地深度学习和自迭代优化，系统能够不断提升识别复杂或新缺陷的能力，适应不同行业和产品多样化的质量检测需求。

第五，实现数据驱动的质量改进。系统产生的海量检测数据为企业提供了宝贵的质量管理资源。通过数据分析，企业可以深入洞察质量问题的根源，指导生产工艺改进和新产品设计，从而进一步提高整体制造水平。

图 2　手机中框精抛外侧面缺陷检测过程

在项目研发至实施过程中，苏胜天信息科技团队充分发挥了其技术优势和行业经验，通过以下四个关键步骤成功实现了手机中框精抛外侧面缺陷检测的智能化升级：

1. 需求分析与方案设计。团队首先深入调研客户需求和生产线现状，明确检测任务的具体要求和难点。随后，基于深厚的技术积累和行业理解，设计了基于深度学习的全自动机器视觉检测系统方案。

2. 系统开发与调试。在方案确定后，团队迅速投入系统开发工作。在苏胜天信息科技大模型的基础上，通过构建深度学习模型、优化图像处理算法、集成实时反馈机制等关键技术环节，逐步完成了系统的开发与调试。其间，团队克服了不锈钢精抛后镜面反光、缺陷种类繁多、生产线高速运行等诸多挑战，通过多种光源与打光方式的尝试、特殊镜头与相机的配合、高速嵌入式边缘计算处理平台的研发等手段，成功解决了成像难题，确保了系统的稳定运行和高效检测。

3. 现场部署与验证。系统开发完成后，团队前往客户现场进行部署与验证工作。通过与客户紧密合作，对系统进行了全面的调试与优化，确保其与生产线的高效协同。经过多次测试与验证，系统分类准确率高达99%以上，有效降低了不良品率，提升了生产效率，赢得了客户的高度认可。

4. 持续优化与迭代。在系统成功部署后，团队并未止步。相反，他们持续收集客户反馈与市场需求信息，对系统进行不断优化与迭代。通过根据用户现场数据继续专项优化更精确的算法、提高图像处理速度、扩展检测范围等手段，进一步提升了系统的性能与可靠性。

通过该项目的实施，苏胜天信息科技不仅成功解决了手机中框精抛外侧面缺陷检测的难题，还为客户创造了显著的经济效益。该系统的高效运行大幅降低了人力成本，提高了生产效率与产品质量稳定性。同时，该系统所积累的数据资源也为客户的生产工艺改进和新产品设计提供了有力支持。此外，该项目的成功实施还进一步巩固了苏胜天信息科技在机器视觉与深度学习领域的领先地位，为其在智能制造领域的拓展奠定了坚实基础。

该项目的成功实施充分展示了以人工智能为代表的新质生产力在推动产业升级中的关键作用。通过深度融合机器视觉与深度学习技术，苏胜天信息科技成功打破了传统工业质检的局限性，为智能手机制造业的智能化转型提供了有力支持。未来，随着技术的不断进步和应用场景的不断拓展，新质生产力将在更多领域发挥重要作用，为经济社会与制造业发展注入新的动力。

发展新质生产力的经验总结

苏胜天信息科技在手机中框精抛外侧面缺陷检测项目的成功实施，深刻体现了技术创新的重要性。面对传统人工检测的局限性，我们勇于突破，通过将机器视觉与深度学习算法融合，打造出一套高效、精准的自动检测解决方案。这一过程中，我们认识到，技术的不断突破和创新是应对市场变化、解决行业难题的关键。未来，我们将继续加大在机器视觉、人工智能等领域的研发投入，不断探索新技术、新方法，为智能制造提供更多可能。

项目的顺利实施离不开与客户的紧密合作。在项目推进过程中，我们与客户保持了高度的沟通与协作，共同面对挑战，解决问题。这种跨领域的合作模式不仅提升了项目实施的效率和质量，也为我们积累了宝贵的经验。在智能制造领域，企业间的合作尤为重要。通过资源共享、优势互补，我们可以共同推动行业的进步与发展。未来，我们将继续加强与产业链上下游企业的合作，共同探索智能制造的新路径。

项目运行过程中产生的大量数据为企业质量管理提供了有力支持。我们充分利用大数据分析技术，深入挖掘数据背后的价值，为生产工艺改进和新产品设计提供了科学依据。这种数据驱动的管理模式不仅提升了企业的运营效率，也增强了企业的市场竞争力。进一步完善数据收集、分析、应用的闭环体系，推动企业的智慧化管理水平不断提升也将是我们未来目标之一。

项目的成功实施离不开一支高素质、专业化的团队。苏胜天信息科技拥有一支由行业专家、技术骨干组成的精英团队，我们凭借扎实的专业知识和丰富的实践经验，为项目的顺利推进提供了有力保障。我们将不断加强团队建设，注重人才培养和引进，打造一支具有国际视野、创新能力强的优秀团队，为企业的持续发展提供坚实的人才保障。

随着智能制造的深入发展，机器视觉与深度学习技术在工业质检领域的应用前景越来越广阔。然而，面对日益激烈的市场竞争和技术变革的挑战，我们需要保持敏锐的洞察力和判断力，及时捕捉市场机遇，积极应对各种挑战。苏胜天信息科技会继续关注市场动态和技术发展趋势，加强市场调研和产品开发力度，确保企业在激烈的市场竞争中始终保持领先地位。

未来展望

展望未来，随着工业智能化进程的不断深入，机器视觉技术将在智能制造领域发挥更加重要的作用。苏胜天信息科技将继续深耕机器视觉与深度学习领域，致力于提升检测系统的智能化水平和适应性。针对复杂多变的工业环境，我们将不断优化光源方案，提升图像采集质量，同时加强算法的研发与应用，以提高系统的缺陷识别能力和稳定性。此外，我们还将积极探索机器视觉与其他工业设备的集成应用，如与机器人、自动化生产线等设备的无缝对接，以实现更加高效的智能制造解决方案。通过持续地技术创新和市场拓展，苏胜天信息科技将持续钻研人工智能机器视觉技术，不断推动智能制造领域的发展，为全球制造业的智能化升级贡献更多力量。

[专家点评]

　　苏胜天信息科技的手机中框精抛外侧面缺陷检测项目展现了科技创新驱动产业融合发展的强大动力。该项目通过深度融合机器视觉与深度学习技术，成功解决了传统工业质检中的痛点问题，推动了制造业向智能化转型。项目所展现的数据驱动决策能力不仅提高了生产效率和产品质量还为企业带来了显著的经济效益。此外该项目在绿色可持续发展方面也做出了积极贡献，体现了企业对于社会责任的担当。在国际市场上该项目的成功应用也提升了我国智能制造领域的国际竞争力。综上所述，该项目在科技创新、产业融合、数据驱动决策以及绿色可持续发展等方面均表现出色，具有广泛的推广价值和借鉴意义。同时，我们也期待苏胜天信息科技在未来能够继续发挥引领作用，推动更多新技术、新应用落地生根，为全球制造业的智能化转型贡献更多智慧和力量。

执笔人：林珏

聚焦高端精密仪器，持续挑战技术极限

北京是卓科技有限公司

在当今快速发展的科技时代，新质生产力成为推动产业升级和经济增长的关键力量。北京卓科技有限公司以高度的责任感和使命感，不断挑战技术极限，在新质生产力的实践中，始终将创新作为企业发展的灵魂。在激光雷达、医疗设备、扫描电镜和质谱仪等多个高科技领域，公司通过自主研发，不断取得技术突破，显著提升了国产高端精密仪器的技术水平和市场竞争力。公司还积极面向科技前沿与市场需求，通过技术创新与管理创新实践，实现了经济与社会效益的双赢。

随着科技的飞速进步和全球化的深入发展，新质生产力已成为衡量一个国家或企业竞争力的重要标志。新质生产力不仅代表了科技创新的高度，更体现了对市场需求的精准把握和产业生态的优化整合。面对日益激烈的国际竞争环境，发展新质生产力成为企业突破发展瓶颈、实现跨越式发展的关键。

北京是卓科技有限公司（以下简称是卓科技）作为一家致力于高端精密仪器研发的高新技术企业，深刻认识到新质生产力的重要性，通过持续的技术创新和市场拓展，不断推动产业升级，为我国科技自立自强贡献力量。

公司自2017年成立以来，始终站在科技创新的前沿，深耕高端精密仪器领域。公司拥有一支由多名博士和硕士组成的高素质研发团队，成员们不仅具备丰富的研发经验和深厚的技术积累，还以高度的责任感和使命感，不断挑战技术极限。公司聚焦于极弱光探测技术、质谱仪数据采集卡、扫描电镜核心数据加速卡等前沿技术的研发，致力于为医疗、军工、科研等多个领域提供高性能的解决方案。是卓科技不仅获得了多项国家发明专利和软件著作权，还荣获了"国家高新技术企业"称号，并多次受到行业内的认可和表彰。公司以"创新驱动、追求卓越"为核心理念，不断突破技术壁垒，推动高端精密仪器国产化进程，为我国科技进步和产业发展贡献力量。

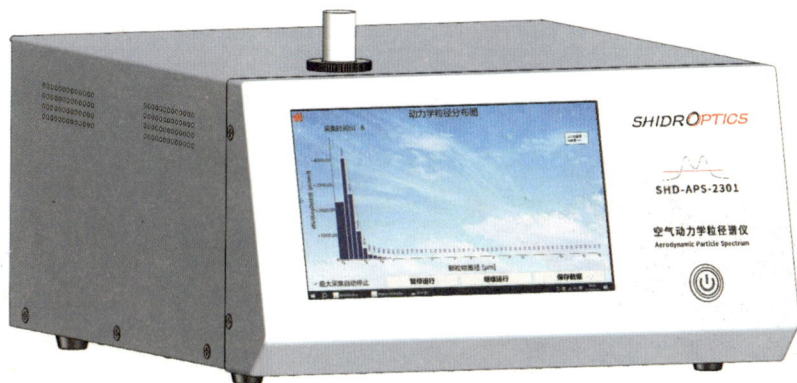

图1　空气动力学粒径谱仪

是卓科技基于APD/PMT单光子探测等多项关键技术，研发出涵盖环境科学、光电科学和生命科学三大领域，环境大气监测、环境水质监测、光电探测器、采集卡、科学类仪器和医疗类仪器六大系列，3D气溶胶激光雷达、大气积分浊度仪（PM2.5/PM10）、小型空气站、便携式水质在线监测仪等数十个产品，可以提供从软、硬件到整个系统的高效的组合解决方案。

聚焦分析仪器，持续技术创新

是卓科技属于技术创新驱动型公司，是国家级和中关村高新技术企业、"中关村标准"智库专家单位、中关村民营科技企业家协会会员单位，专注从事基于极弱光探测技术的仪器研发、生产及运营，可为工业、环保、气象、交通、医疗和科研等领域的极弱光探测与分析提供系统解决方案和成熟的产品。

是卓科技在新质生产力的实践中，始终将创新作为企业发展的灵魂。在激光雷达、医疗设备、扫描电镜和质谱仪等多个高科技领域，公司通过自主研发，不断取得技术突破，显著提升了国产高端精密仪器的技术水平和市场竞争力。

在激光雷达领域，是卓科技自主研发出核心数据采集卡，不仅成功替代了进口产品，打破了国外厂商的技术垄断，还显著提升了数据采集的精度和稳定性。这一创新成果不仅降低了激光雷达系统的成本，还提升了国内相关产业的自主可控能力。

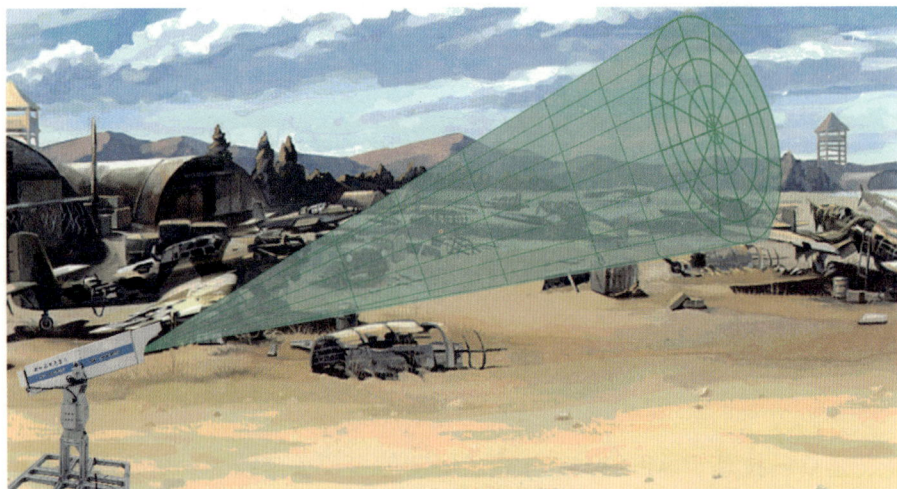

图 2 无人机追踪激光雷达

在医疗设备领域，公司针对极弱光探测技术进行了深入研究，并成功研发出国产极弱光探测模块。这一模块灵敏度高、稳定性好，填补了国内市场的空白，为国产医疗设备的升级换代提供了关键支撑。通过该模块的应用，国产医疗设备在检测精度和可靠性方面均达到了国际先进水平。

在扫描电镜领域，是卓科技针对高端仪器的核心数据加速卡进行了自主研发，实现了对高端扫描电镜的高效控制和数据采集。这一成果不仅提高了扫描电镜的成像质量和分辨率，还为国内科研机构和企业提供了更加便捷、高效的检测手段。

图 3 数据采集与加速计算卡

在质谱仪领域，公司同样取得了显著的技术突破。自主研发的质谱仪核心数据采集卡具备高速数据采集和实时处理能力，大大提高了质谱仪的检测灵敏度和精度。这一成果为国产质谱仪的普及和应用提供了有力支持，推动了质谱技术在多个领域的应用和发展。

追求卓越质量，提升企业竞争力

在追求技术创新的同时，是卓科技始终将产品质量视为企业的生命线。公司建立了完善的质量管理体系，从产品设计到生产制造、从原材料采购到成品检验，每一个环节都严格把关，确保产品质量符合最高标准。

在激光雷达数据采集卡的生产过程中，公司采用先进的生产工艺和严格的质量控制措施，确保每一片数据采集卡都能达到国际一流水平。在医疗极弱光探测模块的研发和生产中，公司同样注重产品质量的稳定性和可靠性，通过多轮次的测试和优化，确保产品在实际应用中能够稳定、可靠地运行。

正是这种对质量的极致追求，使得是卓科技的产品在市场上赢得了良好的口碑和信誉。许多国内外知名企业和科研机构都选择了是卓科技作为他们的合作伙伴，这进一步证明了公司在产品质量方面的卓越表现。

在管理方面，是卓科技同样注重创新和实践。公司建立了完善的人才培养体系和激励机制，通过内部培训、外派学习和产学研合作等多种方式，不断提升员工的专业技能和创新能力。同时，公司还积极推进协同创新平台建设，与高校、科研院所和行业龙头企业建立紧密的合作关系，共同推动技术创新和产业升级。

在柔性化生产管理方面，公司引入了数字化、智能化的生产管理系统，实现了生产过程的实时监控和动态优化。这一举措不仅提高了生产效率和产品质量，还降低了生产成本和库存风险。同时，公司还采用柔性化的生产调度和供应链管理策略，根据市场需求和订单情况灵活调整生产计划和原材料采购，确保能够快速响应市场变化并满足客户需求。

在市场拓展方面，是卓科技积极拓展国内外市场并与多家知名企业和科研机构建立了长期稳定的合作关系。公司产品广泛应用于医疗、军工、科研、环保等多个领域并获得了客户的高度认可和好评。同时，公司还积极推进国际化布局，参与全球竞争并不断提升品牌影响力和市场竞争力。

通过多年的努力和实践是卓科技已经在新质生产力领域取得了显著成效。未来公司将继续秉承创新、质优、先进的发展理念不断加大研发投入和技术创新力度，推动企业高质量发展并为我国科技自立自强贡献更大力量。

发展新质生产力的经验总结

是卓科技在新质生产力的探索与实践过程中，积累了丰富的经验，这些经验不仅推动了公司的快速发展，也为同行业企业提供了宝贵的借鉴。

首先，持续创新是企业发展的核心动力。是卓科技始终将创新置于战略高度，不断加大研发投入，聚焦高端精密仪器和关键技术的自主研发。通过持续的技术创新，公司成功打破了多项国外技术垄断，不仅提升了自身的核心竞争力，也为我国相关产业的技术进步作出了重要贡献。这种对创新的执着追求，使是卓科技在激烈的市场竞争中保持了领先地位。

其次，注重产品质量是企业生存和发展的生命线。是卓科技建立了完善的质量管理体系，从产品研发到生产制造，每一环节都严格把控质量关。公司深知，只有高质量的产品才能赢得客户的信赖和支持。因此，在追求技术创新的同时，是卓科技始终将产品质量放在首位，不断提升产品的稳定性和可靠性。

再次，人才是企业最宝贵的财富。是卓科技注重人才培养和团队建设，打造了一支高素质、专业化的研发团队。公司不仅为员工提供广阔的发展空间和优厚的福利待遇，还通过内部培训、外派学习等多种方式，不断提升员工的专业技能和创新能力。这种对人才的重视和投入，为是卓科技的持续创新提供了有力的人才保障。

此外，产学研合作是推动企业创新的重要途径。是卓科技积极与高校、科研院所等科研机构建立紧密的合作关系，通过共建联合实验室、联合攻关等方式，实现资源共享和优势互补。这种产学研合作模式不仅提升了企业的创新效率和成果转化速度，还有助于企业及时掌握行业前沿技术和市场动态。

最后，国际化布局是企业提升国际竞争力的关键。是卓科技积极拓展国际市场，参与全球竞争，不断提升品牌影响力和市场占有率。公司通过参加国际展会、建立海外销售网络等方式，加强与国际客户的沟通和合作，推动了公司业务的国际化发展。

综上所述，是卓科技在新质生产力的探索与实践过程中，通过持续创新、注重质量、重视人才、产学研合作和国际化布局等多方面努力，取得了显著成效。这些经验对于同行业企业具有重要的借鉴意义，有助于推动我国高科技产业的持续健康发展。

未来展望

展望未来，是卓科技将继续秉持创新驱动的发展理念，深化在高端精密仪器、数据加速卡、单光子探测等领域的探索与研究。我们将加大研发投入，加快关键核心技术攻关，不断突破技术瓶颈，提升自主创新能力。同时，我们将进一步加强与高校、科研院所及行业领军企业的合作，推动产学研深度融合，加速科技成果的转化与应用。此外，我们还将积极拓展国际市场，参与全球竞争，提升品牌影响力，为实现公司的高质量发展、助力我国科技自立自强做出新的更大贡献。

［专家点评］

　　是卓科技在科技创新驱动、产业融合发展、数据驱动决策、绿色可持续发展以及国际竞争力提升等方面拥有卓越表现，公司凭借持续的技术创新和市场洞察能力，成功打破了国外技术垄断，推动了我国高端精密仪器产业的快速发展。同时，公司通过产学研合作等模式有效整合了优质资源，提升了创新效率和成果转化速度。此外，公司还积极践行绿色发展理念，推动了行业的可持续发展。展望未来，是卓科技有望在更多领域取得突破，进一步提升我国在全球高端精密仪器领域的竞争力。

执笔人：张景秀、侯珑斐、张志伟

帕金森管理平台：打通数字医疗最后一公里

北京帕云医疗科技有限公司

北京帕云医疗科技有限公司依托其领先的互联网医疗与大数据技术，成功构建了针对帕金森病的数字化全程管理平台。该平台不仅有效解决了帕金森病患者管理难题，还促进了医生间的学术交流与科研合作，提升了医疗资源的配置效率。通过汇聚国内顶尖专家资源，实现线上线下深度融合，帕云医疗的平台在提升患者生活质量、促进医疗产业升级方面取得了显著成效，为新质生产力在医疗健康领域的应用提供了宝贵经验。

在全球科技迅猛发展的背景下，新质生产力已成为推动经济社会进步的关键力量。它强调以科技创新为引领，通过技术革新、模式创新等手段，提升生产效率与质量，推动产业转型升级。在医疗健康领域，随着人口老龄化问题的日益严峻，传统医疗服务模式已难以满足人民群众日益增长的健康需求。因此，发展新质生产力，特别是利用互联网、大数据等现代信息技术手段，构建更加高效、便捷的医疗服务体系，成为当务之急。北京帕云医疗科技有限公司（以下简称帕云医疗）积极响应时代召唤，通过构建帕金森病数字化全程管理平台，为新质生产力在医疗健康领域的应用探索了新路径。

帕云医疗自2015年成立以来，始终致力于成为脑科疾病领域的创新引领者。公司依托互联网医院和大数据技术，围绕脑疾病领域的专科医生及患者，打造了一个不受时空限制的分级诊疗新生态。帕云医疗不仅拥有脑疾病专科科研数据库、互联网医院专病平台等核心产品，还积极参与国家科技部重点研发计划，为帕金森相关疾病队列建设和诊治关键技术研究贡献力量。公司主营业务涵盖临床试验研发服务、患者慢病全程管理服务及第三方服务等，通过线上线下一体化模式，为患者提供全方位、个性化的健康管理方案。凭借卓越的创新能力、专业的服务团队和丰富的行业经验，帕云医疗在医疗健康领域树立了良好的品牌形象，赢得了广泛的市场认可。

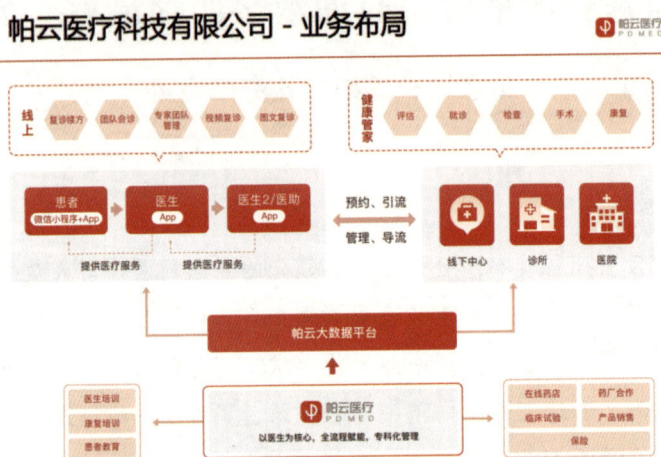

图 1　帕云医疗整体业务布局

数字医疗的落地实践：帕金森病数字化管理平台

随着我国人口老龄化趋势的加剧，帕金森病等老年退行性疾病的发病率逐年上升，帕金森病具有起病隐匿、病程长、严重影响患者生活质量和难以治愈的显著特点。对医疗系统构成了巨大挑战。传统医疗服务是以疾病为中心的院内为主的管理模式，往往受限于时间和地域，导致患者难以获得及时、全面的医疗服务，亟需探索以患者为中心的院内外管理结合的管理新模式。

将数字技术与健康管理相结合的数字医疗，涵盖移动健康、健康信息技术、可穿戴设备、数字治疗和人工智能技术、远程保健、远程医疗和个体化医疗，为各种慢病高效科学管理开创了全新模式。"帕云医疗帕金森数字化管理平台"就是数字医疗落地实践的典范。

数字医疗并非空中楼阁，更不是科研"襁褓"中的"婴儿"。既往十余年来，数字医疗引起了全球的广泛关注，并且迎来了风口。如何才能让数字医疗落地、生根、发芽，长成参天大树，护佑更多慢病患者？数字医疗赋能慢病管理是未来的发展趋势，但科研领域的创新突破成果，常因缺乏技术工程化、系统化和供应链整合的平台和能力，导致科研成果束之高阁。数字医疗需要在以临床实际需求为导向、以患者为中心的基础上，促进不同领域的科研成果向服务患者转化，实现资源的合理高效整合，进一步加强医工、医保等多方面合作，推动数字医疗走出科研，贯通"产学研用"全链条，创建新型慢病管理生态，构建成果转化生态圈。

帕云医疗结合国家《"健康中国2030"规划纲要》和《"十四五"健康老龄化规划》的政策导向，创新性地提出了针对帕金森病的数字化全程管理平台方案。该平台旨在打破时空限制，为患者提供全方位、个性化的健康管理服务，同时优化医疗资源配置，提升整体医疗服务效率。

帕云医疗的数字化全程管理平台汇聚了来自全国多家顶尖医院的千余名神经内科和老年医学专家，其中大部分为副主任及以上职称的资深医生。这些专家不仅在临床实践中积累了丰富的经验，还在疾病诊疗新技术的研究与应用方面取得了显著成果。他们的加入，不仅提升了平台的专业性和权威性，也为患者提供了更加精准、高效、创新的诊疗服务。

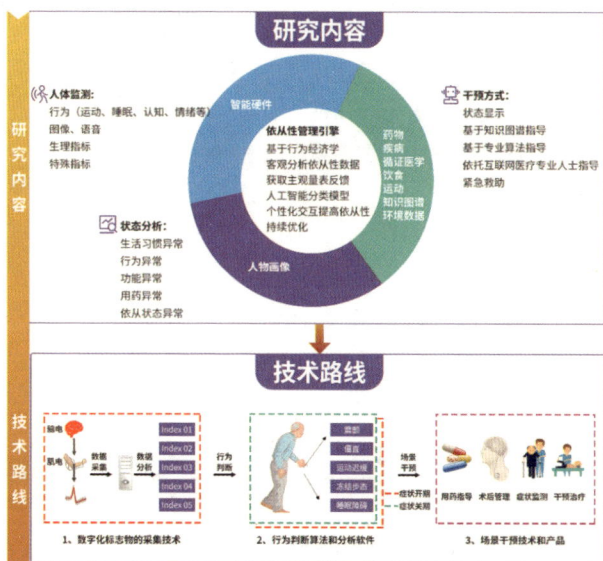

图2 帕云医疗帕金森全周期管理平台研究内容与技术路线

大家共同对患者进行多层次的分级诊疗管理，形成线上视频问诊、健康宣教、复诊续方、远程会诊、团队管理支撑的慢病全周期管理模式。医院利用数字医疗拓展学科建设和服务的深度和广度；同时依托临床大数据库和穿戴设备等，实现疾病全周期闭环管理。在这个过程中，政策、人才、技术和资源是关键要素。

平台充分利用互联网、大数据和人工智能技术，构建了智能化的疾病管理体系。通过自主研发的 AI 引擎和用户画像技术，平台能够精准分析患者的健康数据和行为习惯，为患者量身定制健康管理方案。平台可以根据患者的用药记录和病情变化，智能推送用药提醒和健康管理建议；同时，通过知识图谱和智能问答系统，平台还为患者提供了个性化的科普内容和答疑服务。这些智能化功能不仅提升了患者的自我管理能力和生活质量，还减轻了医生的工作负担，提高了整体医疗服务效率。同时，平台还建立了多学科会诊和转诊机制，为患者提供了更加全面、系统的诊疗方案。

帕云医疗的数字化全程管理平台实现了线上线下服务的深度融合和闭环管理。在线上，患者可以通过平台进行远程咨询、在线复诊、购药等服务；线下，患者可以在合作医院接受专业的诊疗和康复服务。这种线上线下相结合的服务模式不仅提高了医疗服务的可及性和便捷性，还通过标准化的诊疗流程和规范的管理机制确保了医疗服务的质量和安全性。

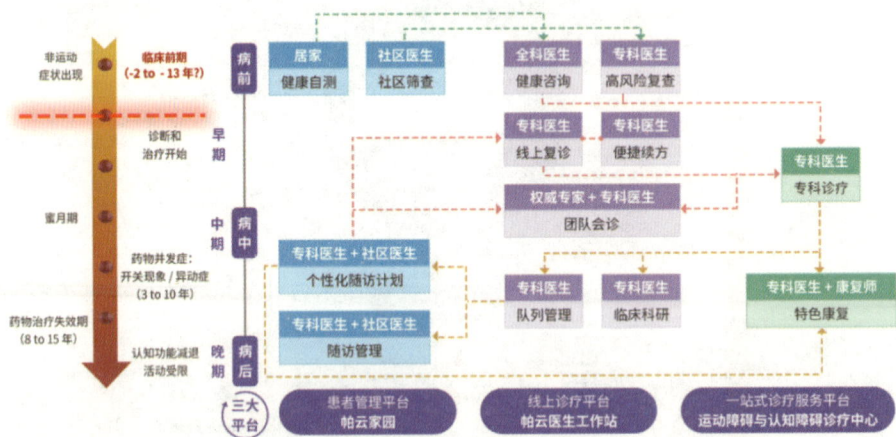

图 3　帕云医疗"以患者为中心"的慢病全程管理模式

在病前启动筛查和干预，社区医生或体检中心对老年人进行帕金森病风险筛查，专科医生团队再对高风险人群进行复查、确诊和干预。

病中积极开展医疗服务，线下被诊断的帕金森病患者可线上复诊，或与由区域主管医生和领域专家形成的团队进行远程会诊和双向转诊；通过短信或视频诊疗，开具电子处方，还可通过穿戴设备，实时监测患者症状和失能的变化和发展，从而评估和调整治疗方案，达到更有效、更方便和更经济的连续管理。

通过录像或实时视频开展诊后居家康复，针对居家或养老机构患者指导康复训练、随访、宣教和居家生活管理。

平台还有一个作用是开展真实世界临床研究，通过打通院内外患者健康和诊疗相关数据，定期随访、监测和指导患者。平台通过智能化采集系统与可穿戴设备结合等方式，实现了患者数据的实时收集与分析，为医生制定个性化治疗方案提供了有力支持。数字医疗技术的可靠性和权威性，需要通过临床试验验证，与患者电子健康档案整合。在适用性方面，平台还要针对特定问题或场景，利用更多非侵入式、持续、客观和易于读懂的监测数据和报告，研发更加精准的智能算法和个体化智能模型。

发展新质生产力的经验总结

在帕云医疗针对帕金森病的数字化全程管理平台建设过程中，我们积累了丰富的经验，这些经验不仅为我们当前的工作提供了有力的支持，也为未来的医疗健康科技项目提供了宝贵的参考。

首先，深入理解市场需求与政策导向至关重要。帕云医疗密切关注国家老龄化趋势及帕金森病患者的实际需求，同时积极响应国家《"健康中国2030"规划纲要》和《"十四五"健康老龄化规划》等政策导向，确保了项目从立项之初就具有明确的目标和定位。这种紧密结合市场需求与政策导向的策略，为项目的顺利推进提供了坚实的基础。

其次，汇聚顶尖专家资源是提升平台专业性和权威性的关键。帕云医疗通过与全国多家顶尖医院的合作，成功吸引并汇聚了一大批神经内科和老年医学领域的专家。他们的专业知识和丰富经验不仅为平台的建设提供了宝贵的建议，也确保了平台在医学上的准确性和可靠性。这种专家资源的整合，不仅提升了平台的专业水平，也增强了患者和医生对平台的信任度。

再者，技术创新是项目不断前行的核心动力。帕云医疗充分利用互联网、大数据和人工智能技术，实现了患者数据的实时收集与分析，为医生提供了精准的治疗依据。同时，智能化的健康管理功能也极大地提升了患者的自我管理能力。这些技术创新不仅提高了医疗服务的效率和质量，也为患者带来了更加便捷、高效的健康管理体验。

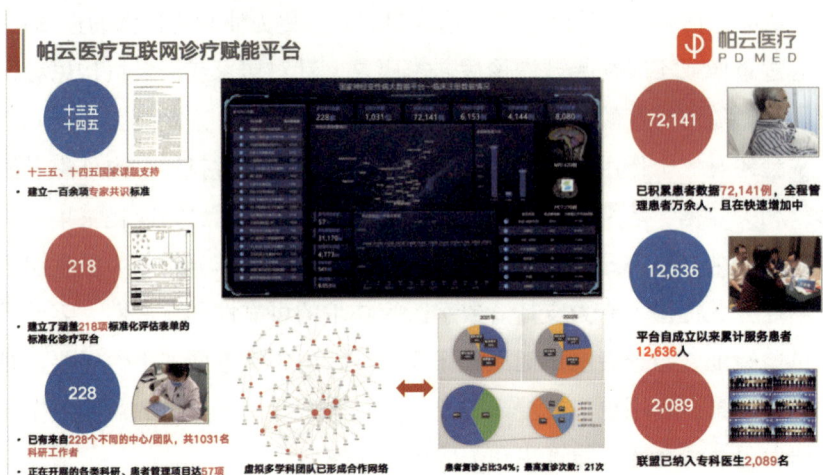

图4　帕云医疗平台应用推广成果成效

另外，线上线下服务的深度融合也是项目成功的重要因素。帕云医疗通过构建线上线下一体化的服务模式，打破了传统医疗服务的时空限制，为患者提供了更加全面、便捷的诊疗服务。这种服务模式不仅提高了医疗资源的利用效率，也满足了患者多样化的健康需求。

最后，建立开放共赢的生态体系是项目持续发展的关键。帕云医疗积极与医疗机构、科研机构和企业等多方合作，共同推动医疗健康产业的创新发展。通过开放合作，我们实现了资源共享和优势互补，为平台的发展注入了新的活力。这种生态体系的构建，不仅促进了医疗健康产业的繁荣，也为帕云医疗自身的发展提供了广阔的空间。

当然，我们也认识到在项目推进过程中仍存在一些不足之处。例如，平台的部分功能仍须进一步优化和完善；患者教育和科普工作还需加强；与更多地区和医院的合作也须进一步拓展。针对这些问题，我们将持续努力改进和提升平台的各项功能和服务水平。

未来展望

帕云医疗将继续深耕帕金森病数字化全程管理领域，致力于提升患者的生活质量。我们计划进一步扩展平台的覆盖范围，加强与全国各地医疗机构的合作，确保更多帕金森病患者能够享受到便捷的数字化医疗服务。同时，我们将不断优化平台功能，引入更多前沿技术，如更先进的 AI 算法和可穿戴设备，以提供更加个性化、精准的健康管理方案。

帕云医疗还将加大在医生培训和科研合作方面的投入，建立更加完善的分级诊疗体系，培养更多专业的帕金森病诊疗人才。通过持续推动临床研究与实际应用相结合，我们期望能够在帕金森病诊疗领域取得更多突破，为患者带来更加有效的治疗方案。

在业务拓展方面，帕云医疗将积极探索与其他健康产业的合作模式，推动"数字疗法＋互联网医疗"生态的进一步发展。我们相信，通过不懈努力和创新实践，帕云医疗将成为帕金森病数字化管理的行业标杆，为推动我国医疗健康产业的发展贡献更多力量。

［专家点评］

产品创新：平台汇聚了多种创新产品和服务，如嗅觉检测试剂盒、AI 风险早筛工具、智能用药说明等，为患者提供了更加全面、便捷的健康管理服务。

技术创新：通过运用大数据、人工智能等先进技术手段，平台实现了对患者健康数据的深度挖掘和分析，为医生提供了更加精准、科学的诊疗依据。

管理创新：平台建立了标准化的诊疗流程和管理机制，通过线上线下相结合的方式实现了对患者疾病的全程管理。同时，平台还注重患者数据的保护和隐私安全，确保了医疗服务的合规性和可靠性。

商业模式创新：帕云医疗通过构建开放共赢的生态体系，与多方合作伙伴共同推动医疗健康产业的发展。这种创新的商业模式不仅促进了资源的优化配置和共享利用，还为企业带来了更加稳定和可持续的收益来源。

执笔人：王琦、刘国臻、李晶利

抗菌宝：发酵溶菌酶科技创新，助推农牧业绿色转型

北京安佰特科技发展有限公司

北京安佰特科技发展有限公司在新质生产力理念的强力驱动下，实现了从科研创新与市场应用的紧密结合与华丽转身。公司研发的抗菌宝CLZ（发酵偶合溶菌酶），通过精密的基因改良与前沿高效发酵技术相结合，革命性地提升了溶菌酶的抗菌能力和生物效能，为农牧业的绿色健康高效发展提供了强有力的科技支撑。这一创新不仅解决了农牧业中长期困扰的抗生素滥用难题，保障了食品安全和公共健康，还促进了畜禽生产性能的提升和转化效率，为行业绿色可持续发展开辟了新的篇章。公司以实际行动和科技成果诠释了新质生产力对于产业升级和核心竞争力增强的深远影响，展现了其作为行业引领者的创新实力和战略眼光。

随着全球经济一体化的加速推进，新质生产力已成为衡量国家核心竞争力的重要指标。它不仅局限于技术层面的革新，更涵盖了生产流程的优化、资源配置的高效化以及价值创造模式的创新。在全球资源日益紧张、环境压力加剧的背景下，以及消费者对绿色、健康产品需求的不断提升，新质生产力的培育与发展显得尤为迫切北京安佰特科技发展有限公司（以下简称安佰特）作为生物科技领域的佼佼者，紧跟时代脉搏，深度融入国家绿色发展战略，以自主研发的抗菌宝CLZ（发酵偶合溶菌酶）为核心，不仅在技术上实现了溶菌酶的高效生产与应用，更在农牧业的生产组织模式、资源利用效率和价值创造上开创了新的范式。通过这一创新实践，安佰特不仅推动了农牧业的绿色转型，也为整个行业乃至全球生物科技领域的可持续发展贡献了新

的思路和范本。

农牧生物产品赛道的深耕者

安佰特作为生物科技领域的创新引领者之一，自成立以来便以"开创农牧生物产品效能新时代"为愿景和"生物技术、提质增效、助推农牧"的企业使命，深耕产品研发、生产经营与技术服务的全方位布局。公司主营业务广泛覆盖菌酶饲料添加剂、生物发酵饲料、动保生物制品及环境改良剂等多个前沿领域，凭借强大的研发实力和创新精神，构建了一套涵盖多种饲用单酶、饲用单菌及多种创新型复合酶与复合微生态制剂的完善产品体系。其中，抗菌宝CLZ（发酵偶合溶菌酶）作为公司自主知识产权和专利的独创性明星产品，凭借其卓越的抑菌、抗炎、修复肠道、防腹泻和促生长的效果，在农牧行业中独树一帜，为无抗饲料和减抗养殖保驾护航，赢得了业界的高度赞誉与广泛应用。

创新是企业发展的核心驱动力。安佰特不断加大研发投入，引进先进生物发酵设备和检验化验品控设施，以确保产品的高效性和稳定性。同时，公司积极与国内外顶尖科研机构建立长期合作关系，如与中国农业科学院畜牧兽医研究所的深入合作，共同推进基因改良、高效发酵等前沿技术的研究与应用，为产品的持续优化与升级提供了坚实的科技支撑。

此外，安佰特还积极响应国家绿色发展战略，致力于推动农牧业的可持续发展。公司不仅关注产品的技术创新，而且注重产品的环保性能与应用效果，力求通过提供绿色、安全、高效和稳定的生物产品，为农牧业的生产模式变革与产业升级贡献力量。正是凭借这些不懈努力与卓越成就，安佰特在行业内树立了良好的品牌形象，为企业的持续健康发展奠定了坚实基础。

发酵偶合溶菌酶引领农牧业绿色转型

在全球农牧业高速发展的背景下，抗生素的滥用问题日益严重。不仅加剧了病原菌耐药性，对公共卫生安全构成威胁，还通过食物链进入人体影响人类健康。抗生素残留问题已严重影响了畜产品安全和消费者的健康，严重阻碍了农牧业可持续发展。

"绿色、健康、安全、稳定和高效的生物新产品"对农牧业和消费者意义巨大、价值凸显。当前，我国农牧业、饲料工业进入了深度调整转型期，寻求广谱、高效、安全、环保的新产品，已成为首要课题。通过科技创新破解抗生素滥用难题，推动行业向绿色、可持续发展迈进，成为广大农牧人的重要使命。

图 1　菌种研发

生物科技飞速进步，酶制剂具有安全、高效、无残留、环境友好等特性，在畜禽水产养殖中的研究与应用日新月异、渗透领域和使用范围不断拓展，农牧酶制剂产业发展迅猛，已成为世界工业酶产业和饲料产业中增长最快的部分之一，其作用和地位不可低估、不可取代！

安佰特深刻洞察到这一行业趋势与市场需求，积极响应国家"减量替代"和"禁抗、减抗、无抗"政策，将研发焦点聚焦于溶菌酶这一无毒、无副作用的天然高效功能性酶制剂上。

溶菌酶是一种广泛存在于机体生物组织、细胞和体液中的碱性球蛋白，具有抗菌、消炎、抗病毒等多重生物学功能。溶菌酶能切断肽聚糖中N-乙酰葡萄糖胺（NAG）和N-乙酰胞壁酸（NAM）之间的 β-1,4 糖苷键之间的联结，破坏肽聚糖支架，在渗透压的作用下细胞膨胀裂解，从而引起细菌裂解死亡。因人和动物细胞无细胞壁结构亦无肽聚糖，故溶菌酶对人和动物细胞无毒性作用，但具有溶解细菌细胞壁能力。溶菌酶还可与带负电荷的病毒蛋白直接结合，与DNA、RNA、脱辅基蛋白形成复盐，使病毒失活。溶菌酶是先天性免疫系统中的重要防御物质，在特异性免疫和非特异性免疫中都可发挥重要作用。溶菌酶化学性质非常稳定，在pH3~7环境下，其结构非常稳定，且酸性环境中溶菌酶对热的稳定性很强，并可长期保存，添加适量溶菌酶的饲料不仅能更好地膨化造粒，而且能防霉变，延长贮存时间。

为克服传统溶菌酶（主要蛋清提取）活性低、产量低、难于稳定保存等缺点，扩大溶菌酶抑菌范围，实现广谱溶菌、抑菌效果，安佰特携手中国农科院畜牧所顶尖科研团队，开展了溶菌酶产学研攻关。以基因工程技术为核心，通过对溶菌酶基因进行分子改良，构建了高活性溶菌酶改良工程菌株，结合高效偶合发酵工艺，成功实现了抗菌宝CLZ（发酵偶合溶菌酶）的大规模生产。

在研发过程中，科研团队克服了基因改良难度大、发酵工艺复杂等重重困难。他们通过对溶菌酶基因的精细操作，成功筛选出了酶活力显著提升的突变体菌株。同时，安佰特科技还自主创新设计了大型全自动溶菌酶发酵分离纯化设备，实现了抗菌宝CLZ的高标准规模化生产。不仅提高了生产效率和质量稳定性，还大大降低了生产成本。

图2　溶菌酶发酵试验

抗菌宝 CLZ（发酵偶合溶菌酶）的问世标志着安佰特在溶菌酶创制领域取得了重大突破。该产品不仅保留了溶菌酶的天然优点，还通过分子改良显著提升了其抑菌能力，不仅对 G+ 效果突出，对 G- 也有较好抑杀效果，尤其对耐药菌效果更明显。抗菌宝 CLZ（发酵偶合溶菌酶）不存在抗生素滥用形成的耐药性，也无免疫原性。同时，还具有抗炎、抗病毒和增强免疫、改善肠道健康等多重生物学功能，为畜禽健康生长提供了全方位保障。

抗菌宝 CLZ 的研发和推广过程充满了挑战与艰辛，但安佰特科技团队凭借其坚韧不拔的精神和卓越的创新能力，最终取得了丰硕的成果。通过一系列严格的试验验证和应用实践，抗菌宝 CLZ 在畜禽养殖中展现出了显著的抑菌效果和广泛的应用前景。

抗菌宝 CLZ 是畜禽、水产饲料添加剂在替代抗生素、控制耐药菌、增强免疫力、提高生产率、生产绿色肉蛋奶安全食品的首选。饲粮中添加抗菌宝 CLZ（发酵偶合溶菌酶）能够提高家禽的生长性能，降低肠道炎症的发病率，提高营养物质的吸收效率并改善肠道形态，改善蛋禽的产蛋性能，预防产蛋综合征及延长产蛋期。饲粮中添加抗菌宝 CLZ（发酵偶合溶菌酶）能够改善妊娠和泌乳母猪的健康状况，缓解炎症和内毒素的危害，显著提高仔猪初生重和哺乳崽猪成活率。教保料中添加溶菌酶能够缓解仔猪腹泻。饲粮中补充抗菌宝 CLZ（发酵偶合溶菌酶）能够提高反刍动物的生长性能，改善瘤胃发酵参数和菌群结构。饲粮中添加抗菌宝 CLZ（发酵偶合溶菌酶）以其高针对性、强疗效、无残留等特点，缓解了其他药物引起的妊娠间隔延长、发情迟缓等问题，对治疗奶牛子宫内膜炎和乳腺炎等产后疾病具有重要作用。抗菌宝 CLZ（发酵偶合溶菌酶）能够在畜禽育肥阶段使用，有显著的促生长功效，在水产养殖中，也表现出了优异的抗菌和促生长效果。

产品应用验证、市场推广与客户服务体系建设是创新产品迈向市场，走向应用的重要环节。在产品应用基础试验研究方面，安佰特与中国农业科学院、华南农业大学、河南农业大学等相关科研院所专家以及相关大型养殖企业进行了广泛深入的合作研究，并对产品在猪、家禽、反刍和水产等动物上做了广泛、深入、系统的应用试验研究，积累了大量的应用试验数据，在 *animal*、《中国畜牧》、《动物营养学报》等中英文刊物上发表了相应研究论文和文章，给行业应用提供了大量的、实用的数据参考。安佰特通过线上线下相结合的推广方式以及专业的技术支持和售后服务团队，成功将抗菌宝 CLZ 推向市场并赢得了广泛认可。公司积极收集用户反馈意见，不断优化产品性能和服务质量，确保客户能够得到最佳的使用体验和效果。作为一种新型绿色酶制剂，抗菌宝 CLZ（发酵偶合溶菌酶）应用于农牧生产，对畜禽生产性能、繁殖性能、饲料报酬、免疫水平等指标均有明显改善作用，且不良反应小、使用方便，正在被更多的兽药组方师、饲料配方师和基层农牧人员认可并使用。

在发展新质生产力理念的引领下，安佰特科技不仅在技术上取得了重大突破，还在组织模式、资源配置和价值创造等方面实现了全面升级。通过优化生产流程、提升资源配置效率以及创新价值创造模式等手段不断提升企业的竞争力和可持续发展能力。这种以科技创新为核心驱动力的生产模式不仅推动了农牧业的绿色转型和可持续发展，还为全球农牧业的健康发展树立了新的标杆。

发展新质生产力的经验总结

通过本次"抗菌宝 CLZ（发酵偶合溶菌酶）开发及其替抗应用"的实践与探索，安佰特深刻体会到发展新质生产力在推动农牧产业转型与饲料工业升级中的关键作用。以下几点是我们总结的宝贵经验：

在全球农牧业对抗生素滥用问题日益关注的背景下，安佰特敏锐地洞察到市场对于安全、高效、环保的替抗产品的迫切需求。我们坚持以市场需求为导向，将研发重心放在开发能够替代抗生素、促进动物健康生长的新型生物制剂上，通过深入的市场调研和用户反馈，不断改进发酵菌种和发酵工艺流程，不断提升产品的生物效能和性价比，助推我国饲料工业从营养型饲料到功能型饲料，再到保健型饲料的跃升，助推我国养殖业从粗放式饲养到规模化饲养，再到绿色生态健康高效化饲养的跃升。

在技术创新方面，安佰特深刻认识到产学研合作的重要性。我们积极与中国农业科学院畜牧研究所等顶尖科研机构建立紧密合作关系，通过共享资源、协同攻关、多元化合作，有效提升了技术创新的效率和成果转化的速度。这种合作模式不仅让我们能够充分利用科研机构的人才和资源优势，还大大缩短了新产品从研发到市场推广的时间周期，为企业的快速发展注入强劲动力。

在产品开发过程中，安佰特始终将产品质量放在首位。我们建立了完善的质量管理体系和检测标准，确保每一批次的产品都能达到最高标准。同时，我们积极加强品牌建设，通过参加行业展会、发布科研成果、进行市场推广等多种方式提升品牌知名度和美誉度。这些努力不仅加快新产品、新技术创制应用，还增强了客户对我们的信任和支持，也为企业的持续健康发展提供了有力保障。

技术创新是企业发展的核心驱动力。在抗菌宝 CLZ（发酵偶合溶菌酶）的开发过程中，我们不断攻克技术难关，通过基因工程、发酵工艺优化等手段实现了产品性能提升和成本降低。同时，我们还积极探索新的应用领域和市场机会，不断拓展产品的使用范围和市场需求。这种持续的技术创新不仅提升了企业的核心竞争力，也为行业的发展注入了新的活力。

一个优秀的团队是企业成功的关键。安佰特注重团队建设与人才培养工作，通过引进高素质人才、加强内部培训、完善激励机制等多种方式提升团队的整体素质和战斗力。同时，我们还积极营造开放、包容的企业文化氛围，鼓励员工发挥创新思维和创造力为企业的发展贡献智慧和力量。

在全球农牧业快速发展的背景下，政策法规和行业动态对企业的发展具有重要影响。安佰特密切关注国内外政策法规的变化和行业动态的发展，及时调整企业战略和业务模式以适应市场变化。通过加强与政府、行业协会等机构的沟通与合作，我们及时掌握政策导向和市场趋势为企业的决策提供了有力支持。

未来展望

展望未来，安佰特将继续秉承新质生产力的核心理念，不断深化技术创新与产业升级，致力于将抗菌宝 CLZ（发酵偶合溶菌酶）打造成为行业知名产品和替抗知名品牌。我们坚信，通过持续的研发投入和技术突破，能够进一步提升产品的性能与性价比，扩大其应用范围和市场占有率。同时，公司将积极拓展国内外市场，加强与国际同行的交流与合作，吸收借鉴全球先进经验，推动动物健康养殖，满足市场对绿色安全优质产品的需求，不断提升自身竞争力与影响力。

随着科技的进步与应用场景的拓展，安佰特还将积极探索更多新质生产力的应用场景与实现路径。我们将关注生物科技、信息技术、智能制造等领域的最新发展，寻求与自身业务的深度融合，推动产业升级与模式创新。通过跨界合作与资源整合，我们期待在更广阔的领域实现突破，为经济社会发展贡献更多智慧与力量。

在全球农牧业绿色可持续发展的背景下，安佰特将坚定不移地走生态、环保、高效的发展道路，不断提升产品的环保性能与生态效益，为推动全球农牧业的绿色健康转型贡献自己的一份力量。我们坚信，通过不懈努力与创新实践，安佰特定能在未来的发展中取得更加辉煌的成就。

［专家点评］

科技创新驱动：安佰特通过基因工程技术和高效发酵工艺的创新应用，研发出具有差异化的符合当下行业需要的特色产品——抗菌宝 CLZ（发酵偶合溶菌酶），展现了科技创新在推动产业升级中的核心作用。

产业融合发展：安佰特积极与科研院所合作开展产学研用深度融合的实践探索，促进了产业链上下游的紧密协作和资源共享，为产业融合发展树立了典范。

数据驱动决策：在产品研发和生产过程中，安佰特充分利用大数据技术进行市场分析和生产优化决策，提高了生产效率和产品质量控制能力。

绿色可持续发展：抗菌宝 CLZ（发酵偶合溶菌酶）作为一种天然、安全的替抗产品，在降低抗生素使用、改善畜禽健康和提高畜产品质量安全方面发挥了重要作用，有力推动了农牧业的绿色可持续发展。

国际竞争力提升：安佰特通过持续的技术创新和市场拓展不断提升自身实力和国际竞争力，在全球农牧业中占据了领先地位并为中国企业走向世界树立了榜样。

执笔人：刘瑞宏、张王照、张磊

第三篇

如何布局建设未来产业

因地制宜发展新质生产力：
精准部署建设未来产业的蓝图

在全球化与信息化交织并进的今天，新质生产力作为创新驱动的核心引擎，正引领着产业结构的深刻变革与未来产业的蓬勃发展。未来产业，以其前瞻性、创新性、可持续性为特征，代表着经济社会发展的新方向和新增长点。如何因地制宜地发展新质生产力，以之精准部署并建设未来产业，成为当前及未来一段时间内的重要课题。

一、新质生产力与未来产业的耦合逻辑

新质生产力依托科技创新与人才优势，展现出强大的生命力和创造力，是推动产业升级、经济转型的关键力量。而未来产业，如人工智能、量子信息、生物制造、空天科技等，不仅代表着科技发展的最前沿，更是国家竞争力的重要体现。两者之间的耦合，既体现在新质生产力为未来产业提供技术支撑和创新动力，也体现在未来产业为新质生产力提供广阔的应用场景和市场空间。

二、因地制宜发展新质生产力的策略

——科学规划，明确方向

根据不同地区的资源禀赋、产业基础和发展需求，科学规划新质生产力的发展方向和重点。通过深入调研和专家论证，明确未来产业的培育目标和路径，确保新质生产力的发展与未来产业的建设相契合。

——强化创新，突破瓶颈

加强科技创新和研发投入，推动关键核心技术的突破和成果转化。通过建设创新平台、引进高端人才、加强国际合作等方式，提升新质生产力的创新能力和水平，为未来产业的建设提供有力支撑。

——优化环境，激发活力

深化市场化改革，完善市场机制，激发市场活力和社会创造力。通过优化营商环境、加强知识产权保护、推动产学研用深度融合等措施，为新质生产力的发展和未来产业的建设营造良好的环境和氛围。

三、以新质生产力部署建设未来产业的路径

——技术创新引领产业升级

利用新质生产力的技术创新优势，推动未来产业的技术升级和产品创新。通过引进和研发先进技术，提升产品的技术含量和附加值，打造具有国际竞争力的未来产业集群。

——模式创新拓展应用场景

结合新质生产力的新业态、新模式，拓展未来产业的应用场景和市场空间。通过跨界融合、协同创新等方式，推动未来产业与传统产业的深度融合，形成新的经济增长点和产业生态。

——人才培养支撑产业发展

加强人才培养和引进工作，为未来产业的发展提供有力的人才支撑。通过建设高水平的人才队伍，提升产业的技术水平和创新能

力，确保未来产业的持续发展和竞争优势。

——政策支持促进产业壮大

制定和完善相关政策措施，加强对未来产业的扶持力度。通过财政补贴、税收优惠、金融支持等措施，降低企业的运营成本和风险，促进未来产业的快速发展和壮大。

四、结语

因地制宜发展新质生产力，以之精准部署并建设未来产业，是推动经济社会高质量发展的必然要求。通过科学规划、强化创新、优化环境等措施，可以有效提升新质生产力的水平。同时，结合技术创新、模式创新、人才培养和政策支持等路径，可以推动未来产业的快速发展和壮大。展望未来，我们应继续加强新质生产力的发展，以之引领和支撑未来产业的发展，为经济社会的高质量发展注入新的活力和动力。

无人机巡护：用低空技术守护七里海湿地生态

交控科技股份有限公司

交控科技股份有限公司针对七里海湿地巡护难题，创新性地推出低空应用综合解决方案。该方案深度融合无人机与人工智能技术，实现了湿地巡护的智能化与自动化，显著提升了生态保护效率，降低了人力成本。通过实时数据采集、智能分析和预警系统，方案不仅满足了湿地管理的基本需求，还成功拓展了科考研学等多元化应用场景，为低空经济的发展提供了可借鉴的示范案例，展现了新质生产力在生态保护领域的巨大潜力。

随着人工智能、无人机等新兴技术的不断涌现，各行各业都在积极寻求转型升级，以适应新的发展趋势。在生态保护领域，传统的巡护方式面临着诸多挑战，如人力资源不足、巡护效率低下、难以应对复杂地形等。为了更好地保护生态环境，提高巡护管理水平，迫切需要引入新的技术手段。

低空经济作为一种新兴的经济形态，近年来得到了国家的大力支持和推动。无人机技术的广泛应用，为低空经济的发展提供了广阔的空间。在这个背景下，交控科技股份有限公司（以下简称交控科技）积极响应国家号召，凭借其在轨道交通信号系统领域的技术优势，拓展低空板块业务，致力于为生态保护等领域提供创新的解决方案。

宁河七里海湿地作为世界上著名的古海岸性质湿地之一，承载着独特的生态价值和重要的环境保护功能。七里海湿地是 1992 年经国务院批准的古海岸与湿地国家级自然保护区，是天津最大的天然湿地，也是津京唐三角地带极其难得的一片绿洲。这片被誉为"京津肺叶"的湿地，不仅拥有丰富的生物多样性，而且在维持区域生态平衡、净化空气、调节气候等方面发挥着不可替代的作用。七里海湿地已记录鸟类258种，植物品种162种，其生物多样性和生态服务功能对当地乃至周边地区的可持续发展具有深远影响。

图1　交控科技无人机空中巡查

随着生态环境保护意识的增强和科技的进步，传统的人工巡护方式已逐渐不能满足当前实时、快速巡护需求。无人机技术以其独特的空中视角、灵活的操控性能和高效的数据处理能力，为湿地巡护提供了新的解决方案。通过无人机搭载的高清相机和先进传感器，巡护人员可以对湿地进行实时监控，及时发现环境变化，有效预防和应对生态问题。此外，无人机巡护能增强公众的湿地保护意识，减少对野生动物的干扰，促进人与自然和谐共生。交控科技针对七里海湿地的巡护难题，创新性地推出了低空应用综合解决方案，旨在实现湿地巡护的智能化与自动化，提升生态保护效率，为低空经济的发展树立典范。

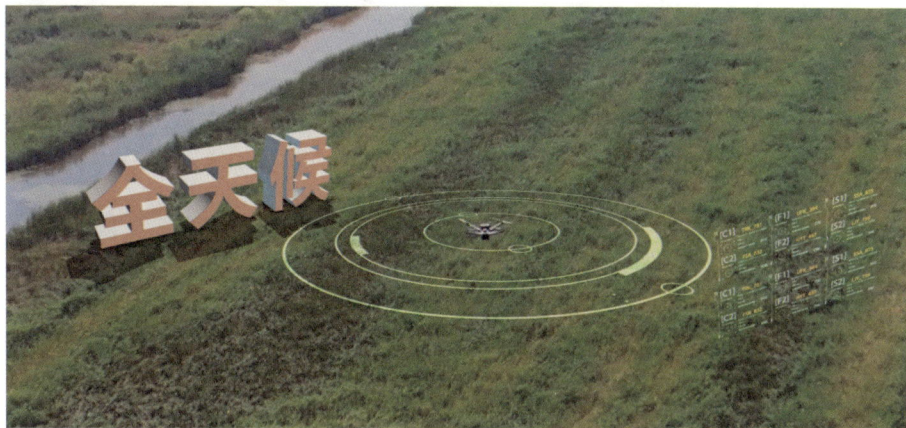

图 2　交控科技无人机全天候巡护

从城市轨道交通向空中交通拓展

交控科技自 2009 年成立以来，始终致力于城市轨道交通信号系统的研发与创新，是科技部认定的"国家级国际联合研究中心"和工信部授予的"国家技术创新示范企业"。公司以具有自主知识产权的 CBTC 技术为核心，为城市轨道交通提供全生命周期的解决方案，涵盖系统设计、产品研发、系统集成等多个环节。

近年来，交控科技积极响应国家低空经济发展战略，依托自身在轨道交通领域的深厚积累，成立低空板块，专注于无人机及空中交通管理技术的研发与应用。公司以创新为驱动，不断突破技术瓶颈，致力于成为低空经济领域的领军企业。通过提供空中交通综合解决方案，交控科技在巡检巡护、应急救援、空中物流等领域取得了显著成效，赢得了市场的广泛认可。

无人机技术助力湿地巡护智能化

七里海湿地不仅承载着丰富的生物多样性和独特的生态系统功能，还面临着地形复杂、人力资源依赖性强、巡护频次低等管理难题。传统的巡护方式难以有效应对这些挑战，湿地管理者迫切需要一种更为高效、智能的巡护手段。

交控科技凭借其在城市轨道交通信号系统领域的深厚积累和技术创新优势，敏锐地捕捉到了这一市场需求。公司深入调研七里海湿地的具体情况，与地方政府、环保部门等多方沟通，全面掌握了湿地巡护管理的痛点与难点。

针对七里海湿地的实际需求，交控科技创新性地提出了低空应用综合解决方案。该方案以无人机和人工智能技术为核心，通过标准化产品设计和模块化部署策略，实现了复杂地形条件下的高效、精准巡护。方案的核心目标在于通过技术创新和模式创新，全面提升湿地巡护的自动化、智能化水平，降低人力成本，提高巡护效率。

在方案设计中，交控科技充分考虑了无人机在复杂地形下的飞行稳定性、数据传输的实时性、多机协同调度等关键技术问题。通过引入先进的飞行控制系统、高清视频传输技术和人工智能分析算法，确保了无人机在复杂环境中的稳定运行和高效数据采集。

图 3　交控科技基于云平台及通信技术的综合巡护系统

该方案通过无人机获取的监测信息，自动识别非法入侵湿地保护区的人员，之后无人机配合巡护人员进行跟踪、取证或驱离；自动识别火源或者热点，及早发现火情并进行报警；结合动物识别算法，自动识别大型动物并计数，对保护区内的大型动物进行统计。

图 4　交控科技无人值守自动化无人机机巢

项目启动后，交控科技迅速组建了一支专业的项目团队，负责方案的具体实施。团队首先对七里海湿地的地形、气候等自然条件进行了详细勘查，制定了科学合理的无人机飞行计划和巡护航线。同时，对无人机机场、运控中心等关键设施进行了选址和布局，确保了系统的稳定运行和高效数据传输。

在初期运行过程中，项目团队密切监控无人机的飞行状态和数据采集情况，及时调整飞行计划和数据处理算法。通过不断优化系统性能，逐步提高无人机的巡护效率和数据准确性。

通过实施低空应用综合解决方案，七里海湿地的巡护工作发生了显著变化。无人机的高效飞行和实时数据传输，使得巡护人员能够迅速掌握湿地内的生态环境变化情况，及时发现并处理违法违规行为。同时，人工智能分析算法的引入，可以智能识别异常情况，为湿地管理提供了强有力的技术支持。

图 5　交控科技无人机飞行控制系统界面

在具体应用成效方面，该方案不仅大幅提升了巡护效率和频次，还降低了人力成本。通过无人机巡护替代部分人力巡护工作，减少了专职巡护人员的数量，降低了工作强度。同时，通过实时数据采集和智能分析预警系统，有效预防了火灾、非法入侵等突发事件的发生，保障了湿地的生态安全。

生态保护是为了践行"绿水青山就是金山银山"的理念，该方案从生产力角度，使用无人机、人工智能等新的生产要素对原有的传统人力生产要素进行了改造升级，在提高效率的同时提高了效果，将原有传统生产力转化为新质生产力，要素生产率得到较大提升。

交控科技七里海湿地低空应用综合解决方案在技术创新方面取得了显著成果。通过引入无人机和人工智能技术，实现了湿地巡护的智能化与自动化；同时，通过模块化设计和标准化部署策略，降低了运营成本和技术门槛。这些技术创新不仅提升了巡护效率和数据准确性，还为低空经济的发展提供了新的思路和方法。

在模式创新方面，该方案通过构建综合性的低空应用服务平台，整合了无人机指挥调度、数据处理、决策支持等多个模块，形成了完整的低空经济生态系统。这一模式不仅提升了生态保护能力，还探索了生态保护与商业活动的协同路径。通过提供科考研学、生态旅游等多元化服务产品，实现了商业价值的最大化；同时，通过数据资产化和数字化服务等方式，推动了低空经济的持续发展。

此外，该方案还成功拓展了多元化的应用场景。通过引入科考研学体验中心、构建虚拟现实体验平台等方式，提高了公众的环保意识和参与度。同时，利用无人机巡护数据开展生态旅游和环境数据分析服务等工作，为地方经济的发展注入了新的活力。

发展新质生产力的经验总结

交控科技七里海湿地低空应用综合解决方案的成功实施，充分展示了新质生产力的巨大潜力。在项目实践中，我们深刻体会到以下几点经验：

创新驱动发展：技术创新是提升竞争力的关键。通过自主研发和产学研用合作模式，我们不断突破技术瓶颈，推动产品升级和产业升级。

模式创新引领未来：在项目实施过程中，我们积极探索新的商业模式和运营模式，通过数据资产化和数字化服务等方式实现了商业价值的最大化。

协同合作共创价值：政产学研用的紧密合作是推动项目成功的重要保障。我们与地方政府、科研机构等建立了长期稳定的合作关系，共同推动低空经济的发展。

注重生态与可持续发展：在项目实施过程中，我们始终注重生态环境的保护和社会责任的履行。通过智能化巡护和数据分析技术降低了人力成本和环境影响，推动了地方经济的绿色可持续发展。

未来展望

随着技术的不断进步和应用场景的不断拓展，低空经济将迎来更加广阔的发展前景。交控科技将继续秉承创新理念，深化与地方政府、科研机构的合作，共同推动低空经济的可持续发展。我们将持续优化无人机和人工智能技术，提升巡护效率和精度；同时积极探索更多低空经济应用场景如生态旅游、环境监测等领域；此外，我们还将加强与国际同行的交流与合作，共同推动全球低空经济的繁荣发展。通过不断努力，我们有信心将七里海湿地自然保护区低空应用综合解决方案打造成低空经济领域的标杆，为更多地区的生态保护和经济发展提供可借鉴的经验和模式。

低空经济是新兴产业的一种，交控科技以应用场景为基础，用新技术、新模式为低空经济打开了新的窗口和视角，不仅改造提升了生态保护的传统模式和传统行业，也为新兴产业的发展壮大进行了积极有效的探索和示范，为新质生产力的进一步提高进行了铺垫。

[专家点评]

科技创新驱动：本案例以科技创新为核心驱动力，将无人机和人工智能技术深度融合于湿地巡护领域，展现了强大的技术创新能力。通过自主研发和产学研用合作模式的成功实践，为低空经济的发展提供了有力的技术支撑。

产业融合发展：交控科技通过低空巡护技术的研发与应用推动了轨道交通与低空经济的融合发展。这一创新实践不仅拓展了轨道交通企业的业务领域，还促进了低空经济产业链上下游的协同发展。

数据驱动决策：本项目充分利用大数据技术实现了对湿地环境的实时监测和数据分析，为管理决策提供了科学依据。数据驱动决策的方式不仅提高了管理效率还增强了决策的精准性和及时性，为低空经济的智能化管理提供了可借鉴的模式。

绿色可持续发展：交控科技在项目实施过程中始终注重生态环境保护和社会责任的履行。通过智能化巡护和数据分析技术降低了人力成本和环境影响，实现了经济效益与生态效益的双赢。这一绿色可持续发展的实践模式对于推动低空经济的绿色发展具有重要意义。

国际竞争力提升：通过本项目的成功实施和应用推广，交控科技在国际低空经济领域的影响力将得到显著提升。随着技术的不断进步和应用场景的持续拓展，交控科技有望在国际市场上占据更加重要的地位并推动全球低空经济的繁荣发展。

执笔人：刘超、陈磊、陈鹤

气味数智化技术：嗅出"味"来世界

汉王科技股份有限公司

汉王科技股份有限公司是一家深耕人工智能领域的高新技术企业，凭借其在合成生物学、计算机科学与智能仪器交叉领域的卓越创新能力，成功研发并推出基于仿生嗅觉细胞传感的气味数智化技术。这一突破性技术不仅模拟了生物嗅觉系统的自然反应机制，还实现了毫秒级气味信息的捕捉与高精度数字化转换，极大地提升了气味检测的灵敏度与准确性。该技术以其独特的创新性和广泛的应用前景，在食品安全、环境监测、医疗诊断等多个关键领域展现出巨大潜力，有效推动了相关行业的数智化转型与升级。公司正积极投入资源，持续优化该技术，并不断探索其在智能家居、安防监控等新兴领域的应用，致力于构建完整的气味数智化生态系统，为产业的可持续发展注入强劲动力。展望未来，该技术有望成为新质生产力的典范，引领行业创新潮流，为社会带来更加智能、高效的气味检测解决方案。

理解动物感知过程并启发人工智能，是当前世界科技的研究热点。与迅猛发展的视觉识别、语音识别、触觉识别等生物特征识别技术相比，嗅觉识别发展缓慢。目前，动物或人的鼻子嗅闻仍然是气味检测手段的金标准。食品轻工业、环保、日化等领域仍然需要大量"能闻会辨"的岗位，如品酒师、调香师、嗅闻师。这些岗位对人的依赖程度较高，导致嗅闻感官结果的稳定性与一致性较差；而且对这类人才的培养，亦需要付出较多的时间与经济成本。嗅觉识别技术作为一种灵敏、快速、便捷的检测手段，具有独特的优势和广阔的应用前景。

作为汉王科技股份有限公司（以下简称汉王科技）的缔造者，刘迎建凭借科技创新的力量，开创了一个汉字手写识别的时代，改变了数亿中国人的IT生活。这位曾经的军人、中科院研究员，40岁时积极响应当时中国科学院提出的"教授带着技术下海"号召，怀揣产业报国的热情，创立了汉王品牌，带领汉王科技成为中国最早开展人工智能技术研究并实现产业化的高科技企业。"下一个时代是机器人的时代，公司的目标是做智能交互机器人。"刘迎建表示。近几年来，公司不仅通过打造基于图像识别、人脸识别、智能视频分析等技术的机器视觉，以及基于自然语言处理、多模态大模型等技术的机器之脑步步为营的同时，汉王科技也正发力于当前行业缺失的机器嗅觉技术，在机器人领域把聪明的大脑与灵巧的肢体结合起来，未来将做出一款能够拥有人类五官感知的机器人。

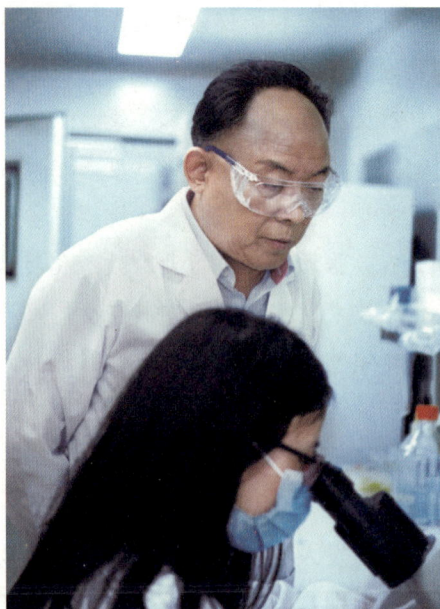

图1　汉王科技创始人兼董事长刘迎建指导项目推进

自2010年起，刘迎建携研发团队走访麻省理工学院、斯坦福大学、哈佛大学等全球顶尖的气味检测实验室，进行充分的探讨交流，锚定了生物嗅觉感知技术路线。基于仿生嗅觉细胞传感的气味数智化技术，正是汉王科技在这一领域取得的重要突破。该技术不仅模拟了生物嗅觉系统的精密感知机制，还通过智能仪器与先进算法结合，实现了对气味的数字化转换与精准识别。这一创新成果不仅拓宽了人们对气味的认知边界，更为食品安全、环境监测、医疗诊断等多个行业带来了革命性的变化。

引领数智化转型升级的"老兵"

汉王科技成立于 1998 年 9 月 11 日，是一家集研发、生产和销售于一体的高新技术企业。公司自成立以来，始终专注于人工智能领域，深耕感知（文本、图像、视频、生物特征等识别）、认知（自然语义理解等）以及人机交互（笔交互、手写识别）等核心技术方向。汉王科技以这些核心技术为基础，不断推出 AI 产品、AI 应用和 AI 解决方案，赋能各行各业实现数智化转型升级。

经过多年的发展，汉王科技已经形成了包括 DCR-5 大数据、笔智能交互、人脸及生物特征识别、智能终端产品在内的四大业务板块，并在金融、政法、人文、医疗、办公、教育、安防等多个领域得到广泛应用。公司凭借强大的技术实力和丰富的行业经验，赢得了市场的广泛认可，并于 2010 年 3 月 3 日在深圳证券交易所成功上市。

汉王科技始终将自主创新作为企业发展的核心动力，不断加大研发投入，积极探索新技术、新产品。截至目前，公司已荣获多项国家科学技术进步奖，并被国家科技部认定为"国家重点高新技术企业"、"国家高技术研究发展计划成果产业化基地"以及"国家认定企业技术中心"。未来，汉王科技将继续秉承"自主创新"的核心理念，致力于推动人工智能技术的持续发展，为更多行业带来智能化、高效化的解决方案。

解密气味数智化的核心技术

在全球科技日新月异的今天，汉王科技始终站在行业前沿，敏锐地洞察到传统气味分析技术的局限性。随着社会的进步和消费者对品质要求的提升，传统依赖人工嗅觉或简单理化检测的方法已难以满足各行业对气味精准分析的需求。面对这一挑战，汉王科技决定投身新质生产力的探索与实践，致力于研发基于仿生嗅觉细胞传感的气味数智化技术，以科技创新引领行业变革。

汉王科技研发的"基于仿生嗅觉细胞传感的气味数智化技术"，是一项融合了合成生物学、计算机科学与智能仪器的前沿成果。该技术通过模拟动物嗅觉系统的感知机制，实现了对气味的精准捕捉与数字化转换。具体而言，该技术由三大核心部分组成：鼻祖®嗅觉细胞芯片、AI Nose®嗅觉分析仪以及 AI Nose®嗅觉识别算法和软件。

鼻祖®嗅觉细胞芯片　　**AI Nose®嗅觉分析仪**　　**AI Nose®嗅觉识别算法和软件**

图 2　汉王科技气味数智化技术核心组成

鼻祖®嗅觉细胞芯片：受动物嗅觉细胞启发，汉王科技成功研发出上千种仿生嗅觉细胞传感器。这些传感器在接触到气味分子后，能够迅速产生毫秒级离子流信号，并通过精密的生物电—光学转换系统将其转化为放大的瞬时秒级光学信号。这一过程不仅模拟了生物嗅觉的自然反应，还极大地提高了气味检测的灵敏度和精度。

AI Nose®嗅觉分析仪：为捕捉并解析这些微弱的光学信号，汉王科技自主研发了 AI Nose®嗅觉分析仪。该仪器集高通量精准加载样品、快速捕捉瞬时光学信号、实时呈现分析数据于一体，确保了气味样本检测的准确性和效率。其内部的高增益信号放大器电路和优化的光路设计，进一步提升了信号的信噪比和检测速度。

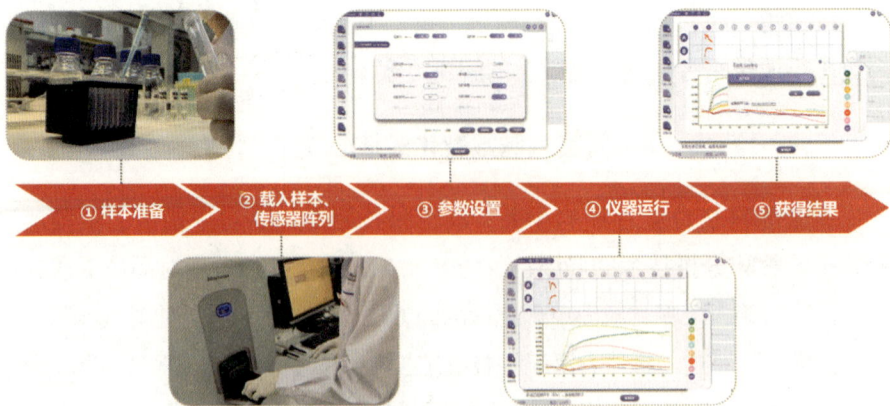

① 样本准备　② 载入样本、传感器阵列　③ 参数设置　④ 仪器运行　⑤ 获得结果

图 3　汉王科技气味数智化技术使用流程

AI Nose®嗅觉识别算法：基于大量气味数据积累，汉王科技研发了先进

的 AI Nose® 嗅觉识别算法。该算法能够智能分析处理传感器收集到的数据，实现对气味样本的精准识别。同时，它还能与其他多模态数据（如视觉、听觉、触觉等）进行融合分析，提供更为全面的信息支持。

多领域上岗的"气味检测师"

汉王科技在技术创新的基础上，积极推动气味数智化技术的行业应用实践。通过深入挖掘传统行业需求，该技术已在食品安全、环境监测、医疗诊断等多个领域展现出显著的应用成效。

食品安全领域：利用气味数智化技术，食品生产企业可以实时监测食品生产过程中的气味变化，及时发现并解决潜在的异味问题，确保食品质量安全。这一技术为食品行业提供了更加高效、精准的质量控制手段。

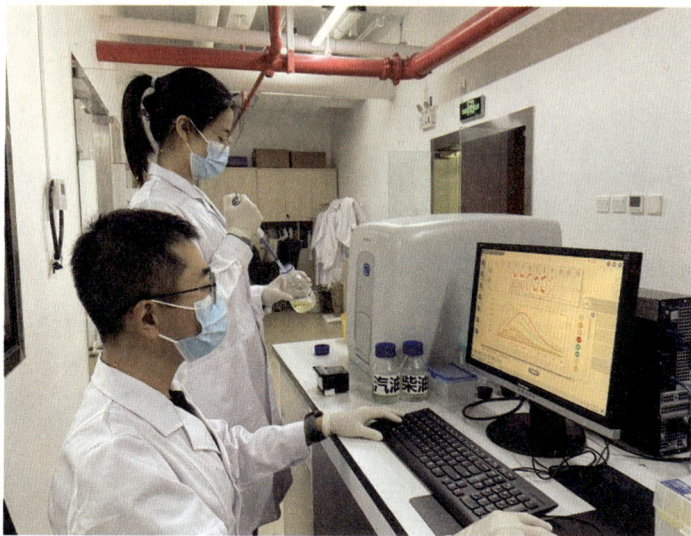

图 4　汉王科技气味数智化检测化工油料

2024 年 7 月，"罐车卸完煤制油直接装运食用油"的新闻一经发布，引发大众和政府监管部门的高度关注，成为大家热议的话题。煤制油含有危害人体健康的成分，一旦被人误食用，可能会导致中毒。民以食为天，食以安为先，做好食品安全工作，时刻不能放松。汉王科技模拟使用残留化工油料的容器罐装食用油，并使用气味数智化技术进行检测，能够直观、快速地识别出食用油中化工油料的低浓度残留。

食品科学与工程领域：食品风味化学与感官评价是该领域中一个非常重

研究方向。气味数智化技术可帮助研究人员识别出食品气味模式，为产品的改进提供科学依据。该技术可以为食品轻工业的创新和发展提供有力的技术支持。

以白酒行业为例，白酒的风味品评，是白酒生产中不可缺少的质量控制环节。在基酒生产过程中，气味数智化技术可以快速识别香气变化，帮助酿酒师调整酿酒配方，优化酿酒工艺，提高基酒的优级率和产出；此外，还可检测基酒的品质指标，确保风味的稳定性和一致性。在白酒成品酒鉴别方面，该技术能够实现品牌区分、年份酒鉴别、原产地鉴定、真伪鉴别与掺假检测等。汉王科技气味数智化技术将成为白酒企业数字化转型和智能化发展的得力助手。

环境监测领域：在环境监测方面，气味数智化技术能够检测大气和水源中的有害气体和臭气浓度，为环保部门提供关键数据支持。这不仅有助于及时发现污染源并采取措施进行治理，还有助于提升公众对环境质量的满意度和信任度。

医疗诊断领域：在医疗领域，该技术可用于研究不同气味对人体心理和生理的影响。例如，通过检测患者呼出的气味变化，医生可以初步判断患者的健康状况或疾病类型，为疾病诊断和治疗提供新的思路和方法。

此外，汉王科技还在不断探索气味数智化技术在其他领域的应用潜力，如智能家居、安防监控等。通过定制化的气味检测解决方案和与产业链上下游企业的紧密合作，汉王科技正逐步构建气味数智化技术的生态系统，推动相关产业的协同发展。

发展新质生产力的经验总结

在汉王科技研发并实施"基于仿生嗅觉细胞传感的气味数智化技术"的过程中，不仅见证了技术的突破与创新，更积累了丰富的研发与项目管理经验。以下是对此次项目经验的深入总结：

本项目的成功实施得益于汉王科技内部多个学科团队的紧密合作。从合成生物学的嗅觉受体合成表达到电子工程的设备研发，再到计算机科学的算法优化，每一个环节的顺利推进都离不开跨学科团队的无缝衔接。这提醒我们，面对复杂的技术挑战，跨学科合作是破解难题的关键。同时，合理整合内部与外部资源，如引入高端实验设备、吸引顶尖科研人才等，也是项目成功的重要保障。

技术创新是项目推进的核心动力。在仿生嗅觉细胞传感器的研发过程中，汉王科技不断尝试新的表达载体、优化蛋白元件组合，并通过大量的实验数据验证技术的可行性和稳定性。这种不断试错、持续优化的精神是汉王科技取得技术突破的关键。未来，汉王科技将继续秉承这一理念，加大研发投入，推动技术的迭代升级。

技术的价值在于应用。在项目推进过程中，汉王科技始终关注市场需求，深入挖掘气味数智化技术在各行业的应用潜力。通过与食品、环保、医疗等领域的合作伙伴建立紧密联系，成功将技术应用于实际场景中，验证了其商业价值和社会效益。这一经验告诉我们，技术研发应与市场需求紧密结合，形成良性互动。

优秀的研发团队是项目成功的基石。在项目实施过程中，汉王科技注重人才培养和团队建设，通过定期培训和学术交流等方式提升团队成员的专业技能和创新能力。同时，汉王科技积极营造开放、包容的工作氛围，鼓励团队成员勇于尝试、敢于创新。这种人才战略为项目的顺利实施提供了有力的人才保障。

在推进技术创新的同时，汉王科技也意识到政策支持与标准制定的重要性。通过与相关部门积极沟通合作，推动了气味数智化技术相关法规政策和标准的制定与完善。这不仅有助于规范市场秩序、保护知识产权，也为技术的推广应用提供了有力支持。

未来展望

展望未来，汉王科技将继续深耕气味数智化技术领域，致力于技术的持续优化与创新。汉王科技将进一步提升仿生嗅觉细胞传感器的稳定性与耐用性，降低生产成本，同时加强数据处理算法的优化，提高气味识别的准确性与效率，特别是在复杂环境下的识别能力。此外，汉王科技还将深入挖掘气味数智化技术在智能家居、安防监控等领域的应用潜力，提供定制化的气味检测解决方案，满足不同行业客户的多样化需求。同时，汉王科技将加强与产业链上下游企业的合作，共同推动气味数智化技术的生态系统建设，促进产业协同发展。我们相信，在不久的将来，气味数智化技术将引领新一轮的技术革命，为更多行业带来前所未有的发展机遇。

[专家点评]

科技创新驱动：汉王科技通过自主创新，成功研发出基于仿生嗅觉细胞传感的气味数智化技术，展现了该企业在科技创新方面的强大实力。该技术不仅填补了国内在气味智能快速检测领域的空白，还推动了相关产业的技术进步和产业升级。

产业融合发展：汉王科技将合成生物学、计算机科学与智能仪器深度融合，形成了一套完整的智能气味探测解决方案。这种跨学科的产业融合模式为传统行业带来了新的发展机遇，推动了产业的转型升级和可持续发展。

数据驱动决策：通过实时监测和数据分析，汉王科技的气味数智化技术能够为企业提供精确、可靠的数据支持。这些数据不仅有助于企业制定更加科学的生产和管理决策，还为企业优化资源配置、提高生产效率提供了有力保障。

绿色可持续发展：在环境保护日益受到重视的今天，汉王科技的气味数智化技术为环境监测和污染治理提供了有力工具。通过实时监测大气和水源中的污染物浓度，助力企业采取更加有效的环保措施，推动产业的绿色化发展。

国际竞争力提升：汉王科技的气味数智化技术不仅在国内市场取得了显著成效，还具备广阔的国际市场应用前景。随着技术的不断成熟和推广应用，该技术将有望在国际市场上展现中国企业的创新实力和竞争优势。

执笔人：刘迎建、刘卫红、宫晓琳

四足机器人：应急救援的新"奇兵"

中科北纬（北京）科技有限公司

四足机器人已经有长达 60 多年的研发历史，在近年来备受关注且发展迅速，主要得益于四足机器人所具备的独特优势。中科北纬（北京）科技有限公司通过融合包括计算机视觉、自动控制、人工智能、步态规划和能源供应等多方面技术，利用四足机器人更强的承载能力和稳定性、更简单的结构和控制系统，在应急侦测及救援领域成功研发并应用的高性能四足机器人取得了突破性进展。这款机器人展现了卓越的环境适应能力和高效的救援作业效率。它不仅能克服复杂地形与极端气候条件的挑战，还能显著提升应急救援的响应速度与安全性。智能四足机器人的成功应用，展示了公司在新质生产力探索中的深厚积累，同时也为应急救援行业提供了高效、智能的解决方案，对提升社会应急管理体系具有重要意义，是科技进步与创新在救援领域的具体体现。

在全球气候变化背景下，自然灾害频发且日趋复杂，对应急救援能力提出了更高要求。四足机器人的崛起，为提升应急响应速度与效率开辟了新路径。GGII 最新数据显示，2023 年全球四足机器人市场呈现爆发式增长，全年销量约达 3.40 万台，同比增长高达 76.86%，这一惊人的数字不仅揭示了市场发展的强劲势头，更预示着一个崭新时代的来临。

中科北纬（北京）科技有限公司（以下简称中科北纬）凭借深厚的技术积累与行业洞察力，致力于将现有应急救援技术，特别是四足机器人技术，进行创新性的集成与应用，公司集成的应急救援四足机器人技术，作为新质生产力的重要代表，不仅体现了高科技与应急侦测、救援的深度融合，更是对人民生命财产安全的有力保障。通过该项目的实施，我们不仅见证了科技创新在应急救援领域的巨大潜力，更看到了新质生产力对于推动社会进步、保障公共安全的重要作用。展望未来，中科北纬将继续在新质生产力的探索与实践上砥砺前行，为构建更加安全、智能、高效的应急救援体系贡献力量。

图 1　中科北纬四足机器人场景应用案例

用科技赋能应急安全管理

中科北纬是一家立足科技前沿，专注于技术创新与产业升级的高新技术企业。公司以"技术驱动、科技赋能、行业创新、产业加速"为核心发展战略，深耕自然资源、林业与草原、生态保护及应急安全管理等领域，为客户提供时空数据、智能感知硬件、AI产品及行业应用软件等全面解决方案。作为国家和中关村双高新企业，中科北纬不仅拥有测绘、土地规划、林业调查规划等多项专业资质，还荣获了包括2022年度自然资源科学技术二等奖在内的多项重要奖项，彰显了公司在行业内的领先地位。

公司秉承"诚信敬业，发展共赢"的理念，致力于通过技术创新引领产业升级，为客户提供卓越的产品与服务。中科北纬汇聚了一支高素质、专业化的研发团队，与中国科学院、中国林业科学院等科研机构建立了紧密的合作关系，形成了产学研用深度融合的发展模式。公司以北京为总部，辐射全国，设立了广州、南昌、太原、郑州等多个区域服务中心，构建起覆盖全国的服务网络。

近年来，中科北纬在应急安全管理领域取得了显著成果，特别是在应急救援四足机器人的集成研发与应用方面，展现了强大的技术实力和市场竞争力。未来，中科北纬将继续坚持创新驱动，深化技术研发，拓展应用场景，为推动行业进步和社会发展贡献更多力量。

应急救援四足机器人的集成创新之路

在自然灾害频发的今天，传统轮式或履带式应急救援机器人无法应对复杂地形和极端、危险环境。这不仅影响了救援效率，还可能延误最佳救援时机，增加人员伤亡和财产损失的风险。因此，市场对高效、智能、适应性强的应急救援装备产生了迫切需求。中科北纬深刻洞察到这一市场需求，决定依托自身在人工智能、机器人技术、多传感器融合等领域的深厚积累，集成并优化一款能够克服复杂地形、适应极端环境的高性能四足机器人技术。

针对市场需求与技术挑战，中科北纬成功集成多项创新技术，在仿生设计、步态规划、环境感知、自主导航等多个方面实现突破，展现出了卓越的性能和广泛的应用潜力。

1.仿生设计与灵活性：机器人采用仿生学原理设计，模拟真实四足动物的运动方式，具备高度灵活性和稳定性。每个关节拥有多个自由度，能够在复杂多变的地形中灵活行走和快速奔跑，有效跨越障碍物。这种设计不仅提升了机器人在复杂环境下的适应能力，还保证了其在救援任务中的高效性和可靠性。

2.多传感器融合与自主导航：机器人配备了先进的传感器系统，包括视觉传感器、激光雷达、气体传感器、照明灯、喊话器和自组网等，能够实时感知周围环境并融合多种信息，实现自主导航和路径规划。在灾后废墟、易塌建筑内、隧道交通事故、化学污染以及火灾后的有毒、缺氧、浓烟等恶劣环境中进行无人侦察、搜救工作。同时，通过环境自适应的可行区域检测技术，机器人能够高效判断可行区域并规划最佳行进路线，提高救援效率。

3.超长续航与快速换电：为满足长时间、高强度的救援需求，机器人采用了高能量密度的电池组设计，具备超长续航能力，且支持快速换电功能，可以在短时间内完成电池更换，确保机器人能够持续投入救援任务中。

4.智能交互与安全保障：机器人配备了专业的控制器和灯语交互系统，能够将设备运行状态通过灯光颜色告知工作人员，还增加了针对动态物体的停障能力和急停按钮设计，能够确保在复杂救援环境中的人员和设备安全。

图2　中科北纬四足机器人快速越障应用

5.远程操控与自主充电：通过无线通信设备，救援人员可以远距离操控机器人并实时接收机器人传回的图像和数据。此外，机器人还具备自主充电功能，能够在光线、污渍、灰尘等复杂环境下完成充电过程，确保机器人的持续作业能力。

图 3 中科北纬四足机器人核心功能特点

为了确保机器人在复杂环境下的稳定性和可靠性，团队在仿生设计、步态规划、环境感知、自主导航等方面进行了大量研究和实验。

1. 仿生设计与结构优化：团队通过对真实四足动物运动特性的深入研究和分析，设计出了符合仿生学原理的机械结构。通过多次迭代和优化设计，团队最终确定了具有高灵活性和稳定性的机械结构方案。

2. 步态规划与平衡控制：针对不同地形和救援任务的需求，团队研发了多种步态生成方法和平衡控制策略。通过模拟仿真和实地测试相结合的方式，团队不断优化步态规划和平衡控制算法，确保机器人在复杂地形中能够稳定行走并快速适应环境变化。

3. 多传感器融合与自主导航：为了提升机器人的环境感知能力和自主导航性能，团队深入研究了多传感器融合技术和自主导航算法。通过集成视觉传感器、激光雷达等多种传感器并融合多种信息源数据实现了对周围环境的精准感知和高效导航规划。

4. 实战验证与优化改进：在集成研发过程中，团队还积极开展了实地测试和实战验证工作。通过模拟复杂救援场景和极端环境条件对机器人进行全面测试和评估。针对测试中发现的问题和不足，团队及时进行了优化改进并不断提升机器人的性能和稳定性。

经过不懈努力和技术攻坚，中科北纬应急救援四足机器人成功应用并在多次实际救援任务中发挥了重要作用，其卓越的性能和广泛的应用潜力得到了用户的高度认可和好评。同时，其成功实施也为中科北纬在应急救援领域树立了良好的品牌形象和市场口碑。

发展新质生产力的经验总结

在应急救援四足机器人项目的集成研发与实施过程中，我们积累了宝贵的经验，这些经验不仅为项目的成功奠定了坚实基础，也为未来的技术探索和市场拓展提供了有力支持。

技术创新是核心驱动力。我们深刻认识到，在高度竞争的技术领域，唯有不断创新，才能在激烈的市场竞争中脱颖而出。因此，在研发过程中始终坚持技术创新，不断突破技术瓶颈，成功将仿生学原理、多传感器融合技术、自主导航系统等前沿科技应用于应急救援四足机器人中。

跨学科合作与资源整合是重要保障。应急救援四足机器人的研发涉及机械工程、电子工程、计算机科学、人工智能等多个学科领域，需要跨学科的专业知识和技术储备。通过建立跨学科合作团队，整合各方资源，实现了优势互补和协同创新，促进了技术的交叉融合和深度应用。

实战验证与持续优化是提升产品竞争力的关键环节。通过模拟复杂救援场景和极端环境对机器人进行全面测试和评估。针对测试中发现的问题和不足，及时进行了优化改进，不断提升机器人的性能和稳定性。这种以实战为导向的研发理念确保了产品在复杂多变的救援环境中能够发挥最佳效能。

此外，我们还注重市场需求的精准把握和定制化解决方案的提供。基于市场需求的变化趋势、客户的实际需求和使用场景，为客户提供了定制化的解决方案和个性化的服务支持。这种以客户为中心的服务理念不仅提升了客户满意度和忠诚度，也增强了我们的市场竞争力和品牌影响力。

我们深刻体会到持续的技术投入和人才培养对于推动项目成功和企业长远发展的重要性。未来将继续加大技术投入力度，引进和培养高素质的技术人才和管理人才，为公司的持续创新和发展提供有力的人才保障。

未来展望

展望未来，中科北纬对应急救援四足机器人的发展前景充满信心。我们深知，技术的不断迭代与创新是推动项目持续进步的关键。因此，我们将继续深化在仿生学、多传感器融合、自主导航等领域的研究，致力于提升机器人的自主决策能力和环境适应性，使其能够在更加复杂和未知的环境中独立完成任务。

我们将积极探索机器人的多功能集成，不是仅限于应急救援，而是将其拓展至医疗救援、灾害评估、通信中继等多个领域，构建一个综合性的应急救援平台。这种多功能的集成将极大地提升机器人在各种应急场景下的应用价值，为社会提供更加全面和高效的救援服务。

随着物联网技术的发展，后续将推动多个机器人之间的网络化协同作业，实现信息的实时共享和资源的优化配置。通过提高整体救援效率和覆盖范围，将为应对大规模自然灾害提供更强有力的支持。

在成本控制和用户友好性方面，我们将通过技术创新和规模化生产来降低机器人的制造成本，并通过优化操作界面和提供系统性的用户培训来提高非专业人员的操作便捷性。这将有助于推动机器人在更广泛领域的应用，为更多行业带来安全便利的解决方案。

中科北纬将继续秉承创新驱动的发展战略，不断创新技术发展和优化机器人产品，拓展应用场景，致力于将应急救援四足机器人打造成为具有国际竞争力的先进装备。我们坚信，通过持续的努力和投入，我们将为应急救援领域带来更多的科技突破和社会价值。

〔专家点评〕

科技创新驱动：中科北纬在应急救援四足机器人技术的成功集成与应用中，充分展示了科技创新在推动应急救援领域发展中的核心作用。通过仿生设计、多传感器融合等前沿技术的应用实现了机器人在复杂环境下的高效作业。

产业融合发展：项目不仅促进了机器人技术与应急救援产业的深度融合，还带动了相关产业链条的协同发展形成了良好的产业生态。

数据驱动决策：通过大数据分析优化机器人性能以提升应急响应速度与管理效率，展现了数据在新质生产力中的重要价值。

绿色可持续发展：项目在提升应急救援能力的同时，注重环保与节能理念的应用，符合绿色可持续发展的时代要求。

国际竞争力提升：应急救援四足机器人的成功研发与应用，提升了我国在国际应急救援技术领域的竞争力，为国际交流与合作提供了有力支撑。

执笔人：邹彦龙、赵亮、田姗、王立权

3D+AIGC：赋能内容生产的 MetaWorld 平台

北京展心展力信息科技有限公司

　　北京展心展力信息科技有限公司倾力打造的 MetaWorld 平台，深度融合了移动端虚拟现实技术与 AIGC 前沿科技，构建起高效、低成本的 3D 内容生产生态。该平台不仅实现了 3D 实时渲染引擎与 AIGC 技术的无缝对接，还突破性融合了多项业内首创技术，显著提升了 3D 内容生产效率与质量。MetaWorld 平台已广泛应用于数字文旅、场景制作、内容生成等多个领域，有效赋能中小企业及个人开发者，助力产业升级与数字化转型。凭借其卓越的技术创新能力和广泛的市场应用前景，MetaWorld 平台正逐步成长为推动新质生产力发展的重要力量，引领行业迈向高质量发展新阶段。

　　在数字经济浪潮的推动下，全球科技领域正经历着前所未有的变革。新质生产力作为推动经济社会发展的新引擎，其核心在于技术创新与应用场景的深度融合。北京展心展力信息科技有限公司（以下简称展心科技）紧抓时代机遇，研发的 MetaWorld 平台正是新质生产力的生动实践。该平台不仅代表了虚拟现实与人工智能技术的最新成果，更是对传统内容生产方式的一次深刻颠覆，为产业升级注入了新的活力与希望。

图 1 展心科技 MetaWorld 平台操作界面图

用 AIGC 释放 3D 实时渲染引擎通用能力

展心科技自 2016 年成立以来，始终深耕于新一代信息技术领域，是国家高新技术企业和北京市市级企业技术中心。展心科技专注于 3D 实时渲染引擎技术的研发，致力于在虚拟现实、人工智能、区块链、工业互联网等多个前沿技术领域实现关键核心技术的突破。目前公司在业务领域已经构成了产业生态，形成了商业闭环，并成为上规模产值的企业。企业产品已经输出到海外市场，国际化成果正在显现。

公司融合关键技术研发的产品"基于移动端虚拟现实技术的互动内容生产及应用服务平台"（简称 MetaWorld 平台），核心是通过 AIGC 技术充分释放 3D 实时渲染引擎通用能力，一站式建模并生成 3D 内容，构建"3D 引擎＋AIGC 工具＋平台"三位一体的发展模式。

MetaWorld 平台基于 AI 大模型、深度合成等技术，实现 3D 建模、国产图形引擎、低代码开发等工具和软件的集成，可广泛应用于软件和信息技术服务业、制造业、文化体育和娱乐业、教育、工业等行业，推动 AI、数字孪生、虚拟仿真等技术在建筑可视化、三维动画、元宇宙、工业互联网等多个领域的应用，带动国产 3D 渲染、建模等工具软件的优化迭代，为产业升级提供了强有力的技术支撑。

图 2　展心科技平台产品图

　　展心科技凭借其在技术创新和市场应用方面的卓越表现，赢得了多项荣誉。公司连续入选 2022 年度、2023 年度、2024 年度多个百强榜单，包括北京民营企业科技创新百强、高精尖企业百强、数字经济企业百强、文化产业百强、专精特新企业百强、中小百强，2024 年 1 月还获评北京市首批文化和科技融合示范基地，进入中国大数据潜在独角兽企业榜单。项目入选 2022 年工信部新型信息消费示范项目，排名北京第一，全国第六；项目荣获 2022 创客北京大赛海淀区区级赛一等奖，市级赛新一代信息技术领域十强；项目荣获 2023 年第七届北京文化创意大赛二等奖；项目入选 2023 年首都工程实践案例十佳名单；项目荣获创客中国元宇宙专题赛三等奖；项目入选北京市元宇宙"名品"；项目荣获北京城市副中心文化产业创意创业大赛一等奖。

　　展心科技将秉承创新驱动的发展理念，不断深化技术研发和市场拓展，致力于成为国内外领先的虚拟现实与内容生成技术提供商，为推动新质生产力的发展贡献力量。

图 3　展心科技项目成果图

MetaWorld 平台：低成本高效率的 3D 内容生产解决方案

在 21 世纪的科技浪潮中，元宇宙的概念逐渐从幻想走向现实，而高质量、低延时的 3D 内容生产成为了推动这一变革的关键。随着 5G、AI 等技术的飞速发展，市场对于即时互动、高度沉浸的 3D 内容需求空前高涨。然而，传统的 3D 内容生产方式存在制作周期长、成本高、技术要求高等痛点，难以满足市场快速增长的需求。正是在这样的背景下，展心科技深刻洞察到这一市场需求与技术挑战，决定研发一款基于移动端虚拟现实技术的互动内容生产及应用服务平台——MetaWorld 平台。

MetaWorld 平台以 3D 实时渲染引擎为核心，集成了 AIGC 生成式 3D 大模型、新一代移动操作系统虚拟化沙箱等核心技术。通过这些技术的有机结合，MetaWorld 平台实现了从建模、渲染到内容生成的全链条自动化处理，极大地提高了内容生产的效率和质量。

MetaWorld 平台为企业提供了前所未有的低成本、高效率的 3D 内容生产解决方案，帮助企业和个人开发者可以低门槛、高效率地创作 3D 内容，助力创作者经济。MetaWorld 平台创造性地实现了"3D 实时联机渲染引擎技术""新一代移动操作系统虚拟化沙箱技术""AIGC 生成式 3D 大模型技术"以及"实时联机云服务技术"的融合应用，核心技术均属于业内首创或首次成规模产业化。这些核心技术的融合应用不仅解决了传统内容生产方式的痛点问题，更为 3D 内容的创作和生产带来了革命性的变化。例如，"3D 实时联机渲染引擎技术"使得多人协同创作和实时渲染成为可能；"AIGC 生成式 3D 大模型技术"通过深度学习算法实现了从文字描述到 3D 模型的快速生成；"新一代移动操作系统虚拟化沙箱技术"则确保了平台上互动内容的安全稳定运行。

MetaWorld 平台的核心本质是通过共性技术分担成本、扩大市场、促进产业链的升级和发展。截至目前，公司业务平台 DAU 超过 1100 万，人均时长超过 80 分钟，每日用户数和用户时长指标超过平台品类 2 到 8 名的总和，主导产品在全国细分市场占有率达 45%，在 3D 引擎平台类应用细分领域排名全国第一。平台拥有企业开发者合作伙伴超过 1300 多家，个人开发者近 2 万，累计生产内容超 10 万件，自有平台拥有注册用户 1 亿 +，第三方视频累计播放量超 100 亿。展心科技的 MetaWorld 平台能够有效优化整合产业链资源，具有较强的产业带动性，帮助众多致力于 3D 内容创作和生产的中小微企业进入整个产业链。

凭借高效、易用、低成本等优势，MetaWorld 平台迅速占领市场，成为行业内的领先产品。目前，该平台的广泛应用领域包括软件和信息技术服务业、制造业、文化体育和娱乐业等多个行业，以及建筑可视化、实时三维动画、数字孪生、元宇宙场景搭建、虚拟人物形象构造、工业互联网设计等多个领域。MetaWorld 平台已实现了上游内容供应商和下游使用用户的联动发展，主导产品除服务于 C 端用户外，还服务于产业上游中小微 3D 内容开发企业及个人内容创作者，为其提供 3D 内容引擎技术开发平台及开发工具、上线运营、数据反馈、用户匹配和推荐及变现等服务。MetaWorld 平台能一站式解决全链路需求，从资源、开发工具、部署上线、获客流量、数据分析到变现，更好地帮助创作者的作品被看见、喜欢并获得经济回报，实现闭环。

在 MetaWorld 平台的研发过程中，展心科技面临了诸多技术挑战。为了突破这些技术难题，公司加大了研发投入力度，引进了大量高端人才，并建立了科学的研发管理体系。通过不断优化算法、改进架构等措施，公司成功攻克了底层技术难题，实现了多项核心技术的有机融合和创新应用。此外，公司还注重知识产权保护工作，积极申请专利和软件著作权登记等知识产权成果，为平台的持续发展奠定了坚实基础。MetaWorld 平台的底层引擎技术有望填补国产工业互联网平台设计软件的空白，有望为我国工业互联网的发展贡献一份力量，解决卡脖子技术，提升我国在元宇宙领域的高科技实力。

在市场拓展方面，展心科技采取了多元化的市场策略。一方面积极开拓国内外市场与众多知名企业和机构建立合作关系；另一方面致力于构建开放的平台生态体系吸引更多开发者参与进来共同推动产业的发展。通过举办开发者大会、建立开发者社区等方式加强与开发者的沟通与互动，促进技术创新和生态繁荣。

MetaWorld平台的广泛应用不仅为企业带来了显著的经济效益，还促进了产业链上下游的协同发展。目前，MetaWorld平台已实现了上游内容供应商和下游使用用户的联动发展，主导产品除服务于C端用户外，还服务于产业上游中小微3D内容开发企业及个人内容创作者。通过降低内容创作的技术门槛和制作成本激发更多创新活力为社会经济发展注入了新动力。

在社会责任方面，公司全力解决国家重大社会关注——就业问题，近两年累积招收应届毕业生200多人，直接间接支撑1300多家中小微企业和数万人的就业。随着时间的推移，MetaWorld平台将助力更多的云就业。同时平台还注重履行社会责任积极参与公益事业，通过提供技术支持和资金支持等方式助力社会公益事业发展。

综上所述，展心科技的MetaWorld平台凭借其敏锐的市场洞察、创新的技术方案、扎实的研发投入以及积极的市场拓展策略，成功克服了市场需求与技术挑战，实现了技术突破与产业升级。未来随着技术的不断进步和市场需求的持续增长，MetaWorld平台有望在未来发展中继续引领行业潮流，为推动经济社会高质量发展做出更大贡献。

发展新质生产力的经验总结

展心科技在MetaWorld平台的研发与产业化过程中积累了丰富的经验，这些经验不仅为公司自身的发展奠定了坚实基础，也为行业内其他企业提供了宝贵的借鉴。以下是对展心科技经验的深入总结：

展心科技的成功首先得益于其对市场趋势的敏锐洞察。在元宇宙和数字经济快速发展的背景下，公司精准地把握了市场对高质量、低延时3D内容生产的迫切需求，及时研发并推出了MetaWorld平台。这一平台不仅满足了市场需求，还引领了行业技术的发展方向。

技术创新是展心科技持续发展的关键。公司在研发过程中不断加大投入，引进高端人才，优化研发流程，最终成功突破了 3D 实时渲染引擎、AIGC 生成式 3D 大模型等核心技术。这些技术的突破不仅提升了 MetaWorld 平台的性能，也为公司带来了显著的市场竞争优势。

展心科技深知单一企业难以独自应对所有挑战，因此积极构建开放的平台生态体系。通过举办开发者大会、建立开发者社区等方式，公司吸引了大量开发者参与进来，共同推动平台的发展和完善。这种协同创新模式不仅加快了技术迭代的速度，还提升了平台的用户体验和市场竞争力。

MetaWorld 平台不仅在技术上取得了突破，还在市场应用上实现了广泛覆盖，与众多知名企业和机构建立合作关系，展心科技成功将 MetaWorld 平台应用于软件和信息技术服务业、制造业、文化体育和娱乐业等多个领域。这些应用不仅提升了相关产业的生产效率和质量，还推动了整个产业链的升级和发展。

在技术创新和市场拓展的同时，展心科技还高度重视知识产权保护工作。公司积极申请专利和软件著作权登记等知识产权成果，为平台的持续发展奠定了坚实基础。同时，公司还加强了对侵权行为的打击力度，维护了企业的合法权益和市场的公平竞争环境。

展心科技在追求经济效益的同时，也积极履行社会责任。公司通过提供技术支持和资金支持等方式参与公益事业，为社会发展贡献自己的力量。这种可持续发展的理念不仅提升了公司的社会形象，还为公司带来了更多的发展机遇和合作机会。

未来展望

展心科技在未来将继续以技术创新为驱动，深化 MetaWorld 平台的技术研发和应用拓展。随着 AI、5G 等技术的不断进步，公司将加速 AIGC 与自研 3D 渲染引擎的融合，进一步提升虚拟现实内容生产效率，增强虚拟世界的真实感和互动性。同时，公司还将优化平台功能，提升用户体验，满足市场不断变化的需求。

在市场拓展方面，展心科技计划进一步扩大国内外市场份额，深化与各行业头部企业的合作，共同推动数字经济的创新发展。此外，公司还将加强与高校和科研机构的合作，建立更加紧密的产学研用协同创新体系，培养更多高素质的技术人才，为公司的持续发展提供人才保障。

未来，展心科技将不断追求卓越，致力于将 MetaWorld 平台打造成为全球领先的实时 3D 互动内容生产及运营平台，为数字经济的高质量发展贡献更多力量。通过持续的技术创新和市场拓展，公司相信能够引领行业发展趋势，创造更加美好的未来。

［专家点评］

科技创新驱动：展心科技通过 MetaWorld 平台的研发与推广成功实现了科技创新驱动产业发展的目标。平台融合了多项前沿技术展现了公司在技术创新方面的深厚实力与前瞻视野。

产业融合发展：MetaWorld 平台在多个行业的广泛应用促进了产业的深度融合与发展。公司不仅关注单一技术的突破更注重技术的跨界融合与应用拓展为产业升级注入了新动力。

数据驱动决策：展心科技充分利用大数据、人工智能等先进技术提升决策效率与精准度。通过数据分析与挖掘，公司能够更准确地把握市场需求变化从而指导产品的研发与推广工作。

绿色可持续发展：MetaWorld 平台在提升生产效率的同时注重资源节约与环境保护。公司积极推动绿色可持续发展理念在产品研发、推广等各个环节的落实，为实现经济社会可持续发展贡献力量。

国际竞争力提升：MetaWorld 平台的底层引擎技术为公司自研的核心技术，有望填补国产工业互联网平台设计软件的空白，致力于解决卡脖子技术，提升我国在相关领域的高科技实力。展心科技积极推进产品的国际化进程，布局海外业务，提升自身国际竞争力。通过加强与国际知名企业和机构的合作与交流公司不断拓展国际市场影响力，为中国科技企业在全球舞台上赢得更多尊重与认可。

执笔人：孙香娟、郝言明、齐帅

同轴线扫光谱共聚焦技术：破解半导体晶圆检测难题

香港应用科技研究院有限公司

　　香港应用科技研究院有限公司作为香港科技创新的重要驱动力，针对半导体制造及封测领域日益增长的检测精度与效率需求，成功研发并推出了同轴线扫光谱共聚焦技术。该技术集成了光谱分析与共聚焦显微镜的尖端优势，实现了晶圆检测领域前所未有的高精度与高分辨率三维成像能力。通过该技术，公司不仅解决了半导体晶圆制造中测量精度、3D封装技术中测量速度以及深层结构探测等长期存在的技术难题，还显著提升了生产效率与产品质量，为全球半导体产业的高质量发展树立了新的标杆。此外，公司凭借其在影像传感与人工智能领域的深厚积累，通过跨学科团队协作、定制化解决方案以及开放合作创新平台，有效推动了技术成果的快速转化与应用，进一步巩固了其在全球科技创新领域的领先地位。未来，公司将继续致力于技术创新与产业升级，为全球科技发展贡献更多智慧与力量。

　　香港应用科技研究院有限公司（以下简称应科院）自2000年由香港特区政府成立以来，始终肩负着提升香港科技竞争力的重任。作为一所领先的科研机构，应科院致力于通过应用科技研究，促进香港及全球科技产业的发展。其五个核心科技部门——先进电子元件及系统、人工智能及可信技术、通信技术、创新思维、物联网感测与人工智能技术，覆盖了从基础理论到实际应用的全链条研发。应科院专注于智慧城市、金融科技、新型工业化及智能制造、数码健康科技、专用集成电路及元宇宙等六大重点应用范畴，通过自主研发与产学研合作，推动了一系列具有国际影响力的科技创新成果。

应科院不仅在技术研发上取得了显著成就，更在科技成果的商业化转化方面展现出卓越能力。截至目前，应科院已成功将超过1500项技术转让给业界，并在全球范围内获得了大量专利。其研发的产品和技术广泛应用于各行各业，有效提升了相关产业的竞争力和市场地位。此外，应科院还积极培养科技创新人才，与全球顶尖高校和研究机构建立合作关系，共同推动科技创新与人才培养的良性循环。

作为香港科技创新体系中的重要一环，应科院将继续秉持创新精神，深化跨学科研究与合作，为香港乃至全球的科技发展贡献更多力量。通过不断推出具有自主知识产权的核心技术和产品，应科院正逐步成为全球科技创新领域的重要参与者和推动者。

聚焦先进半导体检测领域，创新同轴线扫光谱共聚焦技术

在全球科技日新月异的今天，新质生产力已成为衡量一个国家或地区核心竞争力的重要标志。半导体制造业，作为现代电子工业的基石，其发展水平和创新能力直接关系到整个产业链的稳定与繁荣。随着摩尔定律的推进，半导体芯片的集成度不断提高，制程的复杂度也随之增加。特别是在先进封装技术迅速崛起的大背景下，各种超精密且复杂的中段晶圆级工艺需求日益增加，技术难度不断提高，也对配套的测量检测手段提出了更高要求。这具体体现在对晶圆表面及内部更小三维立体结构的高精度、高效率非接触检测需求变得尤为迫切。然而，传统检测技术在新工艺面前显得力不从心，难以满足日益增长的市场需求。这一背景下，半导体检测领域面临着前所未有的技术挑战。

为了应对这一挑战，应科院凭借其在影像传感与人工智能领域的技术积累，自主研发了同轴线扫光谱共聚焦技术。这项技术不仅突破了半导体晶圆检测的技术瓶颈，更以其高精度、高分辨率的三维成像能力，为半导体制造业的高质量发展开辟了新路径。应科院此举不仅展现了其深厚的科研实力与创新能力，更为全球半导体产业的发展注入了新的活力与动力。展望未来，应科院将继续秉承创新精神，推动半导体检测技术的持续进步，为提升全球科技竞争力贡献更多力量。

应科院在深入分析半导体检测领域的技术瓶颈后，创新性地提出了同轴线扫光谱共聚焦技术。这一技术不仅融合了光谱分析与共聚焦显微镜技术的优势，还通过自主研发攻克了多项关键技术难题。通过该技术，应科院成功实现了晶圆表面及内部结构的三维高精度成像，测量精度达到了亚微米级，具有优秀的深孔检测能力，实测最大深宽比达到8∶1~18∶1，远远超过了传统检测方法的极限。

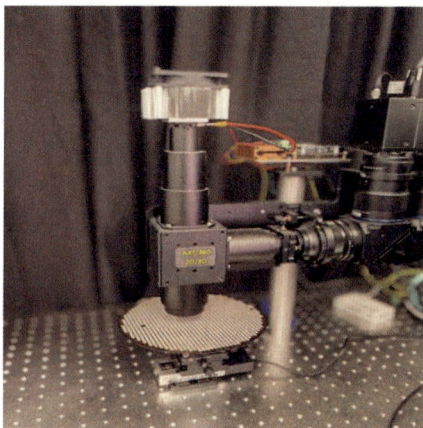

图1 同轴线扫光谱共聚焦技术测量系统

同轴线扫光谱共聚焦技术的核心在于其独特的光学设计和智能算法。该技术具有独创设计的色散双远心镜头，均匀谱线的线光源和高分辨率光谱成像系统，采集到不同波长反馈的光学信号，经过精密的信号处理算法后，还原物体的三维形貌信息。此外，该技术采用具有较小衍射极限的蓝绿光波段作为测量波长，通过同轴远心光路设计，结合硬件嵌入式系统整合，实现了对晶圆表面及内部难测结构的高速高分辨率成像。同时，结合多层演算法以及小波变换等信号过滤方法，有效解决了透明物体和深孔的测量难点，使得信号处理结果更加清晰、准确。这种高精度、高分辨率的三维成像能力，为半导体晶圆检测提供了前所未有的技术支持，使得微小缺陷无处遁形。

例如，应科院的同轴线扫光谱共聚焦技术可以用于对晶圆锡球的高精度三维形貌测量。这种高精度的三维测量能力提高了晶圆锡球的质量控制水平。该技术还可用于晶圆中段工艺过程中重布线层互联线的微小线宽以及大深宽比硅通孔的缺陷检测，覆盖了中段晶圆封装工艺的大部分检测精度要求，为芯片制造工艺的优化、良率的控制提供了有力支持。

此外，应科院还将其在影像传感与人工智能领域的深厚积累融入了检测技术中。通过自动化机器学习技术，应科院开发出了一套针对特定产品检测的人工智能解决方案。该解决方案能够自动分析检测数据、识别缺陷特征，并给出相应的处理建议。这种智能化的检测方式不仅提高了检测效率和准确性，还降低了人力成本和对专业人员的依赖程度。

打造跨学科协作与开放合作平台，推动技术快速商业化

在应科院的创新实践过程中，跨学科协作与开放合作模式发挥了至关重要的作用。应科院深知半导体检测技术的复杂性和综合性，因此组建了一支由光学工程师、软件开发人员、机械和电子工程师以及市场专家等多领域人才组成的研发团队。这支团队通过紧密协作和深入交流，共同攻克了一个又一个技术难题，最终实现了同轴线扫光谱共聚焦技术的成功研发。

同时，应科院还建立了开放合作式的创新平台，积极寻求与内地及海外企业、科研机构的合作机会。通过与业界领先企业的紧密合作，应科院不仅加快了技术的市场化进程，还不断提升了自身的核心竞争力和品牌影响力。此外，应科院还注重客户需求和市场反馈的收集与分析工作。通过模块化设计与定制化开发策略的应用，应科院成功满足了不同客户的具体需求并实现了技术的快速商业化应用。

在商业模式上，应科院采取了灵活多样的策略来推动技术的普及和应用。一方面，应科院通过技术特许授权、合约服务等方式将自身的技术成果转让给业界合作伙伴；另一方面则通过与产业链上中下游企业的紧密合作共同推动半导体检测技术的进步和发展。此外，应科院还积极参与海内外各类技术交流和展示活动以提升自身的知名度和影响力并吸引更多潜在合作伙伴的关注和青睐。

综上所述，应科院在半导体检测领域的创新实践不仅展示了其在影像传感与人工智能领域的深厚积累和技术实力，更为全球半导体产业的进步和发展贡献了一份宝贵的力量。未来随着技术的不断升级和完善以及市场需求的不断扩大，我们有理由相信，应科院将在半导体检测领域创造更加辉煌的成就，并为全球科技进步和产业发展贡献更多智慧和力量。

发展新质生产力的经验总结

在半导体检测领域的深入探索与实践中，应科院不仅取得了显著的技术突破，还积累了丰富的经验，这些经验深刻体现了新质生产力的内涵与价值。

首先，应科院的成功经验在于其深刻的市场洞察力和技术预见性。面对半导体晶圆检测日益严苛的精度要求，应科院敏锐地捕捉到了市场对于高精度、高效率三维测量技术的迫切需求。这种基于高技术附加值产业需求的前沿技术创新，有助于提升社会全要素生产率，正是新质生产力的核心体现。通过自主研发同轴线扫光谱共聚焦技术，应科院不仅满足了当前市场的需求，进一步培育壮大了半导体制造装备产业，同时更为未来先进光学非接触检测技术的发展和产业化开辟了新方向。这也是新质生产力成功应用场景的体现。

其次，跨学科协作与开放合作模式的运用，是应科院实现技术突破的重要法宝。应科院组建了一支由多学科专家组成的研发团队，通过跨学科协作，集合了光学成像、信号处理、算法优化等多个领域的知识与技能，共同攻克了技术难题。同时，应科院还建立了开放合作式的创新平台，与海内外多家科研机构和企业建立了紧密的合作关系，实现了资源共享、优势互补。这种合作模式不仅加速了技术的研发与市场化进程，还推动了整个半导体检测行业的共同进步与发展。

再者，应科院注重技术创新与人才培养的有机结合。在研发过程中，应科院不断加大对研发的投入，吸引和培养了一大批高水平的科研人才。通过设立博士后科研工作站、开展国际合作交流项目等方式，应科院为科研人员提供了广阔的发展空间和展示才华的舞台。这些人才的成长与积累，为应科院的技术创新和持续发展提供了源源不断的动力。

复次，应科院还注重技术的实际应用与商业价值的实现。通过模块化设计与定制化开发策略，应科院成功地将同轴线扫光谱共聚焦技术应用于半导体晶圆检测等多个领域，实现了技术的快速商业化应用。同时，应科院还建立了完善的售后服务与技术支持体系，确保了客户能够充分享受技术升级带来的红利。这种注重实际应用与商业价值实现的创新模式，正是新质生产力的重要体现。

最后，应科院的成功经验还体现在其对未来发展的持续关注和布局。面对半导体技术的快速发展和市场需求的不断变化，应科院始终保持敏锐的市场洞察力和技术预见性，不断调整和优化研发方向与技术路线。同时，应科院还注重与国际先进技术的接轨与融合，通过引进、消化、吸收再创新的方式不断提升自身的技术水平和核心竞争力。这种持续关注和布局未来的创新理念与实践行动，正是应科院在新质生产力发展中保持领先地位的关键所在。

综上所述，应科院在半导体检测领域的成功经验不仅为行业提供了宝贵的技术参考与示范效应；更为我们深刻理解新质生产力的内涵与价值提供了生动案例与深刻启示。未来随着技术的不断进步与市场需求的不断变化，我们有理由相信应科院将继续在新质生产力的发展道路上勇攀高峰，为全球科技进步与产业发展贡献更多智慧与力量。

未来展望

展望未来，应科院在半导体检测领域的探索将不断深化与拓展。我们将持续优化同轴线扫光谱共聚焦技术，通过引入更先进的光学元件、提高算法效率以及优化系统结构，进一步提升测量精度和速度。同时，我们将深化与全球顶尖科研机构及行业伙伴的合作，共同推动技术创新与产业升级。

此外，应科院还将积极拓展技术的应用领域，不仅限于半导体晶圆检测，还将探索在精密制造、生物医学、材料科学等多个领域的应用潜力。我们将定制化开发更多解决方案，满足不同行业的特定需求，助力各行各业提升生产效率与产品质量。

为了促进技术的普及与推广，应科院将加强市场推广与客户服务体系建设，提供全方位的技术支持与培训服务，确保用户能够充分利用技术的优势。同时，我们还将密切关注国际技术动态与市场变化，及时调整研发策略与市场布局，确保技术始终保持领先地位。

我们相信，通过持续的技术创新与国际合作，应科院将在半导体检测领域不断取得新的突破与成就，为推动全球科技进步与产业发展贡献更大力量。

注：此科研项目获得香港特别行政区创新及科技基金的支持。本文所述的任何意见、发现、结论或建议均不代表香港特别行政区政府、创新科技署或创新及科技基金研究项目评审委员会的意见。

[专家点评]

科技创新驱动：应科院在影像传感与人工智能领域的创新成果显著提升了半导体检测的精度与效率，展现了强大的科技创新能力与持续的研发动力。该技术的成功研发与应用不仅满足了市场需求还引领了行业发展趋势。

产业融合发展：应科院通过跨学科团队协作与定制化开发策略成功将先进技术与市场需求相结合，推动了半导体检测产业链的升级与发展。这种产业融合的发展模式为新质生产力的提升提供了有力保障。

数据驱动决策：应科院在研发与商业化过程中注重数据采集与分析工作，通过智能化手段对检测数据进行深入挖掘与利用为技术优化与产品升级提供了有力支持。这种数据驱动决策的模式有助于提升决策效率与产品竞争力。

绿色可持续发展：虽然本案例未直接涉及绿色技术，但应科院通过提升半导体检测的精度与效率，有助于降低生产过程中的资源浪费与环境污染问题。从长远来看，这种技术提升对于推动半导体产业的绿色可持续发展具有重要意义。

国际竞争力提升：应科院凭借其在影像传感与人工智能领域的创新成果与国际化合作战略，显著提升了中国在全球半导体检测领域的竞争力。这种国际竞争力的提升不仅为应科院带来了更多的市场机遇与发展空间，也为中国半导体产业的国际化发展注入了新的活力。

执笔人：蒋金波、唐学燕、黄嘉瑶

"灵娲"平台：降低 AI 创新门槛，支持可视化建模

北京眼神智能科技有限公司

北京眼神智能科技有限公司作为人工智能领域的佼佼者，成功推出了"灵娲" AI 训练平台，该平台以其创新的技术架构和高效的 AI 建模能力，成为推动数字经济创新发展的重要力量。通过集成业内主流开源基础大模型，如 LLAMA2、CHATGLM 及 VIT 等，并内置经典数据集及优质基础模型，"灵娲"平台极大地降低了 AI 创新门槛，赋能企业开发者及行业 SI、ISV 快速完成业务 AI 转型与创新。平台不仅支持全流程可视化 AI 建模，还显著提升了算法生产效率，缩短开发周期，降低人力投入。在雄安城市计算中心的部署应用中，"灵娲"平台展现了其在智慧城市治理中的广泛应用潜力，如智慧管廊积水检测、人员管控等场景，有效促进了雄安新区的人工智能应用与发展。此外，平台还通过深入挖掘城市数据，助力主管部门提升智慧化治理水平，并吸引和培育了一批高技术创新人才，为京津冀地区乃至全国的新型智慧城市建设提供了有力支撑。

面对日益激烈的市场竞争和复杂多变的国际环境，企业只有不断提升自主创新能力，加快培育新质生产力，才能在激烈的国际竞争中占据主动地位。同时，发展新质生产力也是推动经济转型升级、实现可持续发展的必然要求。通过技术创新和产业升级，可以促进经济结构优化升级，提高资源利用效率，降低环境污染和能耗水平，为经济社会的可持续发展提供有力保障。

人工智能领域的领航者

北京眼神智能科技有限公司（以下简称眼神智能）作为人工智能领域的领航者，始终站在技术前沿，深耕多模态生物识别融合技术。公司以 AI 训练平台和 ABIS 多模态平台为双引擎，不仅拥有自主知识产权的人脸识别、虹膜识别、指纹识别等核心算法，还通过智能识别和数据分析技术，解决了复杂场景中的身份认证难题，实现了跨场景、跨应用、跨算法的统一管理，极大地提升了身份识别的精准度和效率。

眼神智能在金融服务、公共安全、政府治理、智慧城市建设等多个关键领域均有广泛应用，业绩斐然。其在国内金融市场的客户覆盖率高达 80%，并与全国 20 多个省、直辖市、自治区的公安部门建立了深度合作。同时，眼神智能还成功参与了国家级居民身份证项目、国家级人工智能测试平台等多个重大国家级项目，展现了其在行业内的领先地位。

公司坚持创新驱动发展战略，持续加大科研投入，获得了一系列国家级荣誉和资质认证，包括"制造业单项冠军示范企业""国家级专精特新'小巨人'企业"等，其核心技术在国内外均享有盛誉。此外，眼神智能还积极参与国际交流与合作，推动人工智能技术的标准化和国际化发展，为行业进步贡献力量。

展望未来，眼神智能将继续秉承"科技向善"的理念，致力于将先进的人工智能技术转化为实实在在的社会福祉，为人类社会的可持续发展贡献力量。同时，公司也将继续深化技术创新和市场拓展，推动人工智能技术的广泛应用，助力各行各业实现智能化升级和高质量发展。

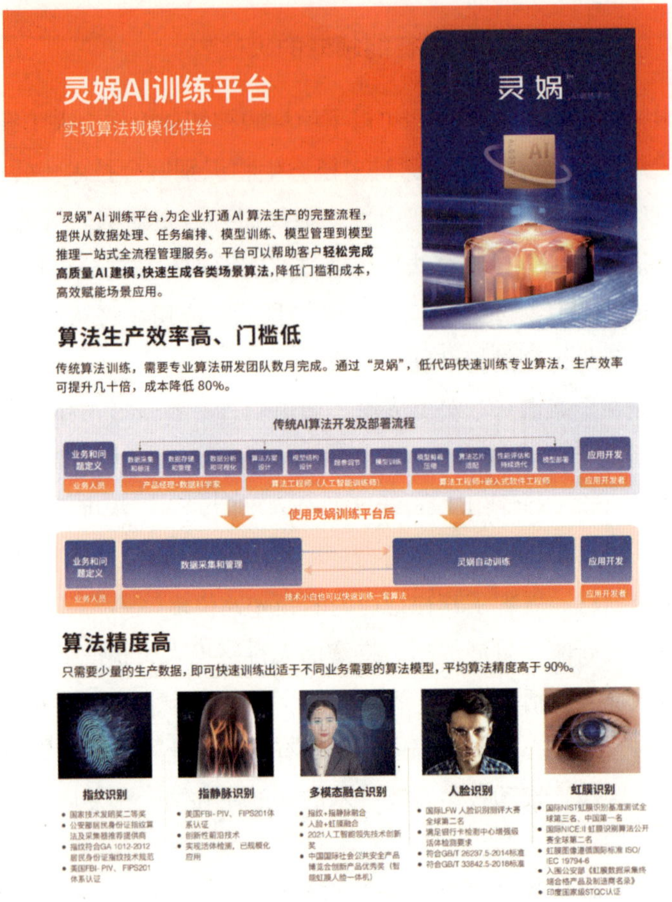

图 1　眼神智能"灵娲"训练平台，一站式的 AI 解决方案

随着人工智能技术的普及和应用需求的不断增长，传统 AI 开发模式面临着诸多挑战。如开发门槛高、周期长、成本高等问题限制了 AI 技术的广泛应用。为解决这些问题，"灵娲" AI 训练平台应运而生。该平台通过集成丰富的 AI 开发资源、提供全流程可视化建模工具、降低 AI 创新门槛等方式，为企业开发者及行业伙伴提供了一站式的 AI 解决方案。

"灵娲" AI 训练平台集成了 AI 模型开发所需的各种框架、开发工具、算法库等资源，内置经典数据集及优质基础模型，支持快速对接生产数据。用户可以通过该平台轻松完成 AI 模型的构建、训练和部署等工作。同时，"灵娲"平台还提供了强大的知识库管理和 prompt 提示词管理功能，帮助用户精确控制模型生成的高质量文本。

图 2 "灵娲" AI 训练平台

"灵娲" AI 训练平台主要优势如下：

1. 集成丰富资源：平台集成了业内主流开源基础大模型如 LLAMA2、CHATGLM 等，以及图像类大模型 VIT、DINO 等，为用户提供了丰富的模型选择。"灵娲" AI 训练平台集成了 AI 模型开发过程所需的各种框架、开发工具、算法库等资源，内置经典数据集及优质基础模型，支持快速对接生产数据，支持全流程可视化 AI 建模，帮助用户简单快速完成高质量 AI 建模。AI 训练平台大大降低了 AI 创新门槛，赋能企业开发者及行业 SI、ISV 完成业务的 AI 转型及创新。

2. 全流程可视化建模：支持从数据准备到模型训练、评估、部署的全流程可视化操作，降低了 AI 开发门槛。

3. 高效算法生产：通过优化算法流程和提升数据处理效率，大幅缩短了开发周期并降低了人力投入。通过 AI 计算平台部署可极大提高算法生产效率，缩短开发周期及减少人力投入。根据测算训练流程步骤缩短60%；数据处理效率提升80%；开发周期降低80%；算法生产效率提升6倍；人力投入降低80%。

4. 定制化模型训练：用户可以利用少量场景数据和低算力消耗对模型进行微调训练，得到符合业务场景需求的定制化模型。

5. 智慧城市应用："灵娲"AI训练平台已在雄安城市计算中心部署应用，首家与雄安集团数字城市科技有限公司、华为完成基于国产化的算法适配工作。雄安新区有遍布城市的物联网设备，随时随地产生海量城市治理感知数据，具备人、车、物等融合场景数据资源，为AI应用创造了条件；平台将城市治理感知数据与人工智能结合，通过"灵娲"训练平台来构建城市治理AI模型，生成的各类人工智能算法，可应用于智慧管廊积水检测、人员管控、故障点排查、行人摔倒、小孩独行、垃圾管理等智慧城市治理中各类算法检测场景，促进雄安新区人工智能应用，赋能雄安新区的AI应用和发展，全面助力雄安智慧城市治安治理。在雄安新区的成功应用展示了"灵娲"平台在智慧城市治理中的巨大潜力。

发展新质生产力的经验总结

在"灵娲"AI训练平台的实践过程中，眼神智能科技有限公司深刻体会到新质生产力带来的巨大变革与推动力，这一创新平台不仅标志着公司在人工智能领域的又一次重要突破，也为企业及整个行业的数字化转型提供了强有力的支持。以下是我们对新质生产力实践经验的详细总结。

技术创新引领产业升级："灵娲"AI训练平台集成了AI模型开发所需的多种框架、工具和算法库，通过内置的经典数据集和优质基础模型，极大地降低了AI创新的门槛。平台支持全流程可视化AI建模，使得用户能够简单快速地完成高质量AI建模，显著提升了算法生产效率。这一过程充分展示了技术创新在推动产业升级中的核心作用。新质生产力的核心在于技术革命性突破，我们通过不断地技术创新，实现了从底层算法到应用层面的全面升级，为企业的数字化转型奠定了坚实的基础。

深度融合实际场景，赋能智慧城市："灵娲"AI训练平台在雄安城市计算中心的部署应用，是技术与实际场景深度融合的典范。平台通过处理城市治理感知数据，构建了多种智慧城市治理的AI模型，并成功应用于智慧管廊积水检测、人员管控、故障点排查等多个场景。这一实践不仅展示了平台在解决实际问题方面的强大能力，也进一步推动了雄安新区的智慧城市建设。我们深刻认识到，新质生产力的发展需要紧密结合实际需求，通过技术的不断创新和应用，为经济社会发展注入新的活力。

知识产权积累，构建技术"护城河"：在AI技术飞速发展的背景下，眼神智能始终注重知识产权的积累与保护。我们拥有包括指纹识别、人脸识别、虹膜识别等在内的多种自主知识产权核心算法，并持续加大科研开发投入，保持在技术领域的领先地位。通过构建技术"护城河"，我们有效抵御了技术竞争的风险，为企业的持续发展提供了有力保障。这也验证了新质生产力发展中知识产权积累的重要性，它不仅是技术创新的成果体现，更是企业核心竞争力的关键所在。

人才培养与引进，打造高素质团队："灵娲"AI训练平台的成功研发与部署，离不开公司高素质团队的共同努力。我们拥有一支由首席标准专家、产品管理部负责人、算法部负责人等组成的专业团队，他们在各自领域具备丰富的经验和专业知识。同时，公司还注重人才培养与引进，通过不断优化人才结构，提升团队整体素质，为企业的持续创新提供了有力的人才支撑。新质生产力的发展离不开高素质的人才队伍，我们将继续加大人才培养与引进力度，为企业的发展注入新的动力。

深化产学研合作，推动产业协同发展：在"灵娲"AI训练平台的研发与应用过程中，我们积极与地方政府、专业公司以及高校等机构开展产学研合作。通过共享资源、协同创新，我们共同推动了人工智能技术的发展与应用。这种合作模式不仅提升了企业的研发能力，也促进了整个行业的协同发展。我们深刻认识到，新质生产力的发展需要全社会的共同努力和支持，只有通过深化产学研合作，才能推动产业向更高水平发展。

综上所述，"灵娲"AI训练平台的实践不仅是眼神智能技术创新与产业升级的成果展示，更是对新质生产力深刻理解的体现。我们将继续秉承创新精神，不断推动技术进步与产业升级，为经济社会的发展贡献更多力量。

未来展望

眼神智能将继续深耕人工智能领域，以"灵娲"AI训练平台为核心，推动数字经济创新发展。我们计划进一步扩展平台的功能与应用场景，不仅在智慧城市治理中持续发挥作用，还将探索更多行业领域的 AI 解决方案，如智能制造、医疗健康、金融服务等，助力各行各业实现智能化升级。

同时，公司将加大科研投入，持续引进和培养高技术创新人才，保持技术领先优势，构建更加完善的知识产权体系。此外，我们还将积极寻求与地方政府、行业伙伴及科研机构的合作，共同推动新质生产力的发展，为京津冀地区乃至全国的新型智慧城市建设提供有力支撑。我们相信，在政府主管部门的政策指引和社会各界的共同努力下，新质生产力将不断催生新的发展机遇，为经济社会高质量发展注入强大动力。眼神智能将秉持初心，勇于创新，不断前行，在新质生产力的浪潮中贡献自己的力量。

〔专家点评〕

科技创新驱动："灵娲"AI 训练平台展现了眼神智能在科技创新方面的卓越能力，通过自主研发与技术集成，实现了 AI 模型开发的快速化、高效化、定制化，为行业树立了标杆。

产业融合发展：平台成功应用于智慧城市治理等多个领域，促进了信息技术与实体经济的深度融合，推动了产业结构的优化升级。

数据驱动决策：平台内置的数据处理与分析功能，为政府与企业提供了强大的数据支持，助力其实现精准决策与科学治理。

绿色可持续发展：通过提升算法生产效率与降低人力投入，平台在推动经济发展的同时，也促进了资源的高效利用与环境保护。

国际竞争力提升：平台在技术创新与应用实践方面的突出表现，有力提升了中国人工智能产业的国际竞争力。

执笔人：周军、王厚金、王爽

数据引擎技术＋大模型：重塑数据，解锁洞察

北京数巅科技有限公司

北京数巅科技有限公司依托其创新的数据虚拟化引擎技术和自主研发的百亿级企业专有大模型，开创了数智化转型的新篇章。该方案不仅显著降低了大模型在企业内部部署的门槛与成本，还通过高效的数据虚拟化技术，实现了企业数据资产的全面整合与深度治理。公司研发的企业专有大模型，凭借超越市场通用模型的卓越准确度，为企业提供了在多业务场景下的智能化决策支持，极大地提升了企业的运营效率和市场竞争力。通过持续技术革新与应用实践，北京数巅科技有限公司正积极引领数字经济的高质量发展，为行业树立了新的标杆。

在数字经济迅速崛起的时代背景下，数据不仅是企业核心竞争力的核心驱动力，更是推动行业变革与创新的关键要素。然而，企业在加速数智化转型的征途中，普遍遭遇了数据孤岛林立、数据质量参差不齐以及大模型部署成本高昂且复杂等严峻挑战。北京数巅科技有限公司（以下简称数巅科技）作为大数据与人工智能领域的佼佼者，敏锐地捕捉到了这些行业痛点，并以自主研发的数据虚拟化引擎与突破性的百亿级企业专有大模型为利刃，开辟出一条前所未有的数智化转型新路径。数巅科技不仅以技术创新之力打破了传统数据管理瓶颈，更实现了大模型在企业内部的轻量级、高效部署，为企业决策智能化插上了翅膀。这一系列举措不仅大幅降低了企业数智化转型的门槛与成本，更为行业的新质生产力发展注入了强大动能，彰显了数巅科技在数字经济浪潮中的领航者角色。

让数据智能像水电一样简单

数巅科技自 2022 年 3 月成立以来，迅速崛起为大数据及人工智能基础技术研究领域的创新先锋。公司秉持"让数据智能像水电一样简单"的宏伟愿景，致力于将前沿技术转化为实际应用，为企业打造高效、便捷的数据智能解决方案。通过集成先进的大语言模型与端到端的数据虚拟化技术，数巅科技成功研发出了一系列企业级数据智能产品，如自主研发的数据虚拟化引擎 X-Engine、百亿级企业专有大模型，以及基于大模型的智能分析助手 AskBI 和知识库 AskDoc 等。

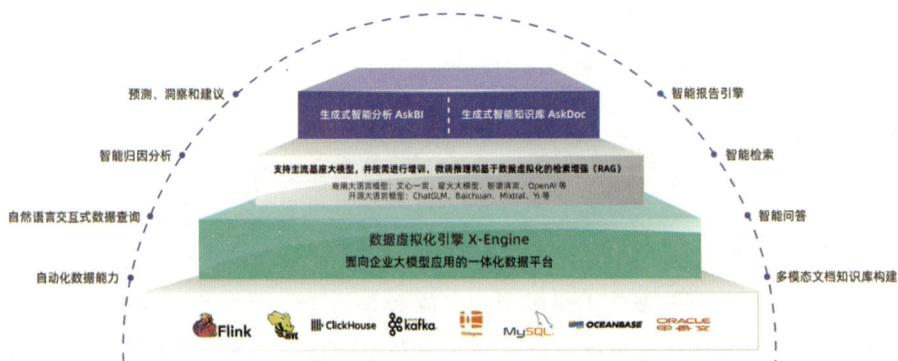

图 1　数巅科技产品矩阵

X-Engine 作为数巅科技的核心技术之一，实现了企业数据资产的全面虚拟化与高效治理，有效打破了数据孤岛，提升了数据质量与可访问性。而百亿级企业专有大模型，则依托企业内部数据与知识，以远超市场通用模型的精准度，为企业提供了强大的决策支持。AskBI 与 AskDoc 等智能应用产品，则进一步降低了企业数智化转型的门槛，通过自然语言交互、智能数据查询与分析，以及高效的知识检索与报告生成等功能，帮助企业实现业务场景下的快速响应与精准决策。

公司目前为国家高新技术企业、专精特新中小企业，已取得发明专利 9 项，在申请中发明专利 2 项、软件著作权 19 项；自成立以来，公司获得了多项奖项，如 2023 年获得基于数据虚拟化的银行智能指标体系星河案例行业数据应用标杆案例、2023 中国大模型产业新锐企业 TOP30，并在 2024 年获得第七届中关村国际前沿科技大赛人工智能领域第五名的好成绩。这些成就不仅彰显了数巅科技在数据智能领域的领先地位，也为其在未来持续推动技术创新与产业升级奠定了坚实基础。随着技术的不断迭代与市场的不断拓展，数巅科技正逐步成为引领企业数智化转型的重要力量。

数据虚拟化引擎驱动的企业专有大模型

在全球数字化转型浪潮的推动下，企业对数智化转型的需求日益迫切。然而，企业在利用大数据和人工智能技术实现转型升级的过程中，普遍面临着一系列严峻的挑战。首先，数据孤岛问题严重，企业内部各业务部门的数据难以有效共享和整合，导致数据资源浪费和重复建设现象频发。其次，数据质量参差不齐，大量低质量、不一致的数据严重影响了数据分析和决策的准确性和可靠性。此外，企业在部署大模型时往往面临高昂的成本和复杂的技术门槛，使得许多中小企业望而却步。

更为关键的是，传统的数据管理方式难以应对海量、复杂的数据需求，导致企业在面对快速变化的市场环境时，难以做出及时、准确的决策。这些痛点问题不仅增加了企业的运营成本和管理难度，还严重制约了企业的创新能力和市场竞争力。

为解决这些问题，数巅科技凭借其在大数据及人工智能领域的深厚积累，深入洞察市场需求和客户痛点，提出了基于数据虚拟化引擎和大模型技术的创新解决方案。这一方案旨在打破数据孤岛、提升数据质量、降低大模型部署门槛，助力企业实现数智化转型和高质量发展。

数巅科技以数据虚拟化引擎（X-Engine）为核心，构建了一套高效、智能的数据管理体系。X-Engine 通过虚拟化技术实现了对企业内部数据的全面整合和高效治理，解决了数据孤岛问题，提高了数据的可访问性和可用性。同时，该技术还具备强大的数据清洗、转换和整合能力，确保了数据质量的一致性和准确性。

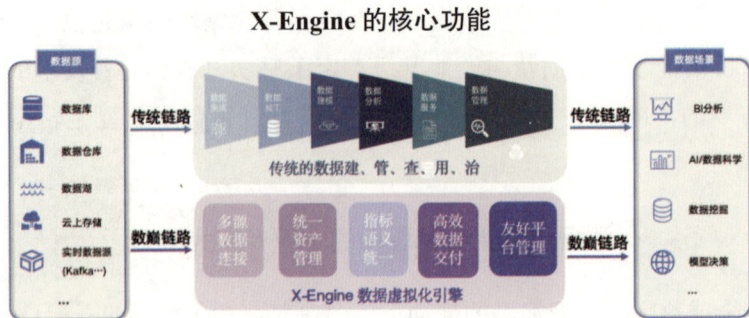

图 2　数巅科技 X-Engine 虚拟化引擎系统

在此基础上，数巅科技结合企业专有大模型技术，为企业提供精准、高效的数据决策支持。该大模型通过深度学习企业内部数据和业务场景，能够自动提取有价值的信息和知识，辅助企业进行业务分析和决策。这种端到端的数据智能解决方案不仅降低了企业对外部数据资源的依赖程度，还显著提高了决策效率和准确性。与市场上主流的大语言模型相比，数巅企业大模型有一个很大的不同，就是它拥有一个数据底座：数据虚拟化引擎 X-Engine。X-Engine 的关键能力之一是把企业内部和外部的结构化和非结构化数据充分融合起来，输送到上面的数巅企业大模型里面去，以训练数巅企业大模型，让其充分运用企业数据。

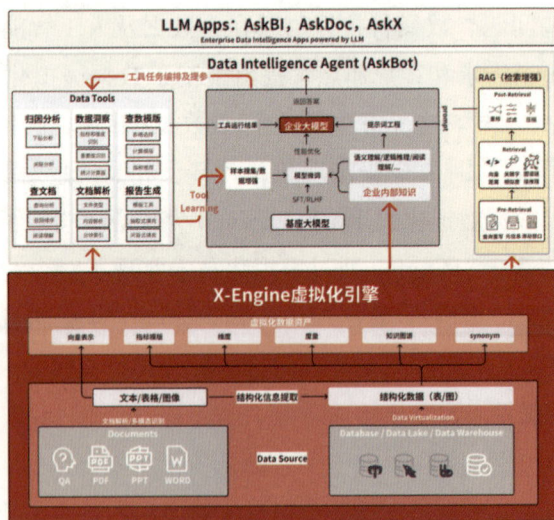

图 3　数巅企业大模型

此外，数巅科技还研发了生成式智能分析（AskBI）和生成式智能知识库（AskDoc）等智能应用产品。AskBI 基于自然语言处理技术，支持用户通过简单的自然语言查询即可获得深入的数据分析结果和可视化报表；而 AskDoc 则专注于知识管理和问答系统建设，帮助用户快速获取所需信息和解答疑惑。这些智能应用产品的推出进一步提升了企业的数智化决策能力并优化了用户体验。

在实施过程中，数巅科技采取了四大关键步骤来确保项目的顺利推进和成功落地。

1.需求调研与分析：首先，数巅科技与客户进行深入沟通，全面了解其业务需求、痛点问题和期望目标。通过详细的需求调研和分析工作，公司能够准确把握客户需求和市场趋势，为制定切实可行的解决方案提供有力支撑。

2.方案设计与定制：基于需求调研结果，数巅科技为客户量身定制了一套符合其实际需求的数据智能解决方案。该方案充分考虑了客户现有 IT 基础设施、业务流程和数据资源等因素，确保了方案的可行性和有效性。

3.系统部署与集成：在方案设计完成后，数巅科技派遣专业团队前往客户现场进行系统部署和集成工作。通过与客户的紧密合作和持续沟通，团队人员克服了多个技术难题，确保了系统的稳定运行和高效协同。

4.培训与支持：为确保客户能够充分掌握和使用数巅科技提供的数据智能解决方案，公司还为客户提供了一系列培训和支持服务。这些服务包括系统操作培训、问题解答和故障排除等，旨在帮助客户快速上手并取得显著成效。

经过不懈努力和持续创新，数巅科技已成功在多家头部企业实现项目落地，并取得了显著的经济和社会效益。具体而言这些成果包括。

1.显著提升数据决策效率和业务响应速度：通过应用数巅科技的数据虚拟化引擎和大模型技术，企业能够实时获取准确、全面的业务数据，支持企业快速做出明智的决策并有效应对市场变化。

2.降低运营成本和管理难度：数据虚拟化技术的引入解决了数据孤岛问题，降低了数据管理和维护成本；同时，智能分析助手和知识库等产品的应用也减轻了员工的工作负担，提高了工作效率。

3.增强市场竞争力并拓展市场份额：通过优化业务流程和提升决策能力，企业能够在激烈的市场竞争中脱颖而出，赢得更多客户和市场份额。同时数巅科技提供的定制化解决方案也为企业打造了独特的竞争优势，促进了企业的长期发展。

此外，数巅科技还通过不断优化产品和服务提升客户满意度和忠诚度。公司定期收集客户反馈，并根据市场需求进行产品迭代和升级，确保解决方案始终保持在行业领先地位。同时，数巅科技还积极与合作伙伴建立战略合作关系，共同推动数智化转型领域的创新与发展。

综上所述，数巅科技凭借其领先的数据虚拟化引擎技术和企业专有大模型，成功打造了一套高效、精准的企业数智化解决方案。该方案不仅解决了企业在数智化转型过程中面临的一系列痛点问题，还为企业带来了显著的经济和社会效益。随着技术的不断进步和应用场景的不断拓展，数巅科技将继续致力于推动新质生产力的发展，为企业数智化转型注入新的活力和动力。

发展新质生产力的经验总结

在全球数字化转型的浪潮中，数巅科技凭借其卓越的技术创新能力和敏锐的市场洞察力，成功推动了多家企业的数智化转型进程，积累了丰富的宝贵经验。

数巅科技在项目启动之初，便高度重视市场调研与需求分析，通过与客户的深入沟通与交流，精准识别出企业在数智化转型过程中的核心需求和痛点。这种以市场需求为导向的研发策略，不仅确保了解决方案的针对性和实用性，还大大提升了客户满意度。通过深入了解行业趋势和技术前沿，数巅科技能够迅速调整产品方向和研发重点，确保技术领先性和市场适应性。

技术创新是数巅科技保持核心竞争力的关键。公司自主研发的数据虚拟化引擎（X-Engine）和大模型技术，在解决企业数据孤岛、数据质量差及治理难等问题上展现出了显著优势。通过不断优化算法、提升硬件性能，数巅科技成功降低了大模型在企业内部落地的门槛和成本，显著提高了数据分析和决策的效率。同时，公司积极申请专利和软件著作权，构建坚实的技术壁垒，保护自身知识产权，为企业的长远发展奠定了坚实基础。

数巅科技深知每个企业的具体情况和需求都有所不同，因此在项目实施过程中始终坚持定制化服务原则。公司与客户保持紧密沟通，根据客户的实际需求调整解决方案，确保每个项目都能达到最佳效果。这种以客户为中心的服务理念不仅赢得了客户的信任和支持，还为公司树立了良好的市场口碑。

人才是企业发展的核心资源。数巅科技高度重视人才的培养和引进工作，通过建立健全的人才培养体系和激励机制，吸引并留住了一大批高素质的研发人员和销售人才。这些人才为公司带来了前沿的技术视野和丰富的行业经验，为公司的技术创新和市场拓展提供了有力支持。同时，公司还注重团队协作和跨部门沟通，确保团队成员之间能够紧密配合、协同作战，共同推动公司的发展。

数巅科技深知产学研合作的重要性，积极与高校、科研机构及产业链上下游企业建立紧密的合作关系。通过共同研发、技术交流和人才培养等方式，推动科技成果的转化和应用。这种合作模式不仅提升了公司的技术创新能力，还拓宽了公司的市场渠道和资源来源，为公司的可持续发展提供了有力保障。

未来展望

数巅科技在未来将继续深耕大数据及人工智能领域，推动企业数智化转型的深入发展。公司计划通过以下三个方面实现这一目标。

首先，加大技术研发和创新力度，不断升级和优化数据虚拟化引擎和大模型技术，进一步提升数据处理的效率和准确性，降低企业数智化转型的门槛和成本。同时，公司将持续推出更多创新的智能应用产品，如更智能的分析助手和更全面的知识库系统，以满足企业日益多样化的需求。

其次，数巅科技将积极拓展市场，深化与头部企业的合作，将成功的解决方案推广到更多行业和领域。通过案例分享和经验交流，公司将带动整个行业的数智化转型进程，共同推动数字经济的高质量发展。

最后，公司还将注重人才培养和引进，不断优化团队结构，提升团队的专业素养和创新能力。通过打造一支高素质、专业化的研发和服务团队，将为客户提供更加专业、高效、贴心的数智化转型解决方案，助力企业在激烈的市场竞争中脱颖而出，实现可持续发展。

综上所述，数巅科技对未来充满信心，将继续秉承创新、务实、高效的企业精神，推动企业数智化转型迈向新的高度，为数字经济时代的发展贡献力量。

[专家点评]

科技创新驱动：数巅科技以强大的科技创新能力为驱动，自主研发了数据虚拟化引擎和大模型技术，为企业数智化转型提供了有力支持。这种技术创新不仅推动了企业自身的发展壮大，更为整个行业的技术进步注入了新的活力。未来，数巅科技应继续加大研发投入，保持技术领先优势，为行业发展树立标杆。

产业融合发展：数巅科技成功地将大数据、人工智能等先进技术与企业数智化转型需求相结合，实现了技术与产业的深度融合发展。这种融合发展模式不仅提升了企业的市场竞争力，还有助于推动整个产业的转型升级。未来，数巅科技应进一步深化产业融合，拓展更广泛的应用领域，为企业创造更大价值。

数据驱动决策：通过数据虚拟化引擎的应用，数巅科技帮助企业实现了数据资产的统一管理和高效治理，为企业决策提供了精准、高效的数据支持。这种数据驱动决策的模式有助于企业快速响应市场变化并做出科学决策。未来，数巅科技应继续优化数据治理体系，提升数据分析能力，为企业提供更全面的决策支持。

绿色可持续发展：数巅科技在技术创新过程中注重绿色发展理念的应用，通过提升数据处理效率和降低资源消耗等手段推动了企业的绿色可持续发展。这种发展模式不仅有助于企业自身实现可持续发展的目标，还为行业树立了环保典范。未来，数巅科技应继续秉承绿色发展理念，探索更多绿色技术应用场景，为行业绿色发展贡献力量。

国际竞争力提升：数巅科技通过技术创新和市场拓展等手段不断提升自身在国际市场上的竞争力。随着全球数智化转型的加速推进，数巅科技有望在国际市场上取得更大突破。未来，公司应继续加强国际合作与交流，拓展国际市场份额，提升国际竞争力，为我国企业在全球范围内赢得更多尊重和认可。

执笔人：何昌华、蒋锡茸、谢宇

绿色制氢技术：有机固废资源化　助力低碳新发展

中鹏未来有限公司

　　中鹏未来有限公司致力于有机固废资源化利用及新能源制备技术的创新研发，成功突破生活垃圾高效转化为绿色氢气的技术瓶颈。公司自主研发的生活垃圾提质—干粉气化制氢技术，实现了垃圾处理规模化和低成本化，显著提升了能源转换效率，解决了传统处理方式中的二噁英排放问题，对推动资源循环高效利用和绿色新能源产业发展具有重要意义。项目已在广东佛山南海区落地实施，预计将为区域绿色能源供应和城市可持续发展作出积极贡献。

　　在当前全球气候变化和资源短缺的背景下，新质生产力作为推动经济社会高质量发展的关键力量，其重要性日益凸显。新质生产力不仅强调技术创新与产业升级，更注重经济效益与社会效益的和谐统一。面对世界科技前沿、经济主战场、国家重大需求和人民生命健康的多元挑战，发展新质生产力成为应对资源环境约束、实现可持续发展的重要途径。中鹏未来有限公司（以下简称中鹏未来）积极响应国家绿色低碳发展战略，通过有机固废资源化利用及新能源制备技术的创新实践，为新质生产力的发展提供了生动案例。

有机固废资源化利用及新能源制备的引领者

　　中鹏未来是一家专注于固废处理、资源循环利用及绿色能源研发和产业化应用的新环保新能源类科技企业。自2015年起，公司核心技术团队深耕有机固废资源化利用领域，历经小试、中试及工业化示范项目阶段，逐步构建起完整的技术创新体系。公司秉持"创新、绿色、高效"的发展理念，致力于通过自主研发的核心技术，实现生活垃圾等有机固废的高效率减量化、无害化和资源化处理。目前，中鹏未来已拥有国际先进水平的垃圾提质—干粉气化制氢技术，并成功应用于多个示范项目，展现出强大的市场竞争力和行业引领作用。

中鹏未来的业务范围涵盖固废处理、资源循环利用、绿色能源供应等多个领域，凭借创新的技术工艺和卓越的产品性能，在行业内树立了良好的口碑。公司坚持科技创新驱动发展，不断加强与国内外科研机构及产业链上下游企业的合作，共同推动资源循环高效利用和绿色新能源产业的融合发展。中鹏未来始终坚持以市场需求为导向，以客户痛点为突破口，持续推出符合市场需求的新技术和新产品，赢得了广泛的市场认可和用户好评。

中鹏未来凭借其强大的研发团队和深厚的技术积累，在有机固废资源化利用领域取得了多项关键技术的创新与突破。公司自主研发的生活垃圾提质—干粉气化制氢技术、生物质低温烘焙制粉技术及污泥自持焚烧工艺等，均达到了国际领先水平。

研发有机固废资源化利用技术，推动绿氢产业发展

在全球气候变化的严峻形势下，减少温室气体排放、推动绿色低碳发展已成为全球共识。中国政府积极响应，将绿色低碳经济作为国家战略，明确提出要大力发展废弃循环利用产业，特别是氢能产业，作为战略性新兴产业和未来产业的重要发展方向。然而，当前国内绿氢产业仍处于起步阶段，渗透率低、生产成本高，主要依赖化石能源制氢，既增加了碳排放量又限制了绿氢的广泛应用。与此同时，随着城市化进程的加速，城市生活垃圾等有机固废的产生量急剧增加，传统处理方式如填埋和焚烧不仅占用大量土地资源，还带来严重的环境污染问题。因此，探索一种高效、环保、低成本的有机固废资源化利用技术，对推动绿氢产业发展、促进绿色低碳转型具有重大意义。

中鹏未来通过多年的技术研发与积累，成功开发出一套具有国际先进水平的有机固废资源化利用技术体系。该技术工艺首先对有机固废进行高效提质处理，提高其能量密度和转化效率；其次，采用先进的干粉气化技术将预

处理后的固废转化为合成气；再次，通过气体变换吸附分离工艺将合成气制备成高纯度氢气；最后，对生产过程中产生的副产品进行综合利用和环保处理。这一完整的技术链条确保了中鹏未来在有机固废资源化利用过程中的高效、环保和可持续发展。

该技术体系以生活垃圾为主要原料，通过提质干粉气化等热化学转化过程，高效制备出绿氢、绿色甲醇等清洁能源产品。这一创新不仅解决了传统生活垃圾处理方式中的环境污染问题，还实现了废弃物的资源化利用，为绿氢产业提供了低成本、大规模的原料来源。同时，中鹏未来的技术工艺还具备高效能、高质量、高收益、低碳环保等多重优势，是绿色低碳发展的新质生产力典范。

为了验证技术的可行性和经济性，中鹏未来在广东佛山南海区投资建设了垃圾资源化示范项目。该项目采用公司自主研发的核心技术，实现了生活垃圾的高效处理和资源化利用。项目投产后，不仅解决了当地垃圾处理的难题，还为周边地区提供了稳定的绿色能源供应。该示范项目的成功实施，为中鹏未来的技术成果转化和市场拓展奠定了坚实基础。

图1　中鹏未来—广东佛山市南海区垃圾资源化项目建设现场施工

该项目所采用的技术与工艺在促进"碳中和、碳减排"方面，相比垃圾焚烧发电以及垃圾高温气化、高温等离子制氢等新型热化学转化制氢技术具有明显的优势与特点。主要体现在：一是生活垃圾无须前端分拣，降低了城市管理运营成本。技术工艺对有机固废适用范围广，处理规模灵活、分布式提质制粉与规模化制氢相结合，处置全过程近零排放、零污染，技术工艺路线成熟。二是采用自动精准分拣回收系统。智能化的精准分拣，将垃圾中含有的无机物基本无损害地分拣出来更能促进资源的再生利用和循环经济的建设。三是工艺过程实现了能量梯级利用，无须额外燃料消耗。不直接对外排烟，不产生飞灰，无二次污染。四是生活垃圾能量转换效率超过 70%，远高于垃圾焚烧及其他热化学制氢技术路线。生活垃圾提质—干粉气化工艺生产绿色能源，在产能相当的情况下生产成本比煤化工产品更低，具有强大的市场竞争力和盈利能力，可大大降低生活垃圾处理和绿色能源推广对政府补贴的依赖。五是工艺中采用 CCUS 技术，在制取氢气产品的同时实现了二氧化碳的高浓度富集，经液化二氧化碳制备装置生产液态 CO2 产品，将原本排放的废碳再生，不仅解决了碳排放，使采集的二氧化碳变废为宝，而且很大程度上推动了资源的节约集约循环利用，实现负碳效应。六是项目工艺更为先进、更加环保，杜绝了二噁英的产生，垃圾中含硫、含氯部分以硫黄、氯盐形式提取等。七是按照减量化、再利用、资源化的原则，可有效推进佛山市南海区及区域的碳中和、碳达峰双碳目标，并对环境保护、资源循环高效利用、新能源生产供应及双碳战略有着巨大的应用与示范效应。

中鹏未来深知产学研合作的重要性，积极与中科院、华东理工大学等国内顶尖科研机构建立深度合作关系。通过资源共享和优势互补，公司不断加快技术创新步伐，提升市场竞争力。同时，中鹏未来还与中国中化集团西南化工研究设计院、中国化工集团华陆工程科技有限责任公司等企业建立战略联盟，共同推动有机固废资源化利用技术的产业化应用。

发展新质生产力的经验总结

在有机固废资源化利用及制备新能源项目的实践过程中，我们积累了丰富的经验，这些经验不仅为公司未来的发展奠定了坚实的基础，也为行业内其他企业提供了宝贵的借鉴。

第一，坚持技术创新是核心驱动力。技术创新是中鹏未来能够在激烈的市场竞争中脱颖而出的关键。我们深知，在绿色低碳转型的大背景下，只有不断突破技术瓶颈，才能抢占市场先机。因此，公司自成立以来，始终将技术研发作为企业发展的重中之重，投入大量资源用于核心技术的研发和优化。正是这种对技术的执着追求，使得中鹏未来在有机固废资源化利用领域取得了显著的成就。

第二，产学研合作是推动技术成果转化的有效途径。在技术创新的过程中，我们深刻认识到产学研合作的重要性。通过与中科院、华东理工大学等顶尖科研机构与高校的深度合作，我们成功地将实验室研究成果转化为实际生产力。这种合作模式不仅加快了技术成果的转化速度，还提高了技术成果的市场竞争力。未来，我们将继续深化产学研合作，探索更多形式的合作模式，共同推动绿色低碳技术的发展。

第三，工程化应用和示范项目是验证技术可行性的重要手段。为了验证技术的可行性和经济性，我们投资建设了多个工程化示范项目。这些项目不仅帮助我们积累了丰富的工程化应用经验，还为我们提供了宝贵的市场反馈。通过示范项目的成功实施，我们进一步增强了市场信心，为后续的规模化推广奠定了坚实的基础。

第四，政策引导和市场需求是推动产业发展的重要因素。在绿色低碳转型的大背景下，政府对绿色低碳技术的支持力度不断加大，市场需求也在快速增长。我们紧跟政策导向和市场需求的变化趋势，不断调整和优化企业战略与产品布局。通过精准把握市场脉搏和政策导向，我们成功抓住了绿色低碳产业发展的历史机遇。

第五，持续的人才培养和团队建设是企业长远发展的根本保障。在快速发展的过程中，我们深刻认识到人才的重要性。因此，公司不断加大人才培养和引进力度，打造了一支高素质的研发和管理团队。这支团队不仅具备丰富的专业知识和实践经验，还具备强烈的创新意识和团队协作精神。正是有了这样一支优秀的团队，中鹏未来才能够在激烈的市场竞争中保持领先地位。

未来展望

面对绿色低碳发展的全球趋势和我国"双碳"战略的深入实施，中鹏未来对未来充满信心与期待。公司将继续深耕有机固废资源化利用与绿色能源领域，依托现有核心技术和成功经验，加速推进技术创新和成果转化。未来，中鹏未来计划进一步扩大工程化示范项目的规模与范围，不仅限于城市生活垃圾处理，还将拓展至农林废弃物、工业固废等多个领域，实现资源的全面高效循环利用。同时，公司将加强与国内外知名科研机构、高校及企业的合作，构建开放共赢的创新生态体系，共同推动绿色低碳技术的研发与应用。通过持续技术革新和市场拓展，中鹏未来致力于成为国际领先的绿色能源及技术装备供应商，为我国乃至全球的绿色低碳转型和可持续发展贡献更多力量。

[专家点评]

科技创新驱动：中鹏未来通过持续技术创新突破生活垃圾资源化利用的技术瓶颈，成功研发出具有国际先进水平的垃圾提质—干粉气化制氢技术，展现了强大的科技创新能力。这一创新成果不仅提升了垃圾处理的效率和规模，还为绿色能源产业的发展注入了新的动力。

产业融合发展：中鹏未来在推动技术创新的同时，注重与产业链上下游企业的合作与交流，形成了产学研用深度融合的发展机制。这种融合发展模式有助于实现技术成果的快速转化和应用，推动整个产业的协同发展。

数据驱动决策：中鹏未来在项目实施过程中注重数据收集和分析工作，通过大数据和人工智能技术优化工艺流程和运营管理。这种数据驱动决策的方式有助于提高项目的运行效率和经济效益，为企业的可持续发展提供有力支持。

绿色可持续发展：中鹏未来始终坚持绿色可持续发展的理念，通过自主研发的生活垃圾提质—干粉气化制氢技术实现了有机固废的高效资源化利用。这一技术不仅降低了垃圾处理对环境的污染，还促进了绿色能源的生产和应用，为实现"碳达峰""碳中和"目标作出了积极贡献。

国际竞争力提升：中鹏未来在推动技术创新和产业融合发展的同时，注重加强与国际同行之间的合作与交流，不断提升自身的国际竞争力。这种开放合作的态度有助于企业更好地融入全球绿色低碳产业体系，实现更加广阔的发展空间和市场机遇。

执笔人：孙子强、王建军、邓立众

算力网络服务平台：让计算变得更简单

北京并行科技股份有限公司

随着人工智能技术的飞速发展，大模型在智能革命中扮演着越来越重要的角色。而大模型训练是超算应用，其性能和加速比是其中的关键因素。北京并行科技股份有限公司以"助力科技强国，让计算更简单"为使命，构建国内领先的云上超算科研环境，形成集算力资源、应用资源、服务资源和人才资源于一体的超算云服务平台。公司聚焦各类用户在不同场景下的业务需求，持续推出满足各行业、各领域科研需求的综合性超算云服务解决方案，为众多来自科研高校、石油勘探、智能制造、地球环境、生命科学、人工智能等各应用领域的用户提供中国超算算力、应用、用户一体化云上科研工作环境。公司通过创新研发算力网络服务平台，实现了多元异构算力资源的弹性调用与跨区域、跨机构调度，构建了统一开放的算力服务体系。该平台显著提升了算力资源利用效率，降低了用户计算成本，助力科研教育、工业制造、人工智能等多个领域的发展。并行科技作为行业领军者，不断推动高性能计算技术创新与产业化，为我国数字经济发展贡献力量。

在信息时代背景下，新质生产力已成为推动经济社会发展的核心动力。新质生产力不仅代表技术上的革新，更体现于资源的优化配置和生产模式的深刻变革。随着云计算、大数据、人工智能等技术的飞速发展，对高性能计算资源的需求日益增长。北京并行科技股份有限公司（以下简称并行科技）顺应时代趋势，致力于构建高效、灵活、安全的算力网络服务平台，以满足各行业对高性能计算资源的迫切需求，推动新质生产力的发展。

助力科技强国，让计算更简单

并行科技成立于 2007 年，是一家在高性能计算（HPC）领域具有显著影响力的领先企业。公司总部位于北京市海淀区，注册资本为 5823 万元，并于 2023 年在北京证券交易所成功上市。

图 1 并行科技成功登陆北交所

并行科技的核心业务涵盖超算云、行业云、智算云、设计仿真云等多个领域，致力于为用户提供从高性能计算资源到全面解决方案的一站式服务。以 HPC、AI 技术优势和海量算力资源池为依托，并行科技打造了涵盖 IaaS、PaaS、SaaS 及软件运维在内的"并行智算云""超算行业云""并行超算云""设计仿真云""算力调度软件""算力运营服务"等六大产品线。借助企业级平台以及定制化的服务能力，提供面向互联网、金融、法律等人工智能行业领域，科研教育、汽车制造、手机终端、航空航天、气象海洋、生命科学、企业级混合云、院校级混合云在内的行业场景算力解决方案。历经十七年稳健发展，并行科技高质量、高性能、高性价比的算力服务积极推动了各领域科研事业的新跃进，是国内超算云和智算云算力服务的佼佼者。公司旗下拥有 4 个研发中心，持有 27 项专利和近百项计算机软件著作权，充分展现了其强大的技术创新能力。同时，公司在北京、天津、广州、长沙、宁夏等地设有子公司，并在上海、南京、厦门、西安、武汉等多个城市建立了超过 20 个办事处和服务站，形成了覆盖全国的服务网络。

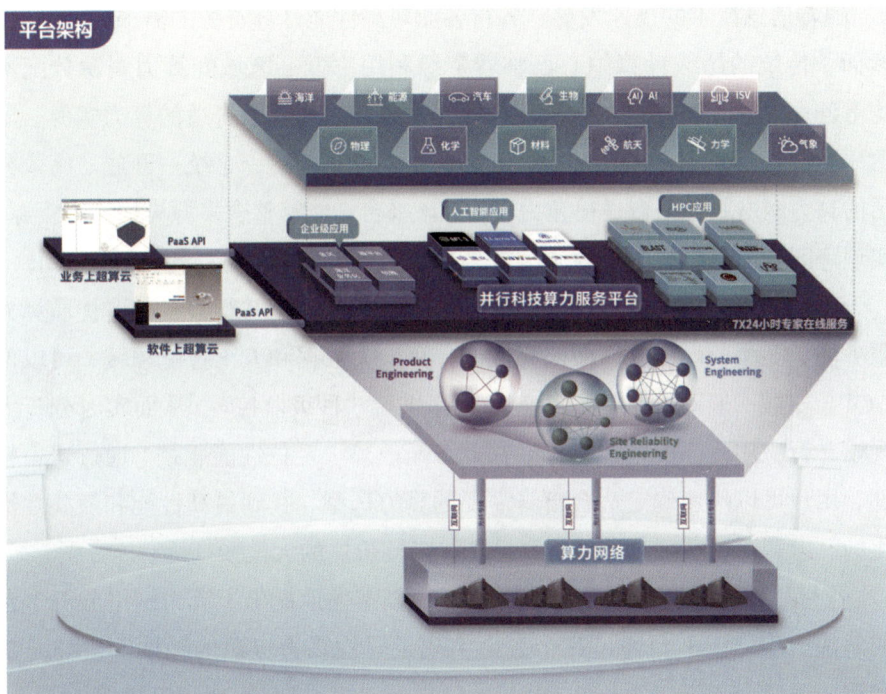

图 2　并行科技算力服务平台架构

并行科技始终秉承"助力科技强国，让计算更简单"的企业使命，积极参与国家"算力网络"建设，自主研发了跨地域全网智能调度的算力网络 PaaS 平台，并建立了业内领先的工业软件 SaaS 化服务体系。公司凭借领先的行业地位和高效的算力服务，赢得了国内外众多知名科研机构、高校及企业的信赖与合作，用户群体覆盖 300 多所科研机构、400 多所重点高校及 500 多家头部企业。

在市场竞争中，并行科技凭借其卓越的产品性能、完善的服务体系和强大的品牌影响力，稳居行业领先地位。据弗若斯特沙利文公司（Frost & Sullivan）发布的《2021 年中国超算云服务市场报告》显示，并行科技在中国通用超算云服务市场中排名第一，市场份额高达 20.3%。此外，公司还荣获了多项国家级和行业级荣誉，如"国家高新技术企业""专精特新'小巨人'企业"等称号，充分彰显了其在高性能计算领域的领先地位和卓越贡献。

聚算成海，智启未来

随着信息技术的飞速发展，各行各业对高性能计算资源的需求日益增长。然而，传统的超级计算中心面临着资源利用率低、区域间算力资源分配不均等问题。同时，客户在计算任务中往往难以快速获取合适的算力资源，导致研发周期延长和成本增加。为解决这些问题，构建一个统一开放、高效灵活的算力网络服务平台显得尤为重要。该平台需能够整合多源异构算力资源，实现跨区域、跨机构的资源调度与共享，从而满足用户多样化的计算需求。

Paramon / Paratune 应用运行特征采集分析软件是并行科技打造优质算力服务的重要手段。该软件面向高性能计算、大数据和人工智能领域，可以像"CT"扫描一般对大规模并行应用程序进行"秒级监控"，从而实时分析大规模并行应用程序的性能指标，据此诊断故障、定位性能瓶颈。通过这一软件，用户可以快速确定适合自身需要的算力选型，找到最高性能和最高性价比的算力资源，实现高质量、高性能、高性价比的大模型训练。

并行科技针对市场需求和客户痛点，创新性地提出了算力网络服务平台的解决方案。该平台通过三个方面实现了异构算力资源的弹性调度与高效利用。

1. 构建统一开放的算力服务体系：平台采用先进的云计算技术，整合了不同规模及架构的超算中心资源，实现了资源的开放共享和弹性调用。用户可以通过平台轻松访问全国范围内的算力资源，避免了单一超算中心的资源瓶颈问题。

2. 支持多种异构算力资源接入：平台支持 X86 处理器、国产处理器等多种异构算力资源的接入，为用户提供了丰富的计算选项。同时，通过智能调度算法动态分配算力资源，确保用户任务的高效执行。

3. 实现全链路功能支持：平台提供了作业调度、资源管理、运行监控、用户管理、计费结算等全链路功能支持。用户可以通过平台实时监控任务状态、管理计算资源并查看计费信息，极大地方便了用户的使用体验。

在具体实施过程中，并行科技采取了措施确保平台的稳定运行和持续优化：如加强与高校、科研机构及企业的合作与交流，深入了解用户需求和市场动态；不断投入研发力量优化智能调度算法和系统架构提升平台性能和稳定性；提供 7×24 小时实时保障服务确保用户随时获得高质量的技术支持；定期收集用户反馈并持续改进平台功能和用户体验。

通过实施算力网络服务平台项目，并行科技取得了显著的经济和社会效益。平台在工业制造、科研教育、人工智能等多个领域取得了规模化应用，显著降低了用户的计算成本并提高了生产效率。据公司财报显示，自平台上线以来已累计服务用户超过 5 万家，为企业节省了大量计算成本并促进了相关产业链的发展。平台推动了高性能计算技术的普及和应用为科研创新、产业升级和数字化转型提供了有力支持。同时平台还带动了就业岗位的增加，为相关产业培养了大量专业人才。

项目在异构算力资源整合与调度方面取得了重大技术突破，填补了国内在该领域的空白并达到了国际领先水平。此外，项目还获得了多项国家专利和软件著作权，进一步巩固了公司在行业内的技术领先地位。

发展新质生产力的经验总结

并行科技在推进算力网络服务平台项目的过程中，积累了丰富的宝贵经验，这些经验不仅巩固了公司在行业内的领先地位，也为同行业及更广泛领域的企业提供了可借鉴的范本。以下是对该项目的深入经验总结。

首先，坚持创新驱动是核心动力。并行科技深刻理解到，在快速变化的信息技术时代，唯有不断创新才能在激烈的市场竞争中立于不败之地。因此，公司不断加大研发投入，聚焦于核心技术的突破，成功实现了异构算力资源的弹性调度与跨区域、跨机构共享，这一创新成果不仅解决了行业痛点，也为公司赢得了市场先机。

其次，深化产业融合是发展的关键路径。并行科技算力网络服务平台不仅仅是一个技术平台，更是一个促进多产业融合发展的桥梁。通过该平台，公司成功地将高性能计算资源引入工业制造、科研教育、人工智能等多个领域，推动了这些领域的数字化、智能化转型，同时也带动了相关产业链上下游企业的协同发展，形成了良好的产业生态。

再次，数据驱动决策是提升效率的重要手段。在平台运营过程中，并行科技充分利用大数据技术对用户行为、资源使用情况进行深度分析，从而为用户提供更加精准的资源匹配和作业调度服务。这种基于数据的决策方式不仅提高了资源利用效率，也极大地提升了用户体验和满意度。

此外，注重绿色可持续发展是企业社会责任的体现。并行科技在平台设计之初就充分考虑了环保因素，通过优化算力资源配置、减少资源浪费等方式，实现了绿色、低碳的可持续发展模式。这种发展模式不仅符合国家生态文明建设的要求，也为企业赢得了良好的社会声誉。

最后，提升国际竞争力是企业长远的发展目标。通过本项目的成功实施，并行科技不仅在国内市场取得了领先地位，也在国际市场上树立了良好的品牌形象。未来，随着平台技术的不断升级和国际化战略的深入实施，公司有望在全球算力服务市场中占据更加重要的位置，进一步提升我国在高性能计算领域的国际竞争力。

未来展望

展望未来，并行科技将继续深耕算力网络服务平台，致力于技术创新与服务优化，以满足不断增长的市场需求。我们将进一步扩大平台算力资源池，引入更多先进的异构算力资源，提升平台的整体服务能力和竞争力。同时，公司将加强与国际领先企业的合作，引入国际先进技术和管理经验，推动平台技术的持续升级和国际化发展。

下一步并行科技将推出"算海计划"，该计划旨在与算力建设合作伙伴共同建设面向模型训练的超大规模单体集群。并行科技与内蒙古新型算力基地合作，规划建设 4000 个 22kW 高功率智算机柜，最大可以支持单一集群 6 万卡。这一规划将加速推动算力资源高效、快捷、按需分配与合理化使用，减少政府、企业重复建设的资源浪费，形成灵活的商业合作模式，让算力资源真正赋能千行百业的实际需求。

在业务领域方面，公司将进一步扩大在工业制造、科研教育、人工智能等领域的应用规模，为更多企业和科研机构提供高效、便捷、低成本的算力服务。同时，我们也将积极探索新兴领域的应用场景，推动算力服务在数字经济时代的广泛应用。

此外，并行科技还将积极参与国家数字基础设施建设，助力区域经济数字化转型，提升产业核心竞争力。我们相信，通过不断努力和创新，并行科技将在新质生产力的浪潮中持续引领行业发展，为推动社会进步和经济发展贡献更多力量。

[**专家点评**]

　　并行科技的算力网络服务平台项目，充分展现了科技创新驱动、产业融合发展、数据驱动决策、绿色可持续发展以及国际竞争力提升五大方面的卓越表现。

　　科技创新驱动：项目在异构算力资源整合与调度领域取得了重大技术突破，通过自主研发实现了算力资源的跨区域、跨机构高效调度，填补了国内技术空白，引领了行业技术发展。

　　产业融合发展：平台在工业制造、科研教育、人工智能等多个领域实现了规模化应用，不仅促进了相关领域的技术进步，还带动了相关产业链的协同发展，形成了良好的产业生态。

　　数据驱动决策：通过实时监测和数据分析，平台为用户提供了精准的资源匹配和作业调度服务，提高了资源利用效率和科研生产效率，真正实现了数据驱动的科学决策。

　　绿色可持续发展：通过优化算力资源配置，避免了资源的浪费和重复建设，实现了绿色、低碳的可持续发展模式，符合国家对生态文明建设的要求。

　　国际竞争力提升：项目成果达到了国际领先水平，增强了我国在高性能计算领域的国际竞争力。未来，随着平台的不断优化和推广，将进一步提升我国在全球算力服务市场的地位和影响力。综上所述，并行科技的算力网络服务平台项目在多个方面均表现出色，为行业树立了标杆。

执笔人：李新鹏、胡永利

高性能芯片：打破垄断，实现自主可控创新

北京炎黄国芯科技有限公司

面对全球科技竞争加剧及技术封锁的挑战，北京炎黄国芯科技有限公司专注于高性能自主可控模拟芯片的研发与生产，成功打破了宇航级高可靠领域的国外技术垄断。公司凭借强大的研发团队和严格的质量管理体系，多款产品达到国际先进水平，广泛应用于航空航天、汽车电子、新能源等多个领域。同时，通过管理创新和商业模式优化，炎黄国芯不仅实现了快速增长，更为国家科技进步和产业自主可控能力提升作出了重要贡献。展望未来，公司将持续深化技术创新，拓展新兴市场，推动高质量发展。

在全球科技迅猛发展的今天，北京炎黄国芯科技有限公司（以下简称炎黄国芯）作为新质生产力的践行者，在高性能自主可控模拟芯片领域取得了显著成就，为提升国家科技实力与产业自主可控能力作出了重要贡献。

国内宇航级芯片的开创者

炎黄国芯自 2016 年成立以来，便专注于高可靠、高性能、自主可控的电源管理芯片领域，是国家级的专精特新"小巨人"企业。公司总部扎根于北京市北京大学科技园，并以此为中心，向长三角、珠三角、成渝地区辐射，构建了全面的研发与生产网络。公司拥有一支由国家级科研专家、教育部科技进步一等奖获得者及来自北京大学、清华大学、中科院等顶尖学府的优秀校友，以及 TI、ADI 等国际大厂高水平资深工程

师组成的核心团队，拥有丰富的半导体全产业链全流程产业化经验近二十年。

炎黄国芯秉承"创新驱动发展，质量赢得未来"的企业理念，致力于填补国内宇航级电源管理芯片的空白，多款产品已达到国际先进水平，并广泛应用于航空航天、汽车电子、新能源、工业控制、智能电网、5G 通信及物联网等多个领域。公司屡获殊荣，包括"中国 IC 独角兽企业""国家级专精特新'小巨人'企业""国家高新技术企业"等认证，以及多项国内外创新创业大赛金奖，充分展现了其在行业内的领先地位和创新能力。

通过持续地技术创新和产品优化，炎黄国芯不仅打破了国外技术垄断，提升了国内相关产业的自主可控能力，更为推动国家科技进步和产业升级做出了重要贡献。未来，炎黄国芯将继续秉承初心，深耕芯片领域，以高质量的产品和服务，引领行业向前发展。

创新驱动，构筑自主可控新高地

在全球科技竞争日益激烈的背景下，炎黄国芯凭借其在高性能自主可控模拟芯片领域的深厚积累与持续创新，不仅在国内宇航级高可靠领域树立了新的标杆，更为提升国家科技实力与产业自主可控能力作出了重要贡献。

炎黄国芯始终坚持技术创新作为企业发展的核心驱动力。面对宇航级高可靠领域对芯片性能的严苛要求，公司研发团队攻克了一个又一个技术难关，成功研发出多款具有自主知识产权的高性能电源管理芯片。其中，YH5*6*1 抗辐射加固型同步降压转换器，以其出色的抗辐照和静电防护性能，在极端环境下仍能保持稳定可靠的工作状态，填补了国内宇航级电源芯片的空白，实现了对国际同类产品的有效替代。这一创新成果不仅打破了国外技术垄断，更为我国航天事业的自主可控发展提供了坚实的技术支撑。

图 1   炎黄国芯 YH5*6*1 抗辐射加固型同步降压转换器

此外，炎黄国芯在超低噪声 LDO 和车规级 DC/DC 芯片等领域也取得了显著突破，这些技术不仅提升了产品的整体性能，还进一步拓宽了公司的市场应用领域。通过不断优化产品设计、改进生产工艺，炎黄国芯的芯片产品在性能、可靠性、成本效益等方面均达到了国际先进水平，赢得了国内外客户的广泛认可。

与此同时，炎黄国芯深知产品质量是企业生存与发展的基石。所以公司建立了严格的质量管理体系和检测机制，确保从原材料采购到生产加工、产品测试等每一个环节都符合高标准的质量要求。公司引进了先进的生产设备和技术手段，采用国际领先的 S Foundry BCD 工艺进行芯片生产，确保产品的高性能和高可靠性。同时，公司还注重产品测试和验证工作，确保产品在各种极端条件下都能保持稳定可靠的性能。这种对质量的极致追求不仅赢得了客户的信赖和好评，更为公司树立了良好的品牌形象。

图 2   炎黄国芯的芯片展品

在注重技术创新和质量管理的同时，炎黄国芯还致力于为客户提供全方位、个性化的服务支持。公司建立了覆盖售前、售中和售后的全面客户服务体系，提供及时、专业的解决方案，确保客户需求得到高效响应。此外，公司还注重收集和分析客户反馈意见，不断优化产品和服务以满足客户需求。这种以客户为中心的服务理念不仅提升了客户满意度和忠诚度，更为公司赢得了更广阔的市场空间。

炎黄国芯在管理创新方面也取得了显著成效。公司引入了先进的 ERP、CRM 等管理系统，实现了从研发、生产到销售的全流程数字化管理。这不仅提高了管理效率和决策的科学性，还为企业提供了有力的数据支持。同时，公司通过构建"研发平台＋核心技术"的护城河，实现了快速产品研发和市场响应。此外，公司还注重员工培训和激励机制的完善，激发了员工的创新热情和创造力，为企业持续发展注入了源源不断的动力。

在商业模式上，炎黄国芯采取了与众不同的策略，专注于尚未实现国产替代的进口高端或禁运产品，填补国内市场空白。这种差异化的市场定位不仅避免了与国内企业的低价竞争，还为企业赢得了更大的利润空间和发展空间。同时，公司还积极探索新的市场机会和商业模式，如与客户开放式合作直接导入或联合研发等，进一步拓展了市场应用领域，提升了品牌影响力。

发展新质生产力的经验总结

通过持续地技术创新、质量管理、服务优化和管理创新，炎黄国芯在新质生产力实践方面取得了显著成果。公司的高性能自主可控模拟芯片产品不仅在国内宇航级高可靠领域得到了广泛应用，还推动了相关产业的技术进步和产业升级。同时，公司产品还成功进入汽车电子、新能源等新兴市场领域，为这些领域的技术创新和产业升级提供了有力支持。此外，炎黄国芯还积极参与产学研合作，与高校、科研机构建立紧密的合作关系，共同推动科技成果转化和人才培养，为我国半导体产业的发展注入了新的活力。

创新驱动，技术领先：炎黄国芯深刻认识到技术创新对于企业发展的重要性。公司始终将研发作为第一生产力，不断加大研发投入，吸引并培养顶尖科研人才，形成了一支由国家级科研专家和国际资深工程师组成的强大研发团队。正是这样的技术积累与突破，使得炎黄国芯能够在宇航级高可靠领域取得显著成就。

质量为本，铸就品牌：质量是企业的生命线。炎黄国芯建立了严格的质量管理体系和检测机制，从原材料采购到生产加工、产品测试等每一个环节都严格把控，确保产品质量卓越。这种对质量的极致追求不仅赢得了客户的信赖，更为公司树立了良好的品牌形象，为其长远发展奠定了坚实基础。

服务优化，客户至上：在提供优质产品的同时，炎黄国芯还注重提升客户服务体验。公司建立了完善的客户服务体系，从售前咨询、售中支持到售后服务，都力求做到及时、专业、贴心。这种以客户为中心的服务理念不仅提升了客户满意度，还促进了口碑传播，为公司带来了更多潜在客户。

管理创新，激发活力：在企业管理方面，炎黄国芯积极引入先进的管理理念和技术手段，实现了从研发、生产到销售的全流程数字化管理。这不仅提高了管理效率和决策科学性，还激发了员工的创新热情和创造力。公司通过完善激励机制和培训体系，营造了良好的企业文化氛围，为企业的持续发展注入了新的活力。

市场定位准确，商业模式独特：炎黄国芯专注于尚未实现国产替代的进口高端或禁运产品市场，避免了与国内企业的低价竞争。这种差异化的市场定位使得公司在激烈的市场竞争中脱颖而出。同时，公司还积极探索新的商业模式和销售渠道，如与客户开放式合作、线上销售、参加国际展会等，进一步拓展了市场应用领域和品牌影响力。

未来展望

展望未来，炎黄国芯将继续深化技术创新，加大对高性能自主可控模拟芯片的研发力度，致力于在宇航级高可靠领域实现更多技术突破。公司计划进一步扩大市场规模，深化与国内外客户的合作，拓展产品应用领域，特别是在新能源汽车、人工智能等新兴行业寻找新的增长点。

同时，炎黄国芯将不断完善管理体系，提升生产效率和服务质量，以更加优质的产品和服务赢得市场信赖。此外，公司还将积极参与国际竞争与合作，引进国际先进技术和管理经验，推动企业的国际化进程。在品牌建设方面，炎黄国芯将加强市场推广和品牌建设力度，提升品牌影响力，争取在国际市场上占有一席之地。总之，炎黄国芯将以持续的技术创新和质量为基石，不断拓展业务领域和市场空间，为实现高质量发展贡献力量。

[专家点评]

科技创新驱动：炎黄国芯以技术创新为核心，尤其在宇航级、普军级、车规级电源管理芯片领域取得显著成就，多款产品达到国际领先水平，展现了强大的自主创新能力。公司基于 S Foundry BCD 工艺开发的宇航级 DC/DC 芯片，以及超低噪声 LDO 和车规级 DC/DC 芯片技术，均体现了技术创新的深度和广度。

产业融合发展：炎黄国芯成功将人工智能、物联网等前沿科技融入产品设计，推动产业升级和深度融合。公司积极构建开放合作平台，整合多方资源，实现产业链和供应链的协同发展，促进了产业高端化、智能化和绿色化进程。

数据驱动决策：通过大数据、云计算等先进技术的应用，炎黄国芯实现了管理过程的数字化、智能化转型，提高了管理效率和决策的科学性。这一模式不仅提升了公司的运营效率，也为未来持续发展奠定了坚实基础。

绿色可持续发展：公司在产品设计和生产过程中注重环保和可持续性，推动了绿色科技的应用和发展。通过优化生产工艺和采用环保材料，降低了产品能耗和环境污染，体现了企业的社会责任和可持续发展理念。

国际竞争力提升：炎黄国芯凭借高性能、高可靠的模拟芯片产品，在国际市场上崭露头角。公司积极参与国际竞争与合作，引进先进技术和管理经验，不断提升品牌影响力和市场竞争力。未来，随着技术和市场的不断拓展，炎黄国芯有望在国际舞台上发挥更加重要的作用。

执笔人：郭虎、王惠东

产教融合研发新材料，科技创新实现产业化

山东固立特新材料科技有限公司

山东固立特新材料科技有限公司携手复旦大学赵东元院士团队，成功实施了"新型功能介孔超微新材料研究与示范项目"。该项目通过创新性的界面分散、组装等生产工艺，突破了传统介孔材料生产的瓶颈，实现了从实验室到工业化生产的跨越。项目成果在介孔材料性能优化、生产效率提升及成本控制等方面取得显著成效，广泛应用于绝热材料、催化、新能源等多个领域，不仅提升了产品质量与市场竞争力，还推动了相关产业的绿色可持续发展。项目团队凭借丰富的产学研合作经验和高素质的研发人才，确保了项目的高效推进与顺利实施，为企业赢得了良好的经济效益和社会效益，也为新材料领域的科技创新与产业升级提供了有力支撑。

在全球科技竞争日益激烈的背景下，山东固立特新材料科技有限公司（以下简称固立特）作为一家专注于矿用高分子新材料研发与生产的高新技术企业，积极响应国家创新驱动发展战略，携手复旦大学赵东元院士团队，共同推进"新型功能介孔超微新材料研究与示范项目"。该项目不仅旨在解决传统介孔材料生产的瓶颈问题，更希望通过科技创新，推动新材料产业向高端化、智能化、绿色化方向发展。通过产学研深度融合，项目团队致力于探索新材料领域的未知边界，以科技创新引领产业升级，为我国新材料产业的发展贡献智慧和力量。在这一过程中，我们深刻体会到创新是推动企业发展的不竭动力，也是实现产业转型升级的关键所在。

图 1　矿用高分子生产线

矿用高分子新材料领域的领军企业

固立特坐落于山东省德州市陵城经济开发区，是一家充满活力的民营高新技术企业，专注于矿用高分子新材料的研发、生产和销售。自 2020 年成立以来，公司秉持"科技创新，引领未来"的发展理念，致力于成为新材料领域的领军企业。公司占地面积 5.38 公顷，拥有现代化标准生产车间三栋，总建筑面积超过 2.3 万平方米，配备了先进的矿用新材料自动化智能生产线，为高质量产品的生产提供了坚实保障。

在技术研发方面，固立特高度重视技术创新与人才培养，与复旦大学赵东元院士团队等国内外知名科研机构建立了紧密的产学研合作关系。公司拥有高素质的研发团队，其中包括多名博士后及行业专家，专注于功能介孔材料的研发与应用，不断突破技术瓶颈，推动新材料技术的革新。截至目前，公司已获得多项发明专利和实用新型专利，并通过了 ISO9001、ISO14001 及 ISO45001 等国际标准管理体系认证，彰显了公司在质量管理、环境保护及职业健康方面的卓越表现。

在主营业务方面，固立特专业研发、生产矿用高分子（加固、充填、堵水、封孔、喷涂）新材料，并提供全方位的施工指导服务。公司产品广泛应用于矿山、建筑、交通等多个领域，以卓越的性能和优质的服务赢得了市场的广泛认可。未来，公司将继续秉承创新、协作、共赢的发展理念，不断推动新材料技术的进步与应用，为客户提供更加优质的产品与服务。

产教融合协同创新，突破瓶颈实现规模生产

随着科技的飞速发展，新材料作为战略性新兴产业的关键领域，对推动产业升级、提高经济效益具有重大意义。特别是功能介孔材料，因其独特的孔径结构、高比表面积和良好的化学稳定性，在能源、催化、生物医药等多个领域展现出巨大的应用潜力。然而，实验室阶段的研究成果往往难以直接应用于工业化生产，存在规模化生产的技术瓶颈。基于此背景，固立特携手复旦大学赵东元院士团队，共同启动了"新型功能介孔超微新材料研究与示范项目"，旨在通过技术创新，打破技术壁垒，实现功能介孔材料的产业化应用，推动我国新材料产业的快速发展。

图 2　介孔材料生产线

项目团队在赵东元院士的引领下，针对介孔材料产业化过程中的关键难题，从以下四个方面进行了深入的技术创新。

1.界面分散组装工艺优化：通过不断尝试各种分散剂，成功实现了原料在液相中的单分散性，确保了后续自组装过程的顺利进行。这一突破解决了原料在混合过程中易发生团聚的问题，为介孔结构的形成奠定了坚实基础。

2.固液分离技术革新：针对超微材料的特殊性质，项目团队研发了高效

的固液分离方案。通过改造现有分离设备或采用多种设备的组合使用，显著提高了分离效率，保证了产品的纯度和回收率。

3. 定型固化条件精控：通过系统研究温度和时间对固化过程的影响，项目团队确定了最佳的固化条件，确保了产品在固化过程中的稳定性和一致性。这一成果对于提高产品的整体性能至关重要。

4. 二次加工技术探索：为避免在加工过程中破坏介孔结构，项目团队深入研究了二次加工过程的条件控制，成功保持了产品的优异性能。这一技术的突破为介孔材料在更广泛领域的应用提供了可能。

项目实施过程中，团队严格按照既定计划推进各项工作。

1. 基础研究与实验验证：在赵东元院士团队的指导下，项目首先进行了大量的基础研究和实验验证工作，逐步优化和完善了介孔材料的生产工艺。

2. 中试放大与工艺调整：在实验室研究成果的基础上，项目团队进行了中试放大试验，通过不断调整工艺参数和设备配置，逐步实现了从小规模试验到工业化生产的过渡。

3. 生产线建设与调试：依托固立特现有的生产设施，项目团队建设了功能介孔材料的示范生产线，并进行了全面的调试和优化工作，确保了生产线的稳定运行。

4. 产品测试与市场推广：项目团队对生产出的功能介孔材料进行了全面的性能测试和应用验证，确保产品满足市场需求。同时，积极开展市场推广工作，与多家企业和研究机构建立了合作关系。

通过近一年的努力，项目取得了丰硕的成果。

1. 技术突破显著：项目团队成功开发出具有自主知识产权的功能介孔材料生产工艺，打破了国外技术垄断，实现了介孔材料的国产化生产。

2. 产品性能卓越：生产出的功能介孔材料具有形貌可控、比表面积大、孔径可调等优异性能，在能源存储、催化反应、生物医药等多个领域展现出广阔的应用前景。

3. 经济效益提升：项目成果的应用显著提高了公司产品的市场竞争力，为企业带来了可观的经济效益。同时，通过技术创新和产业升级，推动了新材料产业的快速发展。

4. 社会效益明显：项目成果不仅为企业创造了经济效益，还为社会提供了更多的就业机会，促进了相关产业链的发展与完善。此外，功能介孔材料在节能减排、环境保护等方面的应用，对于推动经济社会可持续发展具有重要意义。

在项目推进过程中，固立特与复旦大学赵东元院士团队建立了长期稳定的合作关系。双方通过产学研深度融合，共同推动了功能介孔材料技术的创新与应用。未来，双方将继续深化合作，拓展合作领域，共同探索新材料领域的更多可能性。同时，项目团队还将积极寻求与国内外其他科研机构和企业的合作机会，共同推动新材料产业的快速发展，为实现我国从材料大国向材料强国的转变贡献力量。

综上所述，"新型功能介孔超微新材料研究与示范项目"不仅取得了显著的技术突破和经济效益，还为推动新材料产业的升级与发展注入了新的活力。未来，随着项目的持续深化和拓展，相信这一领域将迎来更加广阔的发展前景。

发展新质生产力的经验总结

在"新型功能介孔超微新材料研究与示范项目"的实施过程中，我们不仅取得了显著的技术突破和经济效益，还深刻体会到了新质生产力的重要性和独特价值。以下是我们对新质生产力实践经验的几点总结。

1. 跨界合作激发创新活力

新质生产力的核心在于创新，而跨界合作则是激发创新活力的重要途径。本项目通过与复旦大学赵东元院士团队的深度合作，实现了高校科研成果与企业实践需求的无缝对接。这种产学研深度融合的模式，不仅加速了技术创新的步伐，还为企业带来了持续的技术支持和人才储备。未来，我们将继续深化与高校、科研院所的合作，探索更多领域的跨界融合，共同推动新质生产力的持续发展。

2. 技术创新是核心驱动力

在项目实施过程中，我们深刻认识到技术创新是新质生产力的核心驱动力。针对介孔材料产业化过程中的关键难题，项目团队不断尝试新方法、新技术，最终在界面分散组装工艺、固液分离技术、定型固化条件精控等方面取得了突破性进展。这些技术创新不仅解决了实际生产中的瓶颈问题，还为企业带来了显著的经济效益和社会效益。因此，未来我们将继续加大技术研发投入，鼓励员工勇于创新、敢于突破，不断推动技术升级和产品迭代。

3. 人才引进与培养是关键

人才是新质生产力的重要支撑。在项目实施过程中，我们积极引进高端人才，组建了一支高素质的研发团队。同时，我们还注重企业内部人才的培养和激励，通过定期培训、项目实践等方式提升员工的专业技能和创新能力。这种人才引进与培养并重的策略，为企业的持续发展提供了坚实的人才保障。未来，我们将继续完善人才管理机制，打造一支具有国际视野和创新精神的高水平研发队伍。

4. 市场需求导向的产品开发

在新质生产力的实践中，我们始终坚持市场需求导向的产品开发策略。通过深入了解市场需求和行业动态，我们不断优化产品性能和应用领域，确保产品能够满足客户的实际需求。这种以市场需求为导向的产品开发策略，不仅提升了产品的市场竞争力，还为企业赢得了良好的口碑和信誉。未来，我们将继续加强市场调研和分析能力，紧跟市场变化趋势，开发出更多具有创新性和实用性的产品。

5. 持续改进与优化是常态

新质生产力的实践是一个持续改进和优化的过程。在项目实施过程中，我们不断总结经验教训，针对存在的问题和不足进行深入分析并制定改进措施。这种持续改进和优化的态度和方法论，确保了项目的顺利实施和成果的持续产出。未来，我们将继续秉承这种持续改进的精神，不断优化生产工艺、提高产品质量、降低生产成本，推动企业向更高水平发展。

综上所述，"新型功能介孔超微新材料研究与示范项目"的成功实施不仅为我们积累了宝贵的实践经验和技术成果，还为我们深入理解和把握新质生产力的内涵和特点提供了重要启示。未来，我们将继续沿着这条创新之路前行，为推动新材料产业的发展贡献更多智慧和力量。

未来展望

展望未来，固立特将继续秉承创新驱动发展的理念，依托"新型功能介孔超微新材料研究与示范项目"的成功经验，深化与复旦大学赵东元院士团队的合作，共同推动功能介孔材料技术的持续进步和产业化应用。我们将致力于解决介孔材料在更广泛领域应用中的技术难题，不断优化生产工艺，提高产品质量，降低成本，增强市场竞争力。同时，公司将积极响应国家发展战略，聚焦新材料领域的前沿技术，探索功能介孔材料在新能源、生物医药、环保等新兴产业中的创新应用，推动产业升级和结构调整。我们计划在未来几年内，逐步扩大生产规模，建设更多功能介孔材料的生产线，满足国内外市场对高性能新材料日益增长的需求。

此外，公司还将加强与国际同行的交流与合作，引进国际先进技术和管理经验，提升自身研发能力和管理水平。我们坚信，在各方共同努力下，"新型功能介孔超微新材料研究与示范项目"将不断取得新的突破，为我国新材料产业的发展注入强大动力，为实现科技自立自强和经济社会高质量发展贡献力量。

〔专家点评〕

科技创新驱动：固立特通过与复旦大学等顶尖科研机构的深度合作，实现了介孔材料领域的技术创新突破。公司不仅成功研发出新型功能介孔超微新材料，还探索出一套行之有效的生产工艺流程，为新材料产业的创新发展树立了典范。

产业融合发展：该项目不仅推动了新材料产业的发展，还带动了上下游相关产业的协同发展。通过加强与下游企业的合作，公司成功将介孔材料应用于多个领域，促进了产业链的延伸和拓展。

数据驱动决策：在项目研发过程中，公司充分利用数据分析工具和技术手段，对研发数据进行深入挖掘和分析，为决策提供有力支持。这种数据驱动决策的模式不仅提高了研发效率，也确保了项目的顺利进行。

　　绿色可持续发展：公司注重新材料的环保应用，通过推动绿色生产工艺和环保材料的使用，实现了经济效益与环保效益的双赢。这一理念不仅符合国家绿色发展战略的要求，还提升了公司的社会责任感和品牌形象。

　　国际竞争力提升：通过本项目的成功实施，固立特在国际市场上展现了强大的技术实力和创新能力。公司将继续加强与国际同行的交流和合作，不断提升自身的国际竞争力，为推动我国新材料产业走向世界舞台中央贡献力量。

执笔人：朱立建、孙占义、王文兴

LHT 法碳捕集设备：新时代的"零碳利器"

山东陆海新能源技术有限公司

山东陆海新能源技术有限公司积极响应国家"双碳"战略目标，致力于新能源技术的创新与应用。公司推出的年产 500 台（套）二氧化碳捕集设备项目，采用先进的 LHT 法碳捕集技术，实现了空气中二氧化碳的高效捕获与资源化利用。该技术具备高效能、低能耗及可再生的显著优势，能够定制化满足企业碳捕集需求，助力企业达成"碳中和"目标。项目不仅推动了绿色甲醇等清洁能源的发展，还为钢铁、水泥等高排放行业的低碳转型提供了可行的技术解决方案。公司以技术创新为引领，不断提升产品竞争力，积极承担社会责任，为我国实现"双碳"目标及全球绿色低碳发展作出了重要贡献。通过此项目，公司不仅展示了其在新质生产力领域的深厚积累，也为行业树立了可持续发展的典范。

在全球气候变化和环境污染日益严峻的背景下，减少温室气体排放、推动绿色低碳发展已成为全球共识。作为负责任的企业，山东陆海新能源技术有限公司（以下简称陆海新能源）深刻认识到自身在应对气候变化中的责任与使命。积极响应国家"双碳"战略目标，公司不断探索和实践新能源技术，力求在减少碳排放、推动绿色能源应用方面取得突破性进展。本次申报的年产 500 台（套）二氧化碳捕集设备项目，正是公司在新能源技术创新领域的一次重要尝试。该项目不仅体现了公司在碳捕集技术上的深厚积累，更为我国实现"双碳"目标、推动绿色低碳发展提供了有力支持。通过这一项目，陆海新能源将展现其在新质生产力领域的创新能力和社会责任担当，为行业的绿色转型贡献自己的力量。

定制化碳捕集的新生力量

陆海新能源成立于 2016 年，是一家快速成长并在新能源领域拥有重要影响力的民营高新技术企业。公司以科技创新为驱动，致力于新能源技术的研发与应用，推动清洁能源的普及和发展。

陆海新能源的核心竞争力在于其多元化的产品线，包括高效能的空气源热泵、钻井设备及配件、地热供暖系统以及独特的尾水回灌过滤装置等。这些产品不仅满足了供暖、制冷、供热水等市场需求，还积极响应了国家环保政策，为节能减排作出了积极贡献。

公司依托强大的研发团队和技术积累，不断推出创新解决方案，如定制化碳捕集方案，旨在帮助企业实现"碳中和"目标。特别是 LHT 法碳捕集技术的突破，使公司在国际舞台上崭露头角，展示了中国新能源技术的实力。

此外，陆海新能源还具备丰富的项目管理和运营经验，从清洁能源的设计、安装到后期维护，提供全方位的服务。公司在地热供暖领域的管理经验尤为突出，有效解决了尾水回灌问题，提升了供暖系统的环保性和可持续性。

图 1　二氧化碳捕集设备

作为高新技术企业，陆海新能源荣获了多项行业奖项和资质认证，如"省级专精特新企业"称号，充分证明了公司在新能源技术领域的领先地位。公司将继续秉持绿色、低碳、可持续的发展理念，为推动中国乃至全球的绿色低碳发展贡献力量。

研发 LHT 法碳捕集技术，探索二氧化碳的资源化利用

在全球气候变化的严峻挑战下，减少温室气体排放、实现"碳中和"已成为国际社会的共识与迫切需求。中国作为负责任的大国，明确提出了"双碳"目标，即到 2030 年前实现"碳达峰"，2060 年前实现碳中和。这一目标对能源、工业、交通等各个领域提出了前所未有的减排要求。二氧化碳捕集、利用与封存（CCUS）技术作为实现这一目标的关键技术之一，因其能够在源头减少温室气体排放，同时促进碳资源的循环利用，正受到越来越多的关注和重视。根据国际能源署预测，21 世纪末要实现全球气温升幅控制在 2℃ 以内的目标，9% 的碳减排需要依靠 CCUS 技术；实现 1.5℃ 以内的目标，32% 的碳减排需要依靠 CCUS 技术。预计到 2050 年，CCUS 技术将贡献约 14% 的二氧化碳减排量。

陆海新能源作为新能源领域的先行者，深刻认识到 CCUS 技术在应对全球气候变化中的重要作用。公司积极响应国家号召，主动承担起社会责任，致力于 CCUS 技术的研发与应用，旨在为企业量身定制碳捕集方案，助力企业实现绿色转型，共同推动国家"双碳"目标的实现。

面对 CCUS 技术领域的广阔前景和复杂挑战，陆海新能源凭借其深厚的技术积累和创新能力，成功研发出 LHT 法碳捕集技术，并推出年产 500 台（套）二氧化碳捕集设备项目。

LHT 法碳捕集技术通过三个主要步骤实现二氧化碳的高效捕集：首先是多孔材料的表面接触并吸收二氧化碳，然后通过分散机制使二氧化碳进入材料内部空隙，最后在空隙表面深度吸收。这种材料在常温常压下即可吸附二氧化碳，且在加热至 80℃ 时即可脱附，大大降低了能耗和成本。

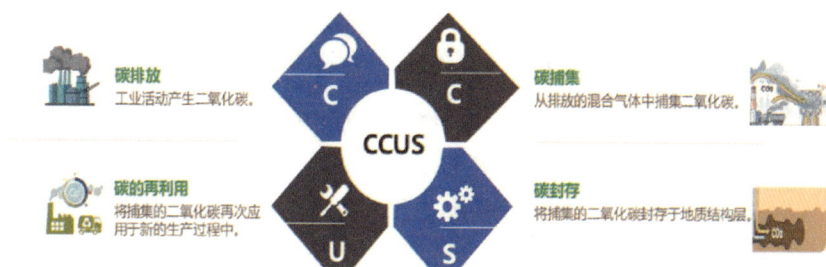

图 2　二氧化碳空气直补设备工作模式图

此外，公司还积极探索二氧化碳的资源化利用途径，如将捕集的二氧化碳与氢气反应制绿色甲醇。这一创新解决方案不仅解决了企业减碳的难题，还促进了清洁能源产业的发展，为航运、化工等多个行业提供了绿色转型的新路径。

在项目实施过程中，陆海新能源克服了材料制备、设备设计、工艺优化等一系列技术难题。公司组建了一支由行业专家和技术骨干组成的研发团队，依托先进的研发设施和丰富的实验数据，不断优化LHT法碳捕集材料的性能，提高其在实际应用中的稳定性和可靠性。一方面，公司成功推出了年产 500 台（套）二氧化碳捕集设备，有效提升了国内 CCUS 技术的装备水平和产业化能力；另一方面，这些设备的应用也为企业带来了显著的经济效益和社会效益。通过捕集和转化二氧化碳资源，企业实现了绿色转型和可持续发展；同时，绿色甲醇等清洁能源产品的生产也为国家节能减排事业作出了积极贡献。

同时，公司还加强了市场营销和客户服务体系建设，通过参加国内外展会、举办技术交流会等形式加强与客户的沟通与合作。通过提供全方位的技术咨询、方案设计、安装调试及售后服务等一站式解决方案，公司赢得了客户的广泛认可和好评。这不仅促进了项目的快速推广和市场拓展，也进一步巩固了公司在 CCUS 技术领域的领先地位。

发展新质生产力的经验总结

在推动"新质生产力"的实践过程中，陆海新能源通过年产 500 台（套）二氧化碳捕集设备项目的成功实施，不仅积累了丰富的技术经验，也为企业在新能源领域的长远发展奠定了坚实基础。以下是对本次项目经验的全面总结。

1. 技术创新是核心驱动力

本项目的核心在于 LHT 法碳捕集技术的研发与应用。这一技术的突破，不仅依赖于对多孔材料的深入研究和创新，还体现了公司在技术研发上的持续投入和前瞻布局。通过不断地技术迭代和优化，我们成功实现了二氧化碳的高效捕集与资源化利用，为企业带来了显著的技术优势和市场竞争力。

2. 市场需求导向的产品开发

在项目立项之初，我们就充分调研了国内外二氧化碳捕集技术的市场需求和发展趋势。基于对市场需求的精准把握，我们定制了年产 500 台（套）的设备生产计划，确保了产品的市场适应性和竞争力。同时，我们还根据客户的具体需求，提供了个性化的碳捕集解决方案，赢得了市场的广泛认可。

3. 产学研合作加速技术转化

在项目实施过程中，我们积极与高校、科研机构建立合作关系，共同开展技术研发和成果转化工作。通过产学研的深度融合，我们不仅加快了技术创新的步伐，还促进了科技成果的产业化应用。这种合作模式不仅提升了公司的技术实力和市场竞争力，也为推动行业技术进步作出了积极贡献。

4. 绿色发展的企业责任

作为一家致力于新能源领域的企业，我们深知自身在推动绿色发展方面的重要责任。通过本项目的实施，我们不仅实现了二氧化碳的高效捕集与资源化利用，还为企业绿色发展提供了新的路径和示范。未来，我们将继续秉承绿色发展理念，积极探索更多绿色低碳技术的应用和推广。

5. 持续创新与管理优化

面对日新月异的技术发展和市场变化，我们深知持续创新的重要性。在项目实施过程中，我们不断优化技术工艺和管理流程，提高了生产效率和产品质量。同时，我们还加强了对人才的培养和引进工作，为企业的长远发展奠定了坚实的人才基础。

6. 面临的挑战与应对策略

在项目实施过程中，我们也面临了一些挑战，如材料制备成本高、设备稳定性待提升等问题。针对这些挑战，我们采取了多种应对策略：一是加大研发投入，持续优化材料性能和生产工艺；二是加强质量管理，确保设备运行的稳定性和可靠性；三是积极拓展市场渠道，提高产品的市场占有率。

未来展望

展望未来，我们将继续秉承创新、绿色、可持续的发展理念，深化技术研发和市场拓展工作。一方面，我们将持续关注全球新能源技术的发展趋势和市场动态，不断优化自身技术体系和产品线；另一方面，我们将加强与国内外合作伙伴的交流与合作，共同推动新能源产业的健康发展。同时，我们还将积极履行社会责任，为实现全球"碳中和"目标贡献自己的力量。

在取得当前成就的基础上，陆海新能源对未来充满了信心和期待。我们深知，LHT法碳捕集技术的发展还面临着诸多挑战，如材料制备成本的控制、设备稳定性的提升等。因此，我们将持续加大研发投入，探索更为高效、低成本的制备工艺，同时加强与国际先进技术的交流与合作，以不断提升我们的技术水平和市场竞争力。

此外，我们还将积极拓展应用领域，将LHT法碳捕集技术应用于更多行业，如钢铁、水泥等高耗能、高排放领域，助力这些行业实现绿色低碳转型。我们也将加强与政府、企业、高校及研究机构的合作，共同推动CCUS技术的产业化进程，为实现"碳中和"目标贡献更多力量。

未来陆海新能源将以更加坚定的步伐，走在新能源技术的前沿，不断推动新质生产力的发展，为实现可持续发展目标而不懈努力。我们坚信，通过我们的共同努力，一定能够开创出一个更加绿色、低碳、可持续的未来。

[专家点评]

从科技创新驱动的角度来看，陆海新能源的二氧化碳捕集设备项目展现了公司在技术研发和成果转化方面的卓越能力。项目不仅填补了国内在该领域的空白，还达到了国际领先水平，为我国实现"双碳"目标提供了有力支撑。

从产业融合发展的视角审视，该项目促进了新能源与传统产业的深度融合，推动了产业链上下游的协同发展。

数据驱动决策方面，公司通过对市场需求和技术难点的精准把握，制订了科学合理的解决方案并实现了良好的经济效益和社会效益。

在绿色可持续发展方面，项目不仅有助于减少温室气体排放，还推动了绿色甲醇等清洁能源的发展，为构建绿色低碳循环发展经济体系贡献了力量。

最后，从国际竞争力提升的角度考虑该项目不仅在国内市场取得了显著成效，还具备走向国际市场的潜力，有望在全球范围内推广和应用，进一步增强我国新能源产业的国际影响力。

执笔人：刘洪晓、杨金龙、孙长禄

AI算力服务平台：加速大模型训练的"超级时刻"

北京北龙超级云计算有限责任公司

北京北龙超级云计算有限责任公司研发的AI大模型训练算力服务平台，旨在满足AI大模型训练对算力资源日益增长的需求。该平台采用超算架构，融合高性能计算和人工智能技术，实现计算资源的智能调度和高效利用。平台具备强大的数据存储和处理能力，基于超算架构模式构建算力资源，具有可扩展性和可维护性。其应用领域广泛，包括智能艺术创作、科研创新、产业升级等。平台提供图形化桌面、控制台、调度计算资源和应用运行特征分析等功能。经验总结包括产品创新，如超算架构支持、丰富的算力资源和弹性资源扩展；技术创新，如高效的并行计算环境和可扩展的计算能力。未来，该平台将继续加强技术创新，与各行业合作，推动科技创新应用，关注新兴领域，优化平台功能，提升服务质量，为用户提供更好的体验。

在数字化浪潮的推动下，AI技术已广泛应用于各个领域，成为推动经济社会发展的重要引擎。然而，随着AI模型规模的不断扩大和复杂性的增加，对计算资源的需求也日益增长。传统的计算模式已难以满足大规模AI模型训练的需求，这成为制约AI技术发展的瓶颈之一。为了解决这一问题，北京北龙超级云计算有限责任公司（以下简称北龙超云）研发了基于超算架构的AI大模型训练算力服务平台，旨在通过创新的技术架构、优质的服务质量和先进的生产力水平，提高训练平台的性能和效率，以支持更大规模、更复杂的AI模型训练，进而推动AI技术的广泛应用和深入发展。

北龙超云成立于 2011 年，是由北京市人民政府主导、院市共建的"北京超级云计算和国家重要信息化基础平台"，现坐落于北京怀柔综合性国家科学中心——怀柔科学城。公司面向人工智能、智能制造、材料模拟、地球科学、生命科学、教育科研、节能环保等重点行业应用领域，已构建"智算云"、"超算云"、"行业云"及"设计仿真云"四大核心运营服务体系，可以面向用户提供算力建设能力、平台服务能力以及算力运营能力。公司先后获得国家高新技术企业、中关村高新技术企业认定，北京市专精特新中小企业、北京市瞪羚企业、北京市用户满意企业等荣誉认证。由北龙超云负责运营的北京超级云计算中心，于 2020—2024 年连续五年荣获中国 HPC TOP 100 "通用CPU 算力性能第一名"；同时在 2021 年世界人工智能算力 AI-PERF500 排行榜中，公司共计 10 套 AI 算力系统上榜，获得总量份额第一名；在 2024 年世界人工智能算力 AI-PERF500 排行榜中荣登 AI-Perf-LLM 大模型训练算力性能榜第一名，以及 AI-Perf-Inference 延迟性能榜第一名。2023 年 6 月，北京超级云计算中心入选成为《北京市人工智能产业创新合作伙伴计划》首批算力伙伴。

构建算力服务平台，突破 AI 发展瓶颈

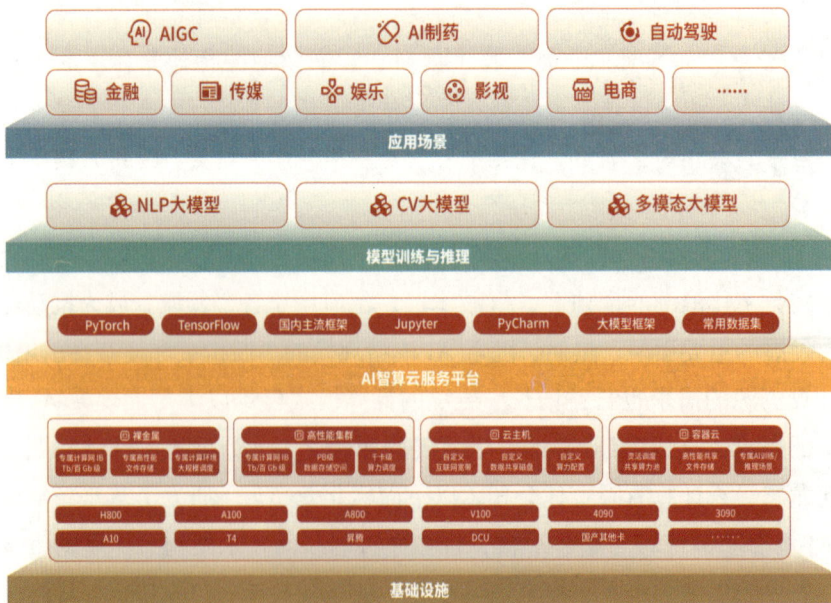

图 1　北龙超云 AI 大模型训练算力平台架构图

AI大模型训练算力服务平台是为了满足算力资源日益增长的需求应运而生。北龙超云研发的AI大模型训练算力服务平台采用了高性能计算（HPC）与人工智能（AI）深度融合技术，研发智能调度系统，实现了计算资源的智能调度和高效利用。通过引入先进的分布式存储和并行计算技术，使平台具备强大的数据存储和处理能力，能够支撑PB级数据的存储、计算和访问。

为满足大规模模型训练的需求，AI大模型训练算力平台采用基于智能调度系统的超算架构算力环境，不仅实现了高效的、可扩展的、跨节点的大规模多卡并行模型训练和推理，还能提供强大的计算能力，同时处理大量数据和复杂的计算任务。另外，平台还提供基于NVIDIA、国产芯片等多种算力资源，满足不同需求的计算任务，同时还具备算力资源的弹性扩展能力，能够同时处理多个训练任务，及时响应业务峰值计算需求，提供快速、稳定、可靠的计算服务。平台还为用户提供了全面的应用运行特征分析功能。通过实时"CT"扫描能力，平台可以对大规模并行应用程序进行深入扫描和分析，快速获取关键性能数据。这些数据有助于用户了解应用的运行状态和性能瓶颈，从而进行针对性的优化和改进。

作为AI智算云平台的中枢，控制台为企业研发、教育科研用户提供了丰富的功能选项和操作界面。用户可以在控制台上轻松创建新的云主机或容器资源，并根据特定的计算需求进行硬件配置和操作系统选择。控制台还提供资源查看功能，用户可以随时监控资源的状态和性能指标。同时，平台提供图形化桌面功能，支持Web访问、客户端访问以及SSH登录等多种方式，用户可以根据自己的需求选择合适的交互方式，方便快捷地与平台进行交互。

AI大模型训练算力服务平台的应用实践案例

一、深势科技：打通生命科学全生态场景支撑

深势科技作为AI for Science科学研究范式的引领者和践行者，旨在解决科学研究和工业研发领域的关键问题。为了解决在生命科学领域所出现的多学科交叉能力欠缺、数据孤岛现象严重、单一形态产品和资源难以满足需求等痛点，基于北龙超云智算资源平台以及大模型训练/推理管理平台，深势科技实现了跨计算机与生命科学专业级应用场景的大模型应用落地，涵盖蛋

白质折叠大模型、分子模拟大模型、疫情监控大模型、影像分析等多个细分场景，真正做到生命科学领域全要素生产率提升。同时，北云超龙提供的大模型开发、应用运行特征分析等服务使深势科技的相关大模型研发成本下降50%，运行效率提高30%，实现了生态共建，合作共赢。

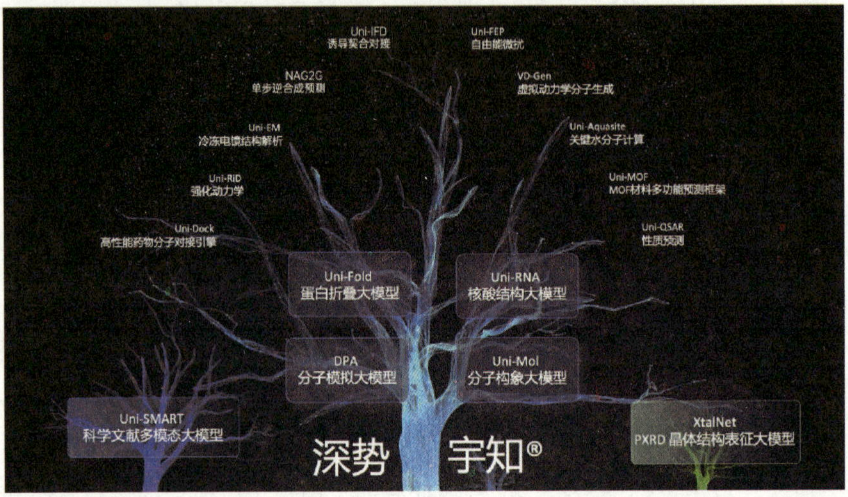

图2　深势科技"深势·宇知"AI4S微尺度大模型

二、智子引擎：视觉理解与生成的超级融合

南京智子引擎信息科技有限公司（以下简称智子引擎）是中国领先的通用人工智能科技公司，致力于构建一个以通用人工智能为核心，引领科技创新、社会进步、服务人类福祉的未来世界。依托于北龙超云所提供的强大算力资源和完善的算力服务，智子引擎研发推出首个国产自研通用多模态大模型Awaker，实现图生文、视频生文、文生视频、图生视频等多模态全方位多场景智能交互。积极推动多模态大模型与智能设备相融合，面向千行百业开发创新应用模式，助力产业深度转型升级，推动传统产业改造，提升社会生产效率。

三、中科闻歌："雅意智学"大模型赋能科研教育创新

面向AI大模型领域专业人才培养需求，针对当前大模型培训实践性不足、实训环境缺乏等痛点，北龙超云与中科闻歌共同推出大模型教学实训一体机产品，为院校师生提供一体化大语言模型实训教学解决方案，全流程辅助备课、教学、实训等场景。提供与行业发展同步的高质量AI大模型课程

及教材资源，通过综合型、问题导向型以及跨学科研讨课程，带领学生进行学科前沿探索与创新实践，增强学生职业竞争力。

图 3 获评 2024 人工智能大模型场景应用典型案例

北龙超云的 AI 大模型训练算力服务平台在科学技术领域取得了显著阶段性成果。通过深刻理解大模型算力的本质，采用超算架构进行基础建设，现阶段实现了高效、可扩展的大规模模型训练和推理，为人工智能大模型训练提供了强有力的支持。

发展新质生产力的经验总结

北龙超云在 AI 大模型训练算力服务与平台建设方面取得了显著的阶段性进展。在平台的建设过程中，通过深刻理解大模型算力的本质，采用先进的超算架构与智能调度，实现了跨节点多卡并行的高效计算模式；不断收集用户反馈，优化平台界面与使用体验，提供详细的文档和教程，帮助用户快速上手。在客户服务的过程中，通过与客户保持持续沟通，深入了解客户的业务需求与痛点，提供定制化的算力解决方案，确保方案的持续适应性和不断优化；建立了快速响应机制，确保客户在遇到问题时得到及时的帮助。

这一系列的技术与服务手段，可以使北龙超云提供更加专业、高效和友好的服务，为人工智能大模型训练提供了强有力的支持，也使得北龙超云在激烈的市场竞争中脱颖而出。

未来展望

面向未来，北龙超级云的 AI 大模型训练算力服务平台将继续发挥重要作用，并在技术创新和应用推广方面取得更大突破。平台将进一步加强对核心技术的研究和创新，提高模型训练和推理的效率和精确度。同时加强与各行各业的合作，推动科技创新在行业和产业中的广泛应用。平台还将持续关注新兴领域和技术发展趋势，探索新的应用场景和解决方案，为各行各业提供更多解决方案，推动行业和产业的创新和进步。

我们深知平台的功能和性能对于用户体验至关重要。因此，我们将持续投入研发力量，不断优化和完善平台的功能模块，提升计算资源的利用效率和服务质量。我们将致力于为用户提供更加高效、便捷、安全的计算资源服务，确保用户在享受 AI 技术带来便利的同时，也能感受到我们平台带来的卓越服务体验。

[专家点评]

科技创新驱动：北龙超云在 AI 大模型训练算力领域展现了卓越的创新能力，平台融合了超算架构与高性能计算技术，实现了计算资源的智能调度和高效利用。通过引入分布式存储和并行计算技术，显著提升了数据存储和处理能力，为大规模模型训练提供了坚实的技术支撑。平台支持 NVIDIA、国产芯片等多种算力资源，满足多样化计算需求，展现了企业在技术创新方面的前瞻性和实力。

产业融合发展：北龙超云积极推动 AI 大模型训练算力服务平台与多个行业的深度融合，为智能艺术创作、科研创新、产业升级等领域提供了强有力的算力支持。平台助力深势科技、中科闻歌、智子引擎等公司在生命科学、视觉理解与生成等领域实现突破，展现了强大的产业赋能能力。通过与各行业企业的合作，北龙超云有效推动了产业链、供应链的升级和新兴产业的培育。

数据驱动决策：平台提供全面的应用运行特征分析功能，通过实时"CT"扫描能力，深入分析大规模并行应用程序的性能数据，为企业决策提供了有力支持。这种数据驱动的决策模式有助于企业及时发现并解决性能瓶颈，优化资源配置，提升整体运行效率。

绿色可持续发展：虽然申报书中未直接提及绿色可持续发展方面的具体举措，但北龙超云作为高新技术企业，在算力服务平台的构建和运营过程中，有望采用节能高效的硬件设备和技术方案，减少能源消耗和碳排放。未来，随着绿色计算技术的不断发展，北龙超云有望进一步探索绿色可持续发展路径，推动算力服务行业的绿色转型。

国际竞争力提升：北龙超云在 AI 大模型训练算力领域取得了显著成果，其平台在国际性能榜单中名列前茅，展现了强大的国际竞争力。通过与全球顶尖企业和研究机构的合作与交流，北龙超云不断吸收国际先进技术和理念，提升自身的研发实力和服务水平。未来，随着技术的不断迭代和创新，北龙超云有望在国际市场上占据更加重要的地位，为中国科技产业的崛起贡献力量。

执笔人：甄亚楠、王小磊、刘芳

第四篇 如何组织构建平台生态

因地制宜发展新质生产力：
构建产业生态平台的策略与实践

在新一轮科技革命和产业变革的浪潮中，新质生产力作为创新驱动的核心要素，正成为推动产业转型升级和构建产业生态平台的关键力量。产业生态平台，作为连接产业链上下游、整合资源、促进协同创新的重要载体，对于提升产业整体竞争力和可持续发展能力具有重要意义。本文将从因地制宜发展新质生产力的视角，探讨如何以新质生产力为基石，有效组织并构建产业生态平台。

一、新质生产力与产业生态平台的内在联系

新质生产力，以其高效能、高质量、高附加值的特点，为产业生态平台的建设提供了强大的技术支撑和创新动力。而产业生态平台，则通过整合产业链资源、促进信息共享和协同创新，为新质生产力的释放提供了广阔的空间和舞台。两者相辅相成，共同推动产业的转型升级和高质量发展。

二、因地制宜发展新质生产力的策略

——明确区域定位，聚焦特色产业

不同地区应根据自身的资源禀赋、产业基础和发展需求，明确区域定位，聚焦具有比较优势和发展潜力的特色产业。通过精准定位，集中力量推进特色产业的技术创新和产业升级，为新质生产力的发展提供坚实的基础。

——加强科技创新，培育核心竞争力

科技创新是新质生产力的核心。应加大科技研发投入，加强基础研究和应用基础研究，推动关键核心技术突破。同时，注重培育具有自主知识产权的核心技术和产品，提升产业的整体竞争力和可持续发展能力。

——优化产业布局，促进产业集聚

根据区域特色和产业发展趋势，优化产业布局，促进产业集聚。通过建设产业园区、创新基地等载体，吸引相关企业集聚发展，形成产业链上下游协同、资源共享、优势互补的产业集群。这有助于提升产业的整体效率和协同创新能力。

三、以新质生产力构建产业生态平台的路径

——整合产业链资源，促进信息共享

利用新质生产力的技术优势，整合产业链上下游的资源，促进信息共享和流通。通过建设产业信息平台和数据中心，实现产业链各环节的数据互通和资源共享，降低交易成本，提高产业效率。

——推动协同创新，加速技术转化

结合新质生产力的创新特点，推动产业链上下游企业的协同创新。通过建设创新联盟、开展联合研发等方式，加速技术成果的转化和应用，推动产业的持续升级和高质量发展。

——培育平台经济，拓展市场空间

依托新质生产力的高效能和高质量特点，培育平台经济等新兴业态。通过建设产业生态平台，吸引更多的企业和用户参与，拓展

市场空间和盈利渠道，为产业的持续发展提供新的动力。

——加强政策支持，优化发展环境

制定和完善相关政策措施，加强对产业生态平台的扶持力度。通过提供财政补贴、税收优惠、金融支持等政策措施，降低企业的运营成本和风险，优化产业的发展环境，为产业生态平台的建设提供有力保障。

四、结语

因地制宜发展新质生产力，以之构建产业生态平台，是推动产业转型升级和高质量发展的重要途径。通过明确区域定位、加强科技创新、优化产业布局等措施，可以有效提升新质生产力的水平。同时，结合整合产业链资源、推动协同创新、培育平台经济和加强政策支持等路径，可以构建具有区域特色和竞争优势的产业生态平台。未来，我们应继续加强新质生产力的建设，以之引领和支撑产业生态平台的发展，为产业的持续升级和高质量发展注入新的活力和动力。

青年人才公寓：职住平衡和产业升级的新力量

北京昌发展理想乡住房租赁有限公司

昌发展理想乡公寓项目由北京昌发展住房理想乡租赁有限公司倾力打造，作为新质生产力实践的成功案例，通过创新性的"区域—企业—人才—居住空间"四维联结模式，不仅为青年人才提供了高品质的居住环境，还促进了区域产业生态的协同发展。项目将产业生态理念融入长租公寓运营，优化劳动者、劳动资料与劳动对象的组合方式，实现了资源的高效配置。截至目前，已服务超8000位青年人才，为300余家企业提供员工住宿解决方案，显著促进了区域职住平衡和产业升级。同时，项目运用智能化技术提升运营效率，提供多元化服务与支持体系，为青年人才构建了全方位、多层次的发展平台，有力推动了新质生产力的持续进步。

在当今这个日新月异的时代，新质生产力已成为推动社会经济发展的核心引擎。随着我国社会经济的快速发展，如何通过优化生产要素配置，特别是创新性地提高全要素生产率，成为各界关注的焦点。青年群体，作为社会的主力军和创新源泉，其居住与工作环境直接影响着他们的创新能力和工作效率。集中式长租公寓作为一种新兴居住形态，正逐步成为满足青年人才高品质居住需求的重要途径。昌发展理想乡青年人才公寓项目，作为京昌发展产业运营管理股份有限公司（以下简称昌发展股份）的创新实践，通过深度融合产业生态理念与长租公寓运营模式，不仅为青年人才提供了舒适的居住环境，更为区域产业发展注入了新的活力。本文旨在深入剖析昌发展理想乡公寓项目的成功实践，探讨其在推动新质生产力发展方面的独特价值与贡献。

图1　昌发展理想乡公寓外观（左1栋）

产业园区综合运营服务的创新引领者

昌发展股份作为北京市昌平区国资委全资控股的产业园区运营服务机构，始终致力于推动昌平区产业功能区的创新发展。公司核心业务涵盖园区运营服务与产业促进服务两大板块，重点聚焦于医药健康、智能制造、数字经济、能源科技等前沿产业方向。通过轻重结合的策略，昌发展股份不仅打造了高精尖产业集群，还建立了一系列科技创新服务平台，为小微初创企业到龙头企业的全生命周期提供了成长加速解决方案。

截至目前，昌发展股份已投入运营的产业载体总面积超过百万平方米，覆盖创业空间孵化器、中小企业加速器、专业化实验室、定制化总部办公及大型主题园区和产业化基地等多元化产业空间组合。公司深度聚焦昌平区重要产业功能区，通过一站式企业成长加速服务，实现了区域高精尖企业的集聚与产业创新发展。同时，昌发展股份还注重商业运营模式的创新与产业生态的构建，力争成为北京乃至全国知名的产业运营服务商。

在配套设施建设方面，昌发展股份着力打造高品质的产业配套环境，包括青年人才公寓、购物中心、社区商业等，构建了"一刻钟产城融合微场景"，为产业主体提供了便捷的生活与工作条件。其中，昌发展理想乡青年人才公寓作为公司的重要项目之一，不仅为青年人才提供了舒适的居住空间，还通过创新运营模式促进了区域产业与人才的深度融合，为昌平区的创新发展贡献了重要力量。

推动区域职住平衡与产业升级

随着青年群体逐渐成为社会创新发展的中坚力量，他们对于高品质居住环境和职业发展平台的需求日益增长。然而，传统住房租赁市场难以全面满足这些多元化需求，影响了青年人才的居住体验和工作效率。

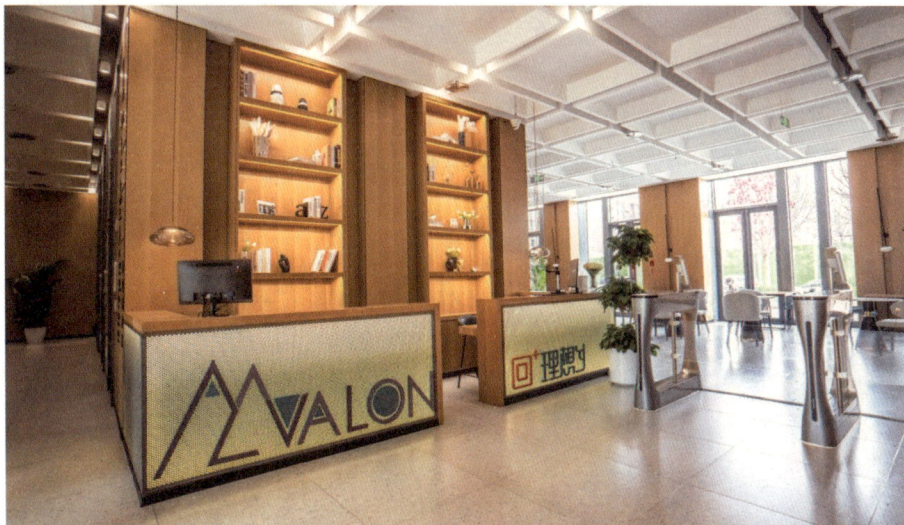

图 2 昌发展理想乡公寓前厅

昌发展理想乡公寓旨在通过创新运营模式，打造符合青年人才需求的居住空间，促进区域职住平衡和产业发展，进而推动新质生产力的发展。项目通过一系列创新举措，成功打造了一个集居住、工作、学习、社交于一体的综合服务平台。具体而言，项目的主要内容和成果包括：

1. 四维联结模式：通过"区域—企业—人才—居住空间"的四维联结模式，理想乡公寓不仅提供了优质的居住条件，还促进了区域、企业和人才之间的紧密互动。这一模式有效解决了青年人才的居住问题，同时为区域产业发展提供了稳定的人才支持。

2.产业链整合与服务优化：项目积极整合周边产业链资源，与餐饮、文化中心、健身等产业合作，为租户提供多元化的生活福利服务。此外，通过定期举办各类社交活动，促进了青年人才之间的交流与合作，形成了良好的社群氛围。

3.智能化管理与服务：引入智能家居系统和大数据管理平台，实现了公寓居住环境的自动化和运营管理的高效化。租户可以通过手机 App 便捷地控制公寓内的各种设备，同时公寓管理团队也能实时监控和分析运营数据，以制定更合理的运营策略。

4.多维度发展支持：理想乡公寓不仅关注租户的居住需求，还通过提供共享办公空间、健身房、阅读室等设施，支持租户的个人成长和职业发展。此外，项目还定期组织产学研用大赛和人才技能评比等活动，为租户提供展示自我和提升能力的平台。

5.显著的社会与经济效益：截至目前，理想乡公寓已服务超过 8000 位青年人才，为区域产业园区内 300 余家企业提供了员工住宿解决方案。这些举措不仅解决了青年人才的居住问题，还促进了区域职住平衡和产业发展，实现了显著的社会与经济效益。

图 3 昌发展理想乡智能间

为实现上述目标与内容，昌发展理想乡公寓项目采取了以下实施路径与方法：

1. 深入市场调研与需求分析：在项目启动初期，团队进行了广泛的市场调研和需求分析，明确了青年人才对于居住环境和职业发展的多元化需求。这一步骤为后续的创新运营模式和服务优化提供了坚实的基础。

2. 创新运营模式设计：基于市场调研结果，团队设计了"区域—企业—人才—居住空间"的四维联结模式，并通过与产业园区、政府及第三方服务机构的紧密合作，实现了资源的有效整合与优化配置。

3. 智能化技术应用与推广：引入智能家居系统和大数据管理平台等先进技术手段，提升居住体验和运营效率。同时，通过持续地技术升级和优化，确保系统的稳定性和高效性。

4. 多元化服务体系建设：在居住服务的基础上，构建包括共享办公空间、健身房、阅读室等在内的多元化服务体系，满足租户的多样化需求。同时，通过定期举办社群活动，增强租户的归属感和认同感。

5. 持续优化与反馈机制：建立租户反馈机制，及时收集和分析租户意见和建议，对服务内容和质量进行持续优化。通过不断地迭代升级，确保项目始终满足租户的需求和期望。

通过上述实施路径与方法，昌发展理想乡公寓项目不仅为青年人才提供了优质的居住环境和职业发展平台，还促进了区域职住平衡和产业发展，为新质生产力的发展注入了新的活力。

发展新质生产力的经验总结

昌发展理想乡青年人才公寓项目的成功实践，不仅为长租公寓行业树立了新的标杆，也为推动新质生产力的发展提供了宝贵的经验。以下几点是我们从项目实践中提炼出的关键经验：

首先，创新驱动是关键。在竞争激烈的市场环境中，昌发展理想乡公寓项目敢于突破传统，将产业生态理念融入长租公寓运营，通过四维联结模式，创新性地解决了青年人才的居住与职业发展问题。这种创新思维不仅满足了市场需求，更引领了行业的发展方向。

其次，服务至上。昌发展理想乡公寓始终坚持"有温度、有成长、有归属"的服务理念，从租户的实际需求出发，提供全方位、高品质的服务。无论是公寓内部的设施配套，还是定期举办的社群活动，都体现了项目团队对租户需求的深刻理解和积极响应。这种以租户为中心的服务理念，不仅提升了租户的居住体验，也增强了租户的归属感和满意度。

再者，技术赋能提升效率。项目团队积极引入大数据、人工智能等先进技术，实现了对房源、租客信息、租金收取等的实时监控和分析。这不仅提高了公寓的运营效率和管理水平，也为制定更合理的运营策略提供了有力支持。技术的赋能不仅让公寓的运营更加智能化、精细化，也降低了人力成本，提高了整体效益。

此外，产业支撑与区域协同是项目成功的另一大法宝。昌发展理想乡公寓与周边产业园区建立了紧密的合作关系，通过为园区企业提供员工住宿解决方案，实现了资源的共享与整合。这种区域协同不仅促进了区域内产业生态的发展，也为公寓的稳定运营提供了有力保障。

最后，人才集聚与创新生态的构建是项目持续发展的关键。昌发展理想乡公寓通过吸引高学历、高技能、高创造力的青年才俊入住，形成了显著的人才集聚效应。项目团队通过定期组织产学研用大赛、人才技能评比等活动，为租户提供了展示自我和提升能力的平台，进一步激发了人才的创新活力。这种人才集聚与创新生态的良性循环，为公寓的长期发展奠定了坚实基础。

未来展望

展望未来，昌发展理想乡青年人才公寓项目将继续秉持创新引领、服务优先的理念，深化与产业园区、政府及第三方机构的合作，优化"区域—企业—人才—居住空间"的四维联结模式。我们将加大对智能化和科技化升级的投入，引入更多前沿技术，提升公寓的管理效率和居住体验。同时，定制化与个性化服务将成为我们新的发力点，以满足不同背景租户的多元化需求。此外，我们还将持续打造社群经济与共创空间，促进租户间的交流与合作，激发更多创新火花。通过这些举措，我们期待昌发展理想乡青年人才公寓能够持续为青年人才的成长与发展提供有力支持，进一步推动区域产业生态的繁荣与可持续发展。

［专家点评］

　　昌发展理想乡公寓项目在新质生产力的发展方面展现出了卓越的创新能力和实践成果。项目通过科技创新驱动实现了居住模式的革新，不仅提升了居住品质还促进了产业融合发展。同时，项目注重数据驱动决策，通过大数据管理平台对运营过程进行精细化管理和优化实现了资源的高效配置与利用。在绿色可持续发展方面，项目积极推广节能环保理念和技术应用，体现了企业的社会责任与担当。此外，项目在国际市场上也展现出了较强的竞争力，为我国长租公寓行业的国际化发展提供了有益探索。综上所述，昌发展理想乡公寓项目在科技创新驱动、产业融合发展、数据驱动决策、绿色可持续发展以及国际竞争力提升等方面均取得了显著成效，为新质生产力的发展树立了典范，值得广泛推广和借鉴。

执笔人：艾合坦木江·艾合买提、陈雪娇、刘婧玮

全要素资产运营平台：构建产学研服务生态，实现价值共创共享

北京亦庄城市服务集团股份有限公司

北京亦庄城市服务集团股份有限公司（以下简称亦庄城市服务集团）通过构建全要素资产运营平台，以创新为驱动，深度融合智慧化管理与资源整合策略，实现了技术创新、模式创新和服务创新的无缝衔接。该平台不仅增强了企业的市场竞争力，为区域经济高质量发展注入创新活力，还加速了科技成果的有效转化与应用，树立了新质生产力发展的标杆。公司以创新实践为蓝本，为同行业企业提供了可复制、可推广的成功范例，不仅提升了自身的综合实力，更为入驻企业铺设了全方位的支持与服务网络，携手共促产业升级与社会经济繁荣。

面对全球科技竞争的新态势，北京亦庄城市服务集团股份有限公司（以下简称亦庄城市服务集团）紧跟国家创新驱动步伐，依托北京经济技术开发区的独特区位优势，肩负市属国有企业的责任与历史使命，始终以创新为引领、服务为赋能，全力打造"一商两平台"：即成为国内具有较强影响力的创新型城市服务商，建设全要素资产运营平台和智慧物业服务平台，通过资产经营、企业服务、社群构建等多维度布局，精心打造了一系列特色鲜明的产业园区，吸引了包括康宁、施耐德、中航智等专精特新、高新技术企业 1679 家。

亦庄城市服务集团积极响应北京国际科技创新中心建设和经开区"科技成果转化承载区"的功能定位要求，整合产学研资源，为园区企业提供全方

位孵化与创业支持，营造蓬勃创新创业环境。公司打造的全要素资产运营平台已纳入中国科协首批"科创中国"创新基地示范项目。并于 2023 年摘得"中国产学研合作促进奖"，彰显了公司在推动科技创新与成果转化方面的卓越贡献。

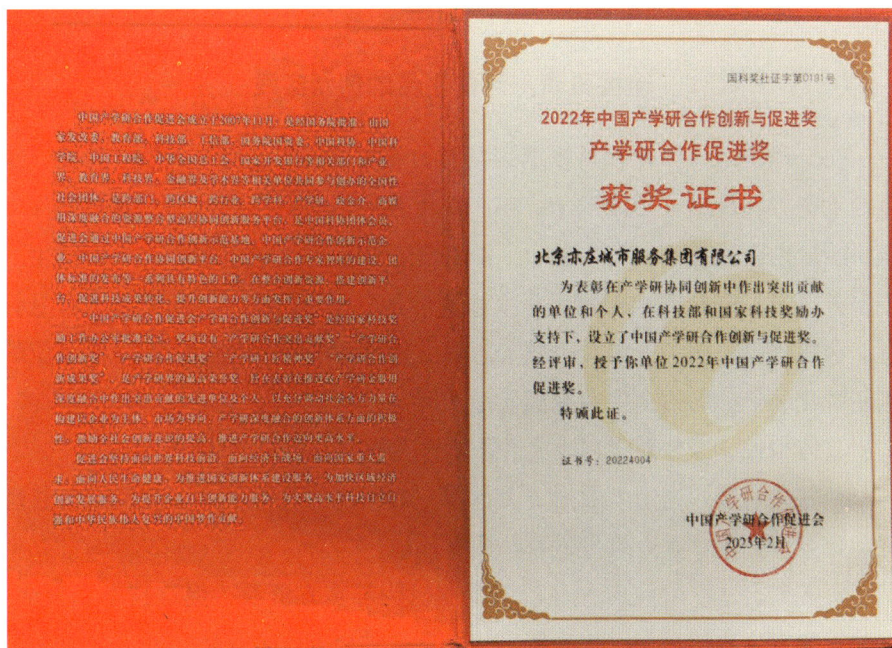

图 1　亦庄城市服务集团"中国产学研合作促进奖"证书

创新型城市服务商的崛起

亦庄城市服务集团作为服务北京经济技术开发区建设中坚力量的市属国有企业，自 2005 年创立以来，在上级单位北京亦庄投资控股有限公司的领导下，秉持"创新驱动发展"的核心理念，致力于构建具有国际视野的创新型城市服务生态。公司以"一商两平台"为战略指引，不断提升产业集群招商能力和产业发展服务能力，高效吸引、孵化头部企业及中小企业，成效显著。

目前，亦庄城市服务集团资产经营超百万平方米，涵盖特色产业园、高端写字楼等多元业态的特色产业空间，为超千家企业提供优质办公和生产环境。通过提供 360° 全方位服务，构建起完善的产业生态网络，推动了楼宇经济和园区经济的蓬勃发展。同时，积极贯彻落实新发展理念，深度融入科技成果转化与创新创业浪潮，为区域经济发展注入了强劲动力。经过近二十年耕耘，亦庄城市服务集团已经成为政府机构、世界500强企业、上市企业以及专精特新企业的共同选择，对区域经济高质量发展贡献卓越。

全要素资产运营平台的创新实践

在全球经济一体化和科技迅猛发展的浪潮下，市场对于高效、智能、绿色的生产方式提出了更高要求。亦庄城市服务集团敏锐把握市场脉搏，深入调研园区内企业在创新资源整合、服务链条优化方面的迫切需求，围绕生产性服务要素，创新性地构建了全要素资产运营平台。以"创新驱动、智慧管理、资源整合、服务升级"为核心理念，旨在为企业提供一站式、全方位的创新孵化服务，助力企业实现高质量发展。

具体来说，平台通过以下几个方面来实现其功能：

智慧化管理：运用大数据、云计算、物联网等前沿技术，实现园区管理智能化与精细化，提升管理效率与服务品质。

资源整合：汇聚政府、高校、专业机构等多方资源，促进技术、资金、人才等要素高效流动与优化配置，为企业提供全方位的支持。

服务升级：提供涵盖工商注册、税务筹划、政策申报、金融服务、专项咨询等全方位服务产品，定期开展创业辅导、创新沙龙等专业活动，满足企业各阶段发展需求。

品牌建设：以"一商两平台"为战略指引，强化创新型城市服务商品牌建设与市场推广。通过提升服务质量、优化服务流程等措施，增强品牌影响力和市场竞争力。

绿色发展：积极落实国家双碳战略，推动园区绿色低碳发展。引入节能环保技术、实施节能减排措施、开展"碳中和"园区认证，降低企业运营成本，提升企业形象与社会责任感。

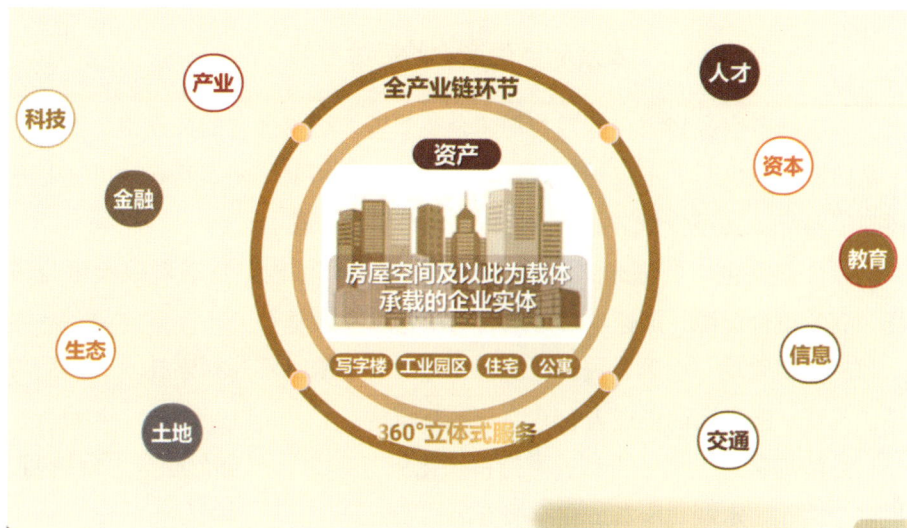

图 2　亦庄城市服务集团全要素资产运营平台示意图

为了确保全要素资产运营平台的顺利实施和高效运行，集团采取多项有力措施：

1. 加强与全国学会、地方科协等组织的协同联动：通过加入经开区科协组织、举办"政策进园区"宣讲活动、开展企业发展需求征集等方式，与各级科协组织建立紧密联系。助力企业及时了解政策动态、获取政策支持。

2. 深化产学研用融合发展：与顶尖高校和科研机构建立合作关系，共同开展科技成果转化工作。引入新技术、新产品和新模式，推动产业链上下游企业的协同创新和技术进步。

3. 推进智慧化管理和资源整合：运用前沿技术手段，搭建综合智慧管理平台，实时监控和分析企业数据，提升管理效能。

4. 优化服务流程：根据企业需求和市场变化，不断优化服务流程、丰富服务内容，提升服务质量与满意度。

5. 加强品牌建设和市场拓展：通过参加行业展会、举办主题活动等方式提升品牌知名度，开拓市场渠道，增强市场竞争力。

6. 全要素资产运营平台的快速发展与成熟完善吸引了大量优质客户入驻；有效降低了企业运营成本和创新风险，促进了科技成果的有效转化与应用；同时，亦庄城市服务集团的市场竞争力和品牌影响力也显著提升，树立了行业典范。

发展新质生产力的经验总结

亦庄城市服务集团在探索与构建全要素资产运营平台的征途中，积累了丰富的经验与启示，不仅为公司自身的持续发展铸就了坚实基石，更为业界树立了典范，其经验总结如下，值得广泛借鉴与深思。

1. 合作共创，共赢未来：通过跨界携手权威机构，精准对接政策与市场，高效整合资源，加速项目落地，奠定长远发展基石。

2. 创新驱动，引领发展：将创新视为发展引擎，不断探索技术、产品与模式革新，激发团队创造力，共绘发展新篇章。

3. 精细管理，服务升级：秉持精细化服务理念，覆盖企业全生命周期，提供个性化、定制化服务，树立服务品质新标杆。

4. 绿色转型，践行责任：积极响应环保号召，引入节能技术，推动绿色园区建设，降低企业成本，彰显绿色企业形象。

5. 人才为本，构建高地：强化团队建设与人才培养，构建完善人才体系，汇聚精英力量，为集团持续发展注入强大动力。

未来展望

展望未来，亦庄城市服务集团将深化全要素资产运营平台的建设，优化生产性服务体系，精准对接企业需求。坚持创新引领，力求成为行业先锋。我们将珍视过往经验，科学规划、持续改进，提升服务质量。同时，深化国际合作，引入前沿创新资源，为入驻企业量身定制全方位、一站式服务。

紧跟国家政策，积极响应科技成果转化与产业化号召，特别是在数字经济领域，加大投入，赋能企业数字化转型升级。聚焦创业科技企业，搭建多元化交流平台，构建共赢生态，推动区域经济高质量发展。

展望未来，亦庄城市服务集团将坚守初心、牢记使命，以饱满的热情和坚定的步伐，持续升级服务品质与效能，为创新创业企业保驾护航，共创区域经济高质量发展辉煌的未来！

［专家点评］

北京亦庄城市服务集团股份有限公司通过全要素资产运营平台的成功实践，树立了新质生产力实践标杆。以科技创新驱动产业升级和转型；高效整合资源，构建共生产业生态，实现价值共创共享。平台运用大数据等前沿技术，实现精准决策与智能管理；同时兼顾绿色可持续发展理念，展现企业责任担当与长远视野。面对全球化竞争新格局，集团积极汲取国际先进经验，提升国际竞争力，为中国企业的国际化进程树立典范。全要素资产运营平台为新质生产力发展提供了宝贵经验，将有力推动城市服务产业迈向更高水平，贡献重要力量。

执笔人：丁一文、白冰、刘雯昕

AI 创新学习解决方案：教育培训
行业数字化转型的标杆

知学云（北京）科技股份有限公司

　　知学云（北京）科技股份有限公司作为 AI 赋能教育培训领域的先行者，依托其自研的 AI Agent 平台，创新性地开发出 AI 专家、AI 教练、AI 陪练等一系列智能化学习产品，为客户提供了全面的数智化学习解决方案。这些产品不仅大幅提升了政企客户的人才培养效率，还实现了个性化学习的深度整合，有力推动了数字经济与人才培养模式的创新发展。知学云通过其低代码 PaaS 平台和大数据＋AI 智能技术的融合应用，成功解决了传统培训中的痛点问题，如知识资产数字化程度低、培训成本高、效果难以量化等。知学云的解决方案不仅在国内多个领域得到广泛应用，还荣获了多项国内外权威奖项，成为新质生产力应用领域的标杆案例。展望未来，知学云将继续深耕组织学习领域，引领教育培训行业的数字化转型与智能化升级，展现其在 AI 赋能教育培训领域的强大实力与广阔前景。

　　在全球科技日新月异的背景下，新质生产力作为推动经济社会高质量发展的核心引擎，正以前所未有的速度和广度重塑着各行各业。人工智能、大数据、云计算等前沿技术的迅猛发展，为生产力的跃升提供了强大的技术支持。知学云（北京）科技股份有限公司（以下简称知学云），作为一家聚焦组织学习的智能科技企业，紧跟时代步伐，积极探索新质生产力的实践路径。通过自主研发的智能技术平台，知学云将 AI 与教育培训深度融合，不仅为企业人才培养注入了新的活力，更为政企客户提供了高效、精准的数智化学习解决方案。在全球科技竞争日益激烈的今天，知学云以实际行动践行科技创新理念，积极响应国家发展战略需求，致力于推动教育培训行业的智能化转型，为构建学习型社会、提升全民素质贡献力量。通过不断探索与实践，知学云在新质生产力培育与发展中展现出独特的价值和潜力，成为业界的标杆和引领者。

企业数智化学习生态的构建者

知学云（北京）科技股份有限公司，作为一家深耕组织学习领域的智能科技企业，自成立之初便确立了将科技与教育培训深度融合的战略方向。公司以"AI重塑学习，数智引领未来"为核心理念，致力于为客户提供个性化、高效能的数智化学习解决方案，助力企业实现人才培养的规模化、智能化和个性化。

知学云拥有一支由行业专家和技术精英组成的研发团队，他们不仅具备深厚的专业背景，还积累了丰富的行业经验。依托这支强大的团队，知学云成功自主研发了低代码 PaaS 平台和 AI Agent 人工智能平台等核心技术产品，这些产品以其高度的灵活性和智能化特性，在行业内树立了技术标杆。

在业务模式上，知学云专注于为政企客户提供从知识生产、管理运营到交付的全流程学习解决方案。通过整合云计算、大数据、人工智能等前沿技术，知学云帮助客户构建智能化的学习生态系统，实现知识的快速沉淀、共享与应用。这一模式不仅显著提升了客户的学习效率和效果，还为企业文化的传承和知识的创新提供了有力支持。

经过多年的努力与发展，知学云已在教育培训领域取得了显著成就。公司累计服务企业超过 2500 家，用户规模突破 3000 万人，央企客户覆盖率高达 60%。这一成绩的取得，不仅体现了知学云在行业内的领先地位，也彰显了公司在技术创新和市场拓展方面的强大实力。

展望未来，知学云将继续秉承创新驱动的发展战略，持续加大在技术研发和市场拓展方面的投入。公司将密切关注行业发展趋势和客户需求变化，不断优化产品和服务体系，为政企客户提供更加优质、高效的数智化学习解决方案。同时，知学云还将积极探索新的业务领域和市场机会，为公司的持续发展注入新的活力与动力。

自研 AI Agent 平台，创新打造 AI 学习解决方案

在数字化转型的浪潮中，教育培训行业正经历着前所未有的变革。传统的学习模式已难以适应客户日益增长的个性化、高效化学习需求。

知学云通过深入研究市场趋势和客户反馈，发现客户在培训过程中面临几大痛点：一是知识资产数字化程度低，大量有价值的知识和经验未能得到有效利用；二是培训内容与实际业务需求脱节，难以激发学员的学习兴趣；三是培训效果难以评估，缺乏科学的数据支持来指导培训策略的调整。针对这些痛点，知学云依托自研的 AI Agent 智能化平台，将生成式人工智能与私域知识和政企客户业务场景深度融合，打造一套全新的数智化学习解决方案。

图 1 知学云智能化展厅示意图

知学云 AI 学习解决方案的提出，旨在通过技术创新打破传统培训模式的局限，为客户提供一种更加高效、智能的学习体验，从而大幅提升在线学习应用开发效率，有效降低客户的开发和维护成本。

具体而言，知学云 AI 学习解决方案包括以下几个亮点：

1. 自研 PaaS 低代码平台：该平台基于云原生架构，通过自主研发的低代码开发技术，大大降低了培训产品的开发周期和成本。同时，平台支持高度定制化，能够根据不同客户的业务需求快速部署个性化的学习系统。这一创新不仅提升了产品的灵活性和可扩展性，还显著降低了客户的运维难度。

2. 自研智能推荐系统：该系统运用超融合算法架构，集成了 DSSM、

CRF、Bi-LSTM 等多种深度学习算法，实现了学习内容的毫秒级精准推荐。通过持续学习用户的学习行为和偏好，系统能够不断优化推荐策略，为用户提供更加符合其需求的学习资源。

3. 大数据 +AI 智能应用平台：该平台集成了自然语言处理、机器学习等前沿技术，开发了 AI 专家、AI 教练、AI 陪练等一系列智能应用产品。这些产品不仅能够帮助用户快速掌握新知识和技能，还能通过模拟真实工作场景进行实操训练，提升用户的实战能力。

4. 全面纵深的安全防护系统：在保障学习数据安全方面，知学云 AI 学习解决方案采用了多层次纵深防护的安全子系统。该系统覆盖了网络防护、应用防护、数据防护和安全监控等多个方面，确保了学习数据的安全性和隐私保护。

在项目实施过程中，知学云团队面临了诸多挑战。然而，正是这些挑战激发了团队的创新精神和协作能力，最终推动了项目的成功落地。

首先，在技术层面，团队不断攻克技术难题，优化算法模型，提升系统性能。通过反复测试和调整，团队确保了 AI 模型的准确性和稳定性，为用户提供了高质量的学习体验。同时，团队还加强了对大数据和云计算技术的应用研究，为系统的可扩展性和易用性提供了有力支持。

其次，在客户需求层面，团队深入了解客户的业务需求和培训目标，制订了针对性的解决方案。通过与客户保持紧密的沟通和协作，团队确保了方案的精准对接和高效实施。此外，团队还根据客户反馈不断优化产品功能和服务流程，提升了客户的满意度和忠诚度。

在项目管理方面，团队采用了科学的管理方法和工具，确保了项目按时按质完成。通过制定详细的项目计划和里程碑节点，团队对项目的进度和质量进行了严格把控。同时，团队还建立了高效的内部沟通协作机制，促进了团队成员之间的信息共享和协作配合。

经过不懈努力，知学云 AI 学习解决方案在多个领域取得了显著成果。该方案不仅帮助政企客户实现了培训模式的创新与升级，还促进了知识的有效传播与应用。通过该方案，客户能够快速构建起符合自身业务需求的学习体系，提升员工的专业技能和综合素质。同时，该方案还为客户带来了显著的经济效益和社会效益，为企业的可持续发展提供了有力支持。

发展新质生产力的经验总结

在数字化转型的大潮中，知学云（北京）科技股份有限公司凭借其深厚的技术积累和敏锐的市场洞察，成功将 AI 技术融入教育培训领域，不仅推动了行业的深刻变革，更在实践中生动展示了新质生产力的巨大潜力。

首先，技术创新是知学云发展的核心引擎，也是新质生产力的直接体现。公司自主研发的 PaaS 低代码平台、智能推荐系统以及大数据 +AI 智能应用平台，不仅大幅提高了开发效率和内容推荐的精准度，更实现了学习过程的智能化管理，为用户带来了前所未有的个性化学习体验。这种技术创新不仅突破了传统教育培训的瓶颈，更引领了行业发展的新方向。

其次，模式创新是知学云激发新质生产力的关键所在。公司构建了集知识生产、管理运营、交付应用于一体的综合性学习生态系统，彻底改变了以往单一、被动的培训模式。通过智能化的学习路径规划、实时反馈与调整机制，知学云实现了学员与培训内容之间的高效互动，激发了学员的学习兴趣和主动性，从而显著提升了培训效果和人才培养质量。这种从"灌输式"到"互动式"学习模式的转变，正是新质生产力在教育培训领域的生动实践。

再次，产业协同是知学云提升新质生产力的重要途径。公司积极与上下游企业建立紧密的合作关系，共同打造了一个完善的人工智能产业链。通过整合各方资源和技术优势，知学云不仅确保了自身解决方案的技术领先性和市场竞争力，还促进了整个产业链的协同发展。这种开放合作、互利共赢的发展模式，为新质生产力的持续增长提供了源源不断的动力。

最后，知学云还非常注重知识产权的保护和管理，通过申请多项发明专利和构建技术壁垒，确保了自身在市场竞争中的优势地位。这种对知识产权的高度重视和保护，不仅体现了公司的长远眼光和战略思维，更为公司在新质生产力领域的持续发展奠定了坚实基础。

未来展望

在行业发展方面，知学云将继续秉持创新精神，深耕 AI 学习解决方案领域，进一步深化与行业客户的合作，通过自研的 AI Agent 平台和 ZPaaS 智慧学习平台，持续推动政企客户的人才培养向规模化、智能化、个性化方向迈进。在此过程中，知学云还将积极探索新技术、新模式，不断优化和升级现有产品，以满足市场不断变化的需求。同时，我们还将积极拓展国内外市场，寻求更多合作伙伴和机会，共同打造一个更加开放、协同、创新的产业生态体系。

在团队建设方面，知学云将继续吸引和培养顶尖技术人才，打造一支高效、专业的团队，为公司持续发展提供强大的人才支撑。此外，公司将加强与高校和科研机构的合作与交流，共同推动 AI 技术在教育培训领域的深入应用和创新发展。

在战略定位方面，知学云将积极融入国家构筑的"人工智能 +"新增长极战略，发挥在 AI 学习与培训领域的优势，助力企业实现数字化转型和高质量发展。我们还将加强与政府、行业协会及学术界的合作，共同推动行业标准制定和产业升级。

展望未来，知学云将继续秉承创新精神，不断探索和实践新质生产力的发展路径，为推动教育培训行业的数字化转型和高质量发展贡献更多智慧和力量。

[专家点评]

科技创新驱动：知学云公司自 2017 年起深耕 AI+ 学习领域，自主研发了包含 AI 专家、AI 教练、AI 陪练等产品的创新学习解决方案，展现了强大的科技创新能力。其三层结构（应用层、业务层、模型层）的 AI 技术架构，特别是混合大模型底座策略，实现了比单一模型更智能的应用效果，推动了学习领域的智能化发展。

产业融合发展：知学云通过构建集知识生产、管理运营、交付应用于一体的综合性学习生态系统，实现了教育培训与人工智能技术的深度融合。公司积极与上下游企业合作，共同打造完善的人工智能产业链，促进了产业协同发展，提升了整体产业竞争力。

数据驱动决策：知学云利用大数据和 AI 技术，实现了学习内容的精准推荐和个性化学习路径规划。通过持续学习用户行为和偏好，不断优化算法模型，提高了学习系统的智能化水平和用户体验。同时，公司还注重数据安全和隐私保护，构建了多层次纵深防护的安全子系统。

绿色可持续发展：知学云通过提供数智化学习解决方案，降低了传统培训中的资源消耗和环境污染，推动了教育培训行业的绿色可持续发展。公司致力于提升人才培养效率和质量，为社会经济的可持续发展贡献了力量。

国际竞争力提升：知学云的 AI 学习解决方案在国内多个领域得到广泛应用，并荣获多项国内外权威奖项，展现了公司在国际市场上的竞争力和影响力。公司将继续加大技术研发和市场拓展力度，提升国际竞争力，为全球客户提供更优质的学习解决方案。

人岗智能匹配：高质量就业中的科技力量

北京菜鸟无忧教育科技有限公司

在科技迅猛发展的时代，人力资源服务业正经历变革。北京菜鸟无忧教育科技有限公司作为国内首家一站式精准实习就业服务机构，以科技赋能就业，通过求职实用技术培训、AI智能优选人岗匹配系统、求职通用全流程服务体系等创新手段，打破求职信息差，为求职者和企业搭建了沟通的桥梁。公司作为先行者，凭借创新、优质服务和对先进生产力的深刻理解，提升求职效率，提高就业质量，推动人力资源服务行业创新发展，进而促进社会经济高质量发展。

在激烈的职位竞争和内卷面前，很多人感叹"找工作难""毕业即失业"，就业公平成为越来越多人最心底的呼声。切实保障就业公平性、机会平等性，才能敞开机遇之门，实现更高质量和更充分就业，更是个人融入社会、共享发展成果实现自我价值和全面发展的重要途径。

北京菜鸟无忧教育科技有限公司（以下简称菜鸟无忧）作为国内一站式精准实习就业服务机构，认真贯彻落实国家关于就业的政策，全力打造公平就业的社会环境。企业以推动和促进中国大学生就业为使命，消除就业信息差，打破就业歧视瓶颈，帮助大学生找到适合的实习就业机会，力争让每个人都能公平竞争就业机会，突破信息和技能壁垒，实现"机会均等"，以科技赋能就业，助力提升就业质量，实现理想职业目标，切实践行"促进就业、利国利民"的社会责任，以公平托起更高质量的人生。

打造就业 IP 高地，服务千万大学生

对于求职者而言，特别是大学生求职者，在就业过程中的最大难点之一就是"就业信息不精准，存在就业信息差"。针对求职者这一痛点，菜鸟无忧汇集了一批中国人民大学、清华大学等知名高校资深专家和 500 强央企国企资深人力资源从业者。作为行业先行者，在创始人袁军的带领下，菜鸟无忧率先利用自媒体平台，打造人力资源方向的专业团队和 IP 矩阵，多人次全天候通过直播形式在线解答大学生及家长在求职就业领域的疑问和困惑。

目前，菜鸟无忧拥有 100 多位求职 IP 老师，全年累计进行求职规划直播超 10 万场，在全网新媒体粉丝矩阵超过 1550 万人，是国内就业 IP 老师的聚集高地。

同时，菜鸟无忧现有咨询师团队 1000 余人，在全国多个省、自治区和直辖市设有全资、合资与合作机构，面向国内外 2000 余所高校、1000 余万国内大学生和海外留学生提供"高性价比、一站式、精准化"的实习就业咨询服务，通过专业服务已累计帮助 1200 余万名大学生提高求职能力。公司获得众多奖项，受到多方高度认可。

重塑求职技能生态，赋能未来职业发展

求职，是每个人人生中的大事。传统的职业技能培训模式，主要以"短、平、快"的"填鸭式"为主，求职者往往知其然而不知其所以然。随着用人单位在招聘组织形式、招聘考核题目等维度的创新与灵活多变，这种模式逐渐难以满足求职者的多元需求，有效性与成功率也大打折扣。

"授人以鱼不如授人以渔"，菜鸟无忧认为求职者想要提高求职的质量和效率，找到好工作，必须掌握求职技术。所以在传统职业技能培训模式之外，菜鸟无忧独辟蹊径，推出了一系列创新性求职实用技术培训课程，不仅拥有强化求职者的必备技能，还涵盖面向求职辅导专业人士的先进教练技术。

图1　菜鸟无忧在某知名高校进行"大学生职业生涯规划与指导"系列课程

为提升"求职实用技术培训课程"的专业度和有效性，此培训体系由菜鸟无忧与国内权威的人力资源行业协会——中国人才交流协会联合研发，力图确保每位参与者能够以前瞻性的视角审视职业路径，重视并不断提升适应未来市场需求的核心竞争力。

通过深度整合行业前沿知识与实战技巧，菜鸟无忧致力于打造一个全方位、多层次的学习生态系统，它不仅覆盖了基础的职业素养提升，如个人职场品牌建设、高效沟通策略与谈判艺术，还深入到新兴技术领域的技能培训，比如数据分析、人工智能应用基础及数字营销等，以响应快速变化的工作环境需求。

此外，针对求职辅助者，如职业规划师和招聘顾问，菜鸟无忧在这一培训体系中还特别设计了先进的辅导方法论，包括但不限于心理资本增强、职业转型指导框架及精准匹配算法解析，以期提升其在指导求职者时的效能与精准度。

智能匹配岗位，促进高质量就业

针对求职者在既往的求职应聘过程中存在的信息不对称、匹配效率低等问题，菜鸟无忧自主研发了一套AI智能人岗匹配系统。这套智能系统拥有全面且实时更新的大型企业招聘岗位信息库，通过强大的AI匹配模型和数据算法，能够根据求职者的学历、专业、求职地点、求职企业偏好等细节性标签，快速筛选出与求职者适配的岗位，并且实现了多终端协同配合、系统自动化推岗、服务质量监控等工作。

这一系统采用智能算法，引入先进的自然语言处理技术，能够智能解析热门岗位，让求职者在岗位选择与填报方面有更多可参考的有效信息。除此之外，这一系统采用菜鸟无忧独创的数据结构，能够深度理解用户意图，进行多维度数据辅助判断，帮助求职者贴心推荐优质企业，操作方便快捷，一键筛选，精准匹配。同时，企业信息库持续更新，求职者可以实时掌握最新企业招聘信息。

尤为值得一提的是，该系统还融入了行为分析功能，通过对求职者在线学习行为、职业倾向测试结果的分析，进一步细化个人画像，从而更深层次地理解其潜在能力和职业发展方向。同时，对于企业而言，系统能够基于公司文化、团队结构等因素，推荐与之文化契合度高的候选人，确保人才与组织的双赢。

这样智能、实用的人岗匹配系统，极大地帮助了求职者抓住秋季招聘、春季招聘等求职黄金期，快速适配岗位。在过往的辅导中，冷门专业的求职者往往很难找到专业对口、各方面心仪的工作，而有了AI智能人岗匹配系统后，除了专业之外，系统提供了丰富的标签作为岗位筛选依据，难题迎刃而解。例如，王同学学习人类学专业，2024年7月份毕业，但由于人类学专业属于冷门专业，父母非常担心他毕业后找不到工作。他的母亲在听了多场袁军老师干货满满的求职规划直播后，决定体验菜鸟无忧的求职咨询服务。在服务的过程中，王同学和家长了解到了更全面、准确的求职信息和求职基础知识，知道了一些企业有"提前批次"招聘，很多知名企业、500强企业有不限专业的岗位，如管培生等。目前，王同学已经报名了多家企业的"提前批次"招聘岗位。通过这一段时间的智能岗位匹配以及专业岗位匹配老师的讲解与辅导，他对自己接下来的就业之路信心满满。

未来，菜鸟无忧AI智能人岗匹配系统将持续通过推动人岗匹配智能化、平台化发展，努力打通科技赋能就业通道，为求职者提供更多选择机会。

图 2 菜鸟无忧"实习就业 AI 智慧生态体系"

全流程、一站式和个性化的职业发展解决方案

菜鸟无忧自 2015 年成立至今，服务了数以万计的求职者，深知求职者在求职过程中的种种痛点。菜鸟无忧的人力资源专家团队，在实践中总结经验，沉淀出了"智能匹配 OP 模型""阿斯姆萨（ASMSA）就业服务模型"等模型工具。同时，菜鸟无忧注重求职信息的收集与加工，专业教研团队针对性地研发了求职科普图书、笔面试课程、求职备考资料等多项教研工具。

在此基础之上，菜鸟无忧构建了一个覆盖职业规划、网申简历指导、岗位匹配、笔面试辅导直至入职跟踪的全流程服务体系。这种端到端的服务模式，可以为求职者提供全方位的支持，确保他们在职业发展的每一环节都能得到专业的指导，最终帮助求职者提升就业能力，拓宽就业机会，提高就业品质。

特别是在服务过程中，菜鸟无忧强调个性化服务的重要性。通过数据分析，平台能够识别每位用户的独特需求，为其定制化推荐适合的学习路径和岗位机会。同时，菜鸟无忧组建了求职者专属的职业顾问团队，专门帮助用户解答职业规划中的疑问，提供一对一的简历修改、笔面试技巧训练等服务，有效提升求职成功率。

张同学就是在菜鸟无忧"一站式"服务体系下成功上岸的众多求职者之

一。张同学就读于一所普通的一本院校，为了能够充分利用应届生身份，找到一份理想的工作，他从大三开始就在菜鸟无忧专业老师的指导下进行就业规划，提前进行网申、笔试、面试等求职通用知识与技能的学习。大四上学期秋季招聘一开始，张同学在匹配老师的指导下，积极投递岗位。由于抓住了求职黄金期，他在秋招中斩获了中航集团某单位、中国冶金科工集团、南方航空公司等多家大型央国企的Offer。最终，张同学在多方权衡之下，选择了中航集团某单位的Offer，实现了高质量就业。

随着平台用户基数的持续扩大，菜鸟无忧将进一步细化个性化服务细节，满足求职者多元化需求；持续优化用户体验、增强互动性，采用先进交互设计和技术，例如虚拟现实（VR）、增强现实（AR）等，为用户提供沉浸式求职服务体验和模拟面试环境，提升服务的趣味性和实效性。

在AI技术应用方面，菜鸟无忧会平衡好技术效率与人文关怀，确保算法推荐的公平性与透明度；同时，将加强AI与大数据的深度融合，开发更智能的职业发展顾问系统，提供定制化职业发展规划建议。在数据安全与隐私保护方面，菜鸟无忧也将持续投入。

未来，菜鸟无忧将会一如既往地重视社会责任承担与可持续发展，加大对弱势群体就业的帮扶力度；努力构建更加开放、共享、绿色的人力资源生态平台，实现资源优化配置，促进知识与技能的高效流通，为社会经济可持续发展贡献自己的力量。

发展新质生产力的经验总结

菜鸟无忧作为人力资源服务领域的革新者，其创新实践不仅限于技术层面的突破，更深层次地触达管理、商业模式及社会责任等多个维度，为行业乃至整个社会经济的转型升级提供了宝贵的实践经验与启示。以下是对菜鸟无忧实践创新亮点的深入剖析：

1.技术创新：智能驱动，精准匹配。

在技术创新层面，菜鸟无忧通过开发先进的AI智能人岗匹配系统，实现了求职者技能与岗位需求之间的高效对接。这一系统融合大数据分析、机器学习与自然语言处理技术，能够深入解析职位描述与个人简历中的关键信息，超越传统关键词匹配的局限，实现基于能力模型与职业发展路径的精准匹配。这不仅显著提升了招聘效率，降低了企业与求职者的搜寻成本，还促进了人力资源市场的优化配置，为推动产业智能化进程树立了典范。

2. 产品创新：实战导向，赋能求职者。

菜鸟无忧在产品创新上独树一帜，聚焦于求职实用技术培训，提供了一系列紧贴市场需求的在线课程与实训项目。这些课程不仅覆盖了 IT、金融、市场营销等多个热门领域，还特别注重培养学员的软技能，如团队合作、问题解决与创新思维能力，以全面提升其职场竞争力。通过实战模拟与项目制学习，学员能够在真实工作场景中快速成长，满足了市场对复合型、应用型人才的需求，为促进劳动力素质提升作出了实质贡献。

3. 管理创新：流程优化，体验升级。

在管理创新方面，菜鸟无忧重构了人力资源服务的全流程，从咨询、匹配、培训到后续跟踪服务，每一个环节都力求精细化、个性化。通过建立完善的客户关系管理系统（CRM）和学员成长追踪平台，公司能够实时监督服务质量和学员进步情况，确保服务的连续性和有效性。此外，引入敏捷管理理念使得团队能够快速响应市场变化，灵活调整服务策略，不断提升用户体验，构建了以用户为中心的服务生态体系。

4. 商业模式创新：平台化战略，共创价值。

菜鸟无忧采用平台化商业模式，连接求职者、企业、教育机构及行业专家，形成一个多方共赢的价值网络。一方面，平台为求职者提供一站式职业发展解决方案，同时为企业输送优质人才，实现资源的高效对接；另一方面，通过与教育机构合作，引入前沿课程内容，促进教育与产业的深度融合，加速知识创新向实际生产力的转化。这种开放合作的模式，不仅增强了自身竞争力，也促进了整个产业链的协同发展，推动了人力资源服务业的深度转型升级。

5. 社会贡献：促进教育科技融合，助力人才培养。

菜鸟无忧深刻认识到教育、科技与人才对于社会发展的重要性，其创新实践不仅促进了三者的良性循环，还对社会教育体系的改革与完善产生了正面影响。通过与高校合作开设联合课程，引入企业实战项目进入课堂，有效缩短了教育与就业之间的距离，增强了学生的就业竞争力和社会适应能力。同时，菜鸟无忧还积极参与公益活动，为偏远地区提供免费在线教育资源，努力缩小数字鸿沟，促进教育公平，体现了企业的社会责任感与长远眼光。

综上所述，菜鸟无忧凭借其在技术创新、产品设计、管理优化、商业模式重塑以及对社会教育科技人才发展的贡献，重新定义了人力资源服务C端就业的标准，也成为推动经济社会高质量发展的生力军。通过持续探索与实践，菜鸟无忧正引领着行业向更加智慧化、人性化、可持续的方向发展，为构建和谐、高效的未来职场贡献力量。

未来展望

展望未来，菜鸟无忧将继续秉持创新驱动发展的理念，深化技术应用，推动人力资源服务的智慧化升级。

1. 深化 AI 技术融合：加强 AI 与大数据的深度融合，开发更加智能的职业发展顾问系统，不仅能进行人岗匹配，还能根据个人成长路径提供定制化的职业发展规划建议。

2. 构建开放生态平台：携手家庭、高校、企业及行业协会和政府等多方力量，共同构建一个开放、共享的人力资源生态系统，实现资源优化配置，促进知识与技能的高效流通。

3. 强化社会责任与可持续发展：加大对弱势群体的就业支持，通过技术赋能提升其就业竞争力，同时注重环境保护与社会责任，推动绿色招聘，为实现社会经济的全面可持续发展贡献力量。

4. 优化用户体验与增强互动性：采用更先进的交互设计和技术，如虚拟现实（VR）、增强现实（AR）等，为用户提供沉浸式的职业体验和模拟面试环境，提升服务的趣味性和实效性。

综上所述，菜鸟无忧在总结过去实践经验的基础上，将不断探索新技术、新方法，致力于打造更加高效、公平、人性化的未来职场生态，为全球人力资源服务行业的发展贡献中国智慧与方案。

［专家点评］

1. 求职实用技术培训：菜鸟无忧深刻理解到技能迭代加速的当下，求职者的技能升级是提高就业竞争力的关键。因此平台不仅提供了覆盖广泛的技术课程，还依据市场需求动态调整课程内容，确保学习与实战紧密结合，成功帮助大量求职者提升了求职技能，提高了就业质量。

2.AI智能人岗匹配系统：利用先进的机器学习算法，菜鸟无忧构建了一套精准高效的智能匹配机制，该系统能够深度分析求职者的能力模型与企业的岗位需求，实现人才与职位的精准对接。这不仅大幅提升了招聘效率，降低了企业成本，也使得求职过程更为人性化，增强了用户体验。

3.求职全流程服务：从职业规划、简历优化到面试辅导，菜鸟无忧提供了一站式服务解决方案，确保求职者在求职旅程中的每一步都能获得专业指导和支持。这种全方位的服务模式，有效缓解了求职者的焦虑，增强了其市场适应能力，同时也为企业输送了更加符合需求的人才。

尽管取得了显著成就，菜鸟无忧还需要意识到在快速发展的过程中仍存在一些挑战与不足。例如，随着用户基数的扩大，如何进一步细化个性化服务，满足更加多元化的用户需求；在AI技术的应用中，如何更好地平衡技术效率与人文关怀，确保算法推荐的公平性与透明度；以及在数据安全与隐私保护方面的持续投入与优化，都是未来需重点关注并不断改进的方向。

执笔人：杨彤彤、于爽、王聪

1号求职机:"家门口"就业服务的新路径

上海小砖块网络科技有限公司

上海小砖块网络科技有限公司旨在利用人工智能和推荐算法,实现人岗匹配、讯息分发、人脉社群的搭建,以及职场培训和规划等,实现为用户提供千人千职的个性化服务。基于平台之上的全局数据,建设符合中国职场全生态体系的职场知识图谱。

人力资源服务业一头连着亿万劳动者,一头连着广大用人单位。需要将企业岗位开放的时机与求职者有跳槽意愿的周期、岗位要求与求职者技能、岗位薪资与求职者期望等多项因素进行匹配,才能创造两者见面的机会。企业文化融合度、求职者和企业主的主观偏好等对招聘面试的成功也有很大影响。

自PC互联网时代开始,求职者需要在各个招聘平台上注册账户、填写简历、筛选岗位和投递简历,招聘平台利用海量的简历满足企业客户招聘需求,企业需要雇佣大量的HR进行简历筛选工作。一方面企业招聘效率低,另一方面求职者找到好工作的概率低。这种模式,对于解决当前高质量就业、降低失业率问题没有提供最优解。特别是像大学生、蓝领人员、零工人员等这些在就业市场上的弱势群体,急需更有效的求职模式。

数字信用招聘的先行者

上海小砖块网络科技有限公司是一家专注于人力资源服务领域的科技公

司，致力于通过创新的技术和服务，为企业与求职者提供更加高效、便捷的招聘和求职体验。该公司通过专业的数字化解决方案，利用人工智能和推荐算法，实现人岗匹配、讯息分发、人脉社群的搭建，以及职场教育和规划等，为用户提供千人千职的个性化服务。

公司自成立初期，就选择"All in 阿里"&"All in 支付宝"。面向个人用户（ToC端）产品名称为1号职场，产品主要载体：1号职场支付宝小程序&1号职场 App。2021年6月28日，正式入驻支付宝，初期就选择"All in 支付宝"。深度与支付宝多项能力融合，并共创：芝麻工作证、云简历（或称智能简历）、蚂蚁链等互联网求职信用解决方案。

面向企业客户（ToB端）平台名称为1号直聘，在成立初期，即选择"All in 钉钉"。深度融合钉钉的全生态场景与能力，在钉钉开放生态中，以钉钉数字化全流程高效协作、即时通信等为特色，打造基于大数据驱动，以真实、安全招聘为理念，包含数字化企业招聘和数字化校招在内的全职场招聘平台。

公司两款主要互联网招聘服务平台在业务诞生之时，即选择阿里生态与蚂蚁生态。其中，基于招聘场景，打通了支付宝、钉钉以及1号职场 App 在内的多个独立平台、独立 App 间的聊天信息实时传递交互、视频面试等功能，这个涉及三个平台间的技术对接，走在了国内摸索多平台交互的跨端互通模式的前列，具有划时代的意义。

1号求职机：刷脸就能找工作

1号求职机是1号职场携手支付宝共同研发的智能求职终端。它实现了与支付宝、钉钉等超级 App 的数据互联，通过人脸识别技术，利用 AI 和大数据调取个人信息，即刻生成简历并投递给用人单位。是中国目前唯一的扫脸求职终端。

在1号求职机的实体设备上，求职者刷脸即可生成简历数据，求职机商户版中"小商机"还可以使用语音发布招聘信息，避免填写大量文字，流程简单，操作快捷，对中小商户特别友好。求职者可以通过1号求职机在线下点位查看家附近的职位信息、企业信息和政府就业服务驿站信息。找到心仪的岗位后，通过实名认证，刷脸报名、确认信息等基础步骤，15秒内即可快速投递，收到确认短信。投递简历后还可在线上小程序查看求职的进度，实时了解招聘进度。实现线上线下互联互通，提高人岗匹配效率。

企业在"1号求职机"上面投放岗位同样十分便捷。拥有钉钉账户的公司，在钉钉上搜索"1号直聘"，上传营业执照并完善相关资料，最快一个小时即可审核通过。招聘企业可以实现24小时不间歇招工，求职者可以随时进行投递简历。通过大数据模型实现求职者人证合一，规避企业用工风险。截至2024年5月底，1号求职机已服务超过10万家企业。

政府可以将1号求职机灵活部署于政务服务中心、人才驿站、街道社区、人力资源市场等场景，利用数字化工具为区域招才引智、大学生求职就业、蓝领技术工人招聘等提供高效支持。作为上海市"15分钟就业服务圈"信息化平台的载体，1号求职机备受欢迎。基于打通政府线上平台、上海公共就业招聘系统，依托支付宝、钉钉的真实数据，求职者仅需刷脸登录、身份核验、确认信息，三步即可创建简历，然后就能直接向心仪岗位投递简历，此外，1号求职机还会通过大数据算法优先推送5公里范围内的招聘岗位，主动匹配并推送优质企业岗位和求职攻略，实现一次扫脸、岗位信息随时推送，助力楼宇企业和劳动者精准匹配。

除了"找工作"模块外，1号求职机还有"查政策""看活动"等普惠服务功能，为求职者推送家门口的就业培训活动，并提供市级、区级就业政策索引。

图1　杭州西站"1号求职机"专区

结合长宁实际，1 号求职机还设立长宁区特色服务专区，根据楼宇企业用工服务需求，推出企业招聘服务、15 分钟就业服务地图索引、惠企政策问答等特色模块，为楼宇企业提供 7×24 小时不断线的数字化就业服务，进一步提升"楼门口"就业服务便捷度。

杭州市在杭州西站和东站常设"1 号求职机"专区，让各地来的青年人才下了高铁就可以实时投递简历，推动"永不落幕的人才枢纽"建设，让来杭青年人才不出站即可拿 Offer。

杭州师范大学常态化部署 1.81 米高的 max 版求职机，学生可随时投递简历。开展学科专场招聘会时，求职机可以根据学科提供"特制版"。参加招聘会的学生只需要选择自己的专业，求职机展示出来的岗位则都是该专业相关的岗位。

佛山南海区依托全市各街镇的"读书驿站"为载体，通过读书驿站 +1 号求职机的模式，让求职者在"家门口"就能享受智慧就业新场景。拓展数字化公共就业服务新空间，将就业服务送到求职者身边。

1 号求职机通过 AI＋人工审核等手段，为零工提供真实可靠的工厂直招和正规人力资源服务企业招聘职位，已被云南、江西、陕西、山东、河南等二十多个省市的零工市场应用，有效破解蓝领招聘需求大、数字化程度不高、求职分散且流动性大等问题，人岗匹配效率提升 50%。

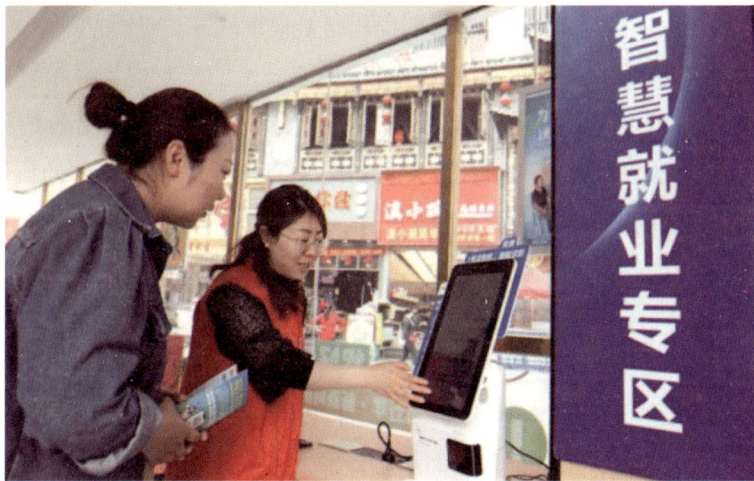

图 2　1 号求职机落地昆明市五华区红云零工市场

1 号求职机打造了"智能原生、互联互通"的新就业服务模式，通过与超级 App、人力资源服务公司系统、政府方就业平台等合作，解决了职位来源和安全性问题，简化了传统求职流程，特别是解决了招工和求职人岗不匹配的信息差导致就业匹配率不高、招工方和求职方互不相信等问题。在不同应用场景中，精准满足用户需求，提高人岗匹配效率。这是 1 号求职机持续沉淀并利用大数据和深度专研人工智能技术驱动的结果。

公司创始人、CEO 荣海旭表示："我们希望发挥数字技术与资源优势，联合各方力量帮助传统求职招聘业态数字化转型升级，最终化解各方问题，促成更多就业。"

未来展望

发展新质生产力和实现高质量充分就业相辅相成、互为依托的关系使"新质生产力"正在对就业形成新的要求，就业工作正在面临新的挑战。

首先，是"数量"方面的挑战，随着产业转型升级、智改数转、数字化经济发展，很多行业企业已经出现工时减少、最少用工模式、就业挤出等现象，对实现更加充分就业目标提出挑战。

其次，是"质量"方面的挑战，随着科技创新的日新月异，不同产业市场主体能力和动力出现分化，其中人力资源（劳动力）的薪资收入、劳动条件、生产环境等出现不平衡现象，就业质量参差不齐，甚至有就业质量下降现象出现，对实现更高质量就业目标提出挑战。

第三，是就业服务方面的挑战，随着数字技术的广泛应用，市场主体和劳动者个人都在提高对就业服务的要求，需要提供更加便捷高效的就业服务，而这就对数据沉淀互联、政策找人、服务通办等方面提出新的挑战。

第四，是新就业形态方面的挑战，平台就业、新业态就业、灵活就业等是对新质生产力的有益呼应。

1 号求职机在助力新质生产力发展和提升过程中，坚持技术上的大规模投入对能够体现和促进就业优先的资源进行再配置。找准新质生产力"三要素"（劳动者、生产资料、劳动对象）所需资源，特别是"劳动者"要素实现"就业普惠"，从政、校、企三方面结构资源互通互联，其中：政府层面，突出畅通更多渠道、助力打造统一开放、竞争有序的人力资源市场体系；深挖岗位资源，确保职位真实可靠，扎实做好高校毕业生、就业困难人员等重点群体就业帮扶。

［专家点评］

技术创新：1号求职机运用了人脸识别技术、AI和大数据等先进技术，实现了刷脸投递简历、快速生成简历并精准匹配岗位等功能。这些技术的应用不仅提高了求职效率，还为求职者和用人单位提供了更加智能化、个性化的服务，体现了新质生产力中技术创新的重要特征。

高效能与高质量：该产品通过数据互联互通统一管理，实现了超级App互联互通、线上线下互联互通以及招聘数据互联互通等，大大提升了招聘用户体验和人岗匹配效率。例如，在零工市场应用场景中，1号求职机赋能人岗匹配效率提升50%，这表明它能够高效地整合资源，实现高质量的就业匹配，符合新质生产力高效能和高质量的特点。

产业升级推动：1号求职机的出现推动了人力资源服务业的数字化升级，改变了传统招聘模式中存在的信息不对称、效率低下等问题。它通过与支付宝等超级App合作，以及在政务服务中心、高校校园、交通枢纽等多元场景的应用，促进了人力资源服务行业向智能化、数字化方向发展，有助于推动整个产业的升级转型。

就业服务创新：1号求职机在政务服务、高校校园、零工市场和交通枢纽等不同场景中都提供了创新的就业服务模式。例如，在高校校园中，为学生提供了随时投递简历的便捷服务；在交通枢纽中，让青年人才不出站即可拿offer。这种创新的就业服务模式为求职者和用人单位提供了更加便捷、高效的对接平台，体现了新质生产力在服务创新方面的特点。

综上所述，上海小砖块网络科技有限公司的1号求职机案例在技术创新、效能质量、产业升级、服务创新等方面体现了新质生产力的特点，为人力资源服务行业的发展带来了新的活力和机遇。

执笔人：徐阳、马亚宾、杨忆

产教科融合：科技赋能新质生产力的人才发展

南京蒸汽职业咨询有限公司

南京蒸汽职业咨询有限公司深耕互联网科技与人工智能领域，通过个性化职业规划、前沿科技融合教育及产教融合的教学模式，成功提升了留学生的职场竞争力，为中国及全球企业输送了大量顶尖数字技能人才。公司的成功案例不仅展示了新质生产力人才培养的创新路径，还体现了教育与科技创新、产业需求紧密结合的重要性，对推动数字经济高质量发展具有深远意义。

在数字化浪潮席卷全球的今天，新质生产力作为推动经济社会发展的新引擎，其核心在于科技创新与人才培养的深度融合。面对人工智能、大数据等前沿技术的迅猛发展，如何培养具备创新思维和实践能力的高素质人才，成为社会各界共同关注的议题。南京蒸汽职业咨询有限公司（以下简称蒸汽教育）在此背景下应运而生，深刻把握时代脉搏，致力于成为连接教育、科技和人才的桥梁。通过聚焦世界科技前沿、经济主战场、国家重大需求及人民生命健康，蒸汽教育不断探索新质生产力人才培养的新路径，为企业和社会发展注入强劲动力。

产教科融合的职业发展服务商

公司是一家专注于互联网科技与人工智能领域职业服务的民营企业，成立于2017年，总部位于南京市栖霞区。公司旗下的蒸汽教育品牌，凭借其前瞻性的教育理念和创新的教学方法，迅速在留学生职业发展领域崭露头角。蒸汽教育致力于为国内外高等院校毕业生提供集职业规划、技能培训、职位匹配于一体的综合性职业服务项目，通过个性化教育服务和前沿科技融合教育，帮助学生在激烈的职场竞争中脱颖而出。同时，蒸汽教育还积极搭建高效的人力资源服务平台，促进全球范围内的人才流动与知识共享。公司荣获多项行业荣誉，充分展现了其在职业教育领域的领先地位和卓越贡献。

蒸汽教育的竞争优势在于其个性化教育服务、前沿科技融合教育及产教融合的教学模式。公司拥有一支由早期在北美顶尖高校求学并曾在知名大厂工作多年的精英组成的联合创始团队，他们凭借丰富的职业经验和深厚的技术积累，为留学生提供了一系列专业的课程培训和职业发展规划。同时，蒸汽教育还积极搭建高效的人力资源服务平台，通过线上线下的交流活动，促进全球范围内的人才流动与知识共享。公司荣获多项行业荣誉，包括腾讯新闻2022年职业教育影响力品牌、央广网2022年度职业教育影响力品牌等，充分体现了其在职业教育领域的领先地位和良好口碑。

创新培养新质生产力人才

在数字化、智能化快速发展的时代背景下，新质生产力已成为推动经济社会发展的关键力量。新质生产力不仅涵盖了以人工智能、大数据、云计算为代表的高新技术，更涉及了这些技术在各行业的深度融合与应用。然而，面对新兴技术的迅速迭代和市场的不断变革，传统的人才培养模式已难以满足企业对新质人才的需求。因此，推动新质生产力人才的培养，不仅是适应时代发展的需要，也是提升国家核心竞争力的必然选择。蒸汽教育正是在这一背景下应运而生，致力于通过创新教育模式，培养适应新时代需求的新质生产力人才。

蒸汽教育将新质生产力人才培养定义为：在人工智能、大数据等前沿科技领域，通过个性化、前瞻性和实践导向的教育方式，培养具备创新思维、实践能力和职业素养的高素质人才。这些人才不仅掌握行业前沿的技术知识，还具备解决实际问题的能力，能够在数字经济时代中发挥关键作用。

蒸汽教育在推动新质生产力人才培养方面，采取了一系列创新举措，形成了独特的人才培养模式：

个性化职业规划：蒸汽教育为每位学生提供个性化的职业规划服务。通过入学前的全面能力评估，结合学生的兴趣、专长和职业规划目标，制订个性化的培训方案。这种服务模式不仅帮助学生明确职业方向，还提高了他们的就业竞争力。

1. 前沿科技融合教育：紧跟科技发展趋势，将 AIGC 应用、软件开发、大数据开发等前沿科技知识融入课程体系。通过邀请行业专家授课、组织技术研讨会等方式，确保学生所学知识与市场需求紧密接轨，培养他们在新技术领域的竞争力。

2. 产教融合的教学模式：与多家知名企业深度合作，共同开发专业课程与实习项目。学生通过参与真实项目，积累实践经验，提升解决实际问题的能力。同时，企业也能从中选拔优秀人才，实现人才与岗位的有效对接。

3. 建立人才数据库，精准匹配企业需求：蒸汽教育建立了一个庞大的人才数据库，详细记录了人才的基本信息、专业技能、项目经验和工作意向等。当企业有招聘需求时，蒸汽教育能够利用这一数据库进行精准匹配，快速为企业推荐合适的人选。

4. 加强校企合作，培养新质生产力人才：与国内外知名高校建立紧密的合作关系，共同培养新质生产力人才。通过校企合作项目，将企业的实际需求引入教学过程中，帮助学生在校期间就能接触到真实的工作场景和任务，提升他们的实践能力和职业素养。

5. 提供持续的职业发展支持：为毕业生提供在线课程、行业研讨会等学习资源，帮助他们不断提升专业技能和行业洞察力。同时，定期组织校友交流会等活动，促进人才之间的交流与合作，形成良好的职业发展生态。

通过这些创新举措的实施，蒸汽教育在推动新质生产力人才培养方面取得了显著成效。大量毕业生在蒸汽教育的培养下成功入职知名企业，成为各自领域的佼佼者。同时，蒸汽教育也为中国企业输送了大量高素质的新质生产力人才，为国家的科技创新和产业升级贡献了自己的力量。未来，蒸汽教育将继续秉持"培养创新数字人才，引领未来职场变革"的使命，不断探索和实践新的人才培养模式，为经济社会发展注入更多活力。

发展新质生产力的经验总结

在回顾蒸汽教育在推动新质生产力人才培养过程中的实践时，我们不仅见证了其显著成效，更从中汲取了宝贵的经验，为未来的发展提供了坚实的基础和方向。

首先，深刻理解市场需求，精准定位人才培养方向是蒸汽教育成功的关键。面对数字经济时代对高素质数字技能人才的迫切需求，蒸汽教育紧密关注市场动态，及时调整和优化课程设置，确保所培养人才与市场需求高度契合。这种敏锐的市场洞察力和精准的定位策略，为蒸汽教育赢得了广泛的认可和信赖。

其次，坚持创新教育模式，实现个性化与差异化培养是蒸汽教育持续领先的核心竞争力。通过为每位学生提供个性化的职业规划、技能培训与职位匹配服务，蒸汽教育打破了传统教育模式的束缚，实现了教育资源的优化配置。这种创新教育模式不仅提升了学生的就业竞争力，还为企业提供了更加精准的人才匹配服务，实现了教育与产业的深度融合。

再次，深化校企合作，构建产教融合生态系统是蒸汽教育实现可持续发展的重要保障。通过与国内外知名高校和企业的紧密合作，蒸汽教育共同开发适应未来就业市场的专业课程与实习项目，为学生提供了丰富的实践机会和项目经验。这种合作模式不仅促进了知识技能的传承与创新，还为企业输送了大量具备实战经验的高素质人才，实现了教育链、人才链与产业链的有效衔接。

最后，持续优化服务流程，提供全方位的职业发展支持是蒸汽教育赢得广泛好评的重要因素。从入学前的全面能力评估到毕业后的持续职业发展支持，蒸汽教育始终关注学生的成长与发展。通过提供在线课程、行业研讨会等学习资源以及校友交流会等活动平台，蒸汽教育帮助学生不断提升自己的专业技能和行业洞察力，为他们的职业生涯发展奠定了坚实的基础。

未来，蒸汽教育将继续秉承"培养创新数字人才，引领未来职场变革"的使命，不断总结和优化实践经验，加强与国际国内顶尖企业和高校的交流合作，深化产教融合教育模式，推动新质生产力人才培养的持续创新与发展。同时，蒸汽教育也将积极应对数字经济时代的新挑战和新机遇，为培养更多适应未来社会需求的高素质人才贡献力量。我们相信，在蒸汽教育的引领下，将有更多优秀人才涌现出来，共同推动经济社会的繁荣与发展。

未来展望

展望未来，蒸汽教育将继续深耕新质生产力人才培养领域，致力于为中国及全球企业输送更多具备创新思维和实践能力的高素质人才。我们将从以下几个方面着手，推动公司的持续发展与升级：

1. 扩大高端人才数据库：蒸汽教育将进一步扩大其人才数据库，特别是针对高端科技和管理人才的储备。通过精准的数据分析和人才评估，我们将为企业提供更加丰富和高质量的人才选择，助力企业快速响应市场变化，提升竞争力。

2. 深化校企合作：加强与国内外知名高校和研究机构的合作，通过共建实验室、开展联合研究项目等方式，共同培养具有前瞻性和实践能力的复合型人才。这种合作模式将进一步提升蒸汽教育的专业性和影响力。

3. 完善猎头服务：蒸汽教育将发展更加专业的猎头服务，利用我们丰富的行业经验和广泛的人才资源，为企业提供精准、高效的人才引进方案。这不仅限于应届毕业生，还将覆盖有经验的行业专家和高端管理人才。

4. 优化人才评估与匹配机制：引入更先进的评估工具和方法，进一步完善人才评估体系，确保为企业推荐的人才与岗位需求高度匹配。通过提高匹配精准度，助力企业实现人力资源的最优化配置。

5. 加强国际化布局：随着全球化的深入发展，蒸汽教育将积极拓展国际市场，加强与海外高校和企业的合作，引进更多具有国际视野和跨文化交流能力的高端人才。同时，为中国企业走向国际提供有力的人才支持。

通过这些措施的实施，蒸汽教育将继续在推动新质生产力人才培养方面发挥引领作用，为中国及全球企业的创新发展贡献智慧和力量。我们坚信，在数字经济时代的大背景下，蒸汽教育将不断开创人才培养的新篇章，为社会进步和经济发展注入新的活力。

[专家点评]

蒸汽教育的实践案例充分展示了科技创新驱动、产业融合发展、数据驱动决策、绿色可持续发展以及国际竞争力提升这五大方面的卓越表现。通过紧跟科技前沿、精准对接市场需求、强化产教融合以及促进全球人才流动与知识共享等举措，蒸汽教育不仅有效提升了学生的职场竞争力，还为中国及全球企业输送了大量高素质的数字技能人才。其成功经验不仅为职业教育领域树立了典范，也为推动新质生产力的发展提供了有力支持。展望未来，蒸汽教育有望在数字经济时代发挥更加重要的作用，为全球科技创新和产业发展贡献更多智慧和力量。

执笔人：栗浩然、李浩哲、谢逸文

数字跨境信用体系：用数字化
手段提升跨境信用服务水平

格兰德信用管理（北京）有限公司

　　格兰德信用管理（北京）有限公司是首批获得中国人民银行企业征信备案资质的机构，作为业界领先的跨境信用服务提供商，公司凭借深厚的行业积累与尖端技术，开创性地建立了全面且高效的国产化数字跨境信用体系。该体系深度融合了全球企业信用数据资源、先进的大数据分析技术与创新服务模式，通过全球企业信息在线查询、全球企业信用报告、全球企业应收账款管理等核心模块，为中国企业在复杂的国际贸易环境中提供了从信用信息查询、信用风险评估到应收账款管理的一站式解决方案。这一创新体系不仅显著增强了中国企业在海外市场的信用评估与管理能力，有效降低了跨境贸易风险与成本，还促进了全球贸易的透明化、便捷化与安全性。公司的成功实践，不仅展现了新质生产力在推动产业升级与国际化进程中的巨大潜力，也为跨境信用服务领域树立了新的发展方向与标准，成为驱动全球贸易高效、安全发展的强大动力。

　　在全球经济一体化加速与数字经济崛起的浪潮中，新质生产力成为推动经济社会高质量发展的核心驱动力。格兰德信用管理（北京）有限公司（以下简称格兰德信用）紧跟时代步伐，以创新为引领，精心打造国产化数字跨境信用体系，深度融合全球信用大数据与前沿信息技术，为全球跨境贸易商机获取、信用评估与风险管理开辟了新路径。这一体系不仅实现了全球企业信用信息获取降本增效，更通过智能化分析和预警，显著提升了中国企业在国际市场的竞争力与抗风险能力。格兰德的这一创新实践，不仅是对新质生产力理论的生动诠释，更是对我国参与全球跨境贸易治理、提升国际话语权的有益探索，为全球贸易安全与繁荣贡献了中国方案与中国力量。随着该体系的不断优化与推广，其对于促进经济再全球化、构建开放型世界经济的重要意义将日益凸显。

民族征信机构的风向标

格兰德信用作为国内首批获得人民银行备案的企业征信机构，旨在响应"十四五规划"要求，成为具有国际影响力的企业征信机构。公司致力于构建中国自己的"全球跨境信用中心"，现已拥有全球范围内 5 亿多家企业的信用信息，积累了超过 1.25 亿条企业风险预警数据，与全球近千家数据与信用服务商紧密合作，征信服务网络与法律服务网络覆盖全球 216 个国家或地区。

作为"数字中国"建设、国家信用体系建设及"一带一路"倡议的重要参与者，格兰德专业为全球企业、金融机构及政府组织等提供全面的信用解决方案，包括海外拓客、贸易合规、信用风险管理、企业身份识别及跨境信用体系建设等。格兰德以全球企业信用信息为基础，形成了全面信用管理服务生态链，包含商业决策 (Business Intelligence)BI、信用服务 (Credit Service) CS、信用咨询 (Credit Consult)CC 三大板块，涵盖全球企业征信、大数据服务、信用监控、风险扫描、反欺诈、全球商账、信用融资、信用管理咨询与培训、信用管理系统、诚信体系建设等几大细分业务。

目前，格兰德信用年度服务量已逾百万次，用户总量近 10 万家，来自全球 50 多个国家或地区，分布于化工、钢铁、汽车、医药、银行等 60 多个行业，服务多家国内外知名信用保险机构，是全球信用保险市场占有率第一的征信机构。公司凭借其卓越的服务质量和创新能力，赢得了众多国内外客户的信赖与好评，在数字经济、服务贸易、社会信用体系等领域荣获多项权威认证与奖项，进一步巩固了其在跨境信用服务领域的领先地位。

在企业文化与价值观方面，格兰德始终秉持"诚信、敬业、团队、开放、创新、超越"的核心价值观，致力于为客户提供最优质的服务体验。公司注重人才培养与团队建设，汇聚了一大批来自不同领域的专业人才，共同推动信用服务行业的创新发展。同时，格兰德还积极参与社会公益活动，履行企业社会责任，为推动社会信用体系建设和经济社会可持续发展贡献着自己的力量。

构建数字跨境信用体系，让信用成为资本

随着数字经济的兴起，科技创新成为推动新质生产力发展的关键要素。习近平总书记在中共中央政治局第十一次集体学习时强调，要大力发展数字经济，促进数字经济和实体经济深度融合，打造具有国际竞争力的数字产业集群。在此背景下，格兰德公司紧跟国家战略导向，致力于通过数字化手段提升跨境信用服务水平，为中国企业在全球市场的稳健发展提供坚实保障。

同时，我国数字贸易的蓬勃发展也为国产化数字跨境信用体系的构建提供了广阔的市场空间。《中国数字贸易发展报告（2021年）》显示，我国可数字化交付的服务进出口额持续增长，显示出强劲的发展势头。然而，跨境贸易中信息不对称、信用风险高等问题依然突出，严重制约了我国企业的国际化进程。因此，构建一套安全、高效、可控的跨境信用服务体系显得尤为迫切。

格兰德国产化数字跨境信用体系依托公司自有的全球企业信用信息库和覆盖全球的征信及法律服务网络，通过一系列创新产品和服务，为中国企业在跨境贸易中提供全方位的风险管理解决方案。该体系围绕"促营销""控风险""易融资"三大场景，提供核心亮点服务包括：海外市场调研、找全球客户、全球客户背调、RMD全球企业风险预警、全球企业信用报告、全球应收账款追收等，探索"口岸贷"等融资服务。

一、促营销场景

查全球——全球商机与企业背景查询。凭借覆盖全球近千个数据来源，实现全球企业数据境内存储，用户可在线查询全球5亿+家企业信息，功能包含海外市场调研、找全球客户、全球客户背调，查询信息包括：真实海关交易记录、官方注册信息、企业关键联系人与联系方式、产品市场需求调研等，帮助企业锁定潜力市场，提升拓客精准性与有效性。

二、控风险场景

控风险场景聚焦提高企业面对前、中、后期交易风险的信心，应对当前复杂国际环境下贸易管制与制裁、全球供应链脆弱、境外资产安全等风险。

凭借覆盖全球的征信服务网络与法律服务网络，提供综合解决方案，包括：借助 RMD 风险预警可实现制裁、黑名单等高风险企业筛查，通过全球企业信用报告评估交易对象综合实力以支撑商业决策，以全球应收账款服务为助力合法合规追收海外欠款以保障资金安全。

三、易融资场景

易融资场景为走出去企业解决融资难题。面向出口企业提供"口岸贷"融资服务，探索"互联网 + 征信技术 + 外贸 + 金融"模式，充分发挥大数据平台优势并与外贸交易场景深度融合，汇聚征信、银行、保险、担保等服务资源，提供了为中小微出口企业解决融资难题的新模式。

值得注意的是，格兰德国产化数字跨境信用体系在数字跨境营销、全球法人数据治理、国产化替代等方面不断创新突破。以全球企业数据为决策驱动的精准数字跨境营销服务，推动传统产业链向全球市场进行拓展整合、优化和升级，完善境内外产业链上下游，让全球风险管理、精准定价以及创新产品等得以实现，推动多方协同创新，可有效提高整个产业的附加值和竞争力。另外，为支撑全球企业数据精准治理，格兰德创新提出并在体系内应用 GID 全球企业身份识别编码，通过 11 位数字编码系统唯一识别任意企业，打破各国企业身份编码混乱不一造成治理困难的局面。格兰德以国产服务助力中国企业高效、安全走出去，在信息安全、服务可持续等方面提供坚实保障。

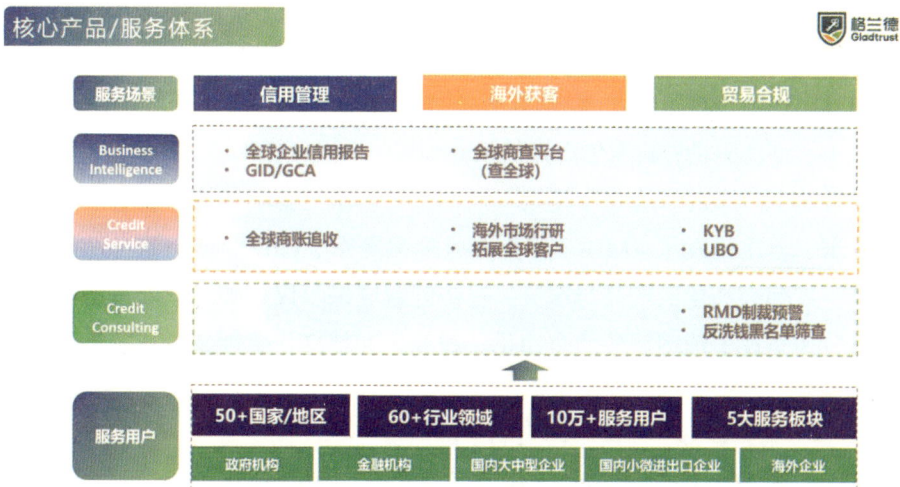

图 1 格兰德数字跨境信用体系示意图

自实施以来，格兰德国产化数字跨境信用体系已在中国与上海合作组织国家间得到充分验证并取得显著成效。格兰德在中国—上海合作组织地方经贸合作示范区的支持下，依托该体系搭建全国首个面向上合组织国家的跨境征信服务平台——"信用上合"，聚焦国际市场开拓、风险管控、贸易融资等实际需求。截至2024年6月底，"信用上合"平台已收录上合组织国家近80%的活跃企业，完成10个上合组织国家近8000万家企业GID赋码工作，累计注册用户数超9万，提供全球企业信用报告近百万份，"海外市场调研""找全球客户"两项服务功能累计促成进出口业务2.5万单，贸易额超150亿元，"口岸贷"等信用融资产品助力企业累计获得信用贷款超3亿元。"信用上合"平台作为该体系的重要成果之一，有力促进了中国与上合国家间的投资和贸易便利化。

综上所述，格兰德国产化数字跨境信用体系不仅是对新质生产力理论的生动实践，也是对跨境信用服务领域的一次重大创新。该体系的成功实施不仅提升了中国企业在国际市场的竞争力和抗风险能力，还推动了全球贸易的安全与高效发展，为全球贸易的繁荣与稳定作出了积极贡献。

发展新质生产力的经验总结

在全球化与数字化交织的今天，格兰德信用通过构建国产化数字跨境信用体系，不仅为中国企业在国际舞台上的稳健前行提供了坚实的支撑，更深刻展示了新质生产力在推动行业变革、促进高质量发展中的关键作用。以下是我们践行新质生产力过程中所积累的经验与体会，进一步凸显其在推动生产力升级中的独特价值。

一、创新驱动：新质生产力的核心引擎

新质生产力的核心在于持续不断的创新。格兰德坚持技术创新与模式创新并重，自主研发了RMD全球企业风险预警库、GID全球企业身份识别编码等一系列国产化的产品与服务。这些创新成果不仅打破了国外数据与技术垄断，还实现了信用服务的全面化、智能化和精准化，创新驱动赋予了格兰德在新质生产力领域的强大生命力。

二、数据赋能：新质生产力的关键要素

数据作为新质生产力的关键要素，在格兰德的实践中得到了充分的应用与释放。公司依托全球领先的企业信用信息库，运用大数据、云计算等先进技术，对海量信用数据进行深度挖掘与分析，为企业提供了全面的信用画像和风险预警。这种基于数据的决策支持机制，不仅提高了企业的决策效率和准确性，还推动了跨境信用服务行业的数字化转型，展现了数据在新质生产力中的巨大潜力。

三、跨界融合：新质生产力的拓展路径

格兰德深谙跨界融合的重要性，通过与国际组织、跨国企业以及科研机构的深度合作，实现了技术、市场、资源的全方位共享与整合。这种跨界融合不仅拓宽了公司的业务领域和市场空间，还促进了新技术、新模式的快速迭代与应用，为新质生产力的持续发展注入了新的活力。

四、需求导向：新质生产力的市场牵引

格兰德始终将客户需求作为发展的核心驱动力，不断优化服务流程和产品功能，提升服务质量和客户满意度。公司通过精准把握市场趋势和客户需求变化，及时调整服务策略和产品布局，实现了从被动响应到主动引领的市场转变。这种需求导向的发展模式，使得新质生产力能够紧密贴合市场需求，为企业的持续发展提供了坚实保障。

五、合规经营：新质生产力的稳健基石

在全球化竞争日益激烈的背景下，合规经营成为新质生产力稳健发展的基石。格兰德严格遵守国内外相关法律法规和监管要求，建立健全风险管理体系和合规管理机制，确保业务运营的安全性和可持续性。这种合规经营的理念和实践，不仅提升了公司的信誉度和市场竞争力，还为新质生产力的稳健发展奠定了坚实基础。

综上所述，格兰德信用管理在践行新质生产力的过程中，通过创新驱动、数据赋能、跨界融合、需求导向和合规经营等多方面的努力与探索，不仅实现了自身的快速发展与壮大，更为整个跨境信用服务行业的转型升级树立了典范。

未来展望

格兰德信用将继续响应国家战略，深化对新质生产力的探索与实践：加强技术融合与创新，实现该体系与人工智能、云计算等高端技术的深度融合，推动国产化数字跨境信用体系在建设"一带一路"等国家战略方面的探索与示范应用；加强与沿线国家和国际组织的合作，扩大服务覆盖范围与国际影响力，助力更多中国企业走向世界；持续关注市场需求变化，融合创新服务模式，为企业走出去提供更加全面、高效的信用解决方案；继续完善信息安全与合规管理体系，充分发挥数据要素在体系运营中的重要作用，确保业务运营的合法合规和稳健性，实现跨境信用体系的可持续发展。

〔专家点评〕

科技创新驱动：本案例中，格兰德信用国产化首创自主研发RMD全球企业风险预警库、GID全球企业身份识别编码等，打破了国外数据与技术垄断，为新质生产力的发展提供了有力的示范。

产业融合发展：格兰德信用成功地将数字经济与信用体系建设相融合，推动了跨境服务贸易的产业升级。通过整合全球企业信用数据和服务网络，构建了全方位的信用服务体系，实现了传统信用服务向数字化、智能化转型，展现了产业融合发展的巨大潜力。

数据驱动决策：案例中强调了对全球海量信用数据的深度挖掘与分析，利用大数据和云计算技术为企业提供精准的信用画像和风险预警。这种数据驱动决策的模式不仅提高了决策的效率和准确性，还为企业的风险管理提供了有力支持，体现了数据在新质生产力中的核心价值。

绿色可持续发展：虽然案例本身未直接涉及绿色技术或环保措施，但格兰德通过提供高效的信用服务，帮助企业降低交易成本和风险，从而促进了资源的优化配置和高效利用。从长远来看，这种优化资源配置的方式有助于推动经济的绿色可持续发展。

国际竞争力提升：格兰德信用管理凭借其在跨境信用服务领域的创新实践和全球布局，显著提升了中国征信机构在国际市场上的竞争力。通过与国际组织、跨国企业等建立合作关系，引入国际先进技术和经验，格兰德不仅巩固了在国内市场的领先地位，还积极拓展国际市场，为提升中国征信行业的国际影响力做出了积极贡献。

执笔人：邢悦、周丽华

机器人大赛：产教融合促进生产力三要素的跃升

北京深蓝智能机器人研究院

　　北京深蓝智能机器人研究院通过主办全国大学生机器人大赛，为学生提供了实践创新的平台，成功促进了智能机器人技术的研发与应用，同时在很大程度上提升了劳动者的素质、增加了劳动资料的技术含量，拓展了劳动对象的范围，为新质生产力的培育与发展提供了有力支持。大赛作为产学研融合的桥梁，孵化了多家高科技创业企业，为社会输送了大量专业人才。研究院在技术创新、管理创新及商业模式创新等方面取得显著成效，显著提升了机器人领域的生产力水平，推动了产业升级与转型，为智能机器人领域的发展树立了典范，对新质生产力的培育与发展具有深远意义。

　　在当今这个日新月异的科技时代，新质生产力的崛起正深刻改变着世界的面貌。随着人工智能、大数据、云计算等技术的飞速发展，我们正站在新一轮科技革命和产业变革的历史交汇点上。新质生产力，作为创新驱动下的高级生产力形态，不仅是衡量一个国家或地区综合竞争力的重要标志，更是推动经济社会高质量发展的关键力量。面对日益激烈的国际竞争环境，如何有效激发新质生产力的活力，促进科技与经济深度融合，已成为摆在我们面前的重要课题。

　　北京深蓝智能机器人研究院（以下简称研究院）作为智能机器人领域的佼佼者，始终站在科技前沿，积极探索新质生产力的发展路径。通过举办全国大学生机器人大赛等一系列创新活动，研究院不仅为青年学子搭建了展示才华的舞台，更为机器人技术的创新与应用开辟了广阔空间。以下是对该案例的详细剖析。

全国机器人大赛的发起和组织者

研究院是经北京市民政局批准成立的一家非营利性社会公益组织，由来自北京航空航天大学、北京理工大学、北京科技大学等多所顶尖高校的知名专家教授共同发起并领导。自成立以来，研究院始终致力于智能机器人技术的深入研究与广泛普及，通过组织高水平的学术研究与交流活动，推动智能机器人技术的持续创新与发展。

作为 ROBOCON、ROBOTAC 及仿生足式机器人等重要赛事的发起者与组织者，研究院已成功举办了多届全国大学生机器人大赛，吸引了众多高校学子的积极参与。这些赛事不仅为学生提供了一个展示自我、挑战自我的平台，更为他们搭建了从理论知识到实践操作的桥梁，促进了学生创新能力和实践技能的全面提升，培养了具备高级技能和创新精神的高素质劳动者。

在业务模式上，研究院不仅专注于智能机器人技术的研发与应用，还积极拓展教育与培训、技术咨询与服务、创新创业孵化等多个领域，形成了多元化、全方位的业务体系。通过整合政府、企业、高校等多方资源，研究院构建了完善的创新创业生态体系，增加了劳动资料的技术含量，为智能机器人技术的产业化发展提供了有力支撑。

截至目前，研究院已累计服务高校超过300所，参赛人数突破45000人，成功孵化出多家高科技创业企业，为社会输送了大量具备专业技能与创新精神的优秀人才。研究院凭借其在智能机器人领域的杰出贡献与广泛影响力，赢得了业界的广泛认可与高度评价。

以机器人大赛促产业生态发展

随着科技的飞速发展，智能机器人技术已成为推动产业升级和经济增长的重要力量。然而，智能机器人领域的人才短缺和技术瓶颈成为制约其发展的关键因素。研究院敏锐地洞察到这一问题，依托全国大学生机器人大赛这一平台，旨在通过创新实践解决人才短缺问题，促进智能机器人技术的研发与应用，进而推动相关产业的转型升级。这一过程中，研究院特别注重"三

要素跃升"：通过教育创新培养高素质的劳动者；通过技术创新增加劳动资料
的技术含量；通过产业孵化拓展劳动对象的范围。

图 1　2024 年 ROBOCON 比赛现场

图 2　2023 年 ROBOTAC 比赛场地

1.教育创新与人才培养：研究院通过组织全国大学生机器人大赛，为学生提供了一个将理论知识与实践操作相结合的平台。大赛不仅考察学生的专业知识，还强调创新思维和团队协作能力的培养。通过参与大赛，学生们在实践中学习，在学习中成长，创新能力和实践技能得到全面提升，为未来的职业生涯打下坚实的基础。通过这样的教育创新和人才培养模式，可以培养高素质的劳动者，以满足智能机器人技术发展对人才的需求。

2.技术创新与研发：研究院在智能机器人领域不断追求技术创新，通过大赛推动机器人技术的研发与应用。大赛中的诸多创新成果，如陀螺全场定位、机器视觉、协同作业等技术的突破，提升了机器人的智能化水平，为相关产业的技术升级提供了有力支持，使得劳动资料的技术含量得到提高。

3.产业孵化与升级：研究院以大赛为契机，积极孵化高科技创业企业，推动智能机器人技术的产业化发展。通过整合政府、企业、高校等多方资源，研究院为创业者提供了资金、技术、市场等多方面的支持，拓展更广范围的劳动对象，助力创业企业快速成长。

为了实现上述目标，研究院采取了以下具体措施：

1.搭建产学研一体化平台：研究院与多所高校、企业建立紧密合作关系，搭建产学研一体化平台，共同培养高素质劳动者，开发具备高技术含量的劳动资料，探索更广泛的劳动对象。

2.创新大赛设计与组织：研究院在大赛的设计和组织上不断创新，力求贴近市场需求和技术前沿。大赛题目不仅涵盖机器人技术的多个领域，还注重跨学科知识的整合与应用。同时，研究院还积极引入国际元素，提升大赛的国际化水平。

3.强化技术研发与创新：研究院在技术研发方面不断加大投入，鼓励创新。通过大赛平台，研究院能够吸引更多优秀人才参与技术研发工作，提高劳动资料的技术含量。

4.完善创新创业生态体系：研究院通过整合多方资源，构建了完善的创新创业生态体系。该体系不仅为创业者提供了资金、技术、市场等多方面的支持，还通过举办创业培训、路演等活动，提升创业者的综合素质和市场竞争力。

5. 推动产业升级与转型：研究院积极与地方政府和企业合作，推动智能机器人技术在传统产业中的应用和升级。通过引入智能机器人技术，企业能够提升生产效率、降低运营成本、提高产品质量，从而实现转型升级和可持续发展，使得劳动对象的范围进一步扩大。

发展新质生产力的经验总结

研究院通过一系列创新举措，不仅推动了智能机器人技术的快速发展，还促进了教育与产业的深度融合，积累了宝贵的经验。以下是对项目经验的详细总结：

项目的成功首先得益于产学研深度融合的模式。研究院与多所高校、企业建立了紧密的合作关系，通过搭建产学研一体化平台，实现了资源共享和优势互补。这种合作模式不仅促进了科技成果的快速转化，还为学生提供了宝贵的实践机会，为产业输送了大量高素质人才，实现了劳动者素质的提升、劳动资料技术含量的增加以及劳动对象范围的拓展。未来，应继续深化这种合作模式，推动更多创新成果的产业化应用。

研究院始终坚持创新驱动发展战略，不断追求技术创新和突破。通过组织全国大学生机器人大赛，激发了学生的创新潜能，推动了机器人技术的快速发展。未来，应继续加大研发投入，鼓励创新思维的培养，推动更多关键技术的突破和应用。

研究院通过大赛平台，不仅选拔和培养了大量优秀人才，还建立了完善的激励机制，激发了学生的积极性和创造力。未来，应进一步优化人才培养体系，加强师资队伍建设，提升教学质量和实践水平，为产业输送更多具备创新能力和实践技能的高素质人才。

研究院在商业模式创新方面取得了显著成效，通过大赛平台孵化了多家高科技创业企业，推动了智能机器人技术的产业化发展。未来，应继续探索更加市场化的运作模式，加强与市场的对接，提升产品的市场竞争力，实现经济效益和社会效益的双赢。

作为非营利性社会公益组织，研究院始终将社会责任放在首位，在提升机器人领域技术深度和创新力度的同时，将该领域中的新质生产力转化为公众普遍理解和接受的展现形式，通过组织公益赛事、活动和技术普及工作，促进新质生产力形成广泛共识。

未来展望

展望未来，研究院将继续秉持创新精神，深化产学研用一体化模式，不断推动智能机器人技术的突破与应用。研究院将重点关注以下几个方面：

完善赛事生态体系：继续优化全国大学生机器人大赛等赛事的组织与管理，提升赛事的专业性和影响力。同时，拓展赛事领域和范围，为更多学生提供展示自我、挑战自我的平台。

深化产学研合作：进一步加强与高校、企业和政府的紧密合作，建立更广泛的合作伙伴关系，共同开展关键技术的研发与应用，共同推动劳动者素质的提升和劳动资料技术含量的增加。

技术创新与市场对接：紧跟市场需求和技术趋势，持续加大研发投入，突破核心关键技术，同时加强市场调研，确保研发成果能够迅速转化为具有市场竞争力的产品，拓展劳动对象的范围。

人才培养与激励：完善人才培养体系，建立多元化、全方位的人才培养机制，吸引更多优秀人才加入研究院。同时，建立健全的激励机制，激发员工的创新潜力和工作热情。

拓展国际合作：积极参与国际科技交流与合作，引进国外先进技术和管理经验，同时推动自身技术和产品走向国际市场，提升国际竞争力，拓展劳动对象的范围。

推动产业升级：依托智能机器人技术的研发与应用，推动相关产业的转型升级和高质量发展。加强与地方政府和企业的合作，共同打造智能机器人产业集群，提升产业的整体竞争力和可持续发展能力。

通过上述努力，研究院将在新质生产力的培育与发展中发挥更加重要的作用，为推动科技进步、教育改革和产业升级做出新的更大贡献。

〔专家点评〕

科技创新驱动：北京深蓝智能机器人研究院以全国大学生机器人大赛为平台，有效激发了青年学子的创新活力推动了智能机器人技术的持续创新与发展。这种以赛促学、以赛促研的模式不仅提升了学生的实践能力和创新水平，实现了劳动资料的技术含量提升和劳动对象范围的拓展，更为机器人产业的未来发展奠定了坚实基础。

产业融合发展：研究院通过搭建产学研用一体化平台促进了学术研究与产业实践的深度融合，推动了机器人产业链的延伸与拓展。这种产业融合发展的模式不仅提升了整个产业的竞争力，更为行业的可持续发展注入了强劲动力。

数据驱动决策：研究院在赛事组织和管理过程中注重数据收集与分析为科学决策提供了有力支持。这种数据驱动的管理方式，通过精准识别和培养高素质劳动者、优化劳动资料配置和拓展劳动对象范围，不仅提高了工作效率，更为资源的优化配置和精准施策提供了有力保障。

绿色可持续发展：研究院在推动技术创新的同时，注重绿色可持续发展理念的应用促进了机器人技术的绿色化、低碳化发展。这种环保理念的应用不仅符合时代发展趋势更为行业的可持续发展贡献了积极力量。

国际竞争力提升：通过加强国际合作与交流，研究院不断提升自身在国际机器人技术领域的竞争力，为中国机器人技术走向世界奠定了坚实基础。这种国际化战略的实施，通过吸引和培养具有国际视野的高素质劳动者、引进和创新国际领先的劳动资料、拓展全球劳动对象范围，不仅提升了研究院的品牌影响力和国际认可度，更为中国智能机器人产业的全球化发展提供了有力支撑。

执笔人：曾云甫、王旭、蔡月好

京新协同：因地制宜发展新质生产力

中关村人才协会

中关村人才协会在通过成立京新协同创新发展工委会，制定发展战略，展现了科技创新的核心作用。北京与新疆两地科技资源深度融合，促进技术革命性突破，为新质生产力发展注入强劲动力。案例成功推动了新疆传统产业转型升级与新兴产业培育，形成产业链供应链优化升级的良好生态。北京高科技企业与新疆传统产业有效对接，促进了产业深度融合与协同发展。在数字经济快速发展的背景下，京新协同创新发展工作委员会积极推动新疆数字经济的创新发展。通过建设数字化基础设施、推广大数据和云计算等先进技术、培育数字经济新业态新模式等手段，推动新疆传统产业与数字经济的深度融合。同时，加强与北京等数字经济发达地区的交流合作，引进先进的数字经济发展经验和模式。

在全球化和信息化高速发展的今天，创新已成为推动经济社会发展的核心动力。中关村人才协会积极响应党和国家号召，致力于推动区域协同创新发展，促成因地制宜发展新质生产力，助力我国现代化产业体系的构建。本案例以"京新协同：因地制宜发展新质生产力"为主题，以中关村人才协会为申报单位，详细阐述如何通过区域协同创新发展的方式，促进科技、人才与产业的深度融合，进而实现经济社会的高质量发展。

背景分析

一、国家政策导向

近年来，我国高度重视科技创新和区域协同发展。党的二十大报告明确提出，要加快构建新发展格局，着力推动高质量发展。中关村作为我国创新发展的一面旗帜和科技体制改革的试验田，被赋予了建设世界领先科技园区的重任。《中关村世界领先科技园区建设方案（2024—2027年）》的出台，更是为中关村乃至全国范围内推动区域协同创新、因地制宜发展新质生产力提供了有力的政策支撑。

二、区域发展需求

新疆作为"中国（新疆）自由贸易试验区"和"八大产业集群"建设的重要区域，拥有丰富的自然资源和显著的区位优势。然而，新疆在科技创新、产业转型升级等方面仍存在诸多挑战。相比之下，北京作为我国的首都和科技创新中心，拥有雄厚的科研实力和高素质的人才队伍。通过区域协同创新，可以有效整合两地的优势资源，实现互补共赢，推动新疆乃至更大范围内的新质生产力发展。

图1　京新协同创新发展工作委员会揭牌仪式

实施过程

一、成立京新协同创新发展工作委员会

为搭建北京与新疆协同创新的桥梁，中关村人才协会联合两地会员单位，共同成立了京新协同创新发展工作委员会。该委员会以高端对接、高端论坛、定向辅导为主要职能，旨在推动两地人才、科创、教育、产业等资源的深度融合和协同发展。通过委员会的平台作用，北京的高科技企业和科研机构与新疆的传统产业和新兴产业实现了有效对接，为后续的协同创新奠定了坚实基础。

二、制定协同创新发展战略

针对新疆的产业发展需求和北京的创新资源优势，京新协同创新发展工作委员会制定了详细的协同创新发展战略。该战略明确提出了以创新为驱动、以质优为目标、以先进生产力为标志的发展方向，强调通过技术革命性突破、生产要素创新型配置和产业深度转型升级等手段，推动新质生产力的发展。同时，该战略还注重因地制宜，结合新疆的资源禀赋和区位优势，制定了具有针对性的产业发展规划和技术创新路线图。

三、实施具体措施

（一）产业链供应链优化升级

针对新疆传统产业占比高、转型升级任务重的现状，京新协同创新发展工作委员会积极引导北京的高科技企业和科研机构参与新疆产业链供应链的优化升级。通过引进先进制造技术和智能化管理系统，提升新疆传统产业的生产效率和产品质量。同时，推动产业链上下游企业的紧密合作，形成协同发展的良好生态。例如，北京某智能制造企业与新疆某纺织企业合作，引入智能化生产线和物联网技术，实现了纺织生产过程的自动化和智能化，显著提高了生产效率和产品质量。

（二）培育新兴产业和未来产业

结合新疆的资源禀赋和区位优势，京新协同创新发展工作委员会积极培育新能源、新材料、生物医药等新兴产业和未来产业。通过引进北京的高科技企业和科研机构，共同开展技术研发和产业布局。同时，加强与国内外知名企业和科研机构的交流合作，为新疆的新兴产业和未来产业发展提供强有力的支持。例如，北京某新能源企业与新疆地方政府合作，在新疆建设了大型光伏电站和风电场，推动了当地新能源产业的快速发展。

（三）数字经济创新发展

在数字经济快速发展的背景下，京新协同创新发展工作委员会积极推动新疆数字经济的创新发展。通过建设数字化基础设施、推广大数据和云计算等先进技术、培育数字经济新业态新模式等手段，推动新疆传统产业与数字经济的深度融合。同时，加强与北京等数字经济发达地区的交流合作，引进先进的数字经济发展经验和模式。例如，北京某互联网企业与新疆某农业企业合作，建设了农产品电商平台和溯源系统，实现了农产品的线上线下融合销售和全程可追溯管理，显著提高了农产品的市场竞争力和附加值。

（四）提升劳动者素质和技术含量

劳动者是新质生产力发展的核心要素之一。京新协同创新发展工作委员会积极推动新疆劳动者素质和技术含量的提升。通过加强与北京高校和科研机构的合作，引进优质的教育资源和培训项目；通过举办各类职业技能培训和竞赛活动，提升劳动者的专业技能和创新能力；通过加强与国际知名企业和科研机构的交流合作，引进先进的管理理念和技术手段。这些措施的实施，为新疆培养了一大批高素质的技能人才和创新人才，为新质生产力的发展提供了有力的人才保障。

主要成果

一、现代化产业体系正在形成

经过一系列协同创新措施的实施，新疆的现代化产业体系正在形成。传统产业通过技术改造和转型升级焕发出新的活力；新兴产业和未来产业迅速崛起成为经济增长的新引擎；数字经济与实体经济深度融合推动经济高质量发展。同时产业链、供应链得到优化升级实现了上下游企业的紧密合作和协同发展。例如新疆的纺织产业在引进智能化生产线和物联网技术后实现了生产效率和产品质量的显著提升；新能源产业的快速发展为当地经济增长注入了新的动力；数字经济的创新发展则为传统产业转型升级提供了有力支撑。

二、全要素生产率显著提升

随着现代化产业体系的构建和全要素生产率的提升，新疆的经济增长质量显著提高。科技创新成为推动经济增长的主要动力之一；资源利用效率得到提高、资源消耗和环境污染得到有效控制；经济效益和社会效益实现双赢，企业和劳动者获得更多实惠。例如，通过智能化改造新疆某纺织企业的生产成本降低了 20% 以上，而产品质量却得到了显著提升；新能源产业的发展不仅为当地创造了大量就业机会，还推动了当地能源结构的优化和升级。

三、区域协同发展取得显著成效

京新协同创新发展工作委员会的成立和运作促进了北京与新疆在科技创新、产业协作等多个领域的深度合作。两地的人才资源、科创资源、教育资源、产业资源等实现了优势互补和互利共赢。中关村的创新资源和先进经验也为新疆乃至更大范围内的新质生产力发展提供了有力支持。例如，通过高端对接活动，北京某高科技企业与新疆某新材料企业达成了合作协议共同开展新型材料的研发和生产；通过高端论坛活动，北京某知名专家为新疆当地企业提供了宝贵的行业洞察和发展建议。

未来展望

一、持续深化区域协同创新

中关村人才协会将继续深化与新疆等地区的区域协同创新合作。通过加强沟通协调、完善合作机制、拓展合作领域等方式推动两地人才、科创、教育、产业等资源的深度融合和协同发展。同时积极引进国内外优质创新资源，为新疆乃至更大范围内的新质生产力发展注入新的动力。例如可以加强与"一带一路"沿线国家和地区的交流合作，共同探索科技创新和产业协同的新模式和新路径。

二、推动现代化产业体系不断完善

针对新疆产业发展的实际需求和未来发展趋势，中关村人才协会将继续推动现代化产业体系的不断完善。通过加强技术创新和产业升级、优化产业结构和布局、拓展新兴产业和未来产业等方式，推动新疆经济实现高质量发展。同时加强与国内外知名企业和科研机构的交流合作，引进先进的产业发展经验和模式，为新疆的现代化产业体系建设提供有力支持。例如，可以积极引进国内外先进的智能制造技术和绿色生产技术，推动新疆制造业的绿色化、智能化转型升级；同时加大对生物医药等新兴产业和未来产业的支持力度，培育新的经济增长点。

三、培养高素质人才队伍

人才是新质生产力发展的核心要素之一。中关村人才协会将继续加强与北京高校和科研机构的合作，引进优质的教育资源和培训项目为新疆培养更多高素质人才。同时通过开展各类职业技能培训和竞赛活动，提升劳动者的专业技能和创新能力，为新疆的经济社会发展提供强有力的人才保障。例如，可以加强与北京知名高校的合作，共建产学研用一体化的人才培养基地，为新疆培养更多具有创新精神和实践能力的复合型人才；同时加大对高技能人才和紧缺人才的培养力度，以满足新疆产业发展的实际需求。

四、加强国际交流合作

在全球化和信息化的时代背景下，中关村人才协会将积极加强与国际知名企业和科研机构的交流合作。通过引进先进的科技成果和管理经验、拓展国际市场和资源渠道等方式，推动新疆乃至更大范围内的经济社会发展。同时，积极参与全球科技创新和产业合作，分享经验和资源，共同推动新质生产力的发展。例如可以加强与"一带一路"沿线国家和地区的科技创新合作，共同开展联合研发和技术攻关活动；同时积极组织参加国际科技展览和交流活动，展示新疆科技创新成果和产业发展成就，吸引更多国际关注和合作机会。

结论

中关村人才协会以"区域协同创新助力因地制宜发展新质生产力"为主题的实践案例，充分展示了区域协同创新在推动高质量发展中的重要作用。通过成立京新协同创新发展工作委员会、制定协同创新发展战略、实施具体措施等一系列举措，中关村人才协会成功推动了新疆现代化产业体系的构建和全要素生产率的提升，实现了区域协同发展的显著成效。展望未来，中关村人才协会将继续深化区域协同创新合作，推动现代化产业体系不断完善培养高素质人才队伍，加强国际交流合作为经济社会发展注入新的活力和动力，为实现中华民族伟大复兴贡献力量。

[**专家点评**]

科技创新驱动：中关村人才协会在京新协同案例中，通过成立工委会，制定发展战略，展现了科技创新的核心作用。北京与新疆两地科技资源深度融合，促进技术革命性突破，为新质生产力发展注入强劲动力。

产业融合发展：案例成功推动了新疆传统产业转型升级与新兴产业培育，形成产业链供应链优化升级的良好生态。北京高科技企业与新疆传统产业有效对接，促进了产业深度融合与协同发展。

数据驱动决策：在数字经济创新发展方面，案例通过建设数字化基础设施，推广大数据、云计算等技术，实现了数据驱动决策，提升了产业智能化水平，为新疆经济高质量发展提供了有力支撑。

绿色可持续发展：案例注重绿色可持续发展，通过引进绿色生产技术，推动新能源产业发展，优化了能源结构，减少了环境污染，实现了经济效益与环境效益的双赢。

国际竞争力提升：中关村人才协会通过加强与国际知名企业和科研机构的交流合作，提升了新疆乃至中国的国际竞争力。引进先进科技成果和管理经验，拓展了国际市场，为区域发展注入了新的活力。

执笔人：王钧、冷明、师晓燕

附：中关村人才协会简介

中关村人才协会，作为北京市在中关村支持成立的首家社团法人，自2000年10月创立以来，使命是建设"世界的中关村高技术人才生态"。在中关村管委会的牵头组织下，由高文、郭为等17位产业界精英共同发起，于2013年更名为中关村人才协会，并确立了"世界的中关村，人才的地球村"的愿景。

二十多年来，协会汇聚了全球近千名专家志愿者，通过常态化调研、课题研究、会员参访等多种形式，为中关村乃至全国的人才与园区工作者提供了大量有穿透力、突破性的创新观点和研究成果。协会坚持"会员办会"的理念，充分发挥社会组织桥梁、枢纽和平台的功能，让会员和志愿者在全球范围内以协会的名义开展公益活动，共同建设"世界的中关村高技术人才生态"。

协会下设30多个领域的分支机构，这些机构深耕各自领域，为高技术人才生态提供了丰富的滋养。同时，分布在全球各地的50多个代表机构则连接着中关村人才生态的方方面面，共同展现着"会员办会"的美丽画卷。

在党建引领下，协会坚持经济牵引、公益为先，紧紧围绕"中国式现代化出题目、全面深化改革做文章"的工作思路开展工作。协会的多个服务产品如"中国式现代化人才工作支撑者"等，荣获了北京市社会组织"党建强业务强"品牌项目。通过《中国式现代化科创人才国情教育培训班》项目，并通过《中关村人才协会小巨人孵化工程》帮助"专精特新"企业升格为"小巨人"。

协会深刻认识到人才工作必须融入"创新链、产业链、资金链、人才链"中进行设计和开展。中关村作为科技体制改革的试验田，四十多年的探索实践已经证明了"教育、科技、人才"三位一体改革和发展的重要性。因此，协会在2024年的年度工作主题中明确提出了以"四链融合"惠及会员发展新质生产力的目标。

中关村是我国创新发展的一面旗帜，因教育而厚重、因科技而领先、因人才而繁荣。展望未来，中关村人才协会将继续秉持"会员办会"的理念，充分发挥协会的平台优势，促进中关村和各地的良性协调发展。同时，协会还将积极开展各类品牌活动，如筹建各地中关村人才创新书（学）院、共办中关村人才论坛等，共同征集并出版"新质生产力案例集"，开展"小巨人"孵化工程等，为中关村乃至全国的人才发展贡献更多的智慧和力量。

充分发挥中关村作为我国科技体制改革的试验田和创新发展一面旗帜的作用，在中关村带动各地走好创新发展探索实践中，形成各地拱卫中关村加快建设世界领先科技园区、拱卫北京早日形成国际科创中心和全球人才高地的格局。

关注中关村人才协会公众号、了解更多信息

后 记

　　《新质生产力案例集》精选了58个来自不同单位的鲜活案例，旨在展示新时代背景下生产力发展的新面貌、新趋势。

　　在本书的编辑过程中，我们得到了众多领导、企业家、专家学者、志愿者的大力支持与无私帮助。他们是：高文、徐井宏、王钧、黄铁军、皮建华、牛伟宏、夏颖奇、滕飞、张丽娜、张晓辉、张善勇、康录发、殷洪兵、汤超颖、顾文震、蒋为民、佟贵兆……他们或提供了宝贵的学术指导，或亲力亲为对案例进行了细致的审阅与修改，确保了案例的真实性、典型性和可读性。

　　在此，我们向所有参与本书编写过程的朋友表示最诚挚的感谢！是你们的辛勤付出，让这本书得以顺利面世，成为广大读者了解新质生产力的重要窗口。

　　同时，我们也意识到，这只是一个开始。未来，中关村人才协会将继续秉承开放、合作、创新的精神，深入开展新质生产力的研究与推广工作。我们将持续关注最佳实践，挖掘更多典型案例，为推动我国新质生产力的持续进步贡献自己的力量。

　　我们相信，通过我们的共同努力，新质生产力的理念将日益深入人心，新质生产力的发展模式将不断推陈出新，成为推动经济社会发展的新动力。期待在未来的日子里，我们能够携手并进，共同书写更加辉煌的篇章！

编　者

2025 年 3 月